『河南历史与考古研究』丛书（第二辑）

共工氏与中华龚姓

主编　张新斌　龚家亮　张建军

中原出版传媒集团
大地传媒

大象出版社
·郑州·

图书在版编目(CIP)数据

共工氏与中华龚姓 / 张新斌, 龚家亮, 张建军主编.— 郑州 : 大象出版社, 2016. 6
(河南历史与考古研究丛书. 第二辑)
ISBN 978-7-5347-8880-2

Ⅰ. ①共… Ⅱ. ①张… ②龚… ③张… Ⅲ. ①姓氏—辉县—文集 Ⅳ. ①K810. 2-53

中国版本图书馆 CIP 数据核字(2016)第 107066 号

"河南历史与考古研究"丛书(第二辑)

共工氏与中华龚姓

张新斌　龚家亮　张建军　主编

出 版 人　王刘纯
责任编辑　李小希
责任校对　裴红燕　牛志远　安德华　张迎娟
封面设计　王晶晶

出版发行　大象出版社(郑州市开元路 16 号　邮政编码 450044)
　　　　　发行科　0371-63863551　总编室　0371-65597936
网　　址　www.daxiang.cn
印　　刷　新乡市豫北印务有限公司
经　　销　各地新华书店经销
开　　本　787mm×1092mm　1/16
印　　张　27.25
字　　数　362 千字
版　　次　2016 年 9 月第 1 版　2016 年 9 月第 1 次印刷
定　　价　65.00 元

若发现印、装质量问题,影响阅读,请与承印厂联系调换。
印厂地址　新乡县翟坡镇兴宁村
邮政编码　453000　　　　电话　0373-5635065

中华炎黄文化研究会姓氏
文化工作委员会会长王培英致辞

河南省社会科学院党委书记魏一明致辞

河南省炎黄文化研究会会长常有功
致辞

新乡市副市长李瑞霞参会致辞

辉县市市委统战部部长靳开伟致辞

辉县市共城文化研究会会长张建军
致辞

中华龚氏文史研究会会长龚家亮致辞

辉县市副市长邓智敏致闭幕词

中国社会科学院学部委员、
历史研究所副所长王震中
研究员作主题报告

青海师范大学原校长
张广志教授作主题报告

山东烟台大学副校长
江林昌教授作主题报告

首都师范大学袁广阔教授
作主题报告

河南省社会科学院历史与
考古研究所所长张新斌
研究员作主题报告

中国科学院袁义达研究员
发言

中国社会科学院研究员、
北京师范大学特聘教授
曹定云发言

四川大学彭邦本教授发言

南开大学朱彦民教授发言

河南大学李玉洁教授发言

陕西历史博物馆杨东晨
研究馆员发言

山西省社会科学院杨晓国
研究员发言

河南省社会科学院马世之研究员发言

河南省社会科学院任崇岳研究员发言

河南省社会科学院程有为研究员发言

重庆师范大学刘俊男教授发言

苏州大学周书灿教授发言

河北省社会科学院魏建震研究员发言

华南师范大学张淑一教授发言

郑州大学王星光教授发言

郑州大学袁延胜教授发言

郑州大学陈隆文教授发言

郑州师范学院杜学霞教授发言

共工氏与中华龚姓文化研讨会开幕式

共工氏与中华龚姓文化研讨会全体参会人员合影

与会专家参观共城遗址

与会专家参观孟庄遗址

目　录

共工氏研究

共工氏与龚姓研究

辉县与共工、龚姓关系研究

会议资料与文件汇编

共工氏研究

共工氏的历史地位

王震中

共工氏的历史地位,首先要从他“霸九州”说起。禹霸九州,是人们所熟悉的。禹霸九州说的是夏禹及其所在部族的历史地位。而在古史传说中,最初霸九州的是共工氏。《国语·鲁语上》说:“共工氏之伯九有也,其子曰后土,能平九土。”《礼记·祭法》的作者认为“九土”就是“九州”,并说:“共工氏之霸九州也,其子曰后土,能平九州。”这里所说的九州,并非泛指整个天下的大九州,而是小九州,是一特定的区域,也就是《国语·郑语》所说的“谢西之九州”和《左传·昭公二十二年》《左传·哀公四年》所说的“九州之戎”之九州。这个九州的核心地区,据《左传·昭公四年》“四岳、三涂、阳城、大室、荆山、中南,九州之险也”,可知最早的小“九州”是以中原地区为主,包括豫西和豫西南在内的一个地区。后来“九州”被放大指全中国之九州。

共工氏在称霸九州的过程中,曾与颛顼、帝喾等部发生过争霸的冲突。例如,《淮南子·天文训》说:“昔者,共工与颛顼争为帝。”同书《原道训》说:“昔共工……与高辛争为帝。”对此,有人把颛顼与高辛氏看成是一人,而我认为这是说共工氏既有过与颛顼争霸，也有过与帝喾高辛氏争霸，为此，应该理解为共工族自炎黄时代开始出现在历史舞台上以后，一直活跃于颛项、高辛氏和尧舜禹时代。关于共工与颛顼争霸的情形，《淮南子·天文训》说："昔者，共工与颛顼争为帝，怒而触不周之山，天柱折，地维绝。天倾西北，故日月星辰移焉；地不满东南，故水潦尘埃归焉。"这一方面是说共工与颛顼争霸战争甚为激烈，另一方面是古人用神话来解释中国西高东低、河流由西北流向东南的地理走势。

共工氏霸九州及与颛顼、帝喾争霸的时期，正是中国最早的国家诞生时代。这一时期邦国林立，史称为"万邦"。在考古学上，距今5000—4000年的龙山时代也是都城纷纷崛起的时代，在黄河流域和长江流域发现有六七十座史前城址，就是对当时邦国林立最好的说明。在中国的早期文明史上，共工氏有过自己的辉煌，占有重要的历史地位。

共工氏的历史地位还表现在"四岳"和齐吕申许四国是其后裔。《国语·周语下》记载，共工氏之后，"祚四岳国，命以侯伯，赐姓曰'姜'，氏曰'有吕'，……申、吕虽衰，齐、许犹在"。齐国即周武王分封姜太公之诸侯国，因姜太公在先秦秦汉时期的文献中被称为"吕望"（《离骚》）、"吕太公望"（《吕氏春秋》）、"吕牙"（《孙子》）、"吕尚"（《史记》）等，所以太公望吕尚在赴任齐国之前的出身是吕国。吕国最早很可能在现在山西河东的地方，春秋时晋人有吕甥、吕相，地名有吕乡、吕城（霍县附近）。[①] 也有人认为在山西霍太山一带。[②] 齐国建立后，吕国依旧存在。西周青铜器中的吕王鬲、吕王壶还表明，吕国国君有沿用其以前在国内称王的旧俗。《诗经·大雅·崧高》曰："崧高维岳，骏极于天。维岳降神，生甫及申。维申及甫，维周之翰。"据此，申、吕的地望在今河南南阳一带，这应该是申吕之国在周宣王时从山西南迁到河南的

① 杨筠如：《姜姓的民族与姜太公的故事》，《古史辨》第二册，上海：上海古籍出版社，1982年。

② 王玉哲：《中华远古史》，上海：上海人民出版社，2000年，第452—455页。

南阳一带的“徙封”。总之,作为共工氏后裔的“四岳”和齐吕申许四国的历史,也可说明共工氏在中国上古社会中具有举足轻重的特殊的历史地位。

(本文作者为中国社会科学院学部委员,历史研究所副所长、研究员)

共工散议

张广志

共工在上古史上知名度颇高,但诸书有关共工的记载却相当支离破碎,且每相龃龉,甚至荒诞不经。据现有材料,要全面还原共工的本来面目是不可能的,本文仅拟就相关材料,略作条理,述共工史事于一二。

一、悠久、显赫的历史

让我们首先看一下在人们心目中较具权威性的几种史籍中有关共工的记述。

《尚书·尧典》载:

帝(尧)曰:"畴咨若予采?"驩兜曰:"都!共工方鸠僝功。"帝曰:"吁!静言庸违,象恭滔天。"

(舜)流共工于幽州,放驩兜于崇山,窜三苗于三危,殛鲧于羽山,四罪而天下咸服。

《左传》载：

昔者黄帝氏以云纪，故为云师而云名。炎帝氏以火纪，故为火师而火名。共工氏以水纪，故为水师而水名。太皞氏以龙纪，故为龙师而龙名。(昭公十七年)

共工氏有子曰句龙，为后土。(昭公二十九年)

《国语·鲁语上》载：

夫圣王之制祀也，法施于民则祀之，以死勤事则祀之，以劳定国则祀之，能御大灾则祀之，能扞大患则祀之。……昔烈山氏之有天下也，其子曰柱，能殖百谷百蔬；夏之兴也，周弃继之，故祀以为稷。共工氏之伯九有也(《礼记·祭法》作"共工氏之霸九州也")，其子曰后土，能平九土，故祀以为社。

《史记·五帝本纪》载：

尧曰："谁可顺此事？"放齐曰："嗣子丹朱开明。"尧曰："吁！顽凶，不用。"尧又曰："谁可者？"谨兜曰："共工旁聚布功，可用。"尧曰："共工善言，其用僻，似恭漫天，不可。"

(舜摄行天子之政)流共工于幽陵，以变北狄；放驩兜于崇山，以变南蛮；迁三苗于三危，以变西戎；殛鲧于羽山，以变东夷：四罪而天下咸服。

上述记载表明，共工乃尧舜时期一举足轻重、几可托国柄之重臣，却得不到尧的赏识、信任，最后还遭到舜的放逐，至于他究竟有什么罪错，以及其与尧舜的斗争过程，则无具体交代。不过，从后人尊其子为后土、为社一事上仍可看出后人对共工父子及其所在部落对农业生产所作出的巨大贡献还是认可、怀念的。

先秦及尔后的一些子书和其他书籍，对共工的事迹虽有所丰富，却真假难辨，令人目眩。兹略举其要，移录于后：

舜之时，共工振滔洪水，以薄空桑。(《淮南子·本经训》)

这条材料,已点明舜时共工的罪错在于“振滔洪水”。

西北海之外,大荒之隅,……有禹攻共工国山。(《山海经·大荒西经》。郭璞注:“言攻其国,杀其臣相柳于此山。”)

共工之臣曰相柳氏,……禹杀相柳。(《山海经·海外北经》)

禹伐共工。(《战国策·秦第一》)

禹有功,抑下鸿,辟除民害逐共工。(《荀子·成相》)

这四条材料则又把共工与居主流地位的尧、舜集团的斗争下延至禹的头上。而更多的记载则是往前溯,如:

共工为水害,故颛顼诛之。(《文子·上义》)

共工氏作乱,帝喾使重黎诛之而不尽。帝乃以庚寅日诛重黎。(《史记·楚世家》)

昔者,共工与颛顼争为帝,怒而触不周之山,天柱折,地维绝。天倾西北,故日月星辰移焉;地不满东南,故水潦尘埃归焉。(《淮南子·天文训》)

颛顼尝与共工争矣。……共工为水害,故颛顼诛之。(《淮南子·兵略训》)

昔共工之力,触不周之山,使地东南倾,与高辛争为帝。(《淮南子·原道训》)

《文子·上义》《史记·楚世家》及《淮南子》中的三条材料,皆明确点出共工的罪错一在“为水患”,一在“作乱”“争为帝”,可共工的对立方则或谓颛顼,或谓帝喾不一。即使是同一本书的《淮南子》各篇也是口径不一,《天文训》《兵略训》谓为颛顼,《原道训》谓为高辛(帝喾),情况颇为混乱。

六朝或隋唐间无名氏所辑《琱玉集·壮力》则将共工时代继续上溯至神农时,谓:

共工,神农时诸侯也,而与神农争定天下。共工大怒,以头触不周山,山崩,天柱折,地维绝,故天倾西北隅,地缺东南角。

唐司马贞《史记·补三皇本纪》则进一步把共工上推至神农氏前的女娲氏时代,争斗的对手则成了祝融:

诸侯有共工氏,任智刑以强,霸而不王,以水乘(承)木,乃与祝融战。不胜而怒,乃头触不周山,崩,天柱折,地维缺。女娲乃炼五色石以补天,断鳌足以立四极,聚芦灰以止滔水,以济冀州,于是地平天成,不改旧物。女娲氏没,神农氏作。

宋罗泌《路史·后纪二·太昊纪下·女皇氏》:

太昊氏衰,共工惟始作乱,振滔洪水,以祸天下,隳天纲,绝地纪,覆中冀,人不堪命。于是女皇氏役其神力,以与共工氏较,灭共工氏而迁之。然后四极正,冀州宁,地平天成,万民复生。媧娲氏乃立,号曰女皇氏。

而《山海经·海内经》更把作为炎帝后的共工之所出的世系编排得十分完整、具体,谓:

炎帝之妻,赤水之子听訞生炎居,炎居生节并,节并生戏器,戏器生祝融,祝融降处于江水,生共工,共工生术器,……共工生后土。

共工是否为炎帝后,是否为祝融的儿子,恐怕都不好说。因为,据上引材料,或谓共工早在女娲时代就出现于历史舞台了(司马贞《史记·补三皇本纪》、罗泌《路史·太昊纪》),或谓共工曾“与神农争定天下”(《琱玉集·壮力》),曾“与祝融战”(司马贞《史记·补三皇本纪》),凡此皆与《山海经·海内经》所编排的共工为炎帝六世孙、为祝融子的说法相抵触。而据现有材料,共工一族出现于历史舞台的时间,似比炎黄二氏都还要早出一大截。

下面再说说如何看待女娲时有共工,颛顼、帝喾时有共工,尧舜禹时亦有共工这件事。其实,这并没有什么不好理解的,因为正如不少学者所正确指出的,“共工”并不是某一个人的专名,而是该氏族部落及其首领的共名,一如“炎帝”是其所在部落八代首领的共名一样。

二、"水政治"中的失败英雄

这里须强调指出的是,女娲、神农、颛顼、帝喾时,共工与他们的争斗即使有之,也不会与"治水""水患"联系在一起,因为历史上那场著名的洪水灾害发生在尧舜禹时代,而不是前于此的颛顼、帝喾时代,更不用说什么女娲、神农时代了。后人记述中将之前置、泛化,是不正确的。

共工(此处指通常的、著名的、作为尧舜大臣的末代共工)为时人和后人津津乐道的最大罪错莫过于"振滔洪水""为水患"了。而所谓"振滔洪水""为水患"云云,又实不过是说他治水无方,错误地采用后来鲧亦同样采用的"堵"而不是"疏"的方法去治理洪水,亦即《国语·周语下》所谓"昔共工……欲壅防百川,堕高堙庳,以害天下"。这真是"欲加之罪,何患无辞"!

南朝宋裴骃《史记集解·三皇本纪》引郑玄言曰:"共工,水官名。"既然能在尧舜手下担任水官一职,那么共工在治水方面还是有丰富经验和相当成就的。可大家不要忘了,当时还处于原始社会末期,人们与自然界作斗争的经验、手段毕竟有限,所以面对千年不遇的特大洪水灾害,共工这位治水专家连同他的继起者鲧也只能面对滔滔洪水徒呼奈何,无能为力。后来的禹之所以治水成功了,虽有他个人的努力、治水方法的改进诸因素存在,但主要还是洪水期已过这个因素决定的。再说,传统的把共工、鲧的治水方法单纯地归结为"堵",把禹的治水方法单纯地归结为"疏",本身并不科学。洪水初袭,人们用筑堤围堵的方法自救是很自然的,洪水退去,人们用"疏"的方法排除积水重建家园亦是情理中之事,即使时至今日,我们不仍旧是既疏通河道又加固堤防,根据不同时期、地段的具体情况交相使用这两种治水方法吗?何来此"堵"彼"疏",并据"堵""疏"以定成败,以论是非的道理?再退一步说,即使共工、鲧等所用的以"堵"为主的治水方法不当,那也是由当时的生产力水平、人们的认识水平决定的,尧、舜和其他人亦未提出什么新的方法可资采用,所以,共工治水之劳而无功,既是由当时的洪灾远非人力所能抗拒决定的,也是由当时的生产力水平和人们的认识水平决定的,并不存在共工的失职、渎职问题。尧、舜等之所以借当时人们普遍关注的治水说事,一些相关记载更不惜给他加上"振滔洪水""为水患"的罪名(这些人怎么就不想想,洪水是随便哪一个强人所能"振滔"起来的吗?),实背后另有隐情,或与深刻的政治斗争背景有关。《韩非子·外储说右上》载:

> 尧欲传天下于舜,鲧谏曰:"不祥哉!孰以天下而传之于匹夫乎?"尧不听,举兵而诛,杀鲧于羽山之郊。共工又谏曰:"孰以天下而传之于匹夫乎?"尧不听,又举兵而诛(本或作"流")共工于幽州之都。于是天下莫敢言无传天下于舜。

这样,一场在"禅让"外衣掩盖下的腥风血雨式的权力交接终于完成了,舜成了胜利者,千古传扬;失败者鲧、共工,自然成了恶人。

共工虽然失败了,但他和他所在的氏族部落对历史发展所作出的巨大贡献却是不容否定的。其巨大贡献主要表现为:

第一,在发展生产力方面的贡献。水与农业息息相关。史称共工为水官,其子为土官、土神,说明共工和他所在的氏族部落在农业生产和治水方面是卓有成效并得到远近各氏族部落乃至最高当政者一致认可的。关于这一层,学者们已多有议论,此不赘述。

第二,在早期国家孕育产生过程中的贡献。史籍称"共工氏之伯九有也"(《国语·鲁语上》)、"共工氏之霸九州也"(《礼记·祭法》),说明共工曾为幅员甚广之一方的霸主。蒙文通于《古史甄微》中谓:"共工固世为诸侯之强,自伏羲以来,下至伯禹,常为中国患。"[①]徐旭生亦谓:"古书中多传共工氏的事

① 刘梦溪主编:《中国现代学术经典·廖平蒙文通卷》,石家庄:河北教育出版社,1996年,第375页。

迹,上及远古,下到虞夏,可以指明共工在古代为一显著的氏族。”[①]据《左传·昭公十七年》郯子语,共工氏还曾“以水纪,故为水师而水名”,得以与“以云纪”的黄帝、“以火纪”的炎帝、“以龙纪”的太皞等诸古帝并举,足见在我国早期国家孕育产生过程中,在以官制为中心的制度层面的创制中,共工也有一份功劳,即在文明曙光即将闪现的时代,末代共工已率领他的族群来到文明时代的大门口了。

综上所述,共工虽在与历代古皇、古帝的既联合又斗争的长期交手中始终未能占据权力舞台的中心位置,但其在农业生产、治水和早期国家孕育产生过程中的巨大贡献却是不容忽视的。后人不应忘记这类失败的英雄。共工的旧地,学者多从徐旭生“在今辉县境内”[②]说,所以,今天我们在共工旧地举办“共工氏与中华龚姓研讨会”,是很有意义的。

(本文作者为青海师范大学原校长、教授)

---

① 徐旭生:《中国古史的传说时代》,桂林:广西师范大学出版社,2003年,第159页。

② 徐旭生:《中国古史的传说时代》,桂林:广西师范大学出版社,2003年,第55页。

共工氏历史传说的再认识

彭邦本

共工，是见载于中国古代许多典籍、知名度颇高的史前传说人物，以治水失败的悲剧结局著称于世。相传其失败的直接原因是用了错误办法治理严重水患，结果适得其反而惨遭流放诛灭的下场。总之，这是一个失败的典型，在一些典籍中甚至是个性格暴戾"以害天下"的反面形象。[①] 如西汉时期的典籍《淮南子》即云"共工为水害，故颛顼诛之"[②]，并在书中另一处作了详细解释："昔者，共工与颛顼争为帝，怒而触不周之山，天柱折，地维绝。天倾西北，故日月星辰移焉；地不满东南，故水潦尘埃归焉。"[③]不仅将共工描述成非常鲁莽的形象，且将其暴怒触山的原因归为"与颛顼争为帝"，其负面形象在标榜禅让、礼让的上古环境中显而易见。

史实真的如此吗？

---

① 《国语·周语下》。
② 《淮南子·兵略训》。
③ 《淮南子·天文训》。

先来看看传世文献记载。《史记·补三皇本纪》:“诸侯有共工氏,任智刑以强,霸而不王。以水乘木,乃与祝融战。不胜而怒,乃头触不周山,崩,天柱折,地维缺。”《史记·补三皇本纪》的补苴虽然时代已晚在中古,但共工为远古一“诸侯”或曰族邦,应属史实。《山海经·海内经》载:

> 炎帝之妻,赤水之子听訞生炎居,炎居生节并,节并生戏器,戏器生祝融,祝融降处于江水,生共工,共工生术器,术器首方颠,是复土穰,以处江水。共工生后土,后土生噎鸣……①

《国语》韦昭注引“贾侍中云:‘共工,诸侯,炎帝之后,姜姓也。’”②从这则传说可知,共工及其族群邦国出自炎帝姜姓一系,而炎帝集团相传是上古擅长农业生产的族群,故炎帝又称神农氏。共工生后土,后土乃社神,亦为农业之大神。农业的发展发达,向以水利为基础,而共工亦世为水神或水利之神。《国语》即谓:“共工氏之伯九有也,其子曰后土,能平九土,故祀以为社。”③《左传》亦云:“共工氏有子曰句龙,为后土,后土为社。”④东汉蔡邕《独断》:“社神,盖共工氏之子勾龙也,能平水土,帝颛顼之世,举以为土正。天下赖其功,尧祠以为社。……社稷二神功同,故同堂别坛,俱在未位。土地广博,不可偏复,故封社稷。”⑤学界或谓共工为水神⑥,实为“能平水土”,兼有水土之神和农神之功能,故史传共工之子为土(水土)正和社神,分别在现实世界和信仰领域内司掌农业和水利之责。

传世文献中最早的典籍《尚书·尧典》谓尧舜时“流共工于幽州,放驩兜

---

① 袁珂:《山海经校注》,上海:上海古籍出版社,1982年,第471页。
② 《国语·周语下》韦昭注。
③ 《国语·鲁语上》。
④ 《左传·昭公二十九年》。
⑤ 〔汉〕蔡邕《独断》上卷,《汉魏丛书》第九册。《史记·律书》亦谓:“颛顼有共工之阵,以平水害。”
⑥ 袁珂《山海经校注》注文即谓“天神共工乃水神也”(上海:上海古籍出版社,1982年,第234页)。

于崇山，窜三苗于三危，殛鲧于羽山，四罪而天下咸服。”[①]这段文字十分简略，共工究竟获何罪并不清楚。对此，成书于战国时期的《国语》已有明确的交代：

> 灵王二十二年，谷、洛斗，将毁王宫。王欲壅之，太子晋谏曰：“不可。晋闻古之长民者，不堕山，不崇薮，不防川，不窦泽。……古之圣王唯此之慎。……昔共工弃此道也，虞于湛乐，淫失其身，欲壅防百川，堕高堙庳，以害天下。皇天弗福，庶民弗助，祸乱并兴，共工用灭。其在有虞，有崇伯鲧，播其淫心，称遂共工之过，尧用殛之于羽山。[②]

原来，共工的失败是由于治水方略的错误——“壅防百川，堕高堙庳”。不仅如此，《国语》还指斥共工“虞于湛乐，淫失其身”，将之亦算作治水失败的原因。这显然是《国语》成书的战国晚期，共工的负面历史形象已经基本形成所致。至于文中批评共工摒弃远古圣王“不堕山，不崇薮，不防川，不窦泽”之道，则虽亦有些勉强，然并非毫无依据。远古农业初萌，水利待兴，大规模的城垣聚落尚未形成，“不堕山，不崇薮，不防川，不窦泽”可谓顺其自然，亦就无所谓对水的堙塞堵截。

在我国古史传说中，共工和鲧作为领导治水失败的典型，与取得辉煌成功的禹形成鲜明对照。然而综合传世文献记载和出土资料考察，共工和鲧既留下失败的教训，也不乏实践的经验乃至建树可供后继者鉴取。徐中舒先生在一篇遗著中就指出：

> 古代城与堤都为防水而设，其初并没有多大的差别。历史上有关鲧的传说：《国语·周语》称共工“淫失（佚）其身，欲壅防百川，堕高堙庳，以

① 按在《十三经注疏》所见今《尚书》中，这条记载见于《舜典》。然此为伪《古文尚书》割裂《尧典》的结果，实则今《尚书》中的《舜典》在先秦时本为《尧典》的一部分，《孟子·万章上》言“《尧典》曰：‘二十有八载，放勋乃徂落，百姓如丧考妣，三年，四海遏密八音’。”今《尚书》此段引文见于《舜典》，孟子明言其为《尧典》文可证。

② 《国语·周语下》。

> 害天下"，其后"有崇伯鲧，播其淫心，称遂共工之过，尧用殛之于羽山"；这是说，鲧继承了共工的过失，筑城堙汩水，为尧殛死。这是传说的一面。《世本·作篇》又称："夏鲧作城。"这是传说的又一面。同是一鲧，一说他筑堤，一说他作城，其实堤与城在古代是没有什么区别的。[①]

《国语·周语》称共工和鲧相继"壅防百川，堕高堙庳，以害天下"，《世本·作篇》则云"鲧作城""鲧作郭"[②]，后者的城郭实即前者的堤防，传说之两面所反映的确如徐中舒先生所言，是二而一的史实。近年考古发现的我国新石器时代晚期以来黄河流域与长江流域广大地区分布的古城群，显然都与防御水患密切相关，印证了徐先生此说。共工和鲧时期以堤亦即城作为防水患、兴水利的手段，无疑也被禹及三代所继承。

在传说中的共工故里——河南省辉县市境内发掘出的龙山文化时期的孟庄古城，以及被洪水冲毁的古城墙垣的遗迹[③]，其文化内涵、时代与古代文献记载反映的共工族群传说史事大致相合或相关，亦恰好形成互证。

具体来说，共工、鲧为防治洪水而"壅防百川"所筑的古城，其夯土城垣实际就是与防御水患密切相关的封闭的堤围。当然，倘进而论之，城垣还有军事防御的功能，而堤防的种类也有多种。但在社会组织限于规模和水利技术发展水平，尚无力修筑大规模的沿江堤防的史前时代，其只能围绕聚落建成封闭性的堤围亦即夯土城垣以"壅防"水患。在鲧禹所属的龙山时期，黄河与长江流域广大平原地区的农业已经发展到一定水平，不仅聚落广布，而且其中比较重要或规模较大者，多已从早期的聚落围壕发展成城垣和壕沟复合体系。此种情形，不仅由这些冲积平原上的聚落近水濒水的位置和地势所决定，亦为当

---

① 徐中舒：《论中国古代社会自然经济与城乡对立等有关问题》，《中国文化》2001 年第 1 期。

② 《世本》秦嘉谟辑补本，载《世本八种》，北京：商务印书馆，1957 年，第 361 页。

③ 河南省文物考古研究所：《河南辉县市孟庄龙山文化遗址发掘简报》，《考古》2000 年第 3 期；袁广阔：《关于孟庄龙山城址毁因的思考》，《考古》2000 年第 3 期。

时东亚大陆正值水患多发气候的背景使然。例如在长江上游川西平原上，与之大体同期的宝墩文化古城群的涌现[①]，显然与上述背景紧密相关。此种主要由城垣和壕沟构成的集防洪和军事功能于一体的复合体系模式，在通常年份是基本能够抵御夏、秋水患的；然而在多年未遇的特大洪水面前却难逃灭顶之灾。

大禹治水确实开创了中国古代水利史的新阶段，具有划时代的重大历史意义，因而促进了中国古代文明的诞生，可谓厥功甚伟。一般认为，大禹治水大获成功的决定性原因是其采取了与共工和鲧的"壅防"截然相反的全新治水方略——疏导江河。这一认识大体是正确的，但有一定的片面性，而且抹杀了共工和鲧的功绩，并不公正。请看《国语》批评了共工和鲧治水方略的错误和危害之后，对继之而起的大禹治水述评道：

> 其后伯禹念前之非度，厘改制量，象物天地，比类百则，仪之于民而度之于群生。共（彭按：即共工）之从孙四岳佐之，高高下下，疏川导滞，钟水丰物，封崇九山，决汩九川，陂鄣九泽，丰殖九薮，汩越九原，宅居九隩，合通四海。故天无伏阴，地无散阳，水无沉气，火无灾燀，神无间行，民无淫心，时无逆数，物无害生。帅象禹之功，度之于轨仪，莫非嘉绩，克厌帝心。皇天嘉之，祚以天下，赐姓曰"姒"，氏曰"有夏"，谓其能以嘉祉殷富生物也。祚四岳国，命以侯伯，赐姓曰"姜"，氏曰"有吕"，谓其能为禹股肱心膂，以养物丰民人也。[②]

---

① 成都市文物考古工作队等：《四川新津宝墩遗址的调查与试掘》，《考古》1997 年第 1 期；中日联合考古调查队：《四川新津宝墩遗址 1996 年发掘简报》，《考古》1998 年第 1 期；成都市文物考古工作队等：《四川省都江堰市芒城遗址的调查与试掘》，《考古》1999 年第 7 期；李明斌、陈云洪执笔：《温江鱼凫村遗址 1999 年度发掘》，成都市文物考古研究所编：《成都考古发现（1999）》，北京：科学出版社，2001 年；成都市文物考古研究所、郫县博物馆：《四川省郫县古城遗址 1998—1999 年度发掘收获》，《成都考古发现（1999）》，北京：科学出版社，2001 年；成都市文物考古研究所、郫县博物馆：《四川省郫县古城遗址 1997 年发掘简报》，《文物》2001 年第 3 期。

② 《国语·周语下》。

从上引史料考察大禹治水方略，其关键性的创新确实在“疏川导滞”一条，“决汩九川”“汩越九原”，最后“合通四海”。但与此同时，其治水方略中同样包括了“钟水丰物”“丰殖九薮”等，尤其是“陂鄣九泽”，亦即必要的“壅防”“堙塞”。易言之，这实际上是一种以疏导为主，疏导与壅防、堙塞结合的综合性治水思路和方略。正是这种堵疏结合的方略保障了治水成功。这里面显然就包含了共工和鲧的贡献。不仅如此，《国语》还特别提到，在大禹治水工程中，“共之从孙四岳佐之”，这就突出地表明了共工氏族群的贡献，因此最后“皇天”在表彰了大禹的巨大贡献之后，紧接着就表彰了共工氏族群的重要贡献：“祚四岳国，命以侯伯，赐姓曰‘姜’，氏曰‘有吕’，谓其能为禹股肱心膂，以养物丰民人也。”很明显，共工氏是一个擅长农业和水利的族群或邦国，而且在4000多年前的气候大变迁之际，为东亚大陆的初民社会战胜危及生存的严重水患作出了突出的贡献。

四岳应为共工氏后裔之一。共工氏作为炎帝之后裔，其族群势力一度颇为强大，故先秦史籍有“共工氏之伯九有也”之说。[①] 伯，或作霸；九有，即九州。可见共工氏曾经为“天下”亦即一定区域范围内的共主，领导各族群邦国治理水患。而就在这一过程中，共工氏与颛顼集团发生矛盾冲突，因而战败失去共主地位，甚至遭到诛讨。《淮南子》明确宣称“昔者，共工与颛顼争为帝”[②]，“故颛顼诛之”[③]。学者或谓此乃“黄(帝)炎(帝)斗争之余绪”[④]，有一定理据。传世文献反映，不仅颛顼与共工氏有过上述冲突，而且其后的高辛氏以至尧舜禹集团也与之持续发生过矛盾冲突。《国语》韦昭注云：

贾侍中云：“共工，诸侯，炎帝之后，姜姓也。颛顼氏衰，共工氏侵陵

① 《国语·鲁语上》。
② 《淮南子·天文训》。
③ 《淮南子·兵略训》。
④ 袁珂：《山海经校注》，上海：上海古籍出版社，1982年，第234页。

诸侯,与高辛氏争而王也。”或云:“共工,尧时诸侯,为高辛氏所灭。”昭谓:言为高辛所灭,安得为尧诸侯?又尧时共工与此异也。[①]

上古族群冲突,一般都是以战胜、征服对方,将其纳入自己的势力范围为目的,通常并不赶尽杀绝。故“诛”“灭”云云,应为后世追记其史传时所附会。从该传说可知,共工氏确实为一颇强悍之族群,虽然屡次失败,但又屡次崛起,争为共主。经过高辛氏之时的这次争“王”失利,到尧舜时期,共工氏大概已经没有直接争为霸主的能力了,但仍为尧舜联盟内的重要族邦,在联盟内颇具影响。《尚书·尧典》:

帝曰:“畴咨若予采?”驩兜曰:“都!共工方鸠僝功。”帝曰:“吁!静言庸违,象恭滔天。”[②]

孙星衍《尚书今古文注疏》引郑康成曰:“共工,水官名,其人名氏未闻。先祖居此官,故以官氏也。尧末,羲和之子皆死,庶绩多阙。当此之时,驩兜、共工,更相为举。”[③]但共工氏族群与尧舜禹其后又发生过冲突,再次遭到联盟主导者的打击。《尚书·尧典》记舜摄政后,“流共工于幽州,放驩兜于崇山,窜三苗于三危,殛鲧于羽山,四罪而天下咸服”。孙星衍《尚书今古文注疏》解释“流共工于幽州”云:

史公云“以变北狄”,《集解》引徐(徐广)曰“变,一作‘燮’”,盖放流之,欲其燮和北狄之风俗,不为困苦其身也。何休注《公羊》云:“古者刑不上大夫,故有罪,放之而已也。”……《史记正义》曰:“《尚书》及《大戴礼》皆作‘幽州’。”《庄子·在宥篇》作“幽都”,《释文》云“《尚书》作‘幽州’”,则此“洲”后人所改。《史记正义》引《括地志》云:“故龚城在檀州

① 《国语·周语下》韦昭注。

② 〔清〕孙星衍撰,陈抗、盛冬铃点校:《尚书今古文注疏》卷一《尧典第一上·虞夏书一》,北京:中华书局,1986年,第24页。

③ 〔清〕孙星衍撰,陈抗、盛冬铃点校:《尚书今古文注疏》卷一《尧典第一上·虞夏书一》,北京:中华书局,1986年,第24页。

燕乐县界。故老传云，舜流共工幽州，居此城。”[①]

相传对共工氏的打击还殃及其“臣下”，如《山海经·海外北经》记载：“共工之臣曰相柳氏，九首，以食于九山。相柳之所抵，厥为泽谿。禹杀相柳，其血腥，不可以树五谷种。”[②]同书《大荒北经》亦载有此一史传，唯相柳作相繇，其文曰：

> 共工之臣名曰相繇，九首蛇身，自环，食于九土。其所呜所尼，即为源泽，不辛乃苦，百兽莫能处。禹湮洪水，杀相繇。其血腥臭，不可生谷，其地多水，不可居也。禹湮之，三仞三沮，乃以为池，群帝因是以为台。在昆仑之北。[③]

从上述可见，大禹杀共工氏之臣相柳，同样可能是“黄(帝)炎(帝)斗争之余绪”。看来，随着早期文明时代的到来，对共工氏及其族群的打击更为严重，其影响也最为深远。流风所及，尽管共工治水有一定成果，其技术亦未必一无是处，但仍然被渲染为十恶不赦的负面历史人物。

不过，大禹治水确实对共工的成果和技术有所继承，如“禹湮洪水，杀相繇”。郭璞注：“禹塞洪水，由以溺杀之也。”是为禹在一定程度上继承了共工、鲧堙塞技术之确证。“禹湮之，三仞三沮。”“三”者，极言其多也。仞，王念孙云：“仞读为牣，牣，满也，《史记·司马相如传》云：‘充仞其中。’仞、牣古通用。”郭璞注“沮”云：“言禹以土塞之，地陷坏也。”[④]可知所谓“三仞三沮”，正是在水利工程的需要堙塞之处，反复用土来塞紧夯实之谓。对堙塞的适当沿用，和对属于共工氏族群的四岳的重用，都揭示并证明了大禹治水对共工和鲧方略技术的扬弃。

---

① 〔清〕孙星衍撰，陈抗、盛冬铃点校：《尚书今古文注疏》卷一《尧典第一上·虞夏书一》，北京：中华书局，1986年，第56页。

② 袁珂：《山海经校注》，上海：上海古籍出版社，1982年，第233页。

③ 袁珂：《山海经校注》，上海：上海古籍出版社，1982年，第428页。

④ 袁珂：《山海经校注》，上海：上海古籍出版社，1982年，第429页。

共工氏族群长于水利和农业,因而是承担帝颛顼和帝尧时期司农业和水利之责的诸侯或曰邦国。那么其地究竟位于何处呢?《山海经·海内经》云其“处于江水”,应是更早时期的事。综合史籍等各方面的资料,可知五帝时期的共工氏应在今河南省辉县市一带。

《尚书·禹贡》“导河”条下云:“东过洛汭,至于大伾;北过降水,至于大陆。”“降水”即《孟子》所说的“洚水”。《孟子·告子下》:“水逆行谓之洚水。”《孟子·滕文公下》又云:“洚水者,洪水也。”徐旭生先生指出,上引《禹贡》所说的洚水乃地名,其进而爬梳文献,列出洚水所在地有河北冀县、河北邢台、河南辉县三说,并就辉县说考证云:

> 《水经注》“浊漳水”条下说:“郑玄注《尚书》,引《地说》云:‘大河东北流,过绛(按徐旭生先生上文言,“绛”字是“洚”字的别体——编者注)水千里,至大陆为地腹。’如《志》之言,大陆在巨鹿。《地理志》曰:‘水在安平信都。’巨鹿与信都相去不容此数也。水土之名变易,世失其处,见降水则以为绛水,故依而废读,或作绛字,非也。今河内共北山,淇水出焉,东至魏郡黎阳入河,近,所谓降水也。降(jang)读当如‘郕降于齐师’之降(hiang)。盖周时国于此地者恶言‘降’,故改云‘共’耳……”这是郑玄引《地说》及《地理志》的说法驳《汉书·地理志》“信都县”条下“《禹贡》绛水”的说法。他所说“如《志》之言”的《志》是指《汉书·地理志》,因为该《志》于“巨鹿郡巨鹿县”下曾说:“《禹贡》大陆泽在北。”他所引的“《地理志》”却不是《汉书·地理志》。全祖望说:“安帝改信都曰安平,则是安帝以后的书。”很是。因为信都离巨鹿太近,所以郑玄说“不容此数(千里)”。他所说的共北山就是《汉书·地理志》“河内郡共县”条下所说“北山淇水所出”的北山。共县今为河南省辉县。共北山就是辉县西北七里的苏门山。此山今有百泉水,下流为卫河。按郑氏说,此淇水原

名为降水,"周时"才改名共水。[①]

……

究之,"洚"与"洪"为古今字的不同,《孟子》书中有确证。……水出共山,故名共水,后加水旁为洪,也很难有疑义。那末,降水(洚水、洪水)所在,只可能如郑氏说,前二说(彭按:指冀县说和邢台说)实不可从(至《水经注》中所说济水故渎所合的洪水,远在今山东省巨野、东平各县界内,像是与这里所说的洪水无关)。至郑氏恶降音改共的说法颇难成立。因为由于义释的差异而区别音读,当为后起的现象,古时无此类区别。他那改洚为洪的说法与《孟子》书合,当有所本。原因不明,未便强解。[②]

徐先生的结论是:"'洪水'原为一专名,并非公名;地域在今辉县及它的东邻各县境内;它与淇水会合后,入黄河,在它入河以前略与今卫河相当。"[③]由此可知辉县市上古确为共工氏族邦所在地,其地夏属冀州之域,殷商系畿内地,周称凡国、共国。周厉王十六年,共国之君共伯和受诸侯拥戴,曾代行王政,号共和,其元年为公元前 841 年,乃中国历史上有确切纪年的开始。共城春秋属卫,战国归魏。其战国城遗址已经被发掘出,呈矩形,城墙周长达 5000 余米,城址面积约 1.5 平方千米。秦统一天下后,其地属河内郡;西汉时,其地东部置共县,西部属山阳县,东汉、晋、北魏、东魏因之。

辉县市西邻太行山脉,属于古代东阳之地,位于第二级地貌台阶向第三级地貌台阶的过渡地带,地势由西北向东南呈阶梯形下降,有深中山区、深低山区、丘陵区、盆地、山前倾斜平原、平原和洼地,最低洼地海拔仅 72 米。辉县市属于暖温带大陆性季风型气候,海河流域卫河水系,主要河流有淇河、百泉河、刘店干河、黄水河、石门河、峪河、纸坊沟河等,水资源丰富,古代平原地区在雨

① 徐旭生:《中国古史的传说时代》(增订本),北京:科学出版社,1960 年,第 132—133 页。
② 徐旭生:《中国古史的传说时代》(增订本),北京:科学出版社,1960 年,第 135—136 页。
③ 徐旭生:《中国古史的传说时代》(增订本),北京:科学出版社,1960 年,第 136 页。

热同期的夏季很容易发生水患。此种地理气候条件，与古代共工氏治理洪水的传说若合符契。《管子·揆度》云："共工之王，水处什之七，陆处什之三，乘天势以隘制天下。"《淮南子·本经训》云："舜之时，共工振滔洪水，以薄空桑。"

综上所述，透过传说、历史故事累积构成的迷雾，大致可知共工氏族群及其功绩的历史原貌。这是一支出自姜姓炎帝神农氏的族群，是上古擅长农业生产尤其是水利技术，以今河南省辉县市一带为世居之地的古老族群共同体，并至迟于传说中的炎黄五帝时期就在其地建立了早期邦国——共国。由于姜姓的炎帝族群在远古势力强大，共工氏又因适应当地水土条件，世代长于水利技术和农耕生产，因而在4000多年前东亚大陆气候巨变、洪水泛滥之时，被举为"天下"亦即一定地理范围内的联盟首领，堪称一方共主，史称其曾"霸九有"。共工领导"天下"各族群邦国治理洪灾，取得了一定的成效，并曾有筑城垣避水患、兴水利的重要建树。但由于其治水方略过多地依赖于堙塞手段，其治水工程虽然成绩有目共睹，但最终仍在遭遇空前的大洪灾时未能奏效而失败，加上早期炎、黄两大族群之间的矛盾纠葛，共工氏因而失去了"天下"共主地位。其后大禹领导唐虞联盟展开大规模治水工程，认真总结兼取共工氏的成败经验教训，重新制定以疏导江河为主、因地制宜结合适度堙塞为辅的治水方略，终于使得治水工程大功告成。作为唐虞联盟重要组成部分的共工氏族群后裔，四岳族群也积极参与大禹领导的治水工程。而相传为共工之子的句龙，亦即共工氏族群的新首领，也因善于平治水土，被后世尊为后土和社神，亦即农业和水土之神，可谓荣获殊勋，实至名归。

（本文作者为四川大学历史文化学院教授）

共工族群所居原始地理环境及其族群传承执业特征形成浅识

杨晓国

关于共工族群所居原始地理环境,史学界过去早有豫北南太行山前辉县一带的说法,其中以徐旭生先生的论述最为典型,也最有影响。他在《中国古史的传说时代》一书第二章中肯定地认为,共工氏的"旧地在今辉县境内,大约可无疑义"。徐先生此书出版半个多世纪后,亦即 20 世纪 90 年代中叶,考古工作者在辉县境内发掘了孟庄遗址,该遗址内叠压了从裴李岗经仰韶、龙山直至夏商数千年的文化遗存。目前,大多数史学者也都存有共识,以为此遗址正位于西周共和以来历代学者所说的共地旧墟之上,应该属于早期共工氏族群的一处中心聚落。

基于以上共识,本文仅就早期共工族群所居原始地理环境,及其因而形成的族群传承执业特征,发表自己的一些浅显之见。

一、共工族群所居原始地理环境的三个特点

今天的辉县市面积共2007平方千米,它的西北方向正面对着陡峭雄伟的南太行山。山如刀削,直上直下。山下辉县市为准平原,海拔多在500米以下,如孟庄遗址与今辉县城外,海拔只有100米左右。而西北山上的山西省陵川县则为准山地,群山竞峭,海拔多在1500米至1600米,最高海拔为1784米,县境内海拔最低处也在1000米左右。也就是说,山西省陵川县所在的南太行山上与山下辉县市的平均落差足有1000米。近20年来,本文作者曾多次踏勘陵川至辉县之间的山地峡谷。如果说今天辉县市已发掘的孟庄遗址是共工族群所居原始中心聚落的地理坐标的话,那么,早期共工族群所居的原始地理环境,至少具备如下三个特点:

1.山西省陵川县境内南太行山一带的古森林密布,年降水量居于山西高原各地前列,且当地地质结构以石灰岩为主,地表径流及地下潜流发育均极为丰富。这一特点说明,对山下辉县平原而言,南太行山陵川段完全具备洪水源头生成条件。

2.从辉县市西北部山地一直向东南方向延伸,自然地形整体呈西北高而愈向东南愈低平的形态。这种地貌形态一方面说明当地具备频繁发生山洪的地形条件,而从另外一个方面去反证,则可让今人了解到,在以亿万年计的漫长的地质时代里,像辉县市后来这样的地形,可能是由无数次的山洪冲积而逐渐自然形成的。辉县市现在西北部的市界与南太行的山沿起势基本是并向平行的,其长度在百公里以上。百公里内,自南太行山上向山下流出的大小河流,能分辨出的早期河道出口至少应有数十处之多,而其中从陵川峡谷中奔出的香磨河(辉县市称香木河)、石门水和横水河(辉县市现称峪河)至今仍颇具规模。1996年8月3日至4日,从南太行山上冲出的洪水曾使辉县市26个乡

镇近300个村庄的32万人受灾。受灾农田64万亩以上,其中21.3万亩颗粒无收。辉县市界内9座水库全部溢洪,香磨河出山口的三郊口水库每秒泄流量达到了800立方米。此次洪灾一天内损毁工程粗略计:桥涵类建筑共831座,公路824千米,村庄房屋22568间,干渠堤坝18.5千米。由此我们完全可以想象,处于同一地理环境,早期共工族群所在蛮荒时代可能遭遇的原始期洪水会是何等气势与规模。

3.尽管辉县平原在历史上与频繁产生洪水的南太行山近在咫尺,数千年间经常性地处于山地洪水的侵害之中,但是历史却又在告诉我们,早在约7000年前的裴李岗文化时期,粟作农业初有规模,先民加工粮食还在用石磨盘与石磨棒那样原始的工具,而今天辉县市一带的山前平原就已经成为当时中华先民赖以生产生活的长期定居之地。因当代考古发掘而赫然面世的孟庄遗址明白地告诉我们一个铁的事实:一方面是无数次频繁发生的大洪水,另一方面则是人们认准了这是一块堪称粮仓的膏腴之地。所以,虽然早在4000多年前的龙山文化晚期,孟庄古城就曾经被洪水毁坏,但之后的夏商直至两周时期,辉县平原的人类文明却在顽强地延续发展着。而在当地延续发展这一文明的族群,应该就是多代延续、一脉相承的共工族群。

二、南太行山前平原的特殊地理环境培养塑造了早期共工族群的执业特征

在我国早期的古史传说系统中,曾经有过将共工氏与燧人氏等并列的状况。事实上,正像"燧人氏"三字中透露了早期用火族群的原始信息一样,"共工氏"三字中同样透露了该族群在与洪水长期搏斗中形成的整体执业特征及信息。何为"共工"?实际正如以往史学界已有的共识一样,"共"字即洪水之"洪",而"工"字在此则具有更为重要的意义。本文以为,这里的"工"字包含

了共工族群至少在数千年里世代传承的以抵御和改造自然环境而逐渐形成的工程技术特征的信息在内。简言之,这一“工”字中透露的原始信息,应该就是早期共工族群传世的执业特征。

另外,需要特别强调的一点是,共工族群执业特征的形成时间与地域,应该是与我国原始农业的形成时间及基本地域相一致的。也就是说,共工族群执业特征的形成时间大约应在距今7000年的裴李岗文化时期至龙山文化晚期之间,而形成地域则应在黄河中游的中原地区。豫北平原及辉县市界内以往的考古发现基本与我们的认识相吻合。

共工族群早期逐渐形成的执业特征包括相当丰富的具体内容,但最基本的内容应是如下四个方面:

1. 抵御洪水。

2. 围水造田。

3. 开辟道路。

4. 营造居住聚落。

这些具体内容我们或许在以后的考古发掘中可以得到陆续发现和印证。但除此之外,同样不可忽视的还有对如南太行山一带的人类学调查和对传世历史文献的重新梳理及重新判断,由此应能获取到一些对共工原始族群的全新认识。这方面有两个具体的例子可以给我们少许启示。

第一个例子:我们曾在距离辉县市薄壁镇西部不远的南太行山中,发现一个古老的地名——路工,而在当地山中峭壁之上,人们则常常能见到一段段由人工雕凿的从古代遗留至今的奇险栈道。

第二个例子:南太行山地域流传的众多创世神话及传说竟大多是与抵御自然灾害、改造自然环境的主题紧密联系的。例如愚公移山、精卫填海、女娲补天等,当然也包括共工怒触不周之山在内。令人深思的是,所有这一切或许确实共有着一个久远而原始的历史背景及地域背景。

三、共工族群创造的历史文化在中国古代史上得以数千年传承的历史原因

共工族群所创造的历史文化在中国古代历史上为什么可以经数千年传承而不衰,本文以为主要有以下几个原因:

1. 共工族群在一个特殊的原始地理环境中,逐渐培养塑造而最后形成了自己族群的执业特征。这种执业特征顺乎社会发展与底层民生的直接需求,所以能够得以传承。

2. 共工族群最初虽然形成于距今数千年的新石器时代晚期的南太行山前平原,但至夏商之际,其族群在治水工程、道路工程方面的执业特点得到凸显,特别又顺应了当时的社会分工发展,遂能渐次走出南太行山前平原,在更为广阔的地域产生影响。

3.传世历史文献中曾经散见一些对共工族群的负面记载,这可能主要起因于共工族群在改造自然环境过程中曾触犯过山川崇拜与当时人们的原始信仰。但人类的生存需求与人类的自然信仰相比,生存需求总是第一位的,所以,共工族群的执业传承最终仍能得以继续发展。

4.中国历史进入商周以后,社会分工愈来愈细,共工族群也早已进入派生分化阶段,古共国应在这一时期确立,共工族群原有的执业特征也被逐渐分解于社会底层。之后,共工连及后土逐渐进入神话及传说时代,公元前 841 年的共伯和执政,应是一个重要的推手与转折。

(本文作者为山西省社会科学院历史研究所研究员)

由王城岗陶文“共”字谈夏代文字问题

——兼论共工氏与龚姓的源流及纠葛

朱彦民

据史书记载,殷商族人祖先是有文字和书籍的。《尚书·多士》:“惟殷先人,有册有典。”强调了殷商民族的祖先发明了文字、记载有典册。近代以来发现的大量的殷墟甲骨文字,为这种说法提供了坚实的证据。由此我们认为,当其他古代民族尚未发明和使用文字时,殷商先人可能首先利用一些原始文字符号作为基础,创造了文字。也就是说,有夏一代的商族先人是有文字的。这是一个伟大的发明,是中国文化史上的一块丰碑。

我们说夏代已有文字了,那么作为夏代文化的主体——夏族人是否也使用文字呢?《吕氏春秋·先识篇》:“夏太史令终古出其图法,执而记之,夏桀迷惑,暴乱愈甚。太史公终古乃出奔如商。”但这只是说明夏代末年已经有了文字记录。那么,夏代早期是否就已经有了文字?这是非常值得进一步探究的问题。

一、夏代有无文字的争论

与商族相比，夏族也许不是文字的发明者，因此整个夏代使用文字并不普遍。据吾师王玉哲先生的研究，群经诸子所引《夏书》及《禹贡》《甘誓》绝不是周以前的作品，明代所传“大禹岣嵝碑”，宋人所传的所谓夏琱戈、夏带钩，其上的铭文刻辞，也绝不是夏代文字，夏代当时还没有文字。[①] 徐中舒先生等人也同意这一看法[②]。周代有文字，除金文外，还有甲骨文，但其文字系统基本同于殷商文字，很可能是从商人那里学来的，因为没有其族先人发明文字的文献记载。所以说，“惟殷先人，有册有典”就是文字产生的时代和族属线索。

但是也有不同的意见。在属于夏代文化的二里头遗址发现了一些陶器刻画符号，这些符号有 20 多种，分别分布于大口尊等陶器的口沿内部，有学者认为这些陶器刻符“应该就是当时的文字”[③]。1960 年在偃师二里头夏文化晚期第三段的一个灰坑中，发现了一个刻有一个字符的黑陶纺轮。由于此字符与甲骨文中的“羌”字字形比较相似，所以邹衡先生认为：“商朝的文字同夏文字是一脉相承的，基本上属于一个系统。”[④]“据现有材料得知，二里头文化第三、四期的陶器上出现了多种样式的刻划符号，其中有的应该就是文字。这些文字目前尚未认识，有个别的字，颇似甲骨文，例如𠂎或即‘羌’字。我们认为，这种早于甲骨文的文字，应该是目前我国发现的最早的一种文字。”[⑤]杜金鹏先

---

① 王玉哲：《夏文化研究的几个问题》，《夏史论丛》，济南：齐鲁书社，1985 年。

② 徐中舒、唐嘉弘：《关于夏代文字的问题》，《夏史论丛》，济南：齐鲁书社，1985 年。

③ 北京大学历史系考古教研室编：《商周考古》，北京：文物出版社，1979 年，第 21 页。

④ 邹衡：《试论夏文化》，《夏商周考古学论文集》，北京：文物出版社，1980 年，第 173 页。

⑤ 邹衡：《夏文化的研究及其有关问题》，《夏商周考古学论文集》(续集)，北京：科学出版社，1998 年，第 4 页。

生认为,二里头遗址曾发现的20多种陶文符号,大都在大口尊和卷沿盆的口沿上,是烧成后使用时刻画上的,从字形风格、结构来看,它们与二里岗陶文、小双桥朱书应该是一系的,不少是可以与甲骨文相对应的,它们是夏代文字无疑。[①] 而李伯谦先生进一步阐述了这个观点:“考古上发现了不少的夏代城址,一些城址内还有宫殿基址,发现了随葬铜器、玉器、陶器的墓葬,还有非正常死亡的墓。在一些陶片上有刻划符号,已经是文字,有一些文字甚至可以和商代的甲骨文对照出来。所以可以肯定夏文化是有文字的。”[②]李学勤先生也认为:“经过多年的发掘和调查,对二里头的面积、内涵都比较清楚了,它符合文明的条件。二里头有大型宫殿,还有很多的墓葬,出土的青铜器、玉器、陶器上刻着可能是文字的符号,已经是一个文明社会了。它的时代、地理位置和我们文献记载的夏相吻合,多数学者同意二里头文化是夏文化。”[③]在这里,李学勤先生判断二里头遗址出土陶片上的刻画符号是夏代的文字符号。

夏鼐先生说到二里头文化时曾言,“它似乎已有文字制度。发掘物中有刻划记号的陶片,都属于晚期。记号已发现的共有24种,有的类似殷墟甲骨文字”,但他同时也承认,这些刻划记号“都是单个孤立,用意不清楚。这还有待于进一步的探讨”[④]。而二里头发掘主持者郑光先生认为:“具中个别有类似文字的,但因都是单个存在,而且与后来的甲骨文、金文的结构有较大的距离,不易确定其为文字。二里头陶器上的刻划符号不属文字系统,而属某种意义的符号系统。”[⑤]郑先生的意思是说这些符号既不是图画,也不是文字,而是一种帮助人们记忆的记事符号。记事符号与早期文字的形成关系密切,一些常用的记事符号在某一地区广泛应用,约定俗成,有了读音,自然就成了早期

① 杜金鹏:《关于二里头文化的刻划符号与文字问题》,《中国书法》2001年第2期。
② 李伯谦:《夏文化探索与中国古代文明形成》,2008年1月20日在河南博物院的讲座。
③ 李学勤:《辉煌的中华早期文明》,《李学勤讲演录》,长春:长春出版社,2012年。
④ 夏鼐:《中国文明的起源》,北京:文物出版社,1984年,第95页。
⑤ 郑光的意见,见载于《中国文明起源座谈纪要》,《考古》1989年第12期。

的文字了。但大部分刻画符号没能发展成为文字，而文字的形成也远非仅仅刻画符号一途。二里头的陶器刻画符号有了某种程度的表意性，但它终属符号系统，远非文字。不过郑光、高炜、徐苹芳先生等人认为，二里头和陶寺时代应该已经有文字了，并期待着将来考古发掘中能有书写文字的发现。[1]

虽然一些考古学家依据二里头文化出土的陶器刻画符号，对夏代文字进行了推测，不过在此之前，并没有多少切实的证据说明夏代确实有了文字使用的现象。一些材料属于单字孤证，尚不足以证明夏代已经广泛使用文字。所以古文字学家裘锡圭先生说："关于所谓夏代文字，一般认为夏代已经进入阶级社会时代。目前除少数学者外，大家都认为夏代应该有文字，至少应该已有原始文字。但是在考古发掘中却还没有发现确凿无疑的夏代文字。"[2]可以说这代表了目前学界大多数学者的看法。

二、王城岗陶文"共"字之发现

这一关于夏代文字的争论，直到20世纪80年代的考古发现，才有了新的进展。

1981年考古工作者在河南登封王城岗遗址，于H473号灰坑中，发现了一件泥质磨光黑陶平底器的器底残片，底径12厘米，器壁很薄，仅2毫米，表面磨光，其底外面有烧制前刻画于陶胎上的一个"共"字，字形象两手相对各持一棒之形。[3] 如图一所示，该字字形与甲骨文、金文中的"共"字（《合集》6343）、（《合集》14795）、（《合集》14065）、（《师臣鼎》）、（《叔向簋》）、

---

① 徐苹芳、高炜等人的意见，见载于《中国文明起源座谈纪要》，《考古》1989年第12期。

② 裘锡圭：《汉字的起源和演变》，阴法鲁、许树安主编：《中国古代文化史》（一），北京：北京大学出版社，1989年。

③ 河南省文物研究所、中国历史博物馆考古部：《登封王城岗与阳城》，北京：文物出版社，1992年，第78页。

(《父己卣》)等字形比较接近,而且该陶文字体已经超越了初期文字的独体象形格局,已经是一个典型的指事字了,所以说绝非一般的刻画符号,应该就是文字——陶文了。

王城岗遗址年代为河南龙山文化晚期,而出土刻符陶器的王城岗三期相当于夏代的初年,李先登先生据此认为,夏代初年或者说夏代早期已经有了文字。①

图一　王城岗遗址陶器刻文拓本

三、夏代其他遗址中的文字发现

无独有偶,除了王城岗陶文“共”字,同样是20世纪80年代初期在陕西商县紫荆遗址和山西襄汾陶寺遗址发现的陶文,为夏代已经使用文字问题提供了更多的证据。

1983年,在陕西商县紫荆遗址中也发现了五个早期陶文。据发掘者言,除了第一次发现的一个属于陕西龙山文化的陶文,后来发现的四个陶文则属于二里头文化。它们与偃师二里头遗址出土的陶器刻画符号相比,显得更接近商代甲骨文字。比如其中一个陶觚上所刻的“交”字,与甲骨文的“交”字基本相同,而同一件器物上另一侧的陶文则与甲骨文“迺”字相似。值得指出的是,三个陶文分别刻在同一件器物陶觚的不同部位——下部、两侧和器底,这在以往发现的早期文化遗址中的陶器刻画符号中是不多见的。多字刻画在同一器物之上,一定是记录了相关内容,其文字性质是可以肯定的。“对于和紫

① 李先登:《试论中国文字之起源》,《天津师范大学学报》1985年第4期;《夏代有文字吗》,《文史知识》1985年第7期;《对夏文化若干问题的看法》,《华夏文明》第一辑,北京:北京大学出版社,1987年。

荆陶文出土地层相同的窖穴 H91 中的木炭标本，国家文物局文物保护科学技术研究所实验室，曾做了放射性碳素的绝对年代测定，其结果是，H91 中的堆积年代，为距今大约四千年。”这个数据，正在夏代纪年范围之内。所以发掘者坚持认为，这可能就是夏代文字。[①]

1984 年在陶寺遗址一座晚期灰坑中发现了有朱书的陶扁壶，壶身正面、背面都有朱书符号。[②] 如图二所示。山西襄汾陶寺遗址是已进入夏纪年的龙山文化遗存，所以学界也多将其与二里头、东下冯一样看作夏代的物质文化遗迹。据此，有些学者就认为是夏代文字，如李健民先生认为其中一“文”字很可能与夏禹之名“文命”有关。[③] 而罗琨女士释其中两字为“昜文”即“明文”，将其当作一篇完整的文献，并与《尚书 · 尧典》类比，认为两字和一个符号（界划）记述了尧的功绩。[④] 张政烺先生认为扁壶朱书“文”字与大汶口文化陶文和殷墟甲骨文是同一个文字系统，张光直先生则认为扁壶背面的那两个刻画倒过来看可能是“祖丁”二字。[⑤]

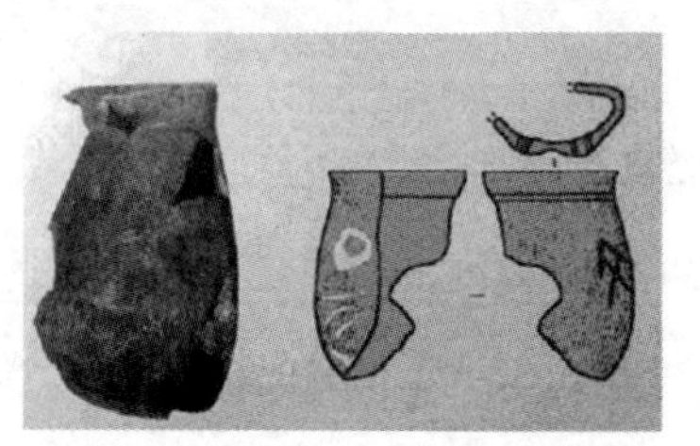

图二　陶寺遗址扁壶朱书陶文

1.扁壶背面陶文　2.扁壶正面陶文

① 王宜涛：《商县紫荆遗址发现二里头文化陶文》，《考古与文物》1983 年第 4 期。
② 《中国文明起源研讨会纪要》，《考古》1992 年第 6 期。
③ 李健民：《陶寺遗址出土的朱书“文”字扁壶》，《中国社会科学院古代文明研究中心通讯》第 1 期，2001 年 1 月；《论陶寺遗址出土的朱书“文”字扁壶及相关问题》，《中国书法》2000 年第 10 期。
④ 罗琨：《陶寺陶文考试》，《中国社会科学院古代文明研究中心通讯》第 2 期，2002 年 1 月。
⑤ 高炜：《陶寺出土文书二三事》，《中国社会科学院古代文明研究中心通讯》第 3 期，2003 年 1 月。

四、夏代文字使用的状况推测

有夏一代有已经使用文字的可能,但夏族生活的中原地区,作为夏文化主体的考古学遗址中,并没有更多的系统使用文字的资料。除了上述一些少量的文字符号与甲骨文、金文中的字形相似,二里头文化中出土的其他符号都不堪与后世文字相类比。由于这些符号仍与其他地区龙山时代陶器刻画符号一样,孤立存在而不成系统,所以这些符号是否就是文字,尚待考证。

也就是说,尽管在二里头文化考古发掘中发现了一些与文字有关的刻画,一些单个的文字已经是当时使用的陶文了,这些珍贵的资料也引起了广泛的关注与争论,但目前还没有更多考古学证据可以说明,夏代已有了普遍使用文字的现象。

如何理解这样一种现象,是需要考古学、历史学继续研究的问题。在此,我们以文献记载、考古资料两方面结合,做这样的推测:

虽然夏代有了文字使用的情况,但因为不是夏族人而是商族人,或者说东夷部族发明了文字,所以在夏族占据的中原一带,文字的使用并不流行。而商族与东夷部族的考古学文化中经常发现有早期文字材料,这是由于不同部族文化发展的不平衡性决定的。当然,这一推测能否成立,还需假以时日以更多的考古资料发现来证明。

五、共工氏与龚姓的源流蠡测

无疑,共工氏与龚姓的起源,要早于以上所举的古文字初起时代。

但是除了文献记载,并没有多少共工氏的考古学实物遗留下来。就是从有限的文献记载来看,它们之间也是相互抵牾的。有的说共工氏是水灾的制造者，比如《淮南子·天文训》："昔者，共工与颛顼争为帝，怒而触不周之山，天柱折，地维绝。天倾西北，故日月星辰移焉；地不满东南，故水潦尘埃归焉。"《史记·补三皇本纪》："诸侯有共工氏，任智刑以强，霸而不王，以水乘木，乃与祝融战。不胜而怒，乃头触不周山，崩，天柱折，地维缺。"《文子》："共工为水害，故颛顼诛之。"《史记·楚世家》："共工氏作乱，帝喾使重黎诛之而不尽。帝乃以庚寅日诛重黎。"《国语·周语下》："昔共工弃此道也，虞于湛乐，淫失其身，欲壅防百川，堕高堙庳，以害天下。"有的则说共工氏是治理水患的功臣，比如《左传·昭公十七年》："共工氏以水纪，故为水师而水名。"《管子·揆度》："共工之王，水处什之七，陆处什之三，乘天势以隘制天下。"《淮南子·本经训》："舜之时，共工振滔洪水，以薄空桑。"等，说法颇不一致，令后人无所适从。

至于共工氏部族所处的共国（共山、共水、共谷）地望所在，历来也有较多争论，计有河南辉县说、河南济源说、河南新安说、山西芮城说、山西五台说、甘肃灵台泾川说、山东莒县营丘说等，歧见纷纭，莫衷一是。

有鉴于此，我们在此仍不妨根据同样也不多的古文字材料，对共工氏与龚姓的源（早期形态）流（后来发展）问题做一较为合理的推测。如此，或者也不失为解决共工氏与龚姓早期源流及分化关系的一种线索、一种思路。

按照一般的说法，龚姓来源于共工氏，即龚姓人属于共工氏的后裔。据《元和姓纂》所载，黄帝之臣共工氏（炎帝的后代）在黄帝时为水官，因治水有功，被奉为社神。其后有一支开始以单字"共"为整个家族的姓氏。其后裔又再加龙字改成"龚"氏，遂演变成龚姓。这一说法，目前没有古文字材料支持。因为最早的"共"字，如上所述出自王城岗遗址，属于夏代初年。这一"共"字，或许就是共工氏族徽文字也未可知。

徐旭生先生认为共工氏的旧地是汉代的共县，即今河南辉县市境内。[①]

① 徐旭生：《中国古史的传说时代》，北京：科学出版社，1960 年，第 53—55 页。

郭沫若先生则认为“共工氏长期活动的地方应是今河南西部的伊水和洛水流域。这地方,古代称为‘九州’,可能来源于共工氏的九个氏族。后来,这里往西的山区中还有‘九州之戎’,大概是共工氏的余部延续下来的”[①]。王震中先生认为:“共工部落曾为古九州之伯,其前后活动范围,西起渭河上游,东至豫中嵩山脚下,北达豫北辉县及山西境内,南至熊耳山乃至南阳地区。在这一范围内,其活动中心,起初在渭河流域,后来移到中原地区。”[②]据此,共工氏部族主要活动范围应该就在黄河中下游以嵩山地区为主的豫西和豫北一带。那么,在登封王城岗遗址发现共工氏的文字符号就比较容易理解了。而此时尚未见到“龚”姓文字的出现,当然其他文字也都尚未出现。

另外一种说法,龚姓来源于古共国之后。据《通志·氏族略》所载,共国(今河南省辉县共城)之“共”,亦作“恭”,为商代诸侯国。因侵犯周而受文王姬昌的讨伐,为周文王姬昌所灭。共国灭亡后,其子孙以国为氏,就是共氏,后演变为龚姓。

这一说法可能有些依据,然而也不尽确切。因为商代确实有共(龚)国,甲骨文作[illegible]、[illegible]等形。卜辞有:“贞:王于龚[次]?勿于龚次?”(《合集》7352)“卜,中贞:我在奠从龚受年?”(《合集》9770)“辛未卜,在龚贞:王今夕亡祸?”(《合集》36926)这里的“龚”明显是个地名,也可以当国名讲。“贞:侑于龚司?”(《合集》14814)“叀龚伐?”(《合集》28022)这两辞中的“龚”,则是龚方伯部族之意。可知龚国与商王朝时和时叛,故而卜辞中既有对龚国的祭祀和保佑,也有

《合集》9770　《合集》28022

图三　甲骨卜辞中的“龚”

① 郭沫若主编:《中国史稿》第1册,北京:人民出版社,1976年,第109页。
② 王震中:《共工氏主要活动地区考辨》,《人文杂志》1985年第2期。

对龚国的讨伐。“……乎田……龚山。”（《英藏》836）“龚山”应该是位于龚国的山脉。据郑杰祥先生考证，龚地很可能就是后世的共地，即共国所在地，今河南省辉县共城一带。龚山就是后世共山，地在今河南省辉县境内。[①] 应该说，甲骨文中的“龚”，当是龚姓的最早来源了。

甲骨文中除了“龚”字，也有“共”字，但大多数都用为“供人”“供众人”之“供”，与“登人”之“登”同义，表示军事活动中征集人马，供王调遣之意。如“丁酉卜，㱿贞：今者王共人五千正（征）土方，受有又（佑）？三月。”（《合集》6409）“辛巳卜，争贞：今者王共人乎（呼）妇好伐土方？”（《合集》6412）很明显，这个意义上的“共”，与族名、国名、地名、人名、姓氏无涉。

值得注意的是，甲骨文中“共”字也是有作名词的，如作人名讲。甲骨文中有著名的“家谱刻辞”，就是在一版甲骨上契刻了一个完整的儿氏家族的十余代族谱人名：“先且（祖）曰吹，吹子曰[illegible]，[illegible]子曰[illegible]，[illegible]子曰雀，雀子曰壹，壹弟曰启，壹子曰丧，丧子曰养，养子曰共（也有释读为“洪”者），共弟曰御，御弟曰[illegible]，御子曰[illegible]，[illegible]子曰[illegible]。”（《库方》1506、《英藏》2674）其中有人名曰“共”，但这个“共”是儿氏家族的人，其人名“共”而非族姓“共”，所以可能与共工氏后裔共姓、龚姓无关。

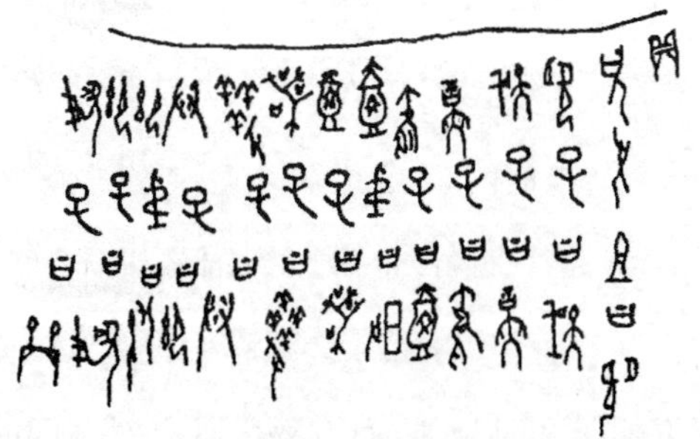

（《库方》1506、《英藏》2674）

图四　甲骨文中的家谱刻辞

① 郑杰祥：《商代地理概论》，郑州：中州古籍出版社，1994年，第38、49页。

不过,在商周金文中有“共”字族徽是作族姓讲的。如共鼎〔《殷周金文集成》(以下简称《集成》)1096、1098〕、日辛共爵(《集成》8800)、共父乙簋(《集成》3149)、共锛(《集成》11790)、共卣(《集成》4783)、共枫鬲(《集成》8199)、共宁鬲(《近出殷周金文集录》123)、共父癸爵(《集成》1678)、共父乙甗(《集成》809)、共父丁爵(《集成》8456)、共宁父庚觚(《近出殷周金文集录》753)等青铜器上的徽号。可见当时的共族是个名门望族。

图五　共鼎(《集成》1091)、日辛共爵(《集成》8800)、共鼎(《集成》1098)族徽铭文

值得注意的是,殷周金文中也有带“龚”字的族徽,如亚龚父辛尊(《集成》5747)、亚龚父辛簋(《集成》3330)等青铜器上的徽号,字形如图六所示。

图六　亚龚父辛尊(《集成》57477)、亚龚父辛簋(《集成》3330)铭文中的族徽“龚”字

综上所述,根据“共”“龚”在古文字中出现的早晚和共时情况判断,“共”早而“龚”晚,因此“龚”字很可能是由“共”发展而来的。殷墟甲骨文中既有“共”也有“龚”,但此时“龚”是部族姓氏,而“共”只用作动词或人名。商周金

文中,既有“共”也有“龚”,都是作为部族姓氏出现的。这说明到了商周之际,“共”“龚”两者分化,各自独立,成为同源异流的两个族姓发展开来。

另外,上举“家谱刻辞”中的“共”,也有学者释读为“洪”字。由此可以联想到,“洪”字或许也与共工氏有关系。相传姓氏“洪”字也是从共工氏而来。据《说文解字·水部》:“洪,洚水也。从水共声。”段注:“洪,洚水也。《尧典》《咎繇谟》皆言洪水。释诂曰:洪,大也,引伸之义也。孟子以洪释洚,许以洚释洪,是曰转注。大壑曰鉷,字亦作洪。从水,共声。”是以知,洪水就是大水,就是水灾。结合甲骨文中的“昔”字作[illegible]、[illegible]等形,从水从日,会意水灾的日子,以发大水的那个时候指代远古往昔。那么也很有这种可能:人们把当年共工氏治理的那场大水,看作是“洪水”的专称①,即共工氏所治理的大水。位于辉县古共水(也称洪水)流域的孟庄古城遗址,时代属于龙山时代晚期,即相当于共工氏治水时代,而孟庄古城就是遭洪水冲毁的②,这为共工氏曾经治理洪水提供了极其有力的证据。后来,“洪水”就逐渐演变成泛滥的大水、水灾的泛称了。当然这只是一个推测,究竟如何,还需要时间和材料的进一步证实。

(本文作者为天津南开大学历史学院教授)

① 徐旭生先生也曾指出:“‘洪水’原为一专名,而非公名。”只不过徐先生认为“洪水”当为河南省辉县境内的共水。(徐旭生《中国古史的传说时代》,北京:科学出版社,1960年,第136页)

② 袁广阔:《关于孟庄龙山城址毁因的思考》,《考古》2000年第3期。

文献记载中的两面共工氏

魏建震

共工氏是我国传说时代历史上的重要部族，由于其所处时代遥远，文献记载其历史为神话、传说与历史并存的传说历史。近代史学界关于共工氏的系统研究以古史辨派发起开端，现代学者仍在不断继续努力地试图恢复共工氏的本来面目。关于共工氏与鲧的关系、共工氏北迁问题、禹与共工氏之关系等问题，学者们都进行了深入的研究，取得了许多成果。文献记载中的共工氏是一个具有正反两面性的人物。这种两面性记载出现的原因及其所包含的历史真相，是需要我们进行认真研究的。本文不揣浅陋略述浅见，以就正方家。

传说时代的历史人物，往往是该部族首领的名称，也常常与部族名称合二为一。文献记载中的共工氏即是如此。传说时代的历史人物，有些是圣贤的代表，如黄帝、尧、舜、禹等，他们为人类文明的发展做出了杰出的贡献，传世文献的记载中对他们充满了赞扬之情。有些人物则是邪恶的代表，如饕餮、穷奇等，文献记载中多对他们加以挞伐。共工氏，在文献记载中却是一个充满两面性的人物。这种两面性出现的原因，是值得我们深入研究的。

文献记载的正面的共工氏,是一个曾伯有天下的部落首领,是一个治水有功的部族。《国语·鲁语上》载:“共工氏之伯九有也,其子曰后土,能平九土,故祀以为社。”“伯”与“霸”通,“伯九有”即为“九有之霸”,“九有”之“有”与“囿”“域”“国”古字通,“九有”即“九州”,在古文献中常用为天下的代称。《礼记·祭法》即作“共工氏之霸九州”。《文选》引许慎曰:“昔共工,诸侯之强者也。”共工曾为部落联盟首领应无问题。共工氏的儿子后土,因能平水土,故被祭祀为社神。《国语·鲁语上》记载的共工之子后土,《左传·昭公二十九年》称为句龙:“献子曰:‘社稷五祀,谁氏之五官也?’对曰:‘少皞氏有四叔,曰重、曰该、曰脩、曰熙,实能金、木及水。使重为句芒,该为蓐收,脩及熙为玄冥,世不失职,遂济穷桑,此其三祀也。颛顼氏有子曰犁,为祝融;共工氏有子曰句龙,为后土。此其二祀也,后土为社。’”

共工氏是一个以治水闻名的古族,除上文所引文献外,《左传·昭公十七年》载:“共工氏以水纪,故为水师而水名。”《史记·律书》:“颛顼有共工之陈,以平水土。”关于共工之陈的内容,《集解》文颖曰:“共工,主水官也。少昊氏衰,秉政作虐,故颛顼伐之,本主水官,因为水行也。”若如《集解》所言,释“陈”为“军行”,则“以平水土”无解(魏按语:事实上,后代兵书都将此陈解释为“军行”),此“陈”当释为《尚书·洪范》所说之“鲧陻洪水,汩陈其五行”之“陈”,“陈其五行”为治水之方法。徐旭生曾认为鲧的治水方法为修筑土围子式的堤防,并说这种方法是从共工处学来的。[①]“共工之陈”是否就是修筑土围子式的堤防,还需要证明,鲧继承了共工氏的治水方法,却是可以肯定的。

① 徐旭生:《中国古史的传说时代》,北京:科学出版社,1985年,第138页。童书业、杨宽等先生认为,鲧为共工之急读,共工与鲧事迹也相近,他们的后代句龙与禹同被祀为社,禹亦句龙之形,共工与鲧实际上是一人之分化。此说存在一些问题,一是共工后裔四岳为姜姓,还曾佐禹治水,而禹为姒姓,二者姓氏不同。二是从传说史料看,共工氏的时代要早于鲧,除了治水事迹二人相似,其他事迹二者的区别还是比较明显的。笔者认为,可能是因为二人在治水上曾有先后承继关系,因此二人的事迹才出现一定的重合,但这并不能说明二人为一人之分化。童说见《春秋左传研究》,上海:上海人民出版社,1980年。杨说见《杨宽古史论文选集》,上海:上海人民出版社,2003年。

“共工之陈”与“陈其五行”之“陈”，当训为“布”，与《山海经·海内经》记载的“禹、鲧是始布土”之“布”意思相同。共工氏的后代除后土善于平水土之外，《山海经·海内经》说共工所生的术器“是复土穰，以处江水”，还有共工后裔四岳也曾佐禹治理洪水。总之，共工氏与治水有关，当无问题。

共工氏之子因治水有功，和黄帝、颛顼、帝喾、尧、舜、禹等一起被列入祀典。《国语·鲁语上》云：“夫圣王之制祀也，法施于民则祀之，以死勤事则祀之，以劳定国则祀之，能御大灾则祀之，能扞大患则祀之。非是族也，不在祀典。昔烈山氏之有天下也，其子曰柱，能殖百谷百蔬；夏之兴也，周弃继之，故祀以为稷。共工氏之伯九有也，其子曰后土，能平九土，故祀以为社。黄帝能成命百物，以明民共财，颛顼能修之。帝喾能序三辰以固民，尧能单均刑法以仪民，舜勤民事而野死，鲧鄣洪水而殛死，禹能以德修鲧之功，契为司徒而民辑，冥勤其官而水死，汤以宽治民而除其邪，稷勤百谷而山死，文王以文昭，武王去民之秽。故有虞氏禘黄帝而祖颛顼，郊尧而宗舜；夏后氏禘黄帝而祖颛顼，郊鲧而宗禹；商人禘舜而祖契，郊冥而宗汤；周人禘喾而郊稷，祖文王而宗武王。幕，能帅颛顼者也，有虞氏报焉；杼，能帅禹者也，夏后氏报焉；上甲微，能帅契者也，商人报焉；高圉、大王，能帅稷者也，周人报焉。凡禘、郊、宗、祖、报，此五者，国之典祀也。加之以社稷山川之神，皆有功烈于民者也；及前哲令德之人，所以为明质也；及天之三辰，民所以瞻仰也；及地之五行，所以生殖也；及九州、名山、川泽，所以出财用也。非是，不在祀典。”被列入祀典本身，说明了共工氏之子对我国历史发展曾做出过重大贡献。

除了治理洪水，共工氏还是一位古历法的编制者，长沙子弹库帛书载：“炎帝乃命祝融以四神降，……共攻（工）□步十日四时……”历法的编制，与农业生产、百姓生活关系极其密切，共工氏编制历法，可以说对中国上古文明发展作出了重大贡献。

共工氏的后裔，还有被作为祖神祭祀者。《风俗通义》卷八载：“共工之子曰脩,好远游,舟车所至,足迹所达,靡不穷览,故祀以为祖神。”

与此相反,文献中记载的共工氏,也有一个邪恶的形象,其恶行主要有以下几个方面:

(一)因洪水为害于民的恶行。《国语·周语下》云:“昔共工弃此道也,虞于湛乐,淫失其身,欲雍防百川,堕高堙庳,以害天下。”《淮南子·本经训》:“舜之时,共工振滔洪水,以薄空桑。龙门未开,吕梁未发,江淮通流,四海溟涬。民皆上丘陵,赴树木。舜乃使禹疏三江五湖,辟伊阙,……”《淮南子·兵略训》:“颛顼尝与共工争矣,……共工为水害,故颛顼诛之。”《管子·揆度》:“共工之王,水处什之七,陆处什之三,乘天势以隘制天下。”在这些文献记载中,共工氏成了利用自己擅长治水的技术给人们的生活带来极大灾难的传说人物。[①]《淮南子·天文训》记载有带有神话色彩的共工氏,他的行为也与洪水泛滥有关:“昔者,共工与颛顼争为帝,怒而触不周之山,天柱折,地维绝。天倾西北,故日月星辰移焉;地不满东南,故水潦尘埃归焉。”《淮南子·原道训》载:“昔共工之力,触不周之山,使地东南倾,与高辛争为帝,遂潜于渊,宗族残灭,继嗣绝祀。”《淮南子》中的共工,是一个争为帝不胜、振滔洪水而被灭族的人物。

(二)作为部落首领霸有天下的恶行。文献记载,作为部落首领的共工是一个自以为是的首领,《逸周书·史记》云:“昔有共工自贤,自以无臣,久空大官,下官交乱,民无所附,唐氏伐之,共工以亡。”司马贞《史记·补三皇本纪》载:“诸侯有共工氏,任智刑以强,霸而不王,以水乘木,乃与祝融战……”共工氏以自贤而亡,只是共工氏灭亡传说中的一种。

(三)作乱的恶行。《史记·楚世家》:“共工氏作乱,帝喾使重黎诛之而不

① 赵逵夫先生认为,共工为争夺帝位,振滔洪水,或是掘开自己制造的堵塞两山之间河流而形成的水库的堤坝,从而造成大洪灾。其说见《从〈天问〉看共工、鲧、禹治水及其对中华文明的贡献》,《社会科学战线》2001年第1期。

尽。”《吕氏春秋·荡兵》:“兵所自来者久矣,……共工氏固次作难矣。”共工氏的作乱,应该是与中原部落发生了冲突,因此,共工氏多次遭到中原部落首领的征伐,《韩非子·外储说右上》“举兵而诛共工于幽州之都”,《尚书·舜典》“流共工于幽州”,《孟子·万章上》“舜流共工于幽州”,《荀子·成相》“禹有功,抑下鸿,辟除民害逐共工”,《山海经·大荒西经》“有禹攻共工国山”,《荀子·议兵》与《战国策·秦策》都记载有禹伐共工之事。除了共工氏自身,共工氏的大臣相柳氏(一作相繇)也曾受到禹的诛杀。《山海经·海外北经》云:“共工之臣曰相柳氏,九首,以食于九山。相柳之所抵,厥为泽谿。禹杀相柳,其血腥,不可以树五谷种。”《山海经·大荒北经》载:“共工之臣名曰相繇,九首蛇身,自环,食于九土。其所呜所尼,即为源泽,不辛乃苦,百兽莫能处。禹湮洪水,杀相繇。其血腥臭,不可生谷。”共工所处时代当为部族或部族联盟时代,所谓共工之臣,并非后代意义上的大臣,应当为属于共工集团的成员。如此说不误,则禹杀共工之臣相柳氏的神话,也属于禹对共工氏进行征伐的一部分。

共工与中原部落争夺联盟之长失败后,被迫迁徙于北方幽州一带。由于共工氏作战勇敢,给后人留下了一些值得敬畏的历史记忆。《山海经·大荒北经》载“共工之台,射者不敢北向”,《海外北经》载“(射者)不敢北射,畏共工之台”。关于共工向北迁徙幽州一带,近年学者们从考古学的角度进行了一些论证,颇有启发意义。[①]

(四)道德方面的恶行。《尚书·尧典》载,尧说共工“静言庸违,象恭滔天”。孔安国传曰:“静,谋。滔,漫也。言共工自为谋言,起用行事而违背之,貌象恭敬而心傲很,若漫天。”孔颖达正义曰:“‘此人自作谋计之言,及起用行事的背违之,貌象恭敬而心傲很,若漫天。’言此人不可用也。”尧对共工氏的

① 夏保国:《“流共工于幽州”的考古学释读——以夏家店下层文化源自后冈二期文化为证》,《北方文物》2008年第3期。

批评,纯粹属于道德方面。共工之子穷奇,也曾因为道德不良被放逐。《左传》载:“少皞氏有不才子,毁信恶忠,崇饰恶言,……天下之民谓之穷奇。”杜预注曰:“谓共工。其行穷,其好奇。”穷奇作为《左传》记载的“四凶”之一,被舜流放。

文献记载中的共工具有两面性,其原因可能有以下几种:一是与有关文献来源于不同的古部族有关。属于共工氏后裔或与共工氏关系比较密切的古部族所流传下来的文献,对共工氏的历史贡献进行了比较详细的正面记载;而与共工氏发生冲突的古部族,其所流传的传说则对共工氏进行了另一面的刻画。二是共工氏善于治水,其治水的功绩受到后人赞颂,而其治水经历中也有失败的事例,人们把共工氏治水的失败看作水患发生的原因,鲧治水失败而被杀与此相似。三是受后世华夷之别的影响。当共工氏作为中原部族的首领时,人们便歌颂他的各种功绩;而当他战败迁徙北部边疆时,人们便对其进行了丑化。失败的英雄被丑化,不止共工氏一个,鲧、蚩尤等均是如此。[①]

无论如何,与共工氏有关的历史有三点是可以被确定为信史的:一是共工氏这一古老的氏族是与洪水有关的一个氏族,其受到后人的崇敬,被列入祀谱作为社神祭祀,是因为治水,而其被后人谴责的恶行也与洪水有关。二是共工氏曾与当时的中原部落首领发生冲突,在冲突失败后被迫流亡北方,文献记载的恶行多出自中原部落的描述。三是共工氏并没有像《淮南子》中所说的被灭族,共工氏的后裔句龙、四岳都曾是声名显赫的人物。尤其是四岳,在中国古代传说史上曾有过重要的影响。

(本文作者为河北省社会科学院哲学所所长、研究员)

---

① 颜建真:《论中国古代神话中的失败者被妖魔化的表现及其原因——以蚩尤、共工、刑天、鲧为例》,《中国海洋大学学报》2010年第3期。

共工氏流徙的考古学考察

周书灿

一、共工氏活动区域的考古学考察

根据文献记载，至迟于战国时期舜流共工的传说已开始广为流传。《尚书·尧典》："（舜）流共工于幽州，放驩兜于崇山，窜三苗于三危，殛鲧于羽山，四罪而天下咸服。"《孟子·万章上》："舜流共工于幽州，放驩兜于崇山，杀三苗于三危，殛鲧于羽山，四罪而天下咸服。"尽管以上两段文字略有不同，但总的来看，在战国时期人们的心目中，共工被视为"四罪"之首是没有什么问题的。以后，《荀子》和《山海经》等文献另有禹逐共工氏的记载。《荀子·成相》简略言及："禹有功，抑下鸿，辟除民害逐共工。"《山海经·大荒西经》说："西北海之外，大荒之隅，……有禹攻共工国山。"郭璞注曰："言攻其国，杀其臣相柳于此山。"禹杀相柳之事另见于《山海经·大荒北经》："禹湮洪水，杀相繇。"《山海经·海外北经》说"禹杀相柳"。禹"辟除民害逐共工"之事未见于其他文献记载，故王先谦《集解》对此表示存疑："今《尚书》舜流共工于幽州，此云禹,未详。"事实上,将共工理解为信史中的人物是有问题的,舜对"四凶"所在族群的军事征服导致的人群流动,应该是一个历史的动态过程,而流向四裔的应该仅仅是"四凶"族群中的一支或很少的一部分人,被征服的族群中应该有相当一部分仍留在原地与舜所在族群的人们杂居相处。因而到禹的时候,再次发生禹"辟除民害逐共工"之事应该说还是合乎情理的。以上文字表明,在相当长的历史时期内,共工氏应该是一势力相当强大的族群,《左传·昭公二十九年》说:"共工氏有子曰句龙,为后土。"《国语·鲁语上》说:"共工氏之伯九有也,其子曰后土,能平九土,故祀以为社。"《礼记·祭法》中亦有类似的记载:"共工氏之霸九州也,其子曰后土,能平九州,故祀以为社。"既然古代文献称共工氏曾"霸九州""平九土",毫无疑问,在当时林林总总的"万国"格局中,共工氏应该居于"万国"首领的显赫地位。传说中的颛顼、舜等先后与其发生冲突,到禹势力强大后,二者之间继续发生冲突,"禹杀相柳"的传说正反映了两大族群势力发生了较大变化。

共工氏的活动区域,有的学者进行过较为细致的研究,提出过与传统观点相左的新论。如王震中先生以为,共工部落的活动中心区域,"应在上古'九州'雏形的'九土''九山'境内,开始在渭河上游一带;后来发展到豫西、嵩山周围"①;景以恩先生称"共工之氏源于山东东部的莒县之阪泉与昌乐县古营丘一带,后又沿古济水播迁于济南、章丘、莱芜一带"②;牛红广同志则称"共工氏源于河洛地区,……其他共工氏的聚居地是该部族的迁居地或扩展地"③。随着考古学资料的日渐丰富与先秦史研究的逐步深入,以上新论存在的问题不少。事实上,在以上新论提出之前,徐旭生先生曾将共工氏归入传说中的炎

① 王震中:《共工氏主要活动地区考辨》,《人文杂志》1985年第2期。
② 景以恩:《共工氏考》,《济宁师专学报》2000年第5期。
③ 牛红广:《共工氏地望考辨》,《洛阳师范学院学报》2006年第1期。

帝集团,并称“它的旧地在今辉县境内”[①]。与徐先生的看法相类似的,还有杨国宜先生[②]等。邹衡先生则结合考古学资料指出:“共工氏的主要活动地区是太行山东麓一线,即南起河南辉县,北至河北北部长城以内和山西境内。”[③]综合有关文献和考古学资料则不难发现,邹衡先生的观点,证据较为充分,结论更为可靠。

共工氏活动区域在新出考古学材料中可以寻找到若干侧证。1992—1995年河南省文物考古研究所为配合孟庄镇的基本建设,对位于河南省辉县市东南、孟庄镇东侧的孟庄遗址进行了大规模的考古发掘,发掘面积为4500平方米。孟庄遗址包含有裴李岗文化、仰韶文化、龙山文化、二里头文化等多种文化遗存,其中龙山文化遗存最为丰富,尤为重要的是遗址内发现了一座目前河南境内面积最大的龙山文化城址,引起了考古学界的广泛关注。[④] 现有的考古材料表明,从仰韶文化大司空类型到龙山文化孟庄类型是一脉相承的,“它当与共工氏这一氏族存在一定的联系”[⑤]。黄河南岸嵩山东麓地区是多种考古学文化交汇的地区,以前绝大多数学者将这里的龙山文化归入王湾类型,少数学者将其归入煤山类型。目前考古学家普遍赞同二里头文化是直接从新砦期遗存发展而来的,而新砦期则是王湾三期文化的直接后继者。如果说新砦期遗存和王湾三期文化晚期是夏代前期的夏文化,而王湾三期文化的早、中期则为前王朝时期夏人的文化遗存,亦即所谓先夏文化。[⑥] 郑州地区的龙山中期文化发现的遗址如占马屯、旮旯王等有较多同孟庄龙山中期一样的文化因

---

① 徐旭生:《中国古史的传说时代》,桂林:广西师范大学出版社,2003年,第53页。

② 杨国宜:《共工传说史实探源》,《文史》第三辑,北京:中华书局,1963年。

③ 邹衡:《关于夏商时期北方地区诸邻境文化的初步探讨》,《夏商周考古学论文集》,北京:文物出版社,1980年,第283—284页。

④ 河南省文物考古研究所:《河南辉县市孟庄龙山文化遗址发掘简报》,《考古》2000年第3期。

⑤ 袁广阔:《孟庄龙山文化遗存研究》,《考古》2000年第3期。

⑥ 中国社会科学院考古研究所编著:《中国考古学·夏商卷》,北京:中国社会科学出版社,2003年,第53、57页。

素，如都有一定数量的夹砂褐陶及乳钉纹的夹砂褐陶罐、大袋足甗、釜形斝等。奋旭王遗址出土的陶器以泥质灰陶为主，所出夹砂黑陶釜形斝、深腹罐、细柄豆、圈足盘、钵、器盖都可在孟庄遗址中找到渊源。另外，奋旭王遗址中出土的成组契点纹明显是受孟庄类型的影响。以上表明，以孟庄遗址为代表的龙山文化遗存，在龙山中期阶段已经越过黄河，来到郑州地区。“在龙山中期郑州地区的龙山文化面貌是黄河北部地区的龙山文化向南推进的结果。”[①]到了龙山文化晚期，以郑州牛砦龙山文化遗址为代表的文化遗存同孟庄遗址的关系甚远，文化面貌差异较大。牛砦遗址出土的主要陶器以灰陶为主，并有一定数量的黑陶、红陶、褐陶等，纹饰以方格纹、绳纹为主，并有一定数量的篮纹、附加堆纹，鸡冠鋬也较多。典型陶器有盆形鼎、罐形鼎、甑、瓮、平底盆、壶等。其中，罐形鼎下部饰有三个乳状足。豆、深腹罐等特征同嵩山地区煤山、新密市新寨遗址出土的同类器十分接近，“这当是该地区煤山类型晚期向北推进的结果”[②]。以上材料所反映出的信息，与文献所透露出的共工氏和禹所在两大族群实力消长的记载完全一致。

考古学材料表明，孟庄城垣内侧有宽 6—8 米的壕沟，深达 2 米左右。探沟的资料表明，内侧壕沟中淤土厚达 1 米以上。此外，南、北面城河的发掘表明，外城河龙山晚期的淤土有 2—3 米。“这些淤土的形成应是持续一定时间的洪水或大量雨水造成的。”[③]从已发掘的 T128 看，原有的龙山城墙夯土已全部被洪水冲掉，且洪水在该探方内下切入生土达 1.5 米左右，由西向东伸去。冲沟内的淤土中包含有龙山文化各个时期的陶片，“表明该冲沟是在龙山末期或二里头时期之前形成的。”[④]袁广阔先生曾经对孟庄城址毁于洪水的一些

① 袁广阔：《孟庄龙山文化遗存研究》，《考古》2000 年第 3 期。
② 袁广阔：《孟庄龙山文化遗存研究》，《考古》2000 年第 3 期。
③ 河南省文物考古研究所：《河南辉县市孟庄龙山文化遗址发掘简报》，《考古》2000 年第 3 期。
④ 河南省文物考古研究所：《河南辉县市孟庄龙山文化遗址发掘简报》，《考古》2000 年第 3 期。

迹象进行分析,以为孟庄龙山城址被毁的时期是龙山文化末期或孟庄二里头时期之前[①]。孟庄龙山时期的人群自此全部消失了,到了若干年后的二里头二期阶段,该遗址才重新有人居住。[②] 结合历史文献记载则不难推知,在大规模的氏族部落战争之后,洪水为患可能是所谓禹逐共工或司马迁所说的舜“流共工于幽陵,以变北狄”[③]这样的人群流动的最直接原因。

二、共工族群的北迁与“流共工于幽陵,以变北狄”的民族学解析

按照司马迁的解释,共工族群流徙至北方地区,后来就变成了所谓的北狄。如果从民族学的角度考察,虞、夏之际自然未有华夏和戎、夷、蛮、狄等族称之间严格的区分。唐嘉弘先生曾对先秦时期戎、狄、夷、蛮的基本概念作了科学的说明,并强调指出先秦时期人们共同体稳定性差、可塑性大等特点。在相当长的历史时期,戎、狄、夷、蛮都是泛称,所谓“东夷”“西戎”“南蛮”“北狄”等概念是战国到西汉时逐渐形成的。[④] 这一认识完全符合先秦至秦汉时期古代民族发展的一般规律。因此,所谓“流共工于幽陵,以变北狄”是一个漫长的历史过程,在此期间,民族之间的渗透与混融持续进行着,各共同体逐渐从不稳定趋于稳定。

值得注意的是,先秦时期,从华北平原通往北京小平原之间唯有一条沿着太行山东麓一线的交通孔道,由于受大路两侧高山、深谷和湖泊、沼泽等特殊地形的限制,这条无法替代的随机性交通要道便成为华北平原和北京小平原

---

① 袁广阔:《关于孟庄龙山城址毁因的思考》,《考古》2000 年第 3 期。

② 河南省文物考古研究所:《河南辉县市孟庄龙山文化遗址发掘简报》,《考古》2000 年第 3 期。

③ 《史记》卷一《五帝本纪》,北京:中华书局,1959 年。

④ 唐嘉弘:《春秋时代的戎狄夷蛮》,《先秦史研究》,昆明:云南民族出版社,1987 年。

两大地区之间民族往来的走廊和经济、文化交流的交通孔道。侯仁之先生曾对先秦时期北京小平原的交通情况作出过分析:“经永定河的古代渡口,一旦进入北京小平原,大路便开始分为几股,……这个古代大路分歧之处的居民点,便成为当时沟通南北的交通枢纽。”[①]据此推测,共工族群北迁必然沿着太行山东麓一线这条交通孔道进行,所以,该条孔道自然是共工集团和北方各民族之间不断进行融合的舞台。夏、商时期,文献记载中缺乏有关共工族群活动的信息,一方面由于该族群中一部分已远徙他乡,同中原华夏各族的联系不多;另一方面,该族群中留居在太行山东麓沿线的部分人群极有可能已与以后的华夏族实现融合。

西周时期,太行山以东的河北平原文化面貌渐趋统一,基本处于周文化的控制之下,这是周人和周文化向东发展的结果。[②] 值得注意的是,《国语·郑语》追述西周末年的天下格局论及北土之境的主要国族:“当成周者,……北有卫、燕、狄、鲜虞、潞、洛、泉、徐蒲。”韦昭注:“卫,康叔之封;燕,邵公之封,皆姬姓也。狄,北狄也。鲜虞,姬姓在狄者也。潞、洛、泉、徐蒲,皆赤狄,隗姓也。”以上族系的划分,显然代表的是东周时期人们的族群观念,大体上北土之境除了西周分封的卫、燕两个姬姓国,剩下的就是所谓赤狄、白狄之属。徐中舒先生曾结合《北史·高车传》“高车盖古赤狄之余种也,初号为狄历”的记载,解释说“狄历应读为 Tree,其意即为林中人”,并由此进一步论及“赤狄应是从西伯利亚森林中南下的部族”,并同时指出,白狄“应是北方的原住民族而不是什么外族”,并在此基础上提出了著名的“周人出于白狄说”[③]。清代学者董增龄《国语正义》对以上狄族支系的地理分布情况进行过考证,认为只有

① 陈桥驿主编:《中国七大古都》,北京:中国青年出版社,1991 年,第 25—26 页。

② 段宏振、张翠莲:《试论太行山东麓地区的西周文化》,《环渤海考古国际学术研讨会论文集》,北京:知识出版社,1996 年。

③ 徐中舒:《西周史论述》(上),《四川大学学报》1979 年第 3 期。

白狄的鲜虞活动于今河北省中部新乐一带。以前,有的学者曾推测1978年河北省元氏县西周墓所出昭王时期青铜器臣谏簋铭所载邢侯所搏之“戎”,很有可能就是两周之际居于今河北省中部的白狄诸部中的一支,其中可能性最大的即为姬姓的鲜虞。[①] 综合以上分析,似可作如下推测,虞、夏以来陆续北迁的共工氏的主体很有可能在夏、商时期历经千余年逐渐在今河北平原中部一带稳定下来,并同当地原有土著民族融合,成为白狄族群中的重要来源之一。《史记·五帝本纪》所说舜“流共工于幽陵,以变北狄”,并非毫无根据的无稽之谈。

这里要强调的是,自贾逵为《国语·周语下》“昔共工弃此道也”一语作注“共工,诸侯,炎帝之后,姜姓也”以来,许多学者信从贾说。蒙文通先生据此称:“共工世为诸侯之强,自伏羲以来,下至伯禹,常为中国患。而共工固姜姓炎帝之裔也。”[②]以后,徐旭生先生则明确地将共工氏列为我国古代部族三大集团中的华夏集团炎帝氏族之后。[③] 但综合以上分析,似乎共工氏的姜姓与白狄的姬姓之间存在逻辑上的“疑难”。其实,按照文化人类学的理论,这一“疑难”并不难得到合理的解释。《左传·隐公八年》说:“天子建德,因生以赐姓,胙之土而命之氏。”姓的起源较氏还要更早,问题颇为复杂。周代以前,姓氏之间是有着颇为严格的区分的。郑樵《通志·氏族略》说:“三代之前,姓氏分为二。男子称氏,妇人称姓,氏所以别贵贱,……姓所以别婚姻。”顾炎武指出,古代社会中“男子称氏,女子称姓,氏一再传而可变,姓千万年而不可变”。“自秦汉以后之人,以氏为姓,以姓称男,而周制亡而族类乱。”[④]古代文献中,华夏族的姬姓、姜姓世代通婚,文献记载颇为详备。称共工氏为炎帝后裔姜姓

① 张全喜:《也论西周铜器“邢侯所搏之戎”》,《文物春秋》2001年第3期。
② 蒙文通:《古史甄微》,上海:商务印书馆,1933年,第36页。
③ 徐旭生:《中国古史的传说时代》,桂林:广西师范大学出版社,2003年,第53页。
④ 黄汝成:《日知录集释》卷二十三《氏族》,长沙:岳麓书社,1994年,第798—799页。

国族,是周代以前“妇人称姓”和“姓所以别婚姻”的传统,三代以后,姓氏合流,共工后裔以姬为姓就属于姓氏合流现象。唐嘉弘先生曾举文献记载越为芈姓和勾践为禹之苗裔,“两种说法,并无多大矛盾,甚至可以认为二说是一致的,可以相辅相成”,“楚、越和夏后在树枝状的系谱中,本是一根;在裂变的过程中,才形成为不同的支系”①。姜姓的共工氏与姬姓的白狄,族姓的变化正是姜姓、姬姓两大族群之间相互通婚、渗透混融的侧证。

三、余论:兼论中山国文化的历史渊源

《孟子·梁惠王上》说战国初年,“海内之地方千里者九”。战国初期,白狄中的鲜虞曾经建立过“九分天下有其一”的中山国,而且中山国国君较赵国国君称王早,说明其应当具有一定的实力。② 考古学材料表明,中山国曾经创造过辉煌的文化。1974—1978 年发掘的平山中山国国王的两座王陵 1 号和 6 号大墓,椁室两侧的器物坑内出土有丰富的随葬品,种类有铜器、漆器、陶器、玉器等,充分体现了中山国匠人的非凡技艺。中山国出土的一批陶器,采用磨光压划技术,造型优美、花纹典雅、乌黑发亮,是战国时期高超制陶工艺的代表作,也是研究战国时期我国北方陶器的重要资料。1 号墓椁室内出土的兆域铜版不仅用金银嵌错了一幅陵园平面规划图,并注明了各部分的名称、位置及尺度,而且还刻有中山王命的铭文,是一件珍异的重要文物。兆域图被文物专家确定为世界最早有文字标述的地图。许多铜器造型独特、工艺精美,如错金银虎噬鹿形器座、错金银龙凤方案、错金银犀形器座、错金银双翼神兽等。6

① 唐嘉弘:《论“百越”的源流及其葬制》,《中国古代民族研究》,西宁:青海人民出版社,1987 年。

② 《史记》卷四十三《赵世家》:“武灵王八年,五国相王,赵独否。曰:无其实,敢处其名乎? 令国人谓己为君。”相王的五个国家,古代文献未作说明。《战国策·中山策》:“犀首立五王,而中山后持。”史念海先生称“这时相王的五国应有中山”。参见史念海:《论〈禹贡〉的著作年代》,《陕西师范大学学报》1979 年第 3 期。

号墓亦出土了精美的重要文物。“中山王陵的发掘是我国东周考古的重大发现,出土的文物制作之精、史料价值之高世人瞩目。”[1]中山国能够创造出如此辉煌的文化并非一蹴而就,其必然有着极其深厚的历史和文化底蕴。以前,徐中舒先生称《诗经·商颂·长发》“韦顾既伐,昆吾夏桀”中的“顾”,《古今人表》作“鼓”,即春秋时代白狄之“鼓”,其地在河北灵寿。[2] 根据前文的分析,无独有偶,白狄中的鲜虞族所建立的中山国,其文化根植于中原地区华夏文化的深厚土壤,积淀深厚,其到战国时期,盛极一时,自然无足为怪。

(本文作者为苏州大学社会学院教授)

① 河北省文物研究所:《墓——战国中山国国王之墓》,北京:文物出版社,1995 年。

② 徐中舒:《夏史初曙》,《中国史研究》1979 年第 3 期。

对共工的几点认识[①]

刘俊男　熊　凯

“共工”是中国上古史上极显赫的人物之一,与“三皇五帝”齐名,其记述可谓遍及先秦典籍。徐旭生先生曾对共工氏有很好的研究,并指出共工氏可能活动在今河南辉县。近几十年来,学术界对共工的研究主要集中在“共工”是人还是神,“共工”与“鲧”是同一人还是两人,“共工”是氏族号、官号还是人名,“共工”是什么地方的人等多个方面。其研究成果也是众说纷纭,如叶林生[②]认为共工完全属神。朱芳圃[③]、杨宽[④]等以为共工即鲧,共工之子句龙即禹。李传江[⑤]、杨栋[⑥]等则认为共工非鲧,句龙非禹。景以恩先生则考证共工即蚩尤,其主要活动地在山东省境内。[⑦]

① 国家社科基金项目“中国南北两大生业区早期文明进程比较研究”。
② 叶林生:《共工考》,《江苏社会科学》1997 年第 5 期。
③ 朱芳圃:《中国古代神话与史实·共工·句龙》,郑州:中州书画社,1982 年。
④ 杨宽:《中国上古史导论》,载《古史辨》第 7 册上编,上海:上海古籍出版社,1982 年。
⑤ 李传江:《“共工即鲧说”疑》,《连云港师范高等专科学校学报》2008 年第 4 期。
⑥ 杨栋:《共工非鲧考——兼及与禹之关系》,《古籍整理研究学刊》2009 年第 6 期。
⑦ 景以恩:《共工氏考》,《济宁师范专科学校学报》2000 年第 5 期。

笔者曾对"三皇五帝"等上古"天帝"与"人帝"有所研究①,而对共工几乎没有涉及。中国先秦史学会、中国炎黄文化研究会姓氏委员会、河南省黄河文化研究会等单位组织的这次有关共工的学术会议促使我对"共工"这一上古历史问题作些初步的探讨。请同仁指正。

一、有关"共工"的记载属历史还是神话?

在当今有关研究共工的文章中,常常将共工神、人混杂地叙述在一起,让人弄不清共工到底是人还是神。笔者通过检索先秦及秦汉古籍,发现先秦古籍中共工其实是很平实的一个人,或者是部族或官职之名。

先秦记载主要有如下几则,为方便下面的分析,条列于下:

材料一:《尚书·尧典》

流共工于幽州,放驩兜于崇山,窜三苗于三危,殛鲧于羽山,四罪而天下咸服。……帝曰:"畴若予工?"佥曰:"垂哉!"帝曰:"俞,咨!垂,汝共工。"垂拜稽首,让于殳斨暨伯与。"帝曰:"俞,往哉!汝谐。"

按:"流共工于幽州"的"共工",当为人名或氏族名,上古往往首领名与氏族名同一;"汝共工"的"共工"当为官名。

材料二:《山海经》

共工之臣曰相柳氏。(《海外北经》)

炎帝之妻,赤水之子听訞生炎居,炎居生节并,节并生戏器,戏器生祝融,祝融降处于江水,生共工,共工生术器,术器首方颠,是复土穰,以处江水。共工生后土,后土生噎鸣,噎鸣生岁十有二。(《海内经》)

后土生信,信生夸父。夸父不量力,欲追日景,逮之于禺谷。将饮河

① 刘俊男:《原文化意义上的三皇五帝考论》,《中国文化研究》2009年第4期。

而不足也，将走大泽，未至，死于此。应龙已杀蚩尤，又杀夸父，乃去南方处之，故南方多雨。(《大荒北经》)

西北海之外，大荒之隅，有山而不合，名曰不周负子，有两黄兽守之。有水曰寒暑之水。水西有湿山，水东有幕山。有禹攻共工国山。(《大荒西经》)

有系昆之山者，有共工之台，射者不敢北向。有人衣青衣，名曰黄帝女魃。蚩尤作兵伐黄帝，黄帝乃令应龙攻之冀州之野。应龙畜水，蚩尤请风伯雨师，纵大风雨。黄帝乃下天女曰魃，雨止，遂杀蚩尤。魃不得复上，所居不雨。(《大荒北经》)

材料三:《逸周书·史记》

昔有共工自贤，自以无臣，久空大官，下官交乱，民无所附，唐氏伐之，共工以亡。

材料四:《左传·昭公十七年》

昔者黄帝氏以云纪，故为云师而云名。炎帝氏以火纪，故为火师而火名。共工氏以水纪，故为水师而水名。太皞氏以龙纪，故为龙师而龙名。

材料五:《管子·揆度》

共工之王，水处什之七，陆处什之三，乘天势以隘制天下。

材料六:《国语》

昔共工弃此道也，虞于湛乐，淫失其身，欲壅防百川，堕高堙庳，以害天下。(《周语下》)

共工氏之伯九有也，其子曰后土，能平九土，故祀以为社。(《鲁语上》)

材料七:《孟子·万章上》

舜流共工于幽州，放驩兜于崇山，杀三苗于三危，殛鲧于羽山，四罪而天下咸服。

材料八:《韩非子》

尧欲传天下于舜,鲧谏曰:“不祥哉!孰以天下而传之于匹夫乎?”尧不听,举兵而诛,杀鲧于羽山之郊。共工又谏曰:“孰以天下而传之于匹夫乎?”尧不听,又举兵而诛共工于幽州之都。于是天下莫敢言无传天下于舜。仲尼闻之曰:“尧之知,舜之贤,非其难者也。夫至乎诛谏者必传之舜,乃其难也。”(《外储说右上第三十四》)

共工之战,铁铦矩者及乎敌,铠甲不坚者伤乎体,是干戚用于古不用于今也。(《五蠹第四十九》)

材料九:《吕氏春秋·荡兵》

兵所自来者久矣,黄、炎故用水火矣,共工氏固次作难矣,五帝固相与争矣。注:共工之治九州,有异高辛氏争为帝而亡,故曰“次作难”也。

综观先秦各书记载,我们认为有关共工的故事完全平实而无神话色彩。至于叶林生先生不相信古人有《国语·周语下》中所说的“堕高堙庳,以害天下”的能力,我们可以以地下遗址为证,在6000—5000年前,长江中游地区即有规模宏大的古城,如建于6000多年前的湖南澧县城头山古城,人工修筑的护城河有35—50米宽;建于5300年前的石家河古城城域面积达1.2平方千米,与周围连在一起的遗址面积达8平方千米,城墙高达8米,城墙上宽20余米,下宽50—60米;建于4000多年前的陕西神木县石峁古城全部用石头围成,城墙高达数米,城域面积达4平方千米。如此宏大的城可筑,用柴草及泥土将一些河流水位提高并改向也是完全有能力的。黄河下游或曰济水,自古即为地上河,地上河的河堤当是人工修建的,到底是从什么时候开始修建的可能还没有准确的时间表,但一定是人工修建的,《路史·发挥二》之《共工水害》一文对此作了论证,其文在列举了齐赵二国分别筑堤“以邻为壑”后说:“智伯曰,吾乃今知水可以亡人之国,观其决汾以灌晋阳,其不没者三版,厥后或决绛以灌安邑,或堰肥以灌合肥,咸祖其事。及梁武帝作浮山堰堰淮以灌寿阳,寿阳之都一皆为鱼。共工氏之事不过于此矣。”这是很好的论证。《吕氏春秋·荡兵》说:“兵所自来者久矣,黄、炎故用水火矣,共工氏固次作难矣,五帝固相与争矣。”说明早在炎黄之世打仗即用水与火,水与火当是当时最重要的工具与武器。

至西汉以后,某些古籍中才出现一些共工神话或以共工之名充任自然科学术语的情况。如:

《淮南子·原道训》:“争利者未尝不穷也,昔共工之力,触不周之山,使地东南倾,与高辛争为帝。”

《淮南子·天文训》:“共工与颛顼争为帝,怒而触不周之山,天柱折,地维绝。天倾西北,故日月星辰移焉。”

此所谓“不周之山”,据《山海经·大荒西经》说:“有山而不合,名曰不周。”郭璞注:“此山缺壤不周匝处。”可见这山本来就是一座崩塌了的山,可能在共工与高辛或颛顼打仗时,恰好此山全塌,从而人们归罪于共工。

《淮南子·墬形训》又说:“赤奋若,清明风之所生也。共工,景风之所生也。诸比,凉风之所生也。”注:“赤奋若,天神也。……共工,天神也,人面蛇身。离为景风。”此共工不是人是十分清楚的。此条当是以共工之名来述历法、气候,“共工”一词成为自然科学的术语。

《淮南子·本经训》说:“舜之时,共工振滔洪水,以薄空桑。”高诱注:“共工,水官名,栢有之后。振,动。滔,荡也。欲壅防百川,滔高堙卑,以害天下者。薄,迫也。空桑,鲁地名。”

《淮南子·兵略训》:“兵之所由来者远矣。黄帝尝与炎帝战矣,颛顼尝与共工争矣。……炎帝为火灾,故黄帝擒之。共工为水害,故颛顼诛之。”高诱注曰:“炎帝,神农之末世也,与黄帝战于阪泉,黄帝灭之。”此两处记载当是历史记载。

上古时,首领名、部落名、官名因官位或职业世袭而常混在一起,这是古史的特点,是不足为怪的。《淮南子》之书当为杂家之言,内含天文术语、古哲学术语,可能是撰书人借古“共工”之名用于阐述哲学、天文历法学原理而使用的。至东汉纬书盛行,共工则有更多神话。如《路史·后纪二》注、《山海经》郭注并引《归藏·启筮》:“共工,人面蛇身,朱发。”

另外,长沙子弹库出土战国中期偏后的《楚帛书》有“共攻[工]夸[跨]步十日四寺[时]”,此帛书全是讲天文历法,但因中间有不能辨认的字,有的句子不能完全理解其中意义,此“共工”之名可能是历法术语,与“共工”之历史名词似无涉。当然,若将此“共工”理解为人,即指共工之人度天文而制历法也似可通,则此“十日”可能指十月太阳历,也或指“天干”之十日,“四时”即四季,那么此“共工”可能指蚩尤,《管子·五行》记载:“昔者黄帝得蚩尤而明于天道,得大常而察于地利,得奢龙而辩于东方,得祝融而辩于南方,得大封而辩于西方,得后土而辩于北方。黄帝得六相而天地治,神明至。蚩尤明乎天道,故使为当时。大常察乎地利,故使为廪者。奢龙辩乎东方,故使为土师,祝融辩乎南方,故使为司徒。大封辩于西方,故使为司马。后土辩乎北方,故使为李。是故春者土师也,夏者司徒也,秋者司马也,冬者李也。”这里东、南、西、北全是指季节春、夏、秋、冬,蚩尤所任之“当时”即天文官,共工可能就是蚩尤,详见后文论述。如果《楚帛书》中的“共工”是指蚩尤,当然属历史人名了。顺便一提,“共攻[工]夸[跨]步十日四寺[时]”中的“夸步”,很可能是“夸父”,此故事后来演化为夸父逐日。因为古无轻唇音,“步”与“父”皆并纽鱼韵,上古同音。

总之,我们不能以汉以后的神化或自然科学术语混同于先秦的古史记载。先秦古籍之“共工”当为历史名词,或指人,或指部族,或指官职,而且三者可能合一,并可世袭。

二、有关共工的世系及其与蚩尤的关系

既然“共工”是历史人物名、部落名或官名，那么它就与人类历史进程有关，关于共工的家族及世系，《山海经》已有记载，详上引材料二。《路史》对共工的世系作了全面研究与阐述：

炎帝器，器生钜及伯陵、祝庸（注：《山海经》炎帝生钜封，又云器生祝庸），钜为黄帝师，胙土命氏而为封钜，夏有封父、封文侯，至周失国，有封氏、钜氏、巨氏、封父氏、富父氏。伯陵为黄帝臣，封逢实始于齐。

……祝庸为黄帝司徒，居于江水，生术嚣，兑首方颠，是袭土壤，生条及句龙，条喜远游，岁终死而为祖（《礼记外传》《荀彧传注》《风俗通》皆云共工之子脩好远游，死为祖神，非）。句龙为后土（高阳时，蕲春月子山下有句龙庙，无猛兽，其居治也），能平九州，是以社祀。生垂及信，信生夸父，夸父以驶臣丹朱、有句氏、句龙氏。垂臣高辛，为尧共工，不贵独功，死葬不距之山（注：句龙生共工，而传记皆云共工生句龙，盖汉儒因《山海经》之误失之不考。夫句龙臣高阳，而共工事尧，孰有子先于父百五十季事高阳者？高阳者，按《经》“后”云“后生垂，垂即共工”以知前者之误脱为信。《国语》以四伯为五之后，谓共工侵诸侯而自王，《祭法》以为伯九州者俱妄）生噎鸣，是为伯夷，为虞心吕，且功于水，封吕，生岁十二，泰岳袭吕，余列申、许，尧代有许孙（泰岳盖长，伯夷之子，世谓即伯夷，始缪于伏氏，按《朝鲜记》云“伯夷生四岳”，则泰岳为伯夷之子明矣。故子晋云：“共工从孙四岳佐之，《书》咨四岳，佥曰言，佥非一人也。”见《书大传》。伯夷之子为四岳，或袭之尔，太史公不应以四岳为一人，韦昭以四岳为伯夷也）。（《路史·后纪四·炎帝纪下》）

由此，我们可以看出，罗泌《路史》理出了一个有关共工的身世世系的线

索，而《路史》始终将共工看作一个人。

明代陈士元认为：

> 伯夷为秩宗，封于吕，《朝鲜记》云"伯夷生四岳"，《路史》注云："泰岳，伯夷之子，或云伯夷盖四岳之长，其子袭职，故称西岳、泰岳耳。"《书》有"四岳""佥曰"之文，佥者，众词也，而太史公乃以四岳为一人，韦昭又以四岳为伯夷，岳一作嶽。孔平仲云："以四岳为一人，乃合二十二人之数，或云《汉书》三公一人为三老，次卿一人为五更。"注云："五更，知五行者。"安知四岳非知四方者乎？刘泰之云："后世五官中郎、四门博士之职，非五人四人也。"则四岳为一人明矣。伯与，《路史》作伯誉，《人表》作柏誉，殳斨一作殳戕，垂一作倕，即伯夷父也，垂尝为帝喾臣，又为尧舜臣，寿逾数百岁。（《名疑》卷一）

笔者认为，《路史》是一部关于上古史的重要史籍，罗泌父子用功颇勤，也有根据，每一问题都引文献佐证并阐明自己的看法。他们将姜姓先祖的世系整理得井井有条，很有参考价值。但其将共工只解释为一个历史人物，似有不妥。因为从文献记载来看，共工之名自神农之世到大禹，与颛顼、尧、舜、禹皆有关系。根据我国上古史的特点，氏族名与首领名，甚至职官名常一致，并且皆可世袭，因而，"共工"不应只是一个人的名字，而应当是个复合名字。

根据众书记载，我们认为共工属炎帝后裔应没问题，那么"共工"这个称号到底从什么时候开始使用呢？或者说共工到底是炎帝后裔的哪一代？景以恩先生认为"共工"是"部族与领袖的通用名"，或指蚩尤，或指伯夷等，笔者觉得其说比较有理。这个共工部族很可能起于蚩尤，并以"共工"之名传了很多代。试以以下几点补证景以恩先生之研究：

第一，蚩尤司百工、掌科技，是"共工"之祖。《路史》卷十三记载蚩尤"司百工"，宋代高承的《事物纪原》卷九引《吕氏春秋》曰："蚩尤作五兵。"《史记·五帝本纪》正义："（蚩尤）并兽身人语，铜头铁额。"可见，蚩尤最先发明了金属武器,他“司百工”、掌科技。而《尚书·尧典》载:“帝曰:‘畴若予工?’佥曰:‘垂哉!’(《传》:问:“谁能顺我百工事者?”朝臣举垂。垂,臣名。)帝曰:‘俞,咨!垂,汝共工。(《传》:共谓供其职事。)”这里共工也是“司百工”。上古一般职官世袭,“司百工”者当为同一家族之人。上古炎、黄两族皆曾有政权并行,鲧、禹当是黄帝族内的“司百工”者。当二族建立联盟政权后,“司百工”者可能来自炎、黄二系之共工(司空)官。

第二,两者都处空桑之上游,打仗时以水灌空桑。《归藏》云蚩尤“登九淖以伐空桑”,《路史·后纪四·蚩尤传》:“命蚩尤宇于小颢,以临西方(注:《周书》作四方,黄庭坚云“当作西方”,盖为方伯),司百工。德不能驭蚩尤,产乱出羊水,登九淖以伐空桑,逐帝而居于浊鹿,兴封禅,号炎帝。”而《淮南子·本经训》则说:“舜之时,共工振滔洪水,以薄空桑。”此中“伐空桑”“薄空桑”与“司百工”,蚩尤与共工的史迹重合,但时间不一,可能他们都是同一族属,处于同一地盘。只有这样,才能多次以水伐空桑。

第三,两者都是兵神,会打仗。上引材料二《山海经·大荒北经》中,首先讲“共工之台”,接着讲“黄帝女魃”杀蚩尤的故事,也证明了共工与蚩尤的关系,“共工之台”当为蚩尤之台,众所周知,蚩尤是古代战神,故外人不敢射“共工之台”。此处共工与蚩尤之名互用,可见蚩尤可能就是共工。

第四,两者都是天文官。上古时代,虽人人知天文,但天文官却不是人人都能担任的。《管子·五行》载:“黄帝得六相而天地治,神明至。蚩尤明乎天道,故使为当时。”《楚帛书》:“共攻[工]夸[跨]步十日四寺[时]。”可见,蚩尤、共工都是天文官。

第五,两者都是炎帝后裔。《史记·建元以来侯者年表》:“子弄父兵,罪当笞。父子之怒,自古有之。蚩尤畔父,黄帝涉江。”可见,蚩尤代炎帝(神农氏)是“畔父”。按《路史·后纪四·蚩尤传》,蚩尤是炎帝之裔,自称炎帝。《国语·周语下》:“祚四岳国,命为侯伯,赐姓曰‘姜’,氏曰‘有吕’……申、吕虽衰,齐、许犹在。”前面已论及四岳即共工之后,四岳被封于吕,其后裔便姓吕,如吕望(姜尚)。由于这些诸侯国分布在山西、山东、河南等地,因而,共工的史迹及相关地名也分布在这些地区。

笔者以为,蚩尤司百工,即担任古代“共工”之官,因而便以官号称“共工”,其后,他又自称“炎帝”,因而他又有“炎帝”之号。但“共工”一职是世袭的,因而其后裔又多有担任“共工”并在史书中称他们为“共工”的。

姬姓,黄帝之裔,姜姓,炎帝之裔,姬、姜通婚自颛顼起。《路史·后纪八·高阳》:高阳“娶邹屠氏、胜渍氏。初帝僇蚩尤,迁其民善者于邹屠,恶者于有北。邹屠氏有女履龟不践,帝内之,是生禹祖。及梦八人:苍舒、伯益、梼演、大临、庞江、霆坚、中容、叔达,是为八凯”。又如,《拾遗记》卷一:“帝喾之妃,邹屠氏之女也,轩辕去蚩尤之凶,迁其民善者于邹屠之地,迁恶者于有北之乡。其先以地命族,后分为邹氏、屠氏。女行不践地,常履风云,游于伊洛,帝乃期焉,纳以为妃。”这说明黄帝后裔世与炎帝族通婚,而炎帝即蚩尤。可见蚩尤(共工)一系继承了炎帝之姜姓羌族的正统地位,一直到西周,姜尚为西周重臣,姬、姜二族继续世通婚姻。

笔者曾撰文认为先秦古籍中的炎帝绝大多数指蚩尤。蚩尤与黄帝本都是末代神农之子,本来都是南方人,正如上引《山海经》所言“降处于江水”,后来,北方地区民族入侵南方,神农氏不能征,于是轩辕代神农出征北方,并与蚩尤兄弟一起分道北征,北征之后兄弟间争权而对立,最后蚩尤被黄帝战胜而葬于今山东境内(参见拙著《华夏上古史研究》之《帝王篇(上)》[①],又见拙著《长江中游地区文明进程研究》[②]。以下对传说人物的详细论证皆可见此二书及相关论文)。其后裔则继承姜姓炎帝之香火并在上古历史上发生过重大影响,既有平水土之功,又有以水攻打邻国之嫌。因为蚩尤司过“百工”,故其族

① 刘俊男:《华夏上古史研究》,延边:延边大学出版社,2000 年,第 47—75 页。
② 刘俊男:《长江中游地区文明进程研究》,北京:科学出版社,2014 年,第 288—310 页。

以首领之官号称为“共工氏”，但蚩尤又自称为“炎帝”，因此，蚩尤既存炎帝之号，又当为共工部族之祖。

三、关于共工的两点疑惑及浅见

关于共工或共工氏族，还有两点疑惑。第一，他到底属什么时代？是处于伏羲与炎帝之间，还是与黄帝、炎帝大体同时？第二，他到底是一直居于河南辉县，还是先居长江再居辉县？

关于第一点，上引材料四《左传·昭公十七年》中先言黄帝，再依次言炎帝、共工、太皞，至于少皞，当然是处于黄帝之后。若是依时间来排的，那么，共工处于伏羲、炎帝（神农）之间。但是问题是，郯子所言是否就代表着时间顺序？这值得继续研究。因为在先秦古籍中除了这一处记载或可将共工推到黄帝以前，其他记载都在黄帝以后直到尧舜时期。我们认为，黄帝、炎帝（神农）、炎帝（蚩尤，因司百工，也可叫共工）更可能是同时代的人，且黄帝、炎帝（蚩尤）皆是末代炎帝（神农榆罔）的儿子。

关于第二点，即共工的地望。如果认为它在北方黄河流域，那么就与中国最古的书之一的《山海经》有矛盾。如徐旭生等先贤所论，与共工相关的地名多分布在山西、河南、山东等地，今天的河南辉县也有孟庄等遗址，而且辉县是共伯和的地方，于此又发现了战国时期的共城遗址，因此，一般认为，共工在河南辉县当是毋庸置疑的。笔者以为，辉县是共工氏族的重要居住地应当是没有什么问题的。但是，孟庄等新石器时代的遗址时代较晚，其源头可能在别处。《山海经》明确记载：“炎帝之妻，赤水之子听訞生炎居，炎居生节并，节并生戏器，戏器生祝融，祝融降处于江水，生共工，共工生术器，术器首方颠，是复土穰，以处江水。”此二处明言祝融、共工处于“江水”，而辉县正处于河水，自古河与江是有区别的，此“江”当指长江，而且祝融之神、祝融之墓在南岳是有

《水经注》等的正式记载的,那么,共工氏族首先生活在南方之江水便是有根据的。但后来为何又到了河南辉县?

我们认为,古部落多迁。炎帝部落早先在南方是多数人的观点。共工氏族是炎帝后裔,那么先生活在南方也是正常的。但后来由于北方民族南犯,神农氏不能征,因而黄帝、蚩尤兄弟代神农氏而征,便将南方势力扩张到北方。除了文献方面的论述,是否有地下遗存的证明?回答是肯定的。南方文化北渐,笔者已经在《中原文物》2013 年第 1、2 期刊发了《石家河文化北渐及对豫中西地区的影响》一文,从地下遗存角度详细论述了南方人一步步北渐的具体过程。再从仰韶时代晚期至龙山时代的郑州大河村遗址、郾城郝家台城址、新密古城寨城址、淮阳平粮台城址等住房为地面建筑——多间连房来看,这种多间连房就是南方长江中游地区 7000 多年前的高庙文化、6000 多年前的大溪文化及 5000 多年前的屈家岭文化一脉相承的多间连房北传的证据。因为,在仰韶文化早中期,中原地区是没有这种多间连房的,至仰韶文化中期开始,才从长江中游引进了多间连房这种地面建筑,如尉氏县椅圈马遗址 F2、荥阳点军台遗址 F1,它与长江中游地区的房子如出一辙,而与中原地区固有的仰韶文化,如西坡仰韶文化中晚期遗址的地穴式房子完全不同。这就充分证明了南方文化至仰韶文化中晚期及仰韶文化与龙山文化之间的时代进入到了今天的河南省境内,淅川下王岗、郑州八里岗、郑州大河村均发现了同时代这种多间连房,其由南而北推进的过程十分清楚,因而在河南辉县兴建了诸如孟庄遗址等龙山时代城址,而这种城址很可能正是共工氏族从南方迁来并建立起来的城址。

处于“共”地的孟庄城址虽然在陶器上还保持了较多中原的风格,但其房子也是地面的方形房子,与以前的半地穴式的仰韶文化房子及以后龙山时代北方风格的圆形房子(如后冈二期、汤阴白营龙山时代遗址)形成了鲜明的对照。再从筑城的工艺也可以看出南方的风格。我们知道黄河中游最早的城——郑州西山古城是用版筑的方式筑城，城墙宽度在 1.5 米之内，墙与地面垂直，龙山时代的陶寺城址、后冈城址也是这种版筑的方式。可是，自南方文化北渐中原后，筑城的方式发生了变化，一般是城内墙版筑，外墙堆筑，墙体很宽。中原地区煤山类型文化城址皆采用此种南方式的堆筑法。

因此，我们初步以为，见于记载的首位“司百工”的人，即共工氏，当为蚩尤。蚩尤被黄帝征服后，其后人善者迁于邹屠之地（今山东地区），恶者迁于“有北之乡”。其后裔则随分封或迁徙而散处山西，或居于原共工之地，或流散于山东等各处。当然，由于古史悠远，资料不详，有的问题难以说明，日后还可进一步进行研究。

（本文作者分别为重庆师范大学历史与社会学院教授、重庆师范大学历史与社会学院 2015 级中国古代史研究生）

先秦两汉时期共工形象演变考

李秀亮

共工是我国古代神话中的重要人物之一,“共工怒撞不周山”被誉为古代四大神话之一,在民间广为流传。同时,共工还是我国古史传说时代著名的部族首领,据传世文献记载,共工一族从炎帝、黄帝时即出现,至大禹时期仍然存在,前后延续了一千余年,曾参与过中原部落联盟中的各项政治事务,在中华文明起源及其早期发展过程中产生过重要影响。基于这两个原因,古今学者对其高度关注。无论是共工本人,还是其宗族、居地,以及与周边部族的关系等,都有学者从神话学、历史学、考古学等多个方面作过深入探讨,多有成果问世,形成很多共识。现笔者不揣浅陋,在前辈学者研究成果的基础上,对共工形象的发展演变历程作一专题介绍,望各位方家批评指正。

一、共工的原始形象

现在能看到的最早记录共工的文献资料,当属《尚书·尧典》。关于《尧典》的成书年代，历来学者颇有争论，有尧舜时代说、西周说、春秋孔子说、战国说、秦汉说等。王国维先生认为《尚书》中的"《虞夏书》如《尧典》《皋陶谟》《禹贡》《甘誓》，《商书》中如《汤誓》，文字平易简洁，或系后世重编，然至少亦必为周初人所作"①。李山先生从语言句法的角度，在将《尧典》与《尚书·吕刑》篇及史墙盘、遂公盨等新出青铜铭文对读的基础上，进一步考证《尚书·尧典》当写成于西周中期，大致不出穆、恭、懿、孝这一时期。② 李民先生虽认为《尧典》或成书于春秋时期，但指出其资料来源是早期的史官以竹木简册的形式保存下来的有关尧、舜时代的原始资料，它直接记录了早期氏族社会的有关史实。《尧典》的内容，主要记载了"禹以前尧舜时期氏族制度瓦解并向阶级社会过渡的历史状况。"③根据学者的论证，我们有理由相信，《尚书·尧典》的记载，应是共工形象的最初形态。

《尧典》中三处提到共工：

1.帝曰："畴咨若时？登庸。"放齐曰："胤子朱启明。"帝曰："吁！嚚讼，可乎？"帝曰："畴咨若予采？"驩兜曰："都！共工方鸠僝功。"帝曰："吁！静言庸违，象恭滔天。"

2.流共工于幽州，放驩兜于崇山，窜三苗于三危，殛鲧于羽山，四罪而天下咸服。

3.帝曰："畴若予工？"佥曰："垂哉！"帝曰："俞，咨！垂，汝共工。"垂拜稽首，让于殳斨暨伯与。"帝曰："俞，往哉！汝谐。"

材料1，据屈万里《尚书集释》，畴咨，犹言"谁可"。若时，谓顺应天时。庸，《周礼·夏官·司勋》："民功曰庸。""此句意谓谁能顺应天时成就人民之

① 王国维：《古史新证》，长沙：湖南人民出版社，2010年。
② 李山：《〈尧典〉的写制年代》，《文学遗产》2014年第4期。
③ 上述几种成书年代及李民的观点具见氏著《〈尚书·尧典〉与氏族社会》，《郑州大学学报》1980年第2期。

事功。盖帝尧询臣工何人可继其为天子也。”放齐、驩兜都是尧的臣子。朱是丹朱,尧之子。启明,开明。嚚,《左传·僖公二十四年》:“口不道忠信之言为嚚。”讼,《说文》:“争也。”若予采,谓顺成予事。方鸠僝功,谓多揽事务而具有功绩。静言庸违,象恭滔天,“言共工貌似恭敬,实则并天亦可傲慢之也”[①]。

材料2的主体是舜,他在被尧确定为部落联盟的接班人后,与尧共同理政时期,将共工、驩兜、三苗、鲧等四罪流放,其中共工被放于幽州之地。

材料3讲舜对垂的任命之事,其中的共工,历来有两种不同的解释,一是指官名,《史记·五帝本纪》《汉书·百官公卿表》用这段材料时都作“垂作共工”,郑玄注《考古记》:“监百工者。”与此相反,还有人认为这里的“共”是动词,“工”为百工之事,“共工”,即“共理百工之事”。顾颉刚、刘起釪《尚书校释译论》认为:“就文字通列来看,以‘共工’为官名是不通的。”[②]因此,此材料中的“共工”在舜的时期是专职官名,这是否与共工曾经担任过此官有关,文献阙如,暂且存疑不论。

通过上述资料的分析,我们可以得出这样几点认识:

1.共工是一个人名,与放齐、驩兜一样是尧的臣子,主要生活在尧的晚期,与舜相仿,所以才能被举荐为尧的继承人。

2.共工在尧的部落联盟中颇有作为,驩兜称赞他“方鸠僝功”,即指他平时为部落联盟做了很多工作,而且多有功绩。但具体表现在哪些方面,没有明确交代。

3.共工在部落联盟中有很高的威望,有以驩兜为代表的一批支持者,是尧继承人的最有力竞争者。在尧询问谁可接替自己时,共工是继丹朱后第二个被举荐的人,可见其竞争实力之强大。

4.在尧的眼中,共工言行不一,表面恭敬温顺,实则傲慢无礼。所谓“静言

① 屈万里:《尚书集释》,上海:中西书局,2014年,第12页。

② 顾颉刚、刘起釪:《尚书校释译论》,北京:中华书局,2005年,第254页。

庸违,象恭滔天”,这是尧为反对共工做继承人提供的主要事实依据,其中不免掺杂了尧的个人情绪。除此之外,看不出共工其他的不良品性。

5.共工在争夺部落联盟共主的过程中,最终失败,输给了大舜,并被流放至幽州之地。其支持者驩兜等也先后被舜驱逐出部落联盟,惨遭流放。

6.此时的共工以一个中性的角色存在,支持者褒奖,反对者贬低,但对他在部落联盟中作的巨大贡献,双方都不回避。

这六个方面是我们现知的共工最早的形象,虽然较为简单,但已初具模型。后来诸文献对共工的记载,基本都是在此基础上进一步扩展而成。

二、春秋时期共工形象的演变

在《左传》《国语》等记载春秋史事的文献中,我们看到,共工在春秋时期的形象已逐渐丰富,具体表现在这样几个方面:

1.共工生活的时代已不限于尧的时代,而被提前至炎帝、黄帝时期。

> 《左传·昭公十七年》:昔者黄帝氏以云纪,故为云师而云名。炎帝氏以火纪,故为火师而火名。共工氏以水纪,故为水师而水名。太皞氏以龙纪,故为龙师而龙名。我高祖少皞挚之立也,凤鸟适至,故纪于鸟,为鸟师而鸟名。……自颛顼以来,不能纪远,乃纪于近。为民师而命以民事。

《孔子家语·辨物》《汉书·律历志上》与此有大致相同的记载,应该是抄录《左传》的结果。鲁昭公十七年为公元前525年,已是春秋晚期,郯国君主在追溯祖先少皞的历史时,将共工氏生活的时代,放在黄帝、炎帝之后,太皞、少皞、颛顼之前。据司马迁《史记·五帝本纪》所记五帝的顺序,颛顼之后是帝喾,帝喾之后是帝尧,帝尧之后是帝舜。共工在此被郯子放在黄帝之后、颛顼之前,生活年代被大幅度提前了。

2.共工不再是尧的臣子,而是早期的一位氏族首领,有自己独特的氏族文化。

《国语·鲁语上》:共工氏之伯九有也,其子曰后土,能平九土。

《左传·昭公十七年》:共工氏以水纪,故为水师而水名。

韦昭注《国语》:"共工氏,伯者,在戏、农之间有域。"《礼记·祭法》在记载这句材料时称"共工氏之霸九州也",陆农师云:"皇而霸者也,谓之霸。"[①]杜预《春秋经传集释》注:"共工,以诸侯霸九州者。"这里都把他当作一个早期部落联盟的首领看待。

所谓"以水纪""为水师而水名",杜预注:"受水瑞,以水名官。"这与黄帝的"以云纪"、炎帝的"以火纪"、太皞的"以龙纪"、少皞的"以鸟纪"同样,有自身显著的文化特征。

3.共工的宗族成员开始出现。

《左传·昭公二十九年》:共工氏有子曰句龙,为后土,后土为社。

《国语·鲁语上》:共工氏……其子曰后土,能平九土。

韦昭注:"其子,共工之裔子句龙也,佐黄帝为土官。九土,九州之土也。后,君也。使君土官,故曰后土也。"可见后土是以官得名。在其他文献中他是中央之神黄帝的助手,如《淮南子·天文训》:"中央土地,其帝黄帝,其佐后土,执绳而治四方。"既能平定九州之土,又为社神,以一个正面形象出现。

4.共工是一个亡国之君,其反面形象开始被重点提及。

《国语·周语下》:昔共工弃此道也,虞于湛乐,淫失其身,欲壅防百川,堕高堙庳,以害天下。皇天弗福,庶民弗助,祸乱并兴,共工用灭。其在有虞,有崇伯鲧,播其淫心,称遂共工之过。

共工所弃的"道",指"不堕山,不崇薮,不防川,不窦泽",是古代"不毁坏山丘,不填平沼泽,不堵塞江河,不决开湖泊"的传统。据韦昭注,虞,安也。

---

① 徐元诰著,王树民、沈长云点校:《国语集解》(修订本),北京:中华书局,2002年,第155页。

湛，淫也。失，泆也。“虞于湛乐，淫失其身”，是说共工放纵自己的欲望，整日沉湎于享乐之中。高，山陵。堙，塞。庳，池泽。“壅防百川，堕高堙庳”是说共工堵塞百川，堕毁山陵，填塞池泽。这些举动，都让他不再受天神的庇佑，大失民心，从而使自己的部族内祸乱并兴，以致灭亡。此处的共工，是一个只知享乐、不遵古训、大兴土功、不恤民力、民神共怒、治国无道以致灭亡的反动统治者，是一个值得后人引以为鉴的早期君主。

根据上文的论述可知，春秋时期的共工，已不是早期尧的臣子的身份了，而是一个生活在炎黄时期的早期部落首领，他们有自己的氏族文化，有自己的宗族传统。作为首领的共工，是一个因治国无道而走向毁灭的昏庸君主，其昏庸的表现主要集中在贪于享乐、随意发动民力堕毁山陵、填塞池泽等几个方面。共工的形象在逐渐丰满。

三、战国时期共工形象的演变

战国时期，诸子百家峰起，各学派之间互相攻讦，学术和政治观点多有抵触。但一个有意思的现象是，在对待共工的态度上，各学派却有着惊人的一致性，他们都将共工作为古代时期一个失义、不仁、无道的君主看待，并从各自的角度对此加以发挥、阐述。下面从几个方面详细介绍：

1.共工的个人形象开始清晰。

《归藏·启筮》：共工，人面蛇身，朱发。

蛇是龙的前身，龙是蛇的变体。所谓“人面蛇身”，应该是穿着仿照蛇皮制作的衣服，来吸收、接纳它的灵性，以祈福避灾。《山海经·大荒北经》还记载了共工的一个臣子相繇，也是人面蛇身的形象：

共工之臣名曰相繇，九首蛇身，自环，食于九土。

在古代神话中有很多具有人面蛇身形象的个体，最典型的当数伏羲，据闻一多先生考证,他们都是以龙为图腾的早期部族。[①] 据此推测,共工一族也应该是以龙为图腾的。

2.共工部族的生存环境开始明确。

> 《管子·揆度》:共工之王,水处什之七,陆处什之三,乘天势以隘制天下。

所谓“水处什之七,陆处什之三”,结合上文引《左传·昭公十七年》郯子说共工氏“为水师而水名”的话,我们可以推断,共工氏一族应该生活在一个多水的地域环境里,有非常丰富的依水生存的经验。

《山海经·大荒北经》记载共工之臣相繇时称:

> 共工之臣名曰相繇,九首蛇身,自环,食于九土。其所鸣所尼,即为源泽,不辛乃苦,百兽莫能处。禹湮洪水,杀相繇。其血腥臭,不可生谷,其地多水,不可居也。禹湮之,三仞三沮,乃以为池,群帝因是以为台。

文中说相繇所鸣所尼之处皆为源泽,被大禹杀害之后,所在之地仍不生谷,多水,不可居人。这应该也是共工一族生存于多水环境的有力体现。

可能正是这种独特的生存环境,共工一族长年依水而居,整天与之打交道,久而久之,便掌握了控制洪水、治理洪水的技艺,共工部族也逐渐以善于治水而闻名。

3.共工争夺部落联盟共主的过程被具体化。

> 《韩非子·外储说》:尧欲传天下于舜,鲧谏曰:“不祥哉!孰以天下而传之于匹夫乎?”尧不听,举兵而诛,杀鲧于羽山之郊。共工又谏曰:“孰以天下而传之于匹夫乎?”尧不听,又举兵而诛共工于幽州之都。

在《尚书·尧典》中,共工只是被驩兜举荐为尧的继承人,并未看见共工个人的态度。至《韩非子》这里,则明确交代了共工对尧传位给舜之举的不

① 闻一多:《伏羲考》,上海:上海古籍出版社,2009年。

满,公然出面反对,称舜是匹夫,不具备作继承人的资格,从而使这一情节更加形象化。

4.共工生活的年代被随意安放,他同时与古代不同时期的部落首领发生联系。

《管子·揆度》:燧人以来,未有不以轻重为天下也。共工之王……至于黄帝之王……至于尧舜之王。

《文子·上义》:共工为水害,故颛顼诛之。

《韩非子·外储说》:尧欲传天下于舜,……共工又谏……不听,又举兵而诛共工于幽州之都。

《孟子·万章上》:舜流共工于幽州。

《荀子·议兵》:禹伐共工。

在诸子百家的笔下,共工早可生活于燧人氏之后、黄帝之前,晚可生活在大禹时代,并与颛顼、尧、舜皆打过交道,前后跨越上千年的时间。

5.共工成为天下无道、不仁、无德君主的代表,是古今明主圣君皆可讨伐的对象,其反面形象被进一步扩大。

《孟子·万章上》:舜流共工于幽州,放驩兜于崇山,杀三苗于三危,殛鲧于羽山,四罪而天下咸服。诛不仁也。

这与《尚书·尧典》对此事的记载不尽相同:

流共工于幽州,放驩兜于崇山,窜三苗于三危,殛鲧于羽山,四罪而天下咸服。

很明显,在《尧典》中,舜只是在争夺部落联盟最高首领时,把与自己有利益冲突的驩兜、共工等人流放至边远地区以除后患。驩兜、共工被逐,或许是在早期政治斗争中失利一方的常见命运。但《孟子·万章上》在记载这一事件时,却补充了"诛不仁也"四个字,这便人为地将舜置于仁德、正义的一方,共工则被打上了不仁、无道的烙印。

像《孟子》这样给共工作价值评判的,在其他诸子身上也多有体现。如:

《荀子·成相》:禹有功,抑下鸿,辟除民害逐共工。

《荀子·议兵》:尧伐驩兜,舜伐有苗,禹伐共工,汤伐有夏,文王伐崇,武王伐纣,此四帝两王,皆以仁义之兵行于天下也。

《荀子》不但将共工列为“民害”,而且将其与夏桀、商纣等一起视为古代昏庸、暴虐的亡国之君,并给予征讨他们的大禹、商汤、周武王等人“以仁义之兵行于天下”的美誉。

在这样的价值评判下,共工逐渐成了天下无道、不仁、无德君主的代表,成了古往今来天下有义之师皆可征讨的对象,文献对此多有记载:

《文子·上义》:共工为水害,故颛顼诛之。

《韩非子·外储说》:尧……举兵而诛共工于幽州之都。

《庄子·在宥》:尧……流共工于幽都。

上文已经指出,共工曾经是尧的臣子,并对尧所治理的部落联盟做出过巨大贡献,尧只是不同意共工成为自己的继承人,但《庄子》《韩非子》都提到,尧不但流放共工于幽州,而且亲自举兵诛共工于幽州。《文子》所说的颛顼诛共工更是无从考证。两者都这么说,足可证明共工已无义、不道至天下人皆可诛之的地步了。

6.一些楚地的文献对共工仍给以较高的评价,与中原文献不尽相同。

与诸子百家普遍贬低共工、丑化其个人形象不同,南方楚地的战国文献仍然对共工持肯定的态度,对他曾经作出的贡献没有刻意回避,如实记录下来并给以高度的评价。1942 年在长沙子弹库出土的战国楚帛书,共 900 余字,是研究楚国早期历史文化的重要资料。据古文字学家研究,帛书内容可分为甲、乙、丙三篇[①],其甲篇内容讲述了天地、宇宙、四时的起源,全文先依次记载伏

① 李零:《长沙子弹库楚帛书研究》,北京:中华书局,1985 年;饶宗颐、曾宪通:《楚帛书》,北京:中华书局,1985 年。

羲创造了宇宙、四时，炎帝、祝融奠定了三天、四极，帝俊为日月之行，然后即讲共工的功绩：

共工夸步十日，四时□□，□神则闰，四□毋思，百(?)神风雨，晨祎乱作，乃□日月，以传相□思，有宵有朝，有昼有夕。

原文多有缺字，文意不可尽知。据李学勤先生考释，步是推步的意思，属于历象的范围。十日，指甲至癸十干。这里是说，经过共工的"推步十日"，世间最终"有宵有朝，有昼有夕"，先民才过上有秩序的生活。[①]

对此帛书甲篇的内涵，台湾学者高莉芬有非常精彩的论述[②]：

炎帝、祝融遣四神奠三天立四极，而后有帝俊为日月之行，此为天体宇宙重整后的宇宙秩序，为"天时"之确立。而后共工再步推十日四时，造成"有宵有朝，有昼有夕"的人间岁时秩序，也即"民时""人时"的形成。从天时到人时，楚人生存的宇宙秩序经历了炎帝、祝融、帝俊、共工重整与再造终至完成。

很明显，共工在南方楚民族的文献中具有较高的社会地位，在他们的神话谱系里，共工仅次于伏羲、炎帝、祝融、帝俊几人，他在宇宙生成和早期社会秩序的重建过程中作出过巨大的贡献。这与中原地区诸子百家对共工的评价不可同日而语。

因此我们可以说，与春秋时期相比，战国时期的共工由一个生活于早期治国无方的部落首领，蜕变成一个无道、不仁、害民的反动君主，达到了人人可得而诛之的程度。但这些品质体现在哪些方面，并未有具体交代，只有《文子》说其为"水害"，但如何为之，也没有明确说明。

---

① 李学勤：《楚帛书中的古史与宇宙论》，《简帛佚籍与学术史》，南昌：江西教育出版社，2001 年，第 47—55 页。

② 高莉芬：《神圣的秩序——〈楚帛书·甲篇〉中的创世神话及其宇宙观》，《中国文哲研究集刊》第 30 辑，第 27 页。

四、秦汉时期共工形象的演变

经过战国时期诸子百家的鼓吹，秦汉时期的共工，反动者的形象已基本定型。在此基础上，秦汉时人又给他的反动增加了几项内容，以进一步增强他恶劣的品质。

1.共工以一个恶神的形象始见诸各类神话记载。

《淮南子·天文训》：昔者，共工与颛顼争为帝，怒而触不周之山，天柱折，地维绝。天倾西北，故日月星辰移焉；地不满东南，故水潦尘埃归焉。

《淮南子·原道训》：昔共工之力，触不周之山，使地东南倾，与高辛争为帝，遂潜于渊，宗族残灭，继嗣绝祀。

《列子·汤问》：物有不足，故昔者女娲氏练五色石以补其阙；断鳌之足以立四极。其后共工氏与颛顼争为帝，怒而触不周之山，折天柱，绝地维；故天倾西北，日月辰星就焉；地不满东南，故百川水潦归焉。

这些材料虽然也记载共工与他人“争帝”之事，但与先秦同类文献相比，双方争夺的过程中出现了“触不周之山”“折天柱”“绝地维”等行为，已非人世间诸部落之间的战争可比拟。而且，双方的战争造成了“天倾西北”“地不满东南”，使天体运行、地理结构都随之发生了变化，也不是人力所能实现的结局。因此，这里双方所争的“帝”，已不是早期部落联盟的共主之位，而是天上的最高神职。

至此，秦汉时期的共工，虽仍然属于被征讨、被打倒的一方，但其身份已由战国时期无道、不仁的部族首领，转变成了天上神灵世界的邪恶之神。另外，战国时期，尚有南方楚地文献保留对共工正面形象的记载，至秦汉时期，共工邪恶的品质得到全面承认，并最终定型。《神异经·西北荒经》所载“西北荒有人焉，……贪恶凶顽，名曰共工”应是时人对共工形象的普遍看法。

2.共工除了是无道、不仁的反动者，又有了一个新身份——破坏者。

前文已提及，共工虽然在战国时期被普遍塑造成一个无道、不仁的反动者，但很少有资料明确交代其原因。对此，秦汉文献给出了明确答案：共工是一个为了个人利益而穷凶极恶的破坏者。前引《淮南子》和《列子》所载的共工神话，主要篇幅都在描述他的破坏性。在争帝失败后，共工“怒而触不周之山”，使原有的天体结构受到重创，神人都受到很大的影响，因为“天柱折，地维绝。天倾西北，故日月星辰移焉；地不满东南，故水潦尘埃归焉”。

此外，共工的破坏性还体现在另外一个方面，即他用洪水为武器，危及他人性命：

> 《淮南子·本经训》：舜之时，共工振滔洪水，以薄空桑。龙门未开，吕梁未发，江淮通流，四海溟涬。民皆上丘陵，赴树木。舜乃使禹疏三江五湖，辟伊阙，导廛涧，平通沟陆，流注东海。鸿水漏，九州干，万民皆宁其性，是以称尧、舜以为圣。
>
> 《淮南子·兵略训》：共工为水害，故颛顼诛之。

据何宁《淮南子集释》的注解，振，动也；滔，荡也。振滔洪水，即壅防百川，滔高堙庳，以害天下。薄，迫也。空桑，地名。《太平御览》卷八十一引注作：“滔，漫之也。共工……随高堙下，壅百川以为民害。”[①]这种以洪水为工具危害他人的方式，应与《左传》《管子》所述共工氏生活在多水的环境有关，他们因熟悉水的特性，既善于治理洪水，也善于利用水势危害他人。《淮南子》有意识地把共工氏善于治水的特性忽略，而仅强调其以水为害的一面，是秦汉时人丑化共工的集中体现。

① 何宁：《淮南子集释》，北京：中华书局，1998年，第587页。

3.共工的宗族世系进一步明朗。

《山海经·海内经》:炎帝之妻,赤水之子听訞生炎居,炎居生节并,节并生戏器,戏器生祝融,祝融降处于江水,生共工,共工生术器,术器首方颠,是复土穰,以处江水。共工生后土,后土生噎鸣。

《山海经·大荒北经》:共工之臣名曰相繇,九首蛇身,自环,食于九土。其所鸣所尼,即为源泽,不辛乃苦,百兽莫能处。禹湮洪水,杀相繇。其血腥臭,不可生谷,其地多水,不可居也。禹湮之,三仞三沮,乃以为池,群帝因是以为台。在昆仑之北。

《礼记·祭法》:共工氏……其子曰后土,能平九州,故祀以为社。

先秦文献很少记载共工的族源,《山海经·海内经》始记载他是炎帝部族的分支,姜姓。共工之前是祝融,之后有后土、噎鸣。受共工反面形象的影响,其臣子相繇在《山海经·大荒北经》中被描写成"其血腥臭",居处多"源泽","百兽莫能处","不可生谷"的邪恶形象。可知秦汉时人在大力丑化共工本人的同时,对其部族成员也没有放过。

五、小结

总结前文,在先秦两汉时期,共工的形象有一个明显的发展演变历程,主要体现在这样几个方面:

1.共工的身份,由最开始的尧的臣子,转变为早期的氏族部落首领,再转变为神话中的天神,大致遵循着臣子—氏族长—天神的演变历程。

2.共工所处的时代,由最初尧的时期,逐渐向前后两个时间段演变,向前可追溯至高辛氏、颛顼氏、黄帝、炎帝等时期,向后则流传至大舜、大禹时期,呈多纬度发展的趋势。

3.共工的品质,由最初有褒有贬的综合形象,逐渐演变成无道、不仁、不义的反动者,再渐变为集反动性与破坏性于一身的恶神,有一个逐渐变坏的演变历程。

(本文作者为山东烟台大学中国学术研究所讲师)

共工氏史迹考论

程有为

共工氏是我国史前传说中的一个重要族团，它主要活动在黄河中游及中下游之交地区，可能首先在关中平原东部至函谷关一带，后来东迁至太行山以南古黄河以北地区。西周时其地有共国(在今河南辉县市)。至西周末期，共伯和曾经左右西周王朝政局。但由于距今年代过于久远，文献记载阙略歧互，人们对其源流、活动不甚了了。本文依据先秦、秦汉文献资料，对共工氏的史迹进行考述，并对其主要活动略加评论，不当之处，请方家不吝赐教。

一、共工氏的族系

炎帝是姜姓部落的首领，有文献记载炎帝传有八代。《山海经》说："炎帝之妻，赤水之子听訞生炎居，炎居生节并，节并生戏器，戏器生祝融，祝融降处于江水，生共工，共工生术器，术器首方颠，是复土穰，以处江水。共工生后土，后土生噎鸣,噎鸣生岁有十二。"[1]

由此可见,炎帝族系为:炎帝—炎居—节并—戏器—祝融—共工—后土—噎鸣。其中较为著名的是祝融、共工及后土。从以上《山海经》文字可知,生共工的祝融是炎帝后裔。但是《山海经》又说祝融是黄帝后裔:"黄帝妻雷祖,生昌意,昌意降处若水,生韩流。韩流……取淖子曰阿女,生帝颛顼。"[2]"颛顼生老童,老童生祝融,祝融生太子长琴,是处榣山,始作乐风。"[3]颛顼既为黄帝后裔,其裔孙祝融也应为黄帝后裔,祝融被后世作为火神祭祀。或许炎帝部族与黄帝部族各有祝融。共工当为炎帝族系中的祝融之后。王玉哲先生说:"炎帝一支族名共工氏,《山海经·海内经》谓祝融出于炎帝,而共工又出于祝融,可见共工实为炎帝之族。"[4]此说可采。

王玉哲先生说:"炎帝的发祥地大概在今陕西的渭水上游,东可能到山西。"[5]共工氏活动地域在太行山南麓的共地(今河南辉县一带),西周时此地有共国,另说在关中平原东部至函谷关一带。如三国韦昭言:"共工氏,伯者,名戏,弘农之间有城。"按此注公序本作"共工氏,伯者,在戏、农之间。有,域也"[6]。

但是共工氏与炎帝也有区别。春秋时郯子曰:"炎帝以火纪,故为火师而火名。共工氏以水纪,故为水师而水名。"[7]可能是共工族系迁徙到水网地区,为适应新的生存环境而发生了改变。

---

① 袁珂:《山海经校注》卷十三《海内经》,上海:上海古籍出版社,1980年,第471页。
② 袁珂:《山海经校注》卷十三《海内经》,上海:上海古籍出版社,1980年,第442—443页。
③ 袁珂:《山海经校注》卷十一《大荒西经》,上海:上海古籍出版社,1980年,第395页。
④ 王玉哲:《中华远古史》,上海:上海人民出版社,2003年,第123页。
⑤ 王玉哲:《中华远古史》,上海:上海人民出版社,2003年,第123页。
⑥ 《国语》卷四《鲁语上》,上海:上海古籍出版社,1988年,第167页。
⑦ 《春秋左传集解》昭公十七年,上海:上海人民出版社,1977年,第1420页。

二、共工氏与中国早期的水利

水是人类赖以生存的主要自然资源,也是农业生产的命脉。人们的生产生活离不开水,必须利用水,但是水太大太多又对人们构成很大威胁。人们常说"洪水猛兽",就是说洪水和猛兽一样,危及人们的生命安全,而且猛兽仅危及人们的生命,洪水还危及人们的财产。中华文明虽然包括农耕和游牧文明,但以农耕为主体,农业的发展离不开水利。在中国古代,水利是农业文明的一个重要组成部分。人们要生存、要发展,就必须兴水利、除水害。因而在中华文明初期,人们就和水打交道,产生了水利文化。

传说中最早治水的是共工,共工即共工氏的首领。共工氏活动的区域在今河南辉县一带。这里南临黄河、北靠太行,土地肥沃、水源充沛,适宜农耕。但是到了洪水季节,黄河及其支流诸水经常泛滥,共工部族深受其害。管子曰:"共工之王,水处什之七,陆处什之三,乘天势以隘制天下。"[①]然而,共工治水却受到后人的非议。周灵王时,太子晋说:"晋闻古之长民者,不堕山,不崇薮,不防川,不窦泽。……是以民生有财用,而死有所葬。……昔共工弃此道也,……欲壅防百川,堕高堙庳,以害天下。皇天弗福,庶民弗,祸乱并兴,共工用灭。……其后伯禹念前之非度,厘改制量,象物天地,比类百则,仪之于民,而度之于群生。"[②]太子晋主张保持自然界的原生态可以理解。但是他对共工治水百般诋毁,说他治水的目的是"害天下",而对大禹治水极力称颂,说是为了民众,则失之偏颇。实际这只是二者的治水方略不同,一是堵塞,一是疏导。共工带领部众治水,"壅防百川,堕高堙庳",大概是采用高地的土石,在低洼的地方修建一些原始的堤埂,以抵御洪水的侵犯。其后的鲧治水也采用这一

① 黎翔凤:《管子校注》卷二十三《揆度》,北京:中华书局,2004 年,第 1371 页。
② 《国语》卷三《周语下》,上海:上海古籍出版社,1988 年,第 103 页。

方略。由于这个部族经常治水，积累了不少经验，成了治水的世家，所以郯子说："共工氏以水纪，故为水师而水名。"杜注云："共工，以诸侯霸有九州者，在神农前，太皞后。亦受水瑞，以水名官。"[①]共工治水有功，深受群众拥戴，成为一方诸侯，即方伯。

共工的后裔句龙也凭借平水土取得成功，赢得后世的尊崇。蔡墨曰："共工氏有子曰句龙，为后土，此其二祀也。后土为社；稷，田正也。有烈山氏之子曰柱，为稷，自夏以上祀之。周弃亦为稷，自商以来祀之。"杜注云："共工在太皞后，神农前，以水名官者。其子句龙，能平水土，故死而见祀。"[②]展禽曰："共工氏之伯九有也，其子曰后土，能平九土，故祀以为社。"韦昭注曰："其子，共工之裔子句龙也，佐黄帝为土官。九土，九州之土也。后，君也，使君土官，故曰后土也。""社，后土之神也。"[③]"自共工氏霸九州，其子曰句龙，能平水土，死为社祠。"[④]"《礼记》及《国语》皆谓共工氏之子曰句龙，为后土官，能平九土，故祀以为社。"[⑤]句龙平治水土，改善了人民的生存环境，其德政得到人民拥戴，被作为后土(土地神)，历代祭祀不绝。

共工的从孙"四岳"协助大禹治水取得成功，亦受到虞舜的褒奖，得封爵侯伯，赐予姓氏。史称："其后伯禹念前之非度，厘改制量，象物天地，比类百则，仪之于民，而度之于群生。共之从孙四岳佐之，高高下下，疏川导滞，钟水丰物，……皇天嘉之，……祚四岳国，命以侯伯，赐姓曰'姜'，氏曰'有吕'，谓其能为禹股肱心膂，以养物丰民人也。"[⑥]其历史功绩得到充分肯定。

① 《春秋左传集解》昭公十七年，上海：上海人民出版社，1977 年，第 1420 页。
② 《春秋左传集解》昭公二十九年，上海人民出版社，1977 年，第 1576 页。
③ 《国语》卷四《鲁语上》，上海：上海古籍出版社，1988 年，第 166—167 页。
④ 《汉书》卷二十五上《郊祀志上》，北京：中华书局，1962 年，第 1191 页。
⑤ 《后汉书》志第九《祭祀下》，北京：中华书局，1965 年，第 3200 页。
⑥ 《国语》卷三《周语下》，上海：上海古籍出版社，1988 年，第 102—108 页。

三、共工氏与黄帝族团的斗争与融合

共工氏属于炎帝部族，它与黄帝部族同在中原，有斗争，也有融合，共同成为先秦时期的华夏族。

关于共工氏与黄帝部族的争斗，文献记载有三：

一是共工与颛顼的帝位争夺。《列子》说："其后共工氏与颛顼争为帝，怒而触不周之山，折天柱，绝地维；故天倾西北，日月星辰就焉；地不满东南，故百川水潦归焉。"[①]《淮南子》亦曰："昔者，共工与颛顼争为帝，怒而触不周之山，天柱折，地维绝。天倾西北，故日月星辰移焉；地不满东南，故水潦尘埃归焉。"[②]共工与颛顼争为帝，说明共工当与颛顼、帝喾同时。屈原曾经发问："斡维焉系？天极焉加？八柱何当？东南何亏？"又问："康回凭怒，坠，何故以东南倾？"注曰："旧说康回，共工名也。"[③]这一争夺十分激烈，对后世的影响深刻。

二是尧舜时共工的反抗。"舜之时，共工振滔洪水，以薄空桑。龙门未开，吕梁未发，江淮通流，四海溟涬。民皆上丘陵，赴树木。"[④]

三是大禹对共工氏的讨伐和驱赶。苏秦云："昔者神农伐补遂，黄帝伐涿鹿而禽蚩尤，尧伐驩兜，舜伐三苗，禹伐共工，……由此观之，恶有不战者乎？"[⑤]《荀子》也说："禹有功，抑下鸿，辟除民害逐共工。北决九河，通十二渚，疏三江。"[⑥]"西北海外，大荒之隅，……有禹攻共工国山。"郭璞注："言攻其国，

① 《列子集释》卷五《汤问》，北京：中华书局，2007 年，第 135 页。
② 《淮南子》卷三《天文训》，北京：中华书局，2014 年，第 58 页。
③ 朱熹：《楚辞集注》卷三《天问》，上海：上海古籍出版社，1979 年，第 50、56 页。
④ 《淮南子》卷八《本经训》，北京：中华书局，2014 年，第 194 页。
⑤ 《战国策》卷三《秦策一》，上海：上海古籍出版社，1985 年，第 81 页。
⑥ 梁启雄：《荀子简释》第二十五《成相》，北京：中华书局，1983 年，第 348 页。

杀其臣相柳于此山。”①“共工之臣曰相柳氏，九首，以食于九山。相柳之所抵，厥为泽谿。禹杀相柳，其血腥，不可以树五谷种。禹厥之，三仞三沮，乃以为众帝之台。在昆仑之北，柔利之东。相柳者，九首人面，蛇身而青。”②“共工之臣名曰相繇，九首蛇身，自环，食于九土，……禹湮洪水，杀相繇……”③

关于共工氏与黄帝族系的融合，上文已经言及：一是共工之裔子句龙为黄帝土官，辅佐黄帝平治水土；二是共工的从孙四岳协助大禹治水。此处不赘述。

总之，共工氏是中国远古时期的一个重要族群。它生活在黄河中下游平原地区，是最早尝试治理洪水、开发水土资源的族群。他作为华夏部族的重要组成部分，为中华早期农耕文明的发展作出了重要贡献，因而被后人视为水神和社神。同时，由于他属于炎帝族系，与黄帝族系发生过一些冲突、争夺，虽显示了它的英雄气概，但多以失败而告终，而黄帝族系的颛顼、帝喾、尧、舜、禹则成为圣王，于是共工氏常受到不公正待遇，被视为反面人物，甚至被妖魔化。《归藏·启筮》曰：“共工，人面蛇身，朱发。”《神异经》亦引述之，而云“贪恶愚顽”，极尽诋毁之能事。尽管如此，共工氏的历史功绩也是不可磨灭的。

（本文作者为河南省社会科学院研究员）

① 袁珂：《山海经校注》卷十一《大荒西经》，上海：上海古籍出版社，1980年，第387页。
② 袁珂：《山海经校注》卷三《海外北经》，上海：上海古籍出版社，1980年，第233页。
③ 袁珂：《山海经校注》卷十一《大荒北经》，上海：上海古籍出版社，1980年，第428页。

上古时期共工氏的功绩

——兼论“共工氏”与“共工”的区别

袁延胜　冯西西

班固《汉书·古今人表》在伏羲氏和神农氏之间列有“共工氏”，而且是在第二等“仁人”之列，排在“女娲氏”之后[①]，可见“共工氏”地位的重要。但在《汉书·古今人表》的“帝尧陶唐氏”时期，第九等“愚人”之栏列有“共工”[②]。可见在班固心目中，“共工氏”和“共工”判然有别，不可混淆。本文遵循班固的分法，探讨一下“共工氏”的功绩，以及“共工氏”和“共工”的区别。

一、共工氏在上古时期的功绩

班固《汉书·古今人表》所列“共工氏”没有记载具体的事迹，而在其他文

① 〔汉〕班固著，〔唐〕颜师古注：《汉书》，北京：中华书局，1962 年，第 864 页。
② 〔汉〕班固著，〔唐〕颜师古注：《汉书》，北京：中华书局，1962 年，第 875 页。

献中多有“共工氏”治水的记载。

《春秋左传·昭公十七年》:

昔者黄帝氏以云纪,故为云师而云名。炎帝氏以火纪,故为火师而火名。共工氏以水纪,故为水师而水名(杜注:“共工,以诸侯霸有九州者,在神农前,大皞后,亦受水瑞以水官名。”)。大皞氏以龙纪,故为龙师而龙名。我高祖少皞挚之立也,凤鸟适至,故纪于鸟,为鸟师而鸟名。[①]

对于《左传》这段记载,《汉书》卷二十一下《律历志》评论说:

言郯子据少昊受黄帝,黄帝受炎帝,炎帝受共工,共工受太昊,故先言黄帝,上及太昊。稽之于《易》,炮牺、神农、黄帝相继之世可知。[②]

太昊帝《易》曰:“炮牺氏之王天下也。”言炮牺继天而王,为百王先,首德始于木,故为帝太昊。作罔罟以田渔,取牺牲,故天下号曰炮牺氏。《祭典》曰:“共工氏伯九域。”言虽有水德,在火木之间,其非序也。任知刑以强,故伯而不王。秦以水德,在周、汉木火之间。周人迁其行序,故《易》不载。

炎帝《易》曰:“炮牺氏没,神农氏作。”言共工伯而不王,虽有水德,非其序也。以火承木,故为炎帝。教民耕农,故天下号曰神农氏。[③]

《春秋左传》言“共工氏以水纪,故为水师而水名”,《汉书·郊祀志》言共工氏有“水德”,显然是把“共工氏”看作一个善于治水的古代帝王。这个“伯九域”的共工氏,世代在太昊(皞)之后,神农之前。

此外,《管子·揆度》载:

共工之王,水处什之七,陆处什之三,乘天势以隘制天下。[④]

---

① 杨伯峻:《春秋左传注》(修订本),北京:中华书局,1990年,第1386—1387页。
② 〔汉〕班固著,〔唐〕颜师古注:《汉书》,北京:中华书局,1962年,第1011页。
③ 〔汉〕班固著,〔唐〕颜师古注:《汉书》,北京:中华书局,1962年,第1012页。
④ 黎翔凤撰,梁运华整理:《管子校注》,北京:中华书局,2004年,第1371页。

《史记》卷二十五《律书》载：

颛顼有共工之陈，以平水害。①

《史记集解》文颖曰：

共工，主水官也。少昊氏衰，秉政作虐，故颛顼伐之。本主水官，因为水行也。

《后汉书》卷五十九《张衡传》载：

《春秋谶》云“共工理水”。

这些记载都表明，共工氏是一个主管水利、善于治水的强大氏族。这个氏族应该是治水世家，这从太昊(皞)时代、颛顼时代，直到尧舜时代共工世代治水可以得到印证。

共工氏除了治水，其后代还有其他的历史功绩。《国语·鲁语上》载：

共工氏之伯九有也。其子曰后土，能平九土，故祀以为社。②

《汉书》卷二十五上《郊祀志上》载：

自共工氏霸九州，其子曰句龙，能平水土，死为社祠。有烈山氏王天下，其子曰柱，能殖百谷，死为稷祠。故郊祀社稷，所从来尚矣。③

《后汉书·祭祀志》亦载：

《礼记》及《国语》皆谓共工氏之子曰句龙，为后土官，能平九土，故祀以为社。烈山氏之子曰柱，能植百谷疏，自夏以上祀以为稷，至殷以柱久远，而尧时弃为后稷，亦植百谷，故废柱，祀弃为稷。

这些记载表明，共工氏的儿子“能平水土”，而被后人“祀以为社”，后来与“稷”一起组成“社稷”，成为国家的象征与代表。

此外，《风俗通义》卷八《祀典》引《礼传》言：“共工之子曰脩，好远游，舟

① 〔汉〕司马迁著：《史记》，北京：中华书局，1959 年，第 1241 页。
② 徐元诰撰，王树民、沈长云点校：《国语集解》，北京：中华书局，2002 年，第 155 页。
③ 〔汉〕班固著，〔唐〕颜师古注：《汉书》，北京：中华书局，1962 年，第 1191 页。

车所至,足迹所达,靡不穷览,故祀以为祖神。”[①]所谓“好远游”,可能与共工氏从事水利事业,常年在野外工作有关。这从一个侧面反映了共工氏治水足迹遍布各地,非常辛苦。

共工既然治水,就需要掌握各种土木工程的技术,因此,“共工”就变成了一个与后世“司空”类似的官职名。《史记》卷一《五帝本纪》载:

> 舜曰:“谁能驯予工?”皆曰垂可。于是以垂为共工。[②]

对于“谁能驯予工”一句中的“工”,《史记集解》引马融曰:“谓主百工之官也。”对于“以垂为共工”一句,《史记集解》引马融曰:“为司空,共理百工之事。”即把“共工”看作类似“司空”的职官名。《周礼注疏》卷三十九亦言:“百工,司空事官之属。于天地四时之职,亦处其一也。……唐虞已上曰共工。”[③]《后汉书·百官志一》言司空职责:“掌水土事。凡营城起邑、浚沟洫、修坟防之事,则议其利,建其功。凡四方水土功课,岁尽则奏其殿最而行赏罚。凡郊祀之事,掌扫除、乐器,大丧则掌将校复土。”由此推测,共工“掌水土事”,进而负责掌管“百工”。

此外,共工氏后代也可能掌管祭祀。《国语·周语下》:

> 昔共工弃此道也,虞于湛乐,淫失其身,欲壅防百川,堕高堙庳,以害天下。皇天弗福,庶民弗助,祸乱并兴,共工用灭。……其后伯禹念前之非度,厘改制量,象物天地,比类百则,仪之于民,而度之于群生。共之从孙四岳佐之,高高下下,疏川导滞,……祚四岳国,命以侯伯,赐姓曰“姜”,氏曰“有吕”,谓其能为禹股肱心膂,以养物丰民人也。[④]

《国语》记载表明唐尧时期共工的从孙四岳曾协助禹治水。《春秋左传正

---

① 〔汉〕应劭撰,吴树平校释:《风俗通义校释》,天津:天津人民出版社,1980 年,第 318 页。

② 〔汉〕司马迁著:《史记》,北京:中华书局,1959 年,第 39 页。

③ 〔汉〕郑玄注,〔唐〕贾公彦疏,赵伯雄整理,王文锦审定:《周礼注疏》,北京:北京大学出版社,1999 年,第 1055 页。

④ 徐元诰撰,王树民、沈长云点校:《国语集解》,北京:中华书局,2002 年,第 93、94、95、97 页。

义》卷九注疏引贾逵言："四岳，官名，大岳也，主四岳之祭焉。"[①]可见共工氏的后人还负责山岳的祭祀。

总之，共工氏在上古时期，有着治水、平水土、掌百工、掌祭祀等诸多历史功绩。

二、唐尧时期的"共工"

共工氏的后代到了唐尧时期，仍然负责治水。但唐尧时期暴发了洪水，共工用堵塞的办法治水，结果却遭到了失败。《今本竹书纪年·卷上》载：

> (帝尧)十九年命共工治河。[②]

共工治水失败后，"(帝尧)六十一年，命崇伯鲧治河"[③]。鲧治水也失败后，"(帝尧)七十五年，司空禹治河"[④]。

共工治水失败，共工的形象此后便变成了一个阳奉阴违、貌恭心狠、制造洪水危害天下的反面人物。《史记》卷一《五帝本纪》载：

> 讙兜曰："共工旁聚布功，可用。"尧曰："共工善言，其用僻，似恭漫天，不可。"[⑤]

此外，《尚书·尧典》载共工"静言庸违，象恭滔天"[⑥]。《国语·周语下》言：

---

① 〔周〕左丘明撰，〔晋〕杜预注，〔唐〕孔颖达疏，浦卫忠、龚抗云、胡遂、于振波、陈咏明整理，杨向奎审定：《春秋左传正义》，北京：北京大学出版社，第312页。

② 方诗铭、王修龄：《古本竹书纪年辑证》(修订本)附王国维《今本竹书纪年疏证》，上海：上海古籍出版社，2005年，第206页。

③ 方诗铭、王修龄：《古本竹书纪年辑证》(修订本)附王国维《今本竹书纪年疏证》，上海：上海古籍出版社，2005年，第207页。

④ 方诗铭、王修龄：《古本竹书纪年辑证》(修订本)附王国维《今本竹书纪年疏证》，上海：上海古籍出版社，2005年，第209页。

⑤ 〔汉〕司马迁著：《史记》，北京：中华书局，1959年，第20页。

⑥ 〔汉〕孔安国传，〔唐〕孔颖达正义，黄怀信整理：《尚书正义》，上海：上海古籍出版社，2007年，第80页。

“昔共工弃此道也，虞于湛乐，淫失其身，欲壅防百川，堕高堙庳，以害天下。皇天弗福，庶民弗助，祸乱并兴，共工用灭。”[①]《淮南子·本经训》：“舜之时，共工振滔洪水，以薄空桑，龙门未开，吕梁未发，江淮通流，四海溟涬，民皆上丘陵，赴树木。”[②]

正因为共工的这些劣迹，因此，在舜执政的时候，共工作为“四凶”之一遭到了流放。《史记》卷一《五帝本纪》载：

> 讙兜进言共工，尧曰不可而试之工师，共工果淫辟。四岳举鲧治鸿水，尧以为不可，岳强请试之，试之而无功，故百姓不便。三苗在江淮、荆州数为乱。于是舜归而言于帝，请流共工于幽陵，以变北狄；放驩兜于崇山，以变南蛮；迁三苗于三危，以变西戎；殛鲧于羽山，以变东夷：四罪而天下咸服。[③]

《尚书·尧典》：

> 流共工于幽州，放驩兜于崇山，窜三苗于三危，殛鲧于羽山，四罪而天下咸服。[④]

《孟子·万章上》：

> 舜流共工于幽州，放驩兜于崇山，杀三苗于三危，殛鲧于羽山，四罪而天下咸服。诛不仁也。

由此可见，唐尧时期的共工作为共工氏的后代，由于治水失败遭到了尧舜的惩罚，共工也变成了一个“恶人”的形象。共工氏作为一个治水氏族，何以在三皇时代取得成功，而到了尧舜时代治水失败？是共工不用心吗？不是。那是什么原因导致共工治水失败呢？我想可能与尧舜时代洪水太大有关。

---

① 徐元诰撰，王树民、沈长云点校：《国语集解》，北京：中华书局，2002 年，第 93—94 页。

② 〔汉〕刘安等编著，〔汉〕高诱注：《淮南子》，上海：上海古籍出版社，1989 年，第 80 页。

③ 〔汉〕司马迁著：《史记》，北京：中华书局，1959 年，第 28 页。

④ 〔汉〕孔安国传，〔唐〕孔颖达正义，黄怀信整理：《尚书正义》，上海：上海古籍出版社，2007 年，第 88 页。

《史记》卷一《五帝本纪》载尧舜时:“汤汤洪水滔天,浩浩怀山襄陵,下民其忧。”我们知道,在水势小的时候,用筑堤堵塞的办法是可行的,但在大洪水面前,这种方法就行不通了。共工可能墨守成规,导致了治水的失败。

总之,唐尧时期的共工是三皇时期共工氏的后代,他治水失败而遭到了流放。后世所批判的共工,就是尧舜时期的这个共工,而不是太昊(皞)、神农之间的共工氏。

三、共工氏与龚姓

《汉书·古今人表》“共工氏”栏,唐代颜师古注曰:“共,读曰龚。”[①]把“共”和“龚”联系起来。因此,共工氏可能是“龚”姓的重要来源。

秦汉三国时期,正史中有不少龚姓名人的记载,附录于此。

《汉书》:西汉名臣、郎中令龚遂(山阳郡南平阳人也)、名儒光禄大夫龚胜、传《鲁论语》的常山都尉龚奋、知音善鼓雅琴者梁国龚德、长安丞龚奢。

《后汉书》:持书侍御史龚调、上谷太守龚赐(龚胜之子)。

《三国志》:巴郡士人龚禄“位二千石,当世有声名”、越嶲郡太守龚禄、广汉郪人龚德绪。

这些龚姓名人中或许有的是共工氏的后人,与共工氏有关。

(本文作者分别为郑州大学历史学院教授、郑州大学历史学院研究生)

① 〔汉〕班固著,〔唐〕颜师古注:《汉书》,北京:中华书局,1962年,第864页。

《通鉴外纪》何以列共工为“三皇”之一

陈建魁

一

共工是炎帝的后裔，据《山海经·海内经》：“炎帝之妻，赤水之子听訞生炎居，炎居生节并，节并生戏器，戏器生祝融，祝融降处于江水，生共工。”后汉贾逵云：共工，诸侯，炎帝之后，姜姓也。

关于共工的形象，宋罗泌《路史·后纪二》注引《归藏·启筮》说：“共工，人面蛇身，朱发。”

关于共工的职掌，相传其为水神，《左传·昭公十七年》：“共工氏以水纪，故为水师而水名。”

关于共工所处的年代，《礼记·祭法》云：“共工氏之霸九州也，其子曰后土，能平九州，故祀以为社。”郑玄注曰：“共工氏无禄而王谓之霸，在太昊、炎帝之间。”《国语·鲁语》韦昭注：“共工氏……在戏（牺）、农（神农）之间。”《淮南子·原道训》高诱注：“共工，以水行霸于伏牺、神农者也。”《列子》张湛注亦说:“共工氏兴,霸于伏牺、神农之间。”实际上,从古史材料后,共工之事迹与许多上古帝王都有交集。

共工与女娲的交集:

司马贞《史记·补三皇本纪》:“当其(按:指女娲)末年也,诸侯有共工氏,任智刑以强,霸而不王,以水乘(承)木,乃与祝融战。不胜而怒,乃头触不周山,崩,天柱折,地维缺。”

《路史·后纪二》:“太昊氏衰,共工惟始作乱,振滔洪水,以祸天下,隳天纲,绝地纪,覆中冀,人不堪命。于是女皇氏(即女娲——作者注)役其神力,以与共工氏较,灭共工氏而迁之。然后四极正,冀州宁,地平天成,万民复生。”

共工与颛顼的交集:

《淮南子·兵略训》:“颛顼尝与共工争矣。”

《淮南子·天文训》:“昔者,共工与颛项争为帝,怒而触不周之山,天柱折,地维绝。天倾西北,故日月星辰移焉;地不满东南,故水潦尘埃归焉。”

《史记·律书》:“颛项有共工之陈,以平水害。”

《太平御览》卷九〇八引《古文琐语》载郑子产说:“昔共工之御曰浮游,既败于颛项,自没沉淮之渊。……常为天下祟:见之堂上则王天下者死,见堂下则邦人骇。”

共工与帝喾的交集:

《淮南子·本经训》:“昔共工与高辛争为帝。”

《史记·楚世家》:“共工氏作乱,帝喾使重黎诛之而不尽。”

共工与帝尧的交集:

《韩非子·外储说右上》:“尧欲传天下于舜,鲧谏曰:‘不祥哉!孰以天下而传之于匹夫乎?’尧不听,举兵而诛,杀鲧于羽山之郊。共工又谏曰：‘孰以天下而传之于匹夫乎?’尧不听，又举兵而诛共工于幽州之都。于是天下莫敢言无传天下于舜。”

共工与帝舜的交集：

《淮南子·本经训》：“舜之时，共工振滔洪水，以薄空桑，……民皆上丘陵，赴树木。”

《韩非子·五蠹》：“当舜之时，……共工之战，铁铦矩者及乎敌，铠甲不坚者伤乎体，是干戚用于古不用于今也。”

《尚书·尧典》：“流共工于幽州，放驩兜于崇山，窜三苗于三危，殛鲧于羽山，四罪而天下咸服。”

《尚书·尧典》：“帝曰：‘俞，咨！垂，汝共工。’”

《史记·五帝本纪》：“舜曰：‘谁能驯予工?’皆曰垂可。于是以垂为共工。”

共工与禹的交集：

《荀子·议兵》：“是以尧伐驩兜，舜伐有苗，禹伐共工，汤伐有夏，文王伐崇，武王伐纣。此四帝两王，皆以仁义之兵行于天下也。”

《荀子·成相》：“禹有功，抑下鸿，辟除民害除共工。”

《山海经·大荒西经》：“有禹攻共工国山。”

《山海经·海外北经》：“共工之臣曰相柳氏，……禹杀相柳。”

共工时代从伏羲到大禹持续数千年，可知“共工”不仅是一个人的称谓，也是一个部族的名称。著名历史学家吕振羽先生认为，作为上古氏族和部落首领的伏羲，他的名号既是个体，也代表着氏族群体，同时还代表着被其文化泽及的其他氏族群体。同样，我们也可以说，共工既是上古氏族，也是部落首领。因此，共工、共工氏、共工氏族并不是一回事。共工是第一个叫共工的这个人。然后以他命名的这个氏族经过代代繁衍，形成一个新的氏族叫共工氏。共工氏又继续繁衍分流，形成一个庞大的共工氏族的后裔。

二

共工氏并没有称王,然而却有人列其于“三皇”之内。

“三皇”有九种说法:《史记·秦始皇本纪》以天皇、地皇、泰皇为“三皇”;《史记·补三皇本纪》引《河图》《三五历记》以天皇、地皇、人皇为“三皇”;《风俗通义·皇霸》引《春秋纬·运斗枢》以伏羲、女娲、神农为“三皇”;《白虎通》以伏羲、神农、祝融为“三皇”;《通鉴外纪》以伏羲、神农、共工为“三皇”;《帝王世纪》以伏羲、神农、黄帝为“三皇”;《三字经》曰“自羲农,至黄帝。号三皇,居上世”,是亦以伏羲、神农、黄帝为“三皇”;《风俗通义·皇霸》引《礼纬含文嘉》以燧人、伏羲、神农为“三皇”;《庄子》《纲鉴易知录》以有巢氏、燧人氏、知生氏为“三皇”;另民间多以盘古、女娲、伏羲为“三皇”。

上述所列“三皇”的十几位帝王当中,共工和祝融没有当上帝王,那么,《通鉴外纪》何以列共工为“三皇”之一?

《说文》:“皇,大也。从自。自,始也。始皇者,三皇,大君也。”据郭沫若考证,皇,甲骨文作[illegible],其原意有太阳出土放光芒的含义。因此,称之为皇是因为他们如皇天一般有“美大之名”。后人铭记他们,可能是他们曾为帝王,也可能是因为他们的卓越贡献。由于帝王更易集中人力、物力干事,所以“三皇”多为帝王并不奇怪。但是,曾为帝王不是名列“三皇”的充分必要条件,共工和祝融以未曾为帝王而入“三皇”之列,更值得我们敬仰。

三

恩格斯把文明社会前夜的野蛮社会高级阶段称为“英雄时代”,即英雄辈出的时代。我国从伏羲时代开始,也逐渐进入了英雄时代。

恩格斯在《家庭、私有制和国家的起源》中这样描述希腊的英雄时代:“在英雄时代的希腊社会制度中,古代的氏族组织还是很有活力的,不过我们也看到,它的瓦解已经开始:由子女继承财产的父权制,促进了财产积累于家庭中,并且使家庭变成一种与氏族对立的力量;财产的差别,通过世袭显贵和王权的最初萌芽的形成,对社会制度发生反作用;奴隶制起初虽然仅限于俘虏,但已经开辟了奴役同部落人甚至同氏族人的前景;古代部落对部落的战争,已经开始蜕变为在陆上和海上为攫夺牲畜、奴隶和财宝而不断进行的抢劫,变为一种正常的营生,一句话,财富被当作最高福利而受到赞美和崇敬,古代氏族制度被滥用来替暴力掠夺财富的行为辩护。所缺少的只是一件东西,即这样一个机关,它不仅可以保障单个人新获得的财富不受氏族制度的共产制传统的侵犯,不仅可以使以前被轻视的私有财产神圣化,并宣布这种神圣化是整个人类社会的最高目的,而且还会给相继发展起来的获得财产的新形式,因而是给不断加速的财富积累,盖上社会普遍承认的印章;所缺少的只是这样一个机关,它不仅可以使正在开始的社会划分为阶级的现象永久化,而且可以使有产阶级剥削无产者的权利以及前者对后者的统治永久化。”

从共工与女娲等部族持续几千年的争斗中,我们可以看出文明的出现和国家产生的轨迹。

《四库全书》收录了中国古代重要的历史文献,我们通过统计共工等古代帝王在其中出现的频率,也可弄清楚共工被一些史家列入“三皇”是名副其实的。

英雄时代各帝王在《四库全书》中出现的次数

检索词	次数	检索词	次数	检索词	次数
伏羲	8673	伏羲氏	835		
女娲	1605	女娲氏	293		
共工	2727	共工氏	529		
大庭	1273	大庭氏	231		
柏皇	97	柏皇氏	39		
中央	8382	中央氏	38		
栗陆	171	栗陆氏	50		
骊连	74	骊连氏	21		
赫胥	248	赫胥氏	97		
尊卢	779	尊卢氏	249		
混沌	2174	混沌氏	37		
昊英	63	昊英氏	39		
有巢	912	有巢氏	156		
朱襄	172	朱襄氏	92		
葛天	779	葛天氏	249		
阴康	142	阴康氏	61		
无怀	932	无怀氏	192		
黄帝	24563	轩辕氏	601	有熊氏	164
炎帝	2232	神农氏	1460		
颛顼	4772	颛顼氏	240	高阳氏	558
帝喾	2350	帝喾氏	23	高辛氏	895
帝尧	4738	唐尧	2085	陶唐氏	811
帝舜	2470	虞舜	3305	有虞氏	2447
祝融	3891	祝融氏	149		

《汉书·古今人表》列出了太昊伏羲氏的世系:太昊帝宓羲氏、女娲氏、共工氏、容成氏、大廷氏、柏皇氏、中央氏、栗陆氏、骊连氏、赫胥氏、尊卢氏、沌浑

氏、昊英氏、有巢氏、朱襄氏、葛天氏、阴康氏、亡怀氏、东扈氏、帝鸿氏。

《帝王世纪》亦载："太昊帝庖牺氏，风姓也。蛇身人首，有圣德，都陈。作瑟三十六弦。燧人氏没，庖牺氏代之，继天而王，首德于木，为百王先。帝出于震，未有所因，故位在东方主春，象日之明，是称太昊。制嫁娶之礼，取牺牲以充庖厨，故号曰庖牺。后世音谬，故或谓之宓牺。一号黄熊氏。在位一百一十年。""女娲氏，亦风姓也。承庖牺制度。亦蛇身人首，一号女希，是为女皇。其末诸侯有共工氏，任智刑以强，伯而不王。以水承木，非行次，故《易》不载。及女娲氏没，次有大庭氏、柏皇氏、中央氏、栗陆氏、骊连氏、赫胥氏、尊卢氏、浑混氏、昊英氏、有巢氏、朱襄氏、葛天氏、阴康氏、无怀氏，凡十五世，皆袭庖牺之号。"自庖牺始，女娲氏、大庭氏、柏皇氏、中央氏、栗陆氏、骊连氏、赫胥氏、尊卢氏、浑混氏、昊英氏、有巢氏、朱襄氏、葛天氏、阴康氏、无怀氏历一千二百六十年，伏羲共十六世。

我们把伏羲时代各个帝王罗列于表上。由于"大庭（大廷）""混沌（沌浑、浑混）"等词有多种含义，不具有标本意义，所以，以"共工氏""柏皇氏""中央氏"等作为检索词来说明他们的影响，可能更为准确。

从表中可以看出，共工氏的出现频率高于有巢氏、女娲氏、祝融氏，低于伏羲氏、轩辕氏、神农氏，所以，有古代史家列其于"三皇"之内就毫不奇怪了。

（本文作者为河南社会科学院历史与考古研究所副所长、副研究员）

浅谈共工氏在上古的地位

聂好春

共工氏,即共工,在上古神话中为水神,其怒而触不周之山的事迹为人所熟知。共工氏是一个什么样的形象呢?首先需要弄清楚共工氏的身份,这是研究任何有关共工氏问题的第一前提。细看古籍文献资料,共工的时代跨度之大不禁令人心生疑问,共工氏何以存在如此长的时间?从三皇到五帝,共工氏这一名字随处可见。恩格斯在《家庭、私有制和国家的起源》中提到这样一段话:“氏族有一定的名称或一套名称,在全部落内只有该氏族才能使用这些名称,因此,氏族个别成员的名字,也就表明了他属于哪一氏族。氏族的名称一开始就同氏族的权利密切联系在一起。”由此可见,共工氏不是单纯的一个个体,而是一个氏族。

关于共工氏形象的文献记载,各有不同,褒贬不一。对于共工,《左传·昭公十七年》中引少皞氏后裔郯子云:“昔者黄帝氏以云纪,故为云师而云名。炎帝氏以火纪,故为火师而火名。共工氏以水纪,故为水师而水名。太皞氏以龙纪,故为龙师而龙名。”在此书中,将共工氏与黄帝、炎帝及太皞氏并列,足可见共工氏在上古时期的地位。此外,《礼记·祭法》云:“共工氏之霸九州也,其子曰后土,能平九州,故祀以为社。”《礼记》所载共工氏曾经称霸九州,这就说明共工氏有称霸的能力、有可为君的特质。

在历史文献中,对共工氏形象的记载各不相同,在这里,我将从以下几个方面论述共工氏在中华上古史中的地位。

首先,共工氏治水。《国语·周语》中记载:昔共工弃此道也,虞于湛乐,淫失其身,欲壅防百川,堕高堙庳,以害天下。皇天弗福,庶民弗助,祸乱并兴,共工用灭。《国语》记载表明,共工氏治水用的方法是“堕高堙庳”,即铲平高地、填平洼地,在平坦的地面上修筑堤防,这种办法在洪水势头较小的时候是能够起到作用的,但是并不能够彻底解决洪水的问题,长此以往,治水必然会失败,给氏族带来严重的后果。在治水失败之际,舜帝借此将共工流放至幽州,共工因此还被认为是“四凶”之一。

在那样一个治水经验空白的时代,毫无经验可取的治水是非常困难的,况且,在上古时代,经济水平有限,技术水平低,治水之不易更是可想而知。共工氏治水,敢于尝试,虽然最后表明其方法行不通,但是其治水的经验是宝贵的。前车之鉴,后事之师,共工氏用失败的教训证明了这种治水方法是不可取的,并为后来大禹治水提供了经验。因此,共工氏在水利史上具有不可磨灭的功绩。

其次,共工氏争帝事件。在历史文献记载中,共工氏与多位正统世系帝王争夺过统治权。最早的见于《列子·汤问》:“其后共工氏与颛顼争为帝,怒而触不周之山,折天柱,绝地维;故天倾西北,日月辰星就焉;地不满东南,故百川水潦归焉。”又如《淮南子·原道训》中记载:“昔共工之力,触不周之山,使地东南倾,与高辛争为帝,遂潜于渊,宗族残灭,继嗣绝祀。”文献记载共工氏分别与颛顼、高辛争帝,其结果均是失败。共工氏作为一个氏族,两次与正统帝王争夺统治权,反映了共工氏顽强的民族个性。此外《史记·楚世家》记:

“共工氏作乱,帝喾使重黎诛之而不尽。”帝喾使大臣诛共工氏却诛之不尽,更反映了共工氏族的顽强力量。成者王侯,败者贼寇。由于共工氏的失败,所以不被后人列入正统世系。

但是,作为一名历史研究者,应该用一种客观中立的态度去看待历史中的任何事物。对于共工氏争帝事件,毛泽东有自己的看法。毛泽东在《渔家傲·反第一次大围剿》中写有“不周山下红旗乱”一句 ,在按语中说:“共工没有死 ,共工是胜利的英雄。”从另一个角度来说,共工氏的革命精神是伟大的,革命行动是一个敢于为天下先的行动。袁珂先生在《古神话选译》中也认为:“从革命者的眼光看来,共工的这一行动就是具有大魄力的英雄行动。”

最后,共工氏与祭祀的问题。《左传·昭公二十九年》中记载:“共工氏有子曰句龙,为后土。……后土为社。” 又《国语·鲁语上》:“共工氏之伯九有也,其子曰后土,能平九土,故祀以为社。”《礼记·祭法》:“共工氏之霸九州也,其子曰后土,能平九州,故祀以为社。”《说文》:“社,地主也,从示、土。”我们在前文中已经提到过,共工氏是一个氏族,因此,可以推断这里的“共工氏有子”中的“子”指的是共工氏族的后裔领袖。从以上几篇文献的记载,我们可以看到共工氏平九州及对农业发展的贡献。

《论语》中记载子贡曰:“纣之不善,不如是之甚也。是以君子恶居下流,天下之恶皆归焉。”意思是说纣王的罪恶并不是人们想的那么严重,因此,君子憎恶居于下流,因为一旦居于下流,那么天下的一切坏事都会归到他的头上。长期以来,共工氏一直受到不公正的待遇,作为一名历史研究者,我们应该以历史的眼光来看待他,从全方位的角度来审视其形象,准确把握共工氏在任何一件事情中所起的作用,全面了解事情的前因后果,切不可只知其一,不知其二。若完全随波逐流,就会丧失我们作为一名职业历史研究者的思想独立性,相反,我们应该有严谨的治学态度,拨开历史的重重迷雾,将历史真相还原出来,展现给世人,这是我们的责任,也是我们的义务。《昭明文选》中许慎曰:“昔共工,古诸侯之强者也。”我想,这是概括共工氏形象最准确、最客观公正的一句话吧。

(本文作者为新乡学院教授)

共工氏的名号、事迹及其在先秦、秦汉的文本形象

李龙海

共工氏是我国原始氏族时代的一个姜姓古老部族。[①] 其名《尚书·尧典》《淮南子》皆作“共工”,而《楚辞》作“康回”,《左传》称“穷奇”,《史记》则是“共工”“穷奇”并称。有学者通过考证指出,“共”“穷”“康”三字古同音,而“工”“奇”“回”义通音同,因此确知“共工”“穷奇”“康回”三者只因时代先后、地域间隔所用字形有差异,实则古音同。字形有三,名字则一。[②] 由文献可知,该部族在长期的生活实践中积累了丰富的治水经验,其首领被奉为“水神”,并成为实力强大的部族。先秦、秦汉的文本中,有对共工事迹的客观记载,而更多的则是对共工形象的扭曲和丑化。

---

① 《山海经·海内经》:“炎帝之妻,赤水之子听訞生炎居,炎居生节并,节并生戏器,戏器生祝融,祝融降处于江水,生共工。”

② 刘地生:《“共工”名考》,《镇江师专学报》1993 年第 3 期。

一、共工与共工氏的名号

在我国上古时期,文献通常以“某氏”或“某某氏”称呼某一氏族名,如伏羲氏、女娲氏、有巢氏、神农氏、葛天氏、有夏氏等,共工氏也是如此。这些氏族无论实行母系还是父系,都会有氏族首领及一定数量的职能部门维持该氏族的生存和发展,久之,氏族首领的称谓也往往以本氏族名称之。如伏羲氏首领称为伏羲,女娲氏首领称为女娲,神农氏首领称为神农,葛天氏首领称为葛天等。同样,共工氏的首领也应称为共工。王献唐曾指出:“共工既为诨号, 其子孙世袭其技, 亦以共工呼之。……凡其世谓, 皆可呼为共工。” “历史传说中的共工, 并非一时一人之称, 乃是共工氏族世代相袭的共同称号。”[①]这样的情况,也有民族学的材料佐证。摩尔根在谈到北美易洛魁人的氏族及联盟时说:“当一个人被选举为首领或酋帅时,就要废掉原有的名字,在就职时另外授以新名。”“在联盟开始创立之时,即设立了五十名常任首领,并授以名号,规定永久分属于各指定的氏族。”“每一个首领职位的名号也就成了充任该职者在任期内的个人名字,凡继任者即袭用其前任者之名。……当这种首领职位出缺之时,世袭该职的氏族即受权在本氏族内选举一成员继任。”[②]据此,共工或共工氏并非私人的专名,而是共工氏族专用名,也是共工领袖专用名。所以后世文献记载该氏族的事迹时,不分时代只能笼统地归于“共工(氏)”名下,这便是文献中共工之名得以长期存在的真正原因。共工部族既能长期存在,共工首领当然也能一代代沿袭继任了。

---

① 王献唐:《炎黄氏族文化考》,济南:齐鲁书社,1985 年。
② 摩尔根:《古代社会》,北京:商务印书馆,1977 年,第 677、126、110 页。

二、先秦、秦汉文本所见共工氏的事迹

先秦、秦汉时期的文本所载的共工氏的事迹，可归纳为以下两个方面：

（一）共工氏善于治水。

《管子·揆度》曰："共工氏之王，水处十之七，陆处十之三。"这说明共工氏是一个邻水而居的部族。故《左传·昭公十七年》载："共工氏以水纪，故为水师而水名。"那么在长期与洪水的搏斗中，该部族定积累了丰富的治水经验，所以《竹书纪年》有"十九年，命共工治河"[①]的记载。当尧咨询谁能治水时，驩兜首先就推举了共工。《尚书·尧典》："帝曰：'畴咨若予采？'驩兜曰：'都！共工方鸠僝功。'""帝曰：'俞，咨！垂，汝共工。'"同一件事，《史记·五帝本纪》则载："舜曰：'谁能驯予工？'皆曰垂可。于是以垂为共工。"孔颖达《尚书正义》引郑玄注："共工，水官名。其人名氏未闻，先祖居此官，故以官氏。"可知舜帝时已设置了名为"共工"的官职，以共工为水官名。《国语·周语下》记载了共工及其后代部族的行事说："昔共工弃此道也，虞于湛乐，淫失其身，欲壅防百川，堕高堙庳，以害天下。皇天弗福，庶民弗助，祸乱并兴，共工用灭。其在有虞，有崇伯鲧，播其淫心，称遂共工之过，尧用殛之于羽山。其后伯禹念前之非度，……共之从孙四岳佐之。"韦注："共，共工也。"共工从孙四岳被尧任命佐禹治水从侧面说明了共工氏是一个善于治水、拥有治水经验的族群。

（二）共工氏曾是实力强大的部族。

《国语·鲁语上》载："共工氏之伯九有也，其子曰后土，能平九土，故祀以为社。"《礼记·祭法》略同于《国语》，只是将"九有"改为"九州"。《山海经·

---

① 王国维：《今本竹书纪年疏证》，《王国维先生全集初编》第11册，台北：台湾大通书局，1976年，第4664页。

大荒北经》也说："共工之臣名曰相繇，九首蛇身，自环，食于九土。"《海外北经》亦有同样的记载，只是将"九土"改作"九山"。"伯九有"也就是霸九州。《山海经·大荒北经》中又有"有共工之台，射者不敢北乡（向）"，蒙文通先生曾评论道："共工固世为诸侯之强，自伏羲以来下至伯禹，常为中国患……"[①]徐旭生先生也曾说："上及远古，下到虞夏，可以指明共工在古代为一显著的氏族。"[②]这些不同来源的先秦古籍，一致说共工氏"伯（霸）九有"，"平九土"，活动于九山之域，实际上是说共工氏一度是九州的伯主，即中原部落联盟的一个首领。关于共工氏的活动地域，徐旭生先生说共工氏居住地在今河南辉县。[③] 邹衡先生则认为："共工氏的活动地区是太行山东麓一线，即南起河南辉县，北至河北北部长城以内和山西境内。"[④]唐善纯先生认为："共工氏曾在黄河中游活动过，共工长期活动的地方应是河南西部伊水和洛水流域。"[⑤]王震中先生通过考证，则认为："当时九州之区域，其核心地区大概西自陕西之秦岭，北至晋南，东到河南中部之嵩山，南达豫西南。""共工部落曾为古九州之伯，其前后活动范围，西起渭河上游，东至豫中满山脚下，北达豫北辉县及山西境内，南至熊耳山乃至南阳地区。"[⑥]其实，像共工（氏）这样一个存续时间很长的氏族，在其发展的不同阶段，随着氏族人口的流动迁徙，其活动范围和政治中心定有不同，这样的情况在上古时期的其他氏族中也是同样存在的。一个部族有其发展的顶峰，也会有势力衰落的时段。"共工氏伯九有"应是该氏族发展的鼎盛时期，其所分布的地域范围应该较为广阔。但经过与颛顼、尧、舜、禹等不同部族在不同阶段的冲突，共工氏往往以失败告终，共工氏的势力

① 蒙文通：《古史甄微》，成都：巴蜀书社，1999 年，第 36 页。
② 徐旭生：《中国古史的传说时代》，桂林：广西师范大学出版社，2003 年，第 159 页。
③ 徐旭生：《中国古史的传说时代》，桂林：广西师范大学出版社，2003 年，第 158 页。
④ 邹衡：《关于夏商时期北方地区诸邻境文化的初步探讨》，《夏商周考古学论文集》，北京：文物出版社，1980 年，第 283—284 页。
⑤ 唐善纯：《中国的神秘文化》，南京：河海大学出版社，1992 年，第 53 页。
⑥ 王震中：《共工氏主要活动地区考辨》，《人文杂志》1985 年第 2 期。

范围应该缩小不少,其实力也会大为减退。结合考古资料,我们认为在夏代建国之前的共工氏应活动在豫北冀南一带,其政治中心可能在今天的河南辉县境内。

辉县孟庄遗址的考古材料表明,从仰韶文化大司空类型到龙山文化孟庄类型是一脉相承的,袁广阔先生曾推测“它当与共工氏这一氏族存在一定的联系”。“新乡孟庄城垣内侧的壕沟有厚达1米以上的淤土,而外城河龙山晚期的淤土则有2—3米”,基于此,袁广阔指出,孟庄龙山城址损毁应是“一定时间的洪水或大量雨水造成的”[①]。这说明文献记载的史前发生大洪水及共工、鲧和禹的治水事迹是可信的。存在于豫北冀南的龙山文化又被称为后冈二期文化(学者划分的孟庄类型属于后冈二期文化),该文化存在于公元前2780—公元前2100年,结合《尧典》“流共工于幽州,以变北狄”的记载,有学者也推测“最有可能是文献上尧舜禹时期的强大的共工氏部族的遗存”。后冈二期文化在进入二里头文化阶段前突然在豫北地区消失,而夏家店下层文化恰在辽西地区兴起,“夏家店下层文化是后冈二期文化与辽西红山——小河沿文化系统相碰撞的产物,后冈二期文化在这一过程中发挥了主导性作用”[②]。

三、先秦、秦汉文本所见共工的恶人形象

先秦、秦汉文本中的共工是以具体的个人出现,且多以负面形象示人,并逐渐由正统的史学著作延展到文学作品中,共工的“恶人”形象逐渐固式化,对后世影响极大。文本中共工的恶人形象主要有以下几个方面。

(一)行事不直,为四凶(或四罪)之一。

---

① 袁广阔:《孟庄龙山文化遗存研究》,《考古》2000年第3期。

② 王立新、齐晓光、夏保国:《夏家店下层文化渊源刍论》,《北方文物》1993年第2期。

《左传·文公十八年》载:“昔帝鸿氏有不才子,掩义隐贼,好行凶德,丑类恶物,顽嚚不友,是与比周,天下之民谓之浑敦。少皞氏有不才子,毁信废忠,崇饰恶言,靖谮庸回,服谗蒐慝,以诬盛德,天下之民谓之穷奇。颛顼氏有不才子,不可教训,不知话言,告之则顽,舍之则嚚,傲很明德,以乱天常,天下之民谓之梼杌。此三族也,世济其凶,增其恶名,以至于尧,尧不能去。缙云氏有不才子,贪于饮食,冒于货贿,侵欲崇侈,不可盈厌,聚敛积实,不知纪极,不分孤寡,不恤穷匮,天下之民以比三凶,谓之饕餮。舜臣尧,宾于四门,流四凶族,浑敦、穷奇、梼杌、饕餮,投诸四裔,以御魑魅。”《尚书·尧典》:“流共工于幽州,放驩兜于崇山,窜三苗于三危,殛鲧于羽山,四罪而天下咸服。”共工即穷奇,其与浑敦、梼杌、饕餮并称“四凶”,或与驩兜、三苗、鲧并称“四罪”。其罪过则是“毁信废忠,崇饰恶言,靖谮庸回,服谗蒐慝,以诬盛德”。尧对共工的评价是“静言庸违,象恭滔天”。孔安国注:“言共工自为谋言,起用行事而违背之,貌象恭敬而心傲很,若漫天。”孔颖达疏:“共工险伪之人,自为谋虑之言皆合于道,及起用行事而背违之,言其语是而行非也。貌象恭敬而心傲很,其侮上陵下,若水漫天,言貌恭而心很也。行与言违,貌恭心反,乃是大佞之人。”①《尧典》的“静言庸违”应该就是《左传》的“靖谮庸回”。

(二)违背规律,引发水患,危及百姓。

在4200—4000年前,我国气候发生了突变,导致史前洪水发生。根据文献所载,共工、鲧采用“堙障”之法治水失败,大禹采用疏导之法取得了治水的成功。其实,依当时的生产力水平,无论采用哪种方法,面对肆虐的洪水,人类都是无能为力的。就是科学技术发达的今天,我们在面对诸如洪水、地震、海啸等自然灾难时不也是感到力量的渺小吗?其实,气候重建表明4200—4000 aB.P.气候事件的结束时间,亦即气候好转的开始阶段,在测年误差范围内恰

① 阮元校刻:《十三经注疏》,北京:中华书局,1980年,第122页。

好对应于夏朝的始建时期,即传说中大禹成功治理洪水的开始。二者在发生时间上的一致性表明:大禹之所以能够成功地制服洪水可能得益于气候的好转。一般认为从暖期向冷期的气候转变往往是相对缓慢、逐渐的,而从冷期向暖期的转变则是快速、突变的。所以大禹之所以能够治水成功可能主要得益于4000 aB.P.以后的气候好转而并非人力之能为。[①] 共工和鲧的治水活动都是发生在大禹之前,此时正是洪水肆虐的时期,所以治水不成功也在情理之中,但后世的人们不明其因,便把治水失败进而给民众带来的灾难归罪于治水采用的堙障之法。如《国语·周语下》太子晋谏灵王壅水时披露了原因,“昔共工弃此道也,虞于湛乐,淫失其身,欲壅防百川,堕高堙庳,以害天下。皇天弗福,庶民弗助,祸乱并兴,共工用灭”。就是说共工违背自然的规律。其实,我们由文献和金文资料可知,大禹治水也同样用的是堙障之法。比如《尚书·禹贡》就说:“禹敷土,随山刊木,奠高山大川。”《豩公盨》铭文也载道:“天命禹敷土,隓山濬川。”《管子·揆度》:“共工之王,水处什之七,陆处什之三,乘天势以隘制天下。”《吕氏春秋·荡兵篇》:“兵所自来久矣,黄炎故用水火矣,共工氏固次作难矣。”高诱注曰:“共工之治九州也,与高辛氏争为帝而亡,故曰次作难也。”《淮南子·本经训》:“舜之时,共工振滔洪水,以薄空桑,龙门未开,吕梁未发,江淮通流,四海溟涬,民皆上丘陵,赴树木。”故《荀子·成相》明确将共工称为“民害”,并最终遭到了惩罚。《文子》曰:“共工为水害,故颛顼诛之。”《尚书·尧典》:“流共工于幽州,以变北狄。”

(三)自以为是,政局混乱。

《逸周书·史记》记载:“久空重位者亡。昔有共工自贤,自以无臣,久空大官。下官交乱,民无所附。唐氏伐之,共工以亡。”“自贤”,孔晁注曰:“言无任己臣者,故空官也。”对于“共工以亡”,孔晁注曰:“无大臣故小臣乱也,君凶

---

① 吴文祥、葛全胜:《夏朝前夕发生洪水的可能性及大禹治水真相》,《第四纪研究》2005年第6期。

于上,臣乱于下,民无所依,尧遂流之。”[①]共工自以为是,不任用大臣,导致政局混乱,部族走向灭亡。

四、共工氏恶人形象出现的原因

(一)成王败寇历史观的影响。

历史是胜利者书写的,他们掌握着历史人物评判的话语权。所以,在后世的正统文献中,对历史人物的评价、反映在文本中的人物形象呈现出两极分化的对立趋势。一方面历史上的胜利者、成功者都被描绘成高大、聪慧、乐于奉献等正面形象,甚至赋予神性,另一方面历史上的失败者、反抗统治秩序者则被描绘成丑陋、邪恶、自私等负面形象,甚至被妖魔化。如关于黄帝,《史记·五帝本纪》就赞道:“黄帝者……生而神灵,弱而能言,幼而徇齐,长而敦敏,成而聪明。”如关于禹,文献都是对他的溢美之词,说他拥有身先士卒、不畏艰险、公而忘私、坚忍不拔、以身作则、举贤任能、赏罚分明、以天下为己任的精神,又有禹凿龙门、劈三门峡,“三过家门而不入”等美好传说,全国多地有关于禹治水的传说和遗迹。春秋时代,鲁昭公元年(前541),一个叫刘定公的人就说:“美哉禹功,明德远矣。微禹,吾其鱼乎!”[②]蚩尤在与黄帝的冲突中失败了,孔子就认为蚩尤是“庶人之贪者也,及利无义,不顾厥亲,以丧厥身”[③],鲧是治水失败者(更重要的他也是与尧舜争权夺利的失败者),《尚书·尧典》中鲧被尧评为“方命圮族”,其含义为“言鲧性很戾,好比方名,命而行事,辄毁败善类”。

---

① 黄怀信、张懋镕、田旭东撰,李学勤审定:《逸周书汇校集注》,上海:上海古籍出版社,1995年,第1024—1025页。

② 《左传·昭公元年》。

③ 《大戴礼记·用兵》。

共工与颛顼、帝喾、尧、舜和禹等部族都发生过冲突和战争。涉及颛顼帝的，如《淮南子·天文训》所载："昔者，共工与颛顼争为帝，怒而触不周之山，天柱折，地维绝。天倾西北，故日月星辰移焉；地不满东南，故水潦尘埃归焉。"《淮南子·兵略训》："颛顼尝与共工争矣。""共工为水害，故颛顼诛之。"《史记·律书》："颛顼有共工之陈，以平水害。"由此可知，颛顼与共工两个部族发生过激烈冲突，共工因失败触不周之山。又《楚世家》："共工氏作乱，帝喾使重黎诛之而不尽。"重黎即为祝融，此处记载的共工与重黎之战应就是《史记·补三皇本纪》中有关共工与祝融的战争。[①] 有涉及尧舜禹的，如《韩非子·外储说右上》云："尧欲传天下于舜，……又举兵而诛共工于幽州之都。"《逸周书·史记》云："昔有共工自贤，自以无臣，久空大官，下官交乱，民无所附，唐氏伐之，共工以亡。"《荀子·议兵》又云："是以尧伐驩兜，舜伐有苗，禹伐共工。"又《成相》云："禹有功，抑下鸿，辟除民害逐共工。"《战国策·秦策》并言"禹伐共工"；《山海经·大荒西经》曰"西北海之外，有禹攻共工国山"，郭璞云："言攻其国，杀其臣相柳于此山"；《山海经·大荒北经》载"共工之臣名曰相繇，……禹湮洪水，杀相繇，其血腥臭，不可生谷"。共工与这些部族的冲突最终都失败了。自战国始，随着各诸侯国积极推行富国强兵的变革政策，以及诸侯国之间的征伐和兼并，崇尚英雄和推崇胜利者的社会风气开始建构，无论是儒家还是法家都是如此。成王败寇的史观直接影响着后世书写者对历史事件和人物的价值评判。"战争的结果有胜有负，胜利一方的保护神受到热烈的歌颂与夸张粉饰，失败一方的保护神则被贬斥和丑化。由于历史是胜利者们写下的，因此那些失败民族的神灵，就被变成凶残丑恶的叛逆之神了"[②]。胜利者书写的历史使这些失败者在史籍中走向边缘化、丑恶化。

---

① 《史记·补三皇本纪》："诸侯有共工氏，任智刑以强，霸而不王，以水乘木，乃与祝融战。不胜而怒，乃头触不周山，崩，天柱折，地维缺。"此处又与共工与颛顼之战情节类似。

② 陈建宪：《神祇与英雄：中国古代神话的母题》，上海：三联书店，1994年，第202页。

（二）炎黄祖先谱系的建构和华夏中心观的建立。

战国秦汉时期，以炎黄为祖先的谱系建构和华夏中心观逐步建立，那些曾与共工冲突的部族首领纷纷进入以炎黄为祖先的谱系之中，成为炎黄子孙。这一时期，华夏居中，戎狄蛮夷居于四裔的华夷五方观念也得以形成，那些失败者被流放四裔，变为蛮夷。共工就是因治水失败，并又在与中原其他部族的冲突中失败而被流于幽州，变为北狄的。夏尊夷卑的观念在华夏知识分子撰写的文本中充分地体现出来。

（三）华夏传统伦理意识的影响。

战国以降，大一统和君主专制的理论被当时各诸侯国的统治者奉为治国理政、实现霸业的指导思想，并在秦汉建立起了统一的君主专制国家，而君臣有序的伦理意识也得到强化。

在先秦、秦汉的文献中，尧舜与共工、鲧被安排为君臣关系。颛顼、帝喾、尧、舜、禹都是传说时期的古帝王。共工被列入“四凶”，主要不是因为治水无功，而是在与颛顼、帝喾、尧、舜、禹的冲突中违背了君臣道义。《吕氏春秋·荡兵》：“兵所自来者久矣，黄炎故用水火矣，共工氏固次作难矣。”高诱注曰：“共工之治九州也，与高辛氏争为帝而亡，故曰次作难也。”可见《吕氏春秋》中共工是战争发动者的形象，造成了巨大的灾难，而且与传说中的圣王争帝，也是逆臣的形象。《韩非子·外储说右上》曰：“尧欲传天下于舜，鲧谏曰：‘不祥哉！孰以天下而传之于匹夫乎？’尧不听，举兵而诛，杀鲧于羽山之郊。共工又谏曰：‘孰以天下而传之于匹夫乎？’尧不听，又举兵而诛共工于幽州之都。于是天下莫敢言无传天下于舜。”尧于是以共工“自贤”为由对共工发动了战争。[①] 由此看来，共工被尧“诛于幽州之都”乃是对尧任命舜为部落联盟的首领表达了异议。舜成为部落联盟的首领后，对共工也采取了报复行动，《韩非

① 《逸周书·史记》：“久空重位者危。昔有共工自贤，自以无臣，久空大官，下官变乱，民无所附，唐氏伐之，共工以亡。”

子·五蠹》记载说舜帝时有“共工之战”,这次的理由则是“舜之时,共工振滔洪水,以薄空桑。……民皆上丘陵,赴树木”[①],最终舜帝取得了胜利而流共工于幽州。可见,舜帝也取得了道义上的胜利,他对共工的处置是“天下咸服”的。而“禹伐共工”也是被奉以仁义之兵行于天下。[②]

从以上论述中可以看出,这些恶神和与其对立的部落首领之间的关系逐渐演变为封建社会的君臣关系,这是传统伦理意识渗透的结果。正如赵林所说:“在神祇中划分善恶的依据仍然是那个无处不在的伦理意识。一统天下的‘父权家长’神(帝王)是善的标志,欲与‘父权家长’分庭抗礼的神是恶的化身。这就是伦理本位的思维方式的基本逻辑。”[③]在中国古代社会进入阶级社会之后,这些失败者和与其对立的部落首领之间的关系在传统伦理意识的影响下演变为封建社会的君臣关系,而且自汉武帝采纳董仲舒“罢黜百家,独尊儒术”的建议之后,“三纲五常”成为封建社会的伦理标准,忠君观念不断强化,这些失败者的形象通过华夏知识分子的加工和层累地建构也就不断深入人心,并得以固化。

(本文作者为中原工学院副教授)

---

① 《淮南子·本经训》。

② 《荀子·议兵》载:“是以尧伐驩兜,舜伐有苗,禹伐共工,汤伐有夏,文王伐崇,武王伐纣。此四帝两王,皆以仁义之兵行于天下也。”

③ 赵林:《协调与超越:中国思维方式探讨》(第2版),武汉:武汉大学出版社,2005年,第43页。

共工称王再考证

郭 霞

《逸周书·史记》载:“昔有共工自贤,……民无所附,唐氏伐之,共工以亡。”长期以来,对于共工是否曾为天下共主,究竟为谁所攻灭,由于司马迁在《史记·五帝本纪》中未予明确记载,史学界因而多有争论。虽然唐代司马贞著《三皇本纪》以补《史记》之缺,提及共工“霸而不王”,但争议并未平息。笔者考订诸多史料后认为,共工氏族所建立的政权,可能和颛顼、帝喾、尧、舜、禹所属的部落联盟长期并立。在洪水侵扰的大背景下(“水处什之七,陆处什之三”),共工氏族“壅防百川,堕高堙庳”,导致双方经历了一个漫长的冲突过程,最终共工氏族为大禹所攻灭,其历史随之受到诸多异化。

一、共工称王之史料佐证

古籍中关于共工的名字,有“共工”“穷奇”“康回”等三种称谓。《尧典》《淮南子》称“共工”。《楚辞》称“康回”,东汉王逸在其所作《楚辞·天问注》

中指出:“康回,共工名。”《左传》《史记》既称“共工”,又称“穷奇”,晋杜预《左传注》“穷奇”下写道:“谓共工,其行穷其好奇。”

考证共工氏是否为王,首先需要明确一点:在共工氏所处的时代,中国境内并没有严格意义上的中央政权,各邦国也没有形成统一的文字(中国境内统一文字始自秦代)。以此为基础剖析文献,许多即便相互矛盾的记载,也会得出相对合理的解释。

现存史料中,记载共工或伯或霸的,有如下内容:

《国语·鲁语上》:“共工氏之伯九有也,其子曰后土,能平九土,故祀以为社。”

《礼记·祭法》:“共工氏之霸九州也,其子曰后土,能平九州,故祀以为社。”

《汉书·律历志》:“《易》曰:‘伏羲氏没,神农氏作。’言共工伯而不王,虽有水德,非其序也。以火承木,故为炎帝。教民耕农,故天下号曰神农氏。”

《汉书·律历志》:“祭典曰:‘共工氏伯九域。’言虽有水德,在火木之间,非其序也。任知刑以强,故伯而不王。秦以水德,在周、汉木火之间。周人迁其行序,故《易》不载。”

《昭明文选》引许慎曰:“昔共工,古诸侯之强者也。”

司马贞《史记·补三皇本纪》:“诸侯有共工氏,任智刑以强,霸而不王。以水乘木,乃与祝融战。不胜而怒,乃头触不周山,崩,天柱折,地维缺。”

上述史料的记载均认为共工曾做过天下共主。但对于“伯”和“霸”是否意味着共工有称王之举,学者们意见不一。唐代司马贞认为共工“霸而不王”,东汉郑玄则在为《礼记·祭法》作注时认为“共工氏无禄而王谓之霸”。

笔者赞同郑玄的观点。《左传·昭公十七年》中,曾为孔子老师的春秋学者郯子,在与人讨论历史时,将共工与黄帝、炎帝、太皞氏(即太昊)、少皞氏(即少昊)等并列,“昔者黄帝氏以云纪,故为云师而云名。炎帝氏以火纪,故为火师而火名。共工氏以水纪,故为水师而水名。太皞氏以龙纪,故为龙师而龙名。我高祖少皞,挚之立也,凤鸟适至,故纪于鸟,为鸟师而鸟名”。显然视共工为“王”,郯子是少皞氏后裔,所言必有所据。

《孔子家语·辨物》《汉书·律历志下》有与《左传》类似的记载。且对《左传》所记作了进一步的延伸。如《汉书·律历志下》记载:“少昊受黄帝,黄帝受炎帝,炎帝受共工,共工受太昊。”直接捋顺了这些帝王的传承关系。

除上述史料外,《管子·揆度》中也明确认为共工曾经为王:“共工之王,水处什之七,陆处什之三,乘天势以隘制天下。”共工当政为王的时代,天下水域占十分之七,陆地占十分之三,共工就利用这个自然形势控制了天下。

《管子》为齐地之书,齐的先祖与共工颇有关系。《史记·齐太公世家》记载:“太公望吕尚者,东海上人。其先祖尝为四岳,佐禹平水土甚有功。”齐国开国之祖吕尚以四岳为先祖。《国语·周语》:“其后伯禹念前之非度。……共之从孙四岳佐之。……祚四岳国,命以侯伯,赐姓曰‘姜’,氏曰‘有吕’。”这些记载表明,四岳为共工之后裔。顾颉刚先生在《战国秦汉间人的造伪与辨伪》中指出:“其实,就是诸夏的基本团体,夏、商、姬、姜四族,他们也何尝出于一家。……至于姜姓的人,他们自己说是四岳之后,而四岳是共工的从孙,也不曾和其他三族认做本家。”①

笔者认为,齐地作为共工氏族后人掌控的区域,所掌握的本族史料应有一定的传承,其关于古史的论述应当言之有据,故可信度较高。《管子》所记也与《国语》记述可相互印证,《国语·周语下》:“此一王四伯,岂繄多宠?皆亡王之后也。”韦昭注云:“一王,谓禹也。四伯,谓四岳也。”按上下语境分析,此

① 顾颉刚:《战国秦汉间人的造伪与辨伪》,《史学年报》1935 年第 2 卷第 2 期。

处“亡王”当指鲧和共工。

需要指出的是,《史记·周本纪》中,周灭商后,“武王追思先圣王,乃褒封神农之后于焦,黄帝之后于祝,帝尧之后于蓟,帝舜之后于陈,大禹之后于杞”,并未记述封共工之后于何处,这看似与共工为“王”相互矛盾,其实,这只不过是司马迁未记录,并不能证明周武王未分封共工之后。一个明显的例证是,齐国开国之祖太公望吕尚就自认为四岳之后,四岳为共工从孙,当然应是共工氏族之后。

二、共工称王之所处历史时期

对于共工所处时代,史学界相对一致的观点为:当时中国境内发生了大洪水。由于古籍记载共工和鲧均为洪水时期的失败者,以至不少学者推断共工和鲧疑为同一人,持此观点的学者有张治中、童书业、顾颉刚、杨宽、丁山、孙作云等先生。

在此笔者无意深入讨论共工和鲧是否为同一人,只是对该话题作一简单延展。《左传·昭公二十九年》载,“共工氏有子曰句龙,为后土”,而据《竹书纪年》,夏代君主名字前多冠以“后”字,如后启、后羿、后相、后少康、后芬发、后芒、后泄、后昊、后发、后桀等。《左传·秦晋殽之战》有类似记载,如“夏后皋之墓也”。再联系已出土的商代卜辞中并没有“夏”字,却有“土方”一词,《诗经·商颂·长发》也有“土方”记载:“洪水茫茫,禹敷下土方。”《楚辞·天问》有“禹之力献功,降省下土方”之语。郭沫若、程憬据此认为“土方”即夏人建立的方国,顺着郭、程二位先生的推测,是否可大胆推测:“后土”(共工后裔)即为“土方”之国君,是否可能是夏代君主之一?这个问题值得学者进一步探讨。

再回到共工本身,学者们最为迷惑的是,其在不同时期反复出现于史料中,作为单个真实人物显然无法存在如此久远,有学者推测共工是一个氏族名称。如陈奇猷就认为“共工实系一部落之名”,其理由如下:“《汉书·古今人表》共工两见,一列在女娲时,一列在帝尧时。《御览》七十八引《帝王世纪》、司马贞补《三皇本纪》俱言共工在女娲之世,《列子·汤问》《文子·上义》《淮南子·天文训》《兵略训》并谓共工与颛顼争帝见诛,《淮南子·原道训》、贾逵《周语》注及《吕氏春秋·荡兵篇》高注又谓共工与高辛争帝见诛,《荀子·议兵》《韩非子·五蠹》《山海经·海外北经》又《大荒西经》《北经》则谓禹伐共工。因其系一迁徙无定之部落,故女娲时出现,而颛顼时又见,高辛时又见,尧时又见,禹时又见。所谓诛,乃伐之之意,非诛灭之也。禹以后未见共工之记载,其于此役后远去未返,或即于此役被灭,则未可知矣。”①

陈奇猷先生的观点建立在诸多典籍皆真实的基础之上,倘若典籍记录有误,或是后世记录者有意识地对史实进行异化(在共工氏败亡灭国的情况下,异化史实的可能性相对较大),则共工究竟是人还是氏族仍然有待考证。

在典籍互证无法求解的情况下,国内有学者开始借助考古学,试图用考古发现剥离古史中的不实记载,并取得了一定成果。

知名学者李伯谦先生把“考古学的中国古史体系”与“传统史学的中国古史体系”两个系统绘制出一个对应表,进行比较后指出,“尽管两个系统使用的符号不同,……每个大体相对应的阶段所表现出来的特征基本相同”。李学勤先生对此相当赞同,认为“代表了中国学者探索古史,特别是远古历史的新趋向”②。

笔者将这一表格简录如下:

---

① 张双棣:《淮南子校释》,北京:北京大学出版社,1997 年,第 842 页。

② 李伯谦:《古史研究的当前趋向》,《邯郸学院学报》2008 年第 2 期。

考古学重建古史体系与传统古史体系的对应表

考古学的中国古史体系	传统史学的中国古史体系	年代(B.P)	社会形态
旧石器时代早期	有巢氏、伏羲氏	距今200万—20万年	游团
旧石器时代中期	伏羲氏	距今20万—4万年	原始群
旧石器时代晚期	燧人氏	距今4万—12000年	氏族
新石器时代早中期	神农氏	距今12000—7000年	氏族/部落
新石器时代晚期	炎帝、黄帝	距今7000—4500年	部落联盟/古国
新石器时代末期	颛顼、帝喾、尧舜禹	距今4500—4000年	王国(初级)

笔者考订现存文献中有关炎帝和黄帝的史料,尚未发现炎黄时期中国境内的洪水记载。而目前中国境内最早的文字——商代甲骨文,既是实物又可算是文献,其记述水灾较多,不过基本是以当时即商代水灾为主,而没有追溯前代。我的博士同学王建军先生在《商代甲骨文所反映的水灾研究》一文中指出,在一定程度上,卜辞反映了商王朝历经水患的威胁。因此,笔者参考上表后大胆断定,共工氏所处的历史时期应为距今4500—4000年的新石器时代末期。如此推算,则共工不能称王于炎帝之前,其所处年代应为中国古籍中的颛顼、帝喾、尧舜禹时期。

笔者的判断从考古发掘所见的新石器晚期洪水遗迹可得到印证和支持。河南登封王城岗遗址的发掘表明,王城岗有东西排列的两座城,其西城被西北部王尖岭下来的山洪冲毁,城内冲沟及城墙基槽被洪水冲毁的痕迹十分明显,而东城则是被五渡河河水暴涨冲毁的。[①] 河南省北部、太行山南麓的辉县孟庄龙山城址,在龙山文化末期至二里头时期之前有明显被毁的迹象,其城墙的坍塌、兴建与造成这些淤泥层的洪水有关。[②] 黄河上游的青海民和喇家遗址,

① 河南省文物研究所、中国历史博物馆考古部:《登封王城岗与阳城》,北京:文物出版社,1992年。
② 袁广阔:《关于孟庄龙山城址毁因的思考》,《考古》2000年第3期。

经地学考察,在距今4000年前后的齐家文化时期这里曾发生重大灾变,在地层堆积中发现黄河大洪水的遗迹和沉淀物。[①] 学者王晖认为,现有考古发掘表明,距今4000年左右的龙山文化时期,黄河流域与长江流域确有一个气候异常的大洪水时期。[②] 气象学研究同样证实,距今5000—4000年之间的龙山文化时期,是中国中原地区降雨量最多的时期。[③]

确定共工所处的历史时期后,结合新石器时代末期关于共工的文献史料,笔者发现:颛顼、帝喾、尧、舜、禹等史载五位天下共主,均有与共工的作战记录。

颛顼时期:

《史记·律书》:"颛顼有共工之陈,以平水害。"

《列子·汤问》:"物有不足,故昔者女娲氏练五色石以补其阙;断鳌之足以立四极。其后共工氏与颛顼争为帝,怒而触不周之山,折天柱,绝地维。"

《路史注》引《汲冢琐语》云:"晋平公梦朱熊窥其屏,恶之而疾,问于子产。对曰:'昔者共工之卿浮游败于颛顼,自沉于淮。'"[④]

《淮南子·诠言训》:"共工为水害,故颛顼诛之。"

《淮南子·天文训》:"昔者,共工与颛顼争为帝,怒而触不周之山,天柱折,地维绝。天倾西北,故日月星辰移焉;地不满东南,故水潦尘埃归焉。"

《淮南子·兵略训》:"颛顼尝与共工争矣。……共工为水害,故颛顼诛之。"

① 中国社会科学院考古研究所、青海省文物考古所:《青海民和喇家史前遗址的发掘》,《考古》2002年第7期。

② 王晖:《大禹治水方法新探》,《陕西师范大学学报》2008年第2期。

③ 王邨、王松梅:《近五千年来我国中原地区气候在年降水量方面的变迁》,《中国科学》1987年第1期。

④ 吕思勉、童书业:《古史辨》第七册上,上海:上海古籍出版社,1982年,第332页。

帝喾时期：

《史记·楚世家》："共工氏作乱，帝喾使重黎诛之而不尽。帝乃以庚寅日诛重黎，而以其弟吴回为重黎后，复居火正，为祝融。"

《淮南子·原道训》云："昔共工之力，触不周之山，使地东南倾。与高辛争为帝，遂潜于渊，宗族残灭，继嗣绝祀。"

尧舜禹时期：

《尚书·尧典》："流共工于幽州，放驩兜于崇山，窜三苗于三危，殛鲧于羽山，四罪而天下咸服。"

《逸周书·史记》："昔有共工自贤，自以无臣，久空大官，下官交乱，民无所附，唐氏伐之，共工以亡。"

《史记·五帝本纪》："尧曰不可而试之工师，共工果淫辟。……于是舜归而言于帝，请流共工于幽陵，以变北狄。"

《战国策·秦策》："禹伐共工。"

《荀子·议兵》："禹伐共工。"

《淮南子·本经训》："舜之时，共工振滔洪水，以薄空桑。龙门未开，吕梁未发，江淮通流，四海溟涬，民皆上丘陵，赴树木。"

《淮南子·修务训》："尧……流共工于幽州，殛鲧于羽山。"

《孟子·万章上》："舜流共工于幽州。"

《荀子·成相》："禹有功，抑下鸿，辟除民害除共工。"

《韩非子·外储说》："尧欲传天下于舜，……共工又谏曰：'孰以天下而传之于匹夫乎？'尧不听，又举兵而诛共工于幽州之都。"

《山海经·大荒北经》："共工之臣名曰相繇，九首蛇身，自环，食于九土。其所呜所尼，即为源泽，不辛乃苦，百兽莫能处。禹湮洪水，杀相繇。"

《山海经·大荒西经》："西北海之外，大荒之隅，有山而不合，名曰不周负子,有两黄兽守之。有水曰寒暑之水。水西有湿山,水东有幕山。有禹攻共工国山。”

结合上述典籍,笔者认为,在颛顼、帝喾、尧舜禹时期,共工氏族一直是中国境内一股强大的势力,其首领在此期间极有可能一直“自贤”“称王”。共工氏族作为与颛顼、帝喾、尧、舜、禹等相抗衡的力量而长期存在,直至大禹时期,黄帝世系才最终攻灭了共工一族。而所谓“颛顼诛之”“帝喾诛之”,记述的不过是颛顼、帝喾和共工氏族之间的个别战役,可能仅是打了胜仗,而非诛杀对方首领。鉴于当时的生产力水平,双方极有可能以类似于中国后来南北朝时期的并立方式而同时存在。随着共工氏族政权的覆灭,其历史遭到异化当在情理之中。

三、共工称王之地域范围

倘若我们认定的黄帝世系与共工世系并立且各自称王之说成立,则颛顼、帝喾至尧舜禹时期的都城频繁变换,就可以有新的合理解释。

依当时的历史条件,既遭受洪水侵袭,生产力水平又极为低下,新建都城必然十分耗时费力,然而依《史记集解》和《史记正义·帝王纪》所载,自颛顼至大禹,竟然一帝一都城。帝颛顼高阳都于帝丘,即今之河南濮阳;帝喾高辛都于亳,即今之河南偃师;帝尧都于平阳,即今之山西平阳;舜都于蒲坂,即今之山西永济;禹都于阳城,多数学者认为在今之豫西、晋南。

笔者认为,黄帝世系部落联盟之所以换都如此频繁,除水害这一自然原因外,还应当与战争有关,很可能是在共工氏部落联盟的打击下,黄帝世系部落联盟被迫不断迁徙,进而造成都城的更换。

照上述分析,共工氏部落联盟的活动范围,必然相当广阔,在与黄帝世系(颛顼至大禹时期)的不断争战中,共工氏因善于水战而“伯九有(州)”是完全可能的。

而关于"九州"的范围,《左传·昭公四年》中司马侯称:"四岳、三涂、阳城、大室、荆山、中南,九州之险也。"傅斯年先生在《姜原》一文中考证指出,三涂在陆浑县南(今河南嵩县,依杜预所注),阳城在阳城县(今河南登封市)东北,大室在河南阳城县西北,荆山在新城沶乡县(今湖北郧阳一带与河南之界)南,中南在始平武功县(今陕西武功县)西,并指出当时所谓的九州处于现在豫西渭南群山之中,四岳亦在此九州内。[①] 而顾颉刚先生在《九州之戎与戎禹》一文中考证说:"由《山海经》与《楚辞》之提示,知最早之四岳乃西方之四山。……其地在今甘肃六盘山之东南,黄河西道之东。"[②]笔者认为,共工氏伯有九州,但其活动范围和影响力并不必然局限在九州之内,考证九州的活动范围,有必要考证以"共"命名的地名、山名和水名。这是因为,古时候氏族的名称往往得之于所居住的地名或山名、水名等。考证古代典籍,与"共"有关的地名(水名或山名)如下:

地名两处:一处位于河南辉县,《汉书·地理志·河内郡共县》,班固自注称共县为"古国"。《庄子·让王》篇内的"共首"、《荀子·儒效》篇内的"共头"即为此处。另一处位于今甘肃灵台、泾川县一带,《诗·大雅·皇矣》载:"密人不恭,敢距大邦,侵阮徂共。"《汉书·地理志》"安定郡阴密县"下,班固自注:《诗》密人国。此处密人国在今甘肃灵台县境内。《读史方舆纪要》卷五八"泾州百泉"条下说:"共池在州北五里。《诗》'侵阮徂共,……今之共池是也。"泾州今为甘肃泾川县,与灵台县为邻。

水名三处,分别位于山西、河南境内。《山海经·北次共经》:"泰头之山,共水出焉。"此处共水位于今山西五台县。《山海经·中山经》:"甘枣之山,共水出焉,而西流注于河。"《水经注》卷四"河水"条下引用此文,此共水在今山

① 傅斯年:《姜原》,《中央研究院历语所集刊》第二本第一分册。

② 顾颉刚:《九州之戎与戎禹》,《古史辨》第七册下编。

西西南隅,芮城县境内。《山海经·中次六经》载:“长石之山,……其西有谷焉,名曰共谷,多竹。共水出焉,西南流注于洛。”《水经注》“洛水”条下曾引此文,此共水在今河南新安县境内。

山名一处:《山海经·海内东经》载“济水出共山南东丘,绝钜鹿泽,注渤海,入齐琅槐东北”。可知在齐境古济水流域也有名“共山”的土丘,此处共山应当在今山东境内。

此外,《国语·鲁语上》韦昭注云:“共工氏,伯者,名戏,弘、农之间有城。”东汉弘、农即今河南灵宝东北一带,则共工氏活动范围也涉及河南灵宝。

对于上文所列以“共”为名的地点,徐旭生先生、杨国宜先生、邹衡先生、王震中先生认为“全有为共工氏旧居的可能性”。王震中先生进一步指出,共工部落曾为古九州之伯,其前后活动范围,西起渭河上游,东至豫中嵩山脚下,北达豫北辉县及山西境内,南至熊耳山乃至南阳地区。在这一范围内,其活动中心,起初在渭河流域,后来移到中原地区。①

笔者认为,共工的活动范围及影响力,不仅涵盖王震中先生所称的区域,西部应包括甘肃部分地区,东部则可能到达山东境内,即古济水流域的“共山”,善于治水的共工氏,在“水处什之七,陆处什之三”的时期,“乘天势以隘制天下”是可信的。至于黄帝世系的颛顼、帝喾及尧、舜、禹等部落联盟,在共工氏族部落联盟的攻击下,被迫一再变换居住地点,后人所见的史料,之所以屡屡记录“诛共工”“流共工”,是因为最终大禹战胜了共工氏族,进而导致与共工相关的史迹有所异化。

(本文作者为河南牧业经济学院思政部讲师)

① 王震中:《共工氏主要活动地区考辨》,《人文杂志》1985年第2期。

上古共工氏史迹浅析

李　龙

共工氏是我国上古著名的部落首领。共工氏年代不晚于炎黄时代,且历五帝时代到夏,一直活跃在历史舞台上。有关共工氏的史迹,诸如《尚书》《左传》《国语》《战国策》《史记》《汉书》《后汉书》《路史》等历史文献都曾有记载。《左传》称共工氏"以水纪",有"水德",可称为贤君。《国语》则称"昔共工氏弃此道,虞于湛乐,淫失其身,欲壅防百川,堕高堙庳,以害天下",显然不是历史上可称颂的贤君。综观历史文献,对共工氏的记载贬的多,褒的少。究其原因可能是,历史上共工氏部落确实与颛顼、尧、大禹等部落发生了冲突,颛顼、尧、大禹等被历史文献记载为上古贤德之君,共工氏不能与贤德之人为伍,自然被大多历史文献树为对立面,由此背上了坏名声。拨开历史的迷雾,笔者认为,共工氏作为炎帝部落的支系,也曾经为我国史前文明的发展作出了很大的贡献。

一、共工氏是我国历史上的治水始祖

共工氏时代,大致处于炎黄时代到五帝时代,也就是考古学上的仰韶晚期与龙山时代。考古与地质考察发现,这一时期,我国确实发生了大面积的洪水灾害。黄河洪水泛滥,太行山东麓河济地区及其以下更是首当其冲。洪水泛滥的情况,古代文献有很多记载,《尚书·尧典》云,尧时"汤汤洪水方割,荡荡怀山襄陵,浩浩滔天"[①]。《孟子·滕文公上》记载:"当尧之时,天下犹未平,洪水横流,泛滥于天下,草木畅茂,禽兽繁殖,五谷不登,禽兽逼人,兽蹄鸟迹之道交于中国。"《孟子·滕文公下》又说:"当尧之时,水逆行,泛滥于中国,蛇龙居之,民无所定;下者为巢,上者为营窟。"可见洪水对当时史前社会尤其是农业生产产生了严重的影响,人类生存需要英雄来征服洪水。共工氏在这样的背景下登上历史舞台。

《左传·昭公十七年》云:"共工氏以水纪,故为水师而水名。"杜注:"共工,以诸侯霸有九州者,在神农前,太皞后。亦受水瑞,以水名官。"[②]可见共工氏曾经治理史前的水患,应该可信。共工治水的办法是"壅防百川,堕高堙庳"[③],即铲平高地,用那些多余的土堙塞池泽,填平低洼之地。后人解释为筑堤防,用堤防来阻挡洪水横流,或用堤防来形成一个人工湖泽。显然这种方法在洪水泛滥之时是徒劳无功的,蓄积的洪水在决堤之时造成的破坏力更加巨大。莫说史前的共工氏,即使是拥有现代物质手段的当代人,也不可能用这种方法驯服泛滥的洪水。

共工氏治理洪水虽然失败了,但造成了两大历史影响。一是奠定了共工

① 《尚书·尧典》,北京:燕山出版社,2009年,第4页。

② 《春秋左传集解》昭公十七年,上海:上海人民出版社,1977年,第1420页。

③ 《国语·周语下》,北京:华龄出版社,2002年。

氏在我国治水史上开创者的地位,积累了治水的实践经验,对其后治水工作产生了深远影响。大禹之父鲧沿袭了共工氏以堵为主的治水方法,虽然也以失败而告终,但启发了大禹另辟蹊径,采用疏导的方法来治理洪水。可以说没有共工氏与鲧先前的治水探索经验,就不会有大禹治水的成功。共工氏的后裔也成为治水的行家,《国语·周语》载:"共之从孙四岳佐之,高高下下,疏川导滞,钟水丰物,封崇九山,决汩九川,陂鄣九泽,丰殖九薮,汨越九原,宅居九隩,合通四海。"说明大禹治水成功,直接、间接都受益于共工氏。二是共工氏治水导致了共工氏部落与颛顼部落之间的战争。共工氏的活动区域,徐旭生认为在今天的河南辉县:"《汉书·地理志·河内郡共县》,班固自注:'古国'。这就是《庄子·让王》篇内的共首、《荀子·儒效》篇内的共头,为今河南的辉县。"[①]笔者认为,共工氏曾经活动于辉县,而夏商王朝的共国、周朝的共伯国都在辉县境内,可能也与共工氏活动在此有关联。颛顼的活动区域学界一般认为在以今濮阳为中心的地区。如此共工氏与颛顼都在河济地区活动且共工氏在上游,颛顼在中下游。共工氏"壅防百川,堕高堙庳"的治水之法,在本部落族人做好就高避低的准备的情况下,可能还有些许作用,但对于河济地区中下游的部落来说,洪水被阻挡改向或者冲破阻挡的土堤,造成的影响是毁灭性的。无怪《淮南子·本经训》认为"舜之时,共工振滔洪水,以薄空桑。龙门未开,吕梁未发,江淮通流,四海溟涬,民皆上丘陵,赴树木"。《淮南子·本经训》认为是共工氏兴起了大洪水,祸害民众,所以很多史书将共工、三苗、驩兜与鲧并称为"四凶"。笔者认为,实际上共工氏是勇气可嘉,无心之过,与放任洪水横流,不做任何防御洪水的探索相比,共工氏的努力是人类文明的进步。史前社会任何人不可能操纵洪水为己所用,而当时原始的生存条件也不可能有提前的预判。不当的治水方法使得洪水祸及其他部落,成为颛顼与共工氏

① 徐旭生:《中国古史的传说时代》,桂林:广西师范大学出版社,2003年。

之间战争的导火索,而其后诸侯都不喜共工氏,必除之而后快,也应该与此有关。

二、 共工氏是我国史前城址的奠基者

史前城址是文明的标志之一,黄河流域与长江流域史前城址最为丰富,成为我国史前文明发源的重要区域。史前城址脱胎于史前聚落,一般轨迹是聚落发展到大型聚落,再到中心环壕聚落再到史前城址。史前聚落防御设施的出现动因有防御凶猛野兽袭扰、抵御洪水及战争等诸多因素。史前城址作为史前聚落发展的高级阶段,是"随着社会分化的加剧和族群集团间冲突的尖锐,为适应社会动荡变化的需要"[①],而史前城址一般都分布在河流两岸的台地上,显然,城墙的出现,既是战争的需要,也与防御洪水有关[②]。城墙的建筑方法是史前人类在长期劳作中的经验结晶,最主要的方法是堆筑法与夯筑法。

我国史前城址首先由谁建造,文献上有多种说法。史书记载,神农时期史前城址已经出现,《汉书·食货志》云"神农之教曰:有石城十仞,汤池百步"。也有记载提出黄帝造城,《史记·封禅书》云:"黄帝时为十二楼。"《事物纪原》引《黄帝内传》云:"帝既杀蚩尤,因之筑城阙。"而说鲧筑城的文献较多,《吕氏春秋》载:"夏鲧作城。"《淮南子·原道训》载:"鲧筑城以卫君,造郭以居人。"《水经注·河水》云"鲧筑城"。结合文献记载与考古发现,我们可以说鲧时期,筑城的技术已经相当成熟,且筑城的堆筑法与夯筑法显然与防水的土堤之法一脉相承。人们为防洪水,从他处取土先堆筑土堤,其后为加固土堤,逐渐学会使用夯筑法[③]。筑堤之法是建筑城墙的基础,鲧的筑城之法应该也

① 任世楠:《中国史前城址考察》,《考古》1998 年第 1 期。
② 何努:《98 荆江特大洪灾的考古学启示》,《中国文物报》1998 年 8 月 26 日。
③ 邹衡:《夏商周考古学论文集》,北京:文物出版社,1980 年,第 286—287 页。

是源自治水的过程中学自共工氏。徐旭生先生在《中国古史的传说时代》中提到共工氏在治水过程中，发明了筑堤之法，“共工氏却是‘欲壅防百川，堕高堙庳，以害天下’，这就是说他想防治水流，就把高地方铲平，把低地方（庳与卑同）填高，这样工作后人解释为筑堤防是对的。……共工氏所发明，鲧所沿用的堤防（也就是鲧所作的城或城郭）大约就像今日北方乡间所筑的土寨子或叫作护庄堤。”[①]我们认为，共工氏所建筑的堤防，可能还不仅仅是土寨子或者护庄堤，可能还是更加高大的土堤，如此才能起到防洪的作用，其副作用才会出现“振滔洪水”，挡水越多，水势越大，破坏性越大。可见共工氏发明筑堤之法，实际可以说是史前城址的奠基者，至于后人如何称鲧作城，徐旭生先生解释为“因为共工氏不过防它自己氏族的淹没，所筑有限，鲧却是为各部落所推，大规模地工作，所以创作城郭的荣誉不正确地归于他”[②]。徐先生的说法应该可为一说。

虽然古代文献没有共工氏造城的记载，但考古发现似乎可以证明共工氏曾经造城。辉县孟庄龙山文化城址，有专家认为与共工氏有紧密关系[③]。孟庄龙山文化城址平面为方形，面积约 12 万平方米。城墙的筑法是铲高垫低，先将地基整平，然后在内外两边取土分段堆筑而成，夯层不规整。除东城墙保存较好外，其他城墙毁坏严重，跟当时的洪水有很大的关系。南北面护城河的淤土堆积厚 2—3 米，为长时间大量洪水淤积而成，西墙的中段，中北部有一大的缺口，龙山城墙夯土已经被洪水完全冲毁[④]。以此，似乎可推断共工氏率先治水的原因。孟庄龙山城址可能是共工氏的中心据点，其周围分布很多面积较大的同时期聚落，有新乡市的鲁堡，新乡县的李大召，辉县市的苗固、王官营

① 徐旭生：《中国古史的传说时代》，桂林：广西师范大学出版社，2003 年，第 168—169 页。
② 徐旭生：《中国古史的传说时代》，桂林：广西师范大学出版社，2003 年，第 169 页。
③ 袁广阔：《孟庄龙山文化遗存研究》，《考古》2000 年第 3 期。
④ 袁广阔：《关于孟庄龙山城址毁因的思考》，《考古》2000 年第 3 期。

等。孟庄龙山城址处于这一聚落群的中心位置,构成了一定的层次等级,除鲁堡外面积最大,比较明显占有主导地位。

三、共工氏是我国史前农业的传承者

共工氏是典型的史前农耕部落。《山海经·海内经》云:“炎帝之妻,赤水之子听訞生炎居,炎居生节并,节并生戏器,戏器生祝融。祝融降处于江水,生共工。共工生术器,术器首方颠,是复土穰,以处江水。共工生后土,后土生噎鸣,噎鸣生岁十有二。”《国语·周语下》云:“昔共工弃此道也,虞于湛乐,淫失其身,欲壅防百川,堕高堙庳,以害天下。皇天弗助,祸乱并兴,共工用灭。”韦昭注引贾逵曰:“共工,诸侯,炎帝之后,姜姓也。”王玉哲先生说:“炎帝一支族名共工氏,《山海经·海内经》谓祝融出于炎帝,而共工又出于祝融,可见共工实为炎帝之族。”[①]由此可知,共工氏属于炎帝部落系统。共工氏既然与炎帝关系紧密,自然可能传承其农业根本。《左传·昭公十七年》记载:“共工氏以水纪,故为水师而水名。”又见共工治水的办法是“壅防百川,堕高堙庳”,铲高垫低之法显然也是一种原始的平整土地、开垦耕地的方法,因此我们认为共工部落是善于治水和平整土地,进行农业生产的。《国语·鲁语上》云:“共工氏之伯九有也,其子曰后土,能平九土,故祀以为社。”后土因善于治理河流、发展农业生产,死后被先民奉为“社神”。

共工氏作为农耕部落,也可以解释为什么最早进行了治水活动。农耕部落跟游牧部落不同,由于是定居生活,赖以生产的耕田是固定的,赖以生活的居所是固定的,不可能像游牧民族一样在洪水危险来临之时一走了之。唯一的选择是跟洪水进行斗争,以达到最后治理好洪水的目的。共工氏“居住在

① 王玉哲:《中华远古史》,上海:上海人民出版社,2003 年,第 123 页。

黄河转折，水患严重的地方，自然要焦思极虑，寻找防范它的方法”[1]以维持农业生产的发展。考古发现，龙山文化时期，在共工氏活动的区域，史前农业相当发达。“此时该地的社会生产力水平已遥遥领先”[2]，孟庄龙山文化城址出土了生产工具铲、斧、锛、凿、刀、镰等，主要为农耕工具。生活器具以陶器为主，有深腹罐、高领瓮、深腹盆、平底盆、器座、筒形杯、觚形杯、单耳杯、扁腹罐、刻槽盆、器盖、碗、钵、豆、圈足盘、尊形器等。值得一提的是高领瓮、尊形器、觚形杯等都可能为酒器[3]。如此则可能反映共工氏的农业生产还颇有结余。徐旭生先生认为，共工氏“曾经烜赫一时”。如何能够做到“烜赫一时”，显然要依靠发达的农耕基础。

总之，无论历史上有多少文献资料贬低共工氏，或是对其有歧见。一个在史前历史上能长期存在的部落，应该是一个具有旺盛生命力、与大自然顽强奋斗的部落，自然也是为中华文明做出过重要贡献的我们的先祖。

（本文作者为河南省社会科学院历史与考古研究所副研究员）

① 徐旭生：《中国古史的传说时代》，桂林：广西师范大学出版社，2003 年，第 135 页。
② 王星光、李秋芳：《太行山地区与粟作农业的起源》，《中国农史》2002 年第 21 卷第 1 期。
③ 河南省文物考古研究所：《河南辉县市孟庄龙山遗址发掘简报》，《考古》2000 年第 3 期。

试论共工的历史地位

张玉霞

论及中华民族的人文始祖,人们首先想到的就是古史传说时代的“三皇五帝”。“三皇五帝”,现代史学家一般认为是我国原始社会末期部落或部落联盟的首领,其名最早见于《周礼·春官·外史》“掌三皇五帝之书”,其说起于战国晚期。“三皇五帝”的组合传说不一,排序先后也各有不同,“三皇”和“五帝”之间还有一些交叉。虽然共工氏是以治水闻名的强大部族,贡献卓著,但诸多文献都未将共工列入“三皇五帝”之内,唯有北宋刘恕的《资治通鉴外纪》将共工与伏羲、神农并列为“三皇”之一[①]。本文试以文献资料为基本依据,梳理出共工的历史贡献,以说明共工不愧为中华民族的人文始祖之一。

① 〔北宋〕刘恕:《资治通鉴外纪》卷一,四库全书版。

一、共工氏是历史悠久的强大部族

共工氏历史悠久,宋代郑樵《通志·五帝纪》说:“共工氏,当始于伏羲之后,子孙承传,以至尧、舜之世,皆谓之共工氏。”共工在文献中也被称为“穷奇”“康回”,《尧典》《淮南子》称“共工”,《楚辞》称“康回”,《左传》《史记》既称“共工”,又称“穷奇”。共工的事迹几乎贯穿了整个三皇五帝时代,在不同时期反复出现于史料中:“《汉书·古今人表》共工两见,一列在女娲时,一列在帝尧时。《御览》七十八引《帝王世纪》、司马贞补《三皇本纪》俱言共工在女娲之世,《列子·汤问》《文子·上义》《淮南子·天文训》《兵略训》并谓共工与颛顼争帝见诛,《淮南子·原道训》、贾逵《周语》注及《吕氏春秋·荡兵篇》高注又谓共工与高辛争帝见诛,《荀子·议兵》《韩非子·五蠹》《山海经·海外北经》又《大荒西经》《北经》则谓禹伐共工。因其系一迁徙无定之部落,故女娲时出现,而颛顼时又见,高辛时又见,尧时又见,禹时又见。所谓诛,乃伐之之意,非诛灭之也,禹以后未见共工之记载,其于此役后远去未返,或即于此役被灭,则未可知矣。”[①]

整理文献,发现共工与女娲、神农、颛顼、帝喾、尧、舜、禹等天下共主均有相抗衡的记录。

共工与女娲有关的文献主要有:唐司马贞《史记·补三皇本纪》:“诸侯有共工氏,任智刑以强,霸而不王,以水乘(承)木,乃与祝融战。……女娲氏没,神农氏作。”宋罗泌《路史·太昊纪》:“女皇氏役其神力,以与共工氏较,灭共工氏而迁之。”

共工与神农有关的文献主要是隋唐间的著作《琱玉集·壮力》:“共工,神

① 张双棣:《淮南子校释》,北京:北京大学出版社,1997年,第842页。

农时诸侯也，而与神农争定天下。”

共工与颛顼有关的文献主要有：《史记·律书》：“颛顼有共工之陈，以平水害。”《列子·汤问》：“其后共工氏与颛顼争为帝，怒而触不周之山，折天柱，绝地维。”《路史注》引《汲冢琐语》云：“晋平公梦朱熊窥其屏，恶之而疾，问于子产。对曰：‘昔者共工之卿浮游败于颛顼，自沉于淮。’”[①]《淮南子·诠言训》：“共工为水害，故颛顼诛之。”《淮南子·天文训》：“昔者，共工与颛顼争为帝，怒而触不周之山，天柱折，地维绝。”《淮南子·兵略训》：“颛顼尝与共工争矣。……共工为水害，故颛顼诛之。”

共工与帝喾有关的文献主要有：《史记·楚世家》：“共工氏作乱，帝喾使重黎诛之而不尽。”《淮南子·原道训》：“昔共工之力，触不周之山，使地东南倾。与高辛争为帝，遂潜于渊，宗族残灭，继嗣绝祀。”

共工与尧有关的文献主要有：《尚书·尧典》：“流共工于幽州，放驩兜于崇山，窜三苗于三危，殛鲧于羽山，四罪而天下咸服。”《逸周书·史记》：“昔有共工自贤，自以无臣，久空大官，下官交乱，民无所附，唐氏伐之，共工以亡。”《史记·五帝本纪》：“尧曰不可而试之工师，共工果淫辟。……于是舜归而言于帝，请流共工于幽陵，以变北狄。”《淮南子·修务训》：“尧……流共工于幽州，殛鲧于羽山。”《韩非子·外储说》：“尧欲传天下于舜，……共工又谏曰：‘孰以天下而传之于匹夫乎？’尧不听，又举兵而诛共工于幽州之都。”

共工与舜有关的文献主要有：《尚书·尧典》：“流共工于幽州。”《淮南子·本经训》：“舜之时，共工振滔洪水，以薄空桑。龙门未开，吕梁未发，江淮通流，四海溟涬，民皆上丘陵，赴树木。”《孟子·万章上》：“舜流共工于幽州。”

共工与禹有关的文献主要有：《荀子·成相》：“禹有功，抑下鸿，辟除民害除共工。”《山海经·大荒北经》：“共工之臣名曰相繇，……禹湮洪水，杀相

① 吕思勉、童书业：《古史辨》第七册上，上海：上海古籍出版社，1982年，第332页。

鲧。”《山海经·海外北经》:“共工之臣曰相柳氏,……禹杀相柳,其血腥,不可以树五谷种。”《山海经·大荒西经》:“有禹攻共工国山。”郭璞注:“言攻其国,杀其臣相柳于此山。”《战国策·秦策》和《荀子·议兵》也均记有:“禹伐共工。”

记载共工或伯或霸的文献主要有:《国语·鲁语上》:“共工氏之伯九有也。”《礼记·祭法》:“共工氏之霸九州也。”《管子·揆度》:“共工之王,水处什之七,陆处什之三,乘天势以隘制天下。”《汉书·律历志》:“《易》曰:‘伏羲氏没,神农氏作。’言共工伯而不王,虽有水德,非其序也。《汉书·律历志》:祭典曰:“共工氏伯九域。”言虽有水德,在火木之间,非其序也。任知刑以强,故伯而不王。《昭明文选》引许慎曰:“昔共工,古诸侯之强者也。”司马贞《史记·补三皇本纪》:“诸侯有共工氏,任智刑以强,霸而不王。”《左传·昭公十七年》中,郯子将共工与黄帝、炎帝、太皞氏(即太昊)、少皞氏(即少昊)等并列,显然视共工为“王”;“昔者黄帝氏以云纪,故为云师而云名。炎帝氏以火纪,故为火师而火名。共工氏以水纪,故为水师而水名。太皞氏以龙纪,故为龙师而龙名。我高祖少皞,挚之立也,凤鸟适至,故纪于鸟,为鸟师而鸟名。”《孔子家语·辨物》《汉书·律历志下》有与《左传》类似的记载。

从上面的文献记载可以看出,共工部族最早在女娲时期即已出现,经过不断的发展壮大,历颛顼、帝喾、尧舜禹等相当长的时期,一直是可与“天下共主”相抗衡的强大部族。禹以后未见共工的记载,说明至禹时,共工氏完全被攻灭或融入了黄帝一族。

二、共工氏以善于治水而闻名

共工氏活跃的三皇五帝时代正是考古学上的新石器时代,大致与古气候上的“仰韶温暖期”重合。距今 8500—3000 年,古气候上我国称之为“中国全新世大暖期"或"仰韶温暖期",年平均气温比现在要高2℃左右,气候温暖湿润,雨量丰沛,极有可能发生河水暴涨冲刷河道并使地形地貌发生变化的事实。文献中共工、鲧、禹等治水传说及关于洪水灾难的描述,正是当时气候与水环境变迁的真实写照。

文献记载中,一方面,共工与水关系密切,以治水而闻名。管子曰:"共工之王,水处什之七,陆处什之三,承天势以隘制天下。"[①]春秋时郯子曰:"炎帝以火纪,故为火师而火名。共工氏以水纪,故为水师而水名。"杜注云:"共工,以诸侯霸有九州者,在神农前,太皞后。亦受水瑞,以水名官。"[②]《今本竹书纪年·卷上》载:"(帝尧)十九年命共工治河。"[③]《史记·律书》载:"颛顼有共工之陈,以平水害。"集解引文颖曰:"共工,主水官也。"《后汉书·张衡传》载:"《春秋谶》云'共工理水'。"共工生活、统治的地区水资源十分丰沛,共工治水有功,深受拥戴,被任命为水官,甚至还禀受了五行中水的祥瑞。

另一方面,共工治水却受到后人非议。周灵王时,太子晋说:"晋闻古之长民者,不堕山,不崇薮,不防川,不窦泽。……是以民生有财用,而死有所葬。……昔共工氏弃此道也,……欲壅防百川,堕高堙庳,以害天下。皇天弗福,庶民弗助,祸乱并兴,共工用灭。"[④]太子晋的意思是,共工没有采用前人放任自流的做法,而是将高处的泥土、石块搬去垫在低处,在距离河水一定距离的低处修筑堤防。

对于文献中关于共工治水褒贬不一的评价,徐旭生先生有比较中肯的意见:"对于共工氏的传说颇不一致:有恭维它的,也有诋毁它的。可是不管恭维与诋毁,它的传说几乎全同水有关。……《国语·周语下》内说:'昔共工氏

① 黎翔凤:《管子校注》卷二十三《揆度》,北京:中华书局,2004年,第1371页。
② 《春秋左传集解》昭公十七年,上海:上海人民出版社,1977年,第1420页。
③ 方诗铭、王修龄:《古本竹书纪年辑证》(修订本)附王国维《今本竹书纪年疏证》,上海:上海古籍出版社,2005年,第206页。
④ 《国语》卷三《周语下》,上海:上海古籍出版社,1988年,第103页。

弃此道也……’这一节叙共工氏最后覆亡的历史颇为详细。‘弃此道’是说它抛弃了‘不堕山,不崇薮,不防川,不窦泽’的轨则。这是说古人任天地的自然,对于高山不毁堕它使低,对于无水的低土不培累使高,对于河流不防障它使不流,对于积水不决开它使流。可是共工氏独不肯……任天地的自然,却去想改变它;……大约这个氏族居住在黄河转折,水患严重的地方,自然要焦思极虑,寻找防范它的方法。这是人类对于自然的初步斗争,并不是共工氏特别荒谬。他们找到的方法还很原始,就是修筑土围子式的堤防。句龙所用未必同将来失败的首领所用的方法有重大的差别。大约当他的时候,霖雨较少,他也精神奋励,一半由于天时,一半由于人事,就得到很大的成功。以后氏族兴盛,声名洋溢于各部落中间。由盛而骄,又碰到气候的变迁,天时人事交互震荡,就得到覆亡的结果。看他们在败亡的前夕,还在‘堕高堙庳’,这就是说他们还在把高处的土运到低地方,把低处堙塞起来以杜水患。这又可以证明他们在恶劣环境的下面,对于水患仍作极大努力的挣扎。……看《淮南子》中所载关于共工氏的后期神话,就足以证明这个氏族曾经烜赫一时。”①

共工开创了修筑堤防的治水方式,并且沿用了千百年直至今日。共工之后,鲧沿用了共工的治水方法,也遭遇了失败。鲧的儿子禹,在共工从孙四岳的帮助下,借鉴了共工和鲧治水失败的经验教训,因势利导,将高地垫得更高,低处挖得更低,使洪水从低处流走。《国语·周语下》记载大禹治水:“共之从孙四岳佐之,高高下下,疏川导滞,钟水丰物,封崇九山,决汨九川,陂鄣九泽,丰殖九薮,汨越九原,宅居九隩,合通四海。”《史记·齐太公世家》记载:“太公望吕尚者,东海上人。其先祖尝为四岳,佐禹平水土甚有功。”大禹治水之所以能够成功,除大的生态环境有所转变之外,前人治水的经验教训不可或缺,既包含了共工治水的功劳,也离不开共工从孙四岳的辅佐之功。

---

① 徐旭生:《中国古史的传说时代》(增订本),北京:文物出版社,1985年,第137—139页。

三、共工氏成就的令人敬仰的“神”

前人多将以善于治水闻名的共工认作洪水之神。《春秋繁露·求雨》载：“春旱求雨，……其神共工。”刘城淮在《中国上古神话》中说：“共工开始是以水神的身份而出现的，……人们以‘共’的声音来称呼大水，后世的造字则于‘共’旁加水成洪字，以之表征大水，这样，共工者，大水之神也。”[①]古史辨学派认为先有共工作为神名，再转化为人名，到了《尧典》中又成为了官名。[②] 共工先是主水官，后变为监管百工的官职称谓，文献记载如《周礼·考工记》郑玄注曰：“百工，司空事官之属，于天地四时之职，亦处其一也。司空，掌营城郭，建都邑，立社稷宗庙，造宫室车服器械，监百工者，唐虞已上曰共工。”又如《尚书·尧典》：“咨！垂，汝共工。”马融注：“为司空，共理百工之事。”王莽托古改制，将秦汉时期九卿之一的少府改为共工，成为一个庞大的机构。“共工”作为神也罢，官职也罢，实际上反映了后人对共工氏所作贡献的肯定与纪念。

共工氏最令人尊敬的后裔是其子句龙，因为能平水土，死后被尊为后土，祀为社神。相关的文献记载如《左传·昭公二十九年》：“共工氏有子曰句龙，为后土。”杜注云：“共工氏在太皞后，神农前，以水名官者。其子句龙，能平水土，故死而见祀。”[③]《国语·鲁语上》：“共工氏之伯九有也，其子曰后土，能平九土，故祀以为社。……凡禘、郊、祖、宗、报，此五者，国之典祀也。加之以社稷、山川之神，皆有功烈于民者也；及前哲令德之人，所以为明质也；及天之三辰，民所以瞻仰也；及地之五行，所以生殖也；及九州名山川泽，所以出财用也。非是不在祀典。”韦昭注：“共工氏，伯者，在戏、农之间有域也。其子，共工之

---

① 刘城淮：《中国上古神话》，上海：上海文艺出版社，1988 年，第 353 页。

② 顾颉刚、刘起釪：《尚书校释译论》，北京：中华书局，2005 年，第 254 页。

③ 《春秋左传集解》昭公二十九年，上海：上海人民出版社，1977 年，第 1576 页。

裔子句龙也,佐黄帝为土官。九土,九州之土也。后,君也,使君土官,故曰后土。社,后土之神也。"《礼记·祭法》《汉书·郊祀志上》《后汉书·祭祀志》也都有类似记载。被列入祀典,本身就说明了共工氏之子后土对我国历史发展做出过重大贡献。后土作为农业神之一的土地神,是历朝祭祀的重要神灵,汉武帝曾亲往后土祠进行拜祭,之后历代祭祀不绝。

共工氏的另一位后裔脩被尊为祖神。《风俗通义·祀典》引《礼传》言:"共工氏之子曰脩,好远游,舟车所至,足迹所达,靡不穷览,故祀以为祖神。"①

后土还有一位后裔是著名的神话传说"夸父追日"中的神人夸父。《山海经·大荒北经》记载:"后土生信,信生夸父。夸父不量力,欲追日景,逮之于禺谷。将饮河而不足也,将走大泽,未至,死于此。"《山海经·海外北经》又说:"夸父与日逐走,入日。渴欲得饮,饮于河渭;河渭不足,北饮大泽。未至,道渴而死,弃其杖,化为邓林。"郭璞注:"言及日于将入也,逐,音胄;夸父者,盖神人之名也。"清人吴任臣《山海经广注》云:"句龙为后土,生子二人:曰垂、曰信。信生夸父,善走,为丹朱臣,后有夸氏。"

四、共工为姜姓的祖先及共姓、龚姓、洪姓等姓氏来源其中一支的始祖

共工为夏、商、姬、姜四部族之一姜姓的祖先。共工的从孙四岳协助大禹治水有功,被封为侯伯,赐予姓氏。《国语·周语下》载:"其后伯禹念前之非度,厘改制量,象物天地,比类百则,仪之于民,而度之于群生。共之从孙四岳佐之,高高下下,疏川导滞,钟水封物,……皇天嘉之,……祚四岳国,命以侯伯,赐姓曰'姜',氏曰'有吕',谓其能为禹股肱心膂,以养物封民人也。"贾逵

① 〔汉〕应劭撰,吴树平校释:《风俗通义校释》,天津:天津人民出版社,1980年,第318页。

注曰:"共工诸侯,炎帝之后,姜姓也。"《史记·齐太公世家》记载:"太公望吕尚者,东海上人。其先祖尝为四岳,佐禹平水土甚有功。"《新唐书·宰相世系表》载:"吕氏出自姜姓,炎帝裔孙,为诸侯,号共工氏,有地在弘农之间。从孙伯夷佐尧掌礼,使遍掌四岳,为诸侯伯,号太岳。又佐禹治水,有功,赐氏曰吕,封为吕侯。"顾颉刚指出:"其实,就是诸夏的基本团体,夏、商、姬、姜四族,他们也何尝出于一家,……至于姜姓的人,他们自己说是四岳之后,而四岳是共工的从孙,也不曾和其它三族认做本家。"[①]姜姓以四岳为先祖,四岳是共工从孙,姜姓也因此应是共工之后裔。夏、商、姬、姜是构成华夏族的四大部族之一,姜姓以共工后裔四岳为先祖,可见共工氏在上古社会中举足轻重的历史地位。

共工是共姓、龚姓、洪姓等姓氏来源其中一支的始祖。《元和姓纂》载:"共工后有共、龚二氏。"《古今姓氏书辨正》载:"其先共氏避难,加龙为龚。"《万姓统谱》载:"龚氏之先共氏,避难加龙为龚。"《元和姓纂》又载:"洪,共工氏之后,本姓共氏,因避仇改为洪氏。"从上述记载可知,共姓、龚姓、洪姓系出一源,均来自共工氏,共工为其得姓始祖。

综上所述,共工氏是三皇五帝时代一个善于治水的强大部族。共工开创了修筑堤防的治水方式,为大禹治水的成功积累了宝贵经验,共工后裔四岳佐禹治水居功甚伟,被尊为构成华夏族四大部族之一的姜姓的先祖,共工之子句龙也因为能平水土被尊为社神即后土之神,是另一位令人敬仰的共工后裔,历朝历代都祭祀不绝。此外,共工后裔中,还有祖神、夸父等神人。共工还是共姓、龚姓、洪姓等姓氏其中一支的得姓始祖。共工无愧为中华民族的人文始祖!

(本文作者为河南省社会科学院历史与考古研究所副研究员)

① 顾颉刚:《战国秦汉间人的造伪与辨伪》,《史学年报》1935年第2卷第2期。

共工神话与上古水环境

王建华

共工是中国古史传说时代著名的神话形象,他的事迹几乎贯穿了整个三皇五帝时期,历代学者对共工的研究成果颇多,而对于共工的身份界定、事迹梳理,多年来众说纷纭、莫衷一是,致使人们对于共工的真实面目始终处于模糊状态之中,不甚清楚。我们对共工印象最为深刻的莫过于"昔共工之力,触不周之山,使地东南倾",因此,共工在中国神话史上是一个名声相当不好的人物。最近若干年,学者对于共工的研究主要集中在对共工身份的认定、共工神话传说与历史事实之间的关系、如何对待神话传说研究与上古史研究等方面。笔者不揣浅陋,试就以上一些问题谈谈自己的看法,以就教于方家。

首先,如何界定共工的身份。在古典文献中,有共工是人的形象的描述。如《尚书·尧典》:"流共工于幽州,放驩兜于崇山,窜三苗于三危,殛鲧于羽山,四罪而天下咸服。"《逸周书·史记》云:"昔有共工自贤,自以无臣,久空大官,下官交乱,民无所附,唐氏伐之,共工以亡。"这似乎都显示了共工是真实存在的历史人物。

“共工怒触不周山”作为共工最典型的事迹,最早的明确记载见于《淮南子》:“昔共工之力,触不周之山,使地东南倾。与高辛争为帝,遂潜于渊,宗族残灭,继嗣绝祀。”“昔者,共工与颛顼争为帝,怒而触不周之山,天柱折,地维绝。天倾西北,故日月星辰移焉;地不满东南,故水潦尘埃归焉。”司马贞《史记·补三皇本纪》:“诸侯有共工氏,任智刑以强,霸而不王。以水乘木,乃与祝融战。不胜而怒,乃头触不周山,崩,天柱折,地维缺。”从以上文献我们可以看到,与共工发生争斗导致共工怒触不周山的对象有高辛、颛顼、祝融。除此之外,在文献中还有舜、禹与共工相斗争的记载。比如《山海经·大荒西经》中说:“西北海之外,大荒之隅,有山而不合,名曰不周负子,有两黄兽守之。有水曰寒暑之水。水西有湿山,水东有幕山。有禹攻共工国山。”《战国策·秦策》中记载:“昔者神农伐补遂,黄帝伐涿鹿而禽蚩尤,尧伐驩兜,舜伐三苗,禹伐共工,汤伐有夏,文王伐崇,武王伐纣,齐桓任战而伯天下。”《孟子·万章上》云:“舜流共工于幽州,放驩兜于崇山,杀三苗于三危,殛鲧于羽山,四罪而天下咸服,诛不仁也。象至不仁,封之有庳。”《淮南子·本经训》载:“舜之时,共工振滔洪水,以薄空桑。龙门未开,吕梁未发,江淮通流,四海溟涬。民皆上丘陵,赴树木。舜乃使禹疏三江五湖,辟伊阙,导廛涧,平通沟陆,流注东海。鸿水漏,九州干,万民皆宁其性,是以称尧、舜以为圣。”《淮南子·修务训》载:“尧立孝慈仁爱,使民如子弟。西教沃民,东至黑齿,北抚幽都,南道交趾。放驩兜于崇山,窜三苗于三危,流共工于幽州,殛鲧于羽山。”综上可知,共工的形象在女娲、颛顼、高辛、尧和禹的时代都有出现。基于此,我们认为,生活时间跨度如此之大的共工,其实质不可能为人,而应为神。共工“怒触不周山”肯定非人力所能为,也说明共工为神而非人。

共工是神话人物毫无疑问了,这就涉及一个问题,我们应该如何来看待古史传说。毋庸置疑,古史传说中蕴含着大量的历史信息,通过对古史传说的研究,我们可以剥离出能够真正反映历史真实的合理内核。但我们应该认识到,传说和历史是完全不同的两个系统，他们之间不可能也不应该形成一一对应的关系。包括共工在内的传说时代的诸位神话人物，他们的出身、世系更替、事迹、贡献等在神话系统内可以自成体系，但是如果以这种神话体系来代替或者映射真实的历史体系，则是不可取的。历史自有其真实的发展轨迹，史学工作者的任务就是从古史传说中寻找历史的真实。这是历史学研究神话传说的终极目的所在。具体到共工的研究，我们在古典文献中发现了关于他的大量记载，作为神话人物，共工的形象处在一个不断变动的过程中。在这个变动的过程中，我们要从中分析能够真正还原历史真相的有价值的内容。

《左传·昭公十七年》引少皞氏后裔郯子云："昔者黄帝氏以云纪，故为云师而云名。炎帝氏以火纪，故为火师而火名。共工氏以水纪，故为水师而水名。太皞氏以龙纪，故为龙师而龙名。我高祖少皞挚之立也，凤鸟适至，故纪于鸟，为鸟师而鸟名。凤鸟氏，历正也。玄鸟氏，司分者也。伯赵氏，司至者也。青鸟氏，司启者也。丹鸟氏，司闭者也。祝鸠氏，司徒也。鴡鸠氏，司马也。鸤鸠氏，司空也。爽鸠氏，司寇也。鹘鸠氏，司事也。五鸠，鸠民者也。五雉，为五工正，利器用，正度量，夷民者也。九扈，为九农正，扈民无淫者也。自颛顼以来，不能纪远，乃纪于近。为民师而命以民事，则不能故也。"这里提到早期的共工氏"以水纪"，"有水德"，且与黄帝、炎帝、太皞、少皞并列，这四位都是上古史上非常有名的"帝王"，共工与他们同列，其地位也是非常高的。这应该是共工的早期形象，是一个正面的形象。类似的记载还有："昔黄帝以云纪官，故为云师而云名。炎帝以火，共工以水，大昊以龙，其义一也。我高祖，少昊挚之立也，凤鸟适至，是以纪之于鸟，故为鸟师而鸟名。自颛顼氏以来，不能纪远，乃纪于近，为民师而命以民事，则不能故也。"(《孔子家语·辨物》)"共工之王，水处什之七，陆处什之三，乘天势以隘制天下。"(《管子·揆度》)"春秋昭公十七年'郯子来朝'，传曰昭子问少昊氏鸟名何故，对曰：'吾祖也，我知之矣。昔者，黄帝氏以云纪，故为云师而云名；炎帝氏以火纪，故为火师而火名;共工氏以水纪,故为水师而水名;太昊氏以龙纪,故为龙师而龙名。我高祖少昊挚之立也,凤鸟适至,故纪于鸟,为鸟师而鸟名。'言郯子据少昊受黄帝,黄帝受炎帝,炎帝受共工,共工受太昊,故先言黄帝,上及太昊。稽之于易,伏羲、神农、黄帝相继之世可知。"(《汉书·律历志上》)这些记载和《左传》的记载大同小异,或略有补充,但基本上都是以共工的正面形象示人,也基本上都提到了共工氏"以水纪",明确了共工与水的密切关系。

随着神话传说的演变,共工的形象逐渐发生了变化。从与炎黄二帝并列的部落首领变为恶行不断的人物。对此,《国语·周语》是这样说的:"昔共工弃此道也,虞于湛乐,淫失其身,欲壅防百川,堕高堙庳,以害天下。皇天弗福,庶民弗助,祸乱并兴,共工用灭。其在有虞,有崇伯鲧,播其淫心,称遂共工之过,尧用殛之于羽山。"尧在历史上是一个有德的"贤君",共工和尧作对,必然是邪恶的化身。自此,共工的形象开始被丑化和扭曲,完全颠覆了此前的形象。类似的记载还有很多:"帝曰:'畴咨若予采?'驩兜曰:'都!共工方鸠僝功。'帝曰:'吁!静言庸违,象恭滔天。'帝曰:'咨!四岳,汤汤洪水方割,荡荡怀山襄陵,浩浩滔天。下民其咨,有能俾乂?'佥曰:'於!鲧哉。'""流共工于幽州,放驩兜于崇山,窜三苗于三危,殛鲧于羽山,四罪而天下咸服。"(《尚书·尧典》)"昔者神农伐补遂,黄帝伐涿鹿而禽蚩尤,尧伐驩兜,舜伐三苗,禹伐共工,汤伐有夏,文王伐崇,武王伐纣,齐桓任战而伯天下。"(《战国策·秦策》)"舜流共工于幽州,放驩兜于崇山,杀三苗于三危,殛鲧于羽山,四罪而天下咸服,诛不仁也。象至不仁,封之有庳。"(《孟子·万章上》)"禹有功,抑下鸿,辟除民害除共工。"(《荀子·成相》)"是以尧伐驩兜,舜伐有苗,禹伐共工,汤伐有夏,文王伐崇,武王伐纣。此四帝两王,皆以仁义之兵行于天下也。"(《荀子·议兵》)"尧欲传天下于舜,……共工又谏曰:'孰以天下而传之于匹夫乎!'尧不听,又举兵而诛共工于幽州之都。"(《韩非子·外储说》)"兵所自来久矣,……共工氏固次作难矣。"(《吕氏春秋·荡兵》)"共工善言,其用僻,似恭漫天,不可。”“讙兜进言共工,尧曰不可而试之工师,共工果淫辟。四岳举鲧治鸿水,尧以为不可,岳强请试之,试之而无功,故百姓不便。三苗在江淮、荆州数为乱。于是舜归而言于帝,请流共工于幽陵,以变北狄;放驩兜于崇山,以变南蛮。”(《史记·五帝本纪》)“西北荒有人焉,人面蛇身朱发,……贪恶凶顽,名曰共工。”(《神异经·西北荒经》)“祭典曰:‘共工氏伯九域。’言虽有水德,在火木之间,非其序也。任知刑以强,故伯而不王。秦以水德,在周、汉木火之间。周人迁其行序,故《易》不载。”(《汉书·律历志下》)从以上大量的文献记载可知,共工的形象在尧舜时代已经一落千丈,变成了丑陋、罪恶的化身。这样的变化隐喻的是什么样的历史面貌呢?我们下文再作叙述。

经过尧舜禹时期的形象异化,共工氏的面貌最终定型在“怒触不周山”。此类文献主要有:《淮南子·原道训》:“昔共工之力,触不周之山,使地东南倾。与高辛争为帝,遂潜于渊,宗族残灭,继嗣绝祀。”《淮南子·天文训》:“昔者,共工与颛顼争为帝,怒而触不周之山,天柱折,地维绝。天倾西北,故日月星辰移焉;地不满东南,故水潦尘埃归焉。”司马贞《史记·补三皇本纪》:“诸侯有共工氏,任智刑以强,霸而不王。以水乘木,乃与祝融战,不胜而怒。乃头触不周山,崩,天柱折,地维缺。”《列子·汤问》:“物有不足,故昔者女娲氏练五色石以补其阙;断鳌之足以立四极。其后共工氏与颛顼争为帝,怒而触不周之山,折天柱,绝地维。故天倾西北,日月辰星就焉;地不满东南,故百川水潦归焉。”通过文献记载可知,共工与高辛、颛顼、祝融等交战,失败后恼羞成怒,触不周山,在天地间造成了毁灭性的灾难,从此,共工的恶名定型并流传后世。

我们分析了共工神话形象的异化过程之后,再回到前面曾经讨论过的话题,即神话和真实的历史属于两个不同的系统,有各自的轨迹,把神话中的人物事件和历史上真实存在的人物事件进行对应,甚至混为一谈是不科学的。前面我们已经分析了共工为神话形象而非真实的历史人物。所以他的事迹也无法与真实的上古史形成一一对应的关系。我们所能做的,就是从共工神话的演变过程中过滤出尽可能多的有价值的上古史信息。

根据文献记载的分析，中国古史的传说时代在古气候上大致与"仰韶温暖期"重合。结合文献记载中共工与水的密切关系，我们认为共工传说的发展演变实质上反映了古史传说时代中原地区的水环境变化与整个生态环境变化情况。距今8500—3000年是全新世以来气候最佳适宜期，在我国称之为"中国全新世大暖期"或"仰韶温暖期"。在这5000多年的时间里，年平均气温比现在要高2℃左右，这是迄今为止关于"仰韶温暖期"的最为精确的年代数据[①]。而这一时期恰和中原地区的裴李岗文化、仰韶文化、龙山文化和夏商文化的时代相对应，基本上涵盖了古史传说时代的大部分时段，和共工神话所处的时代也高度重合。从地域方面来看，共工神话中共工氏活动的地方也集中在黄河中下游地区。共工作为一个神话人物，他管控的属地包括哪些地方？通过对与"共"字有关的古地名的考察，学者们大体上对"共地"的归属有如下几种说法：

河南辉县。《山海经·北次三经》："又东三百七十里，曰泰头之山，共水出焉。"郭注认为其地可能在河南辉县，但他同时也认为可能在山西芮城或者河南济源[②]。《水经注·清水》："共伯既归帝政，逍遥于共山之上。山在国北，所谓共北山也。"此共山即今河南辉县市北九峰山。《汉书·地理志·河内郡共县》班固自注："古国。"共县即为今天的河南辉县。郦道元云："稽之群书，共县本共和之故国，是有共名。"则今河南辉县的古共山、共水之名有可能源自该处是共和之故国。

河南济源。《山海经·海内东经》云："济水出共山南东丘，绝钜鹿泽，注渤海，入齐琅槐东北。"毕沅注："云'出共山南东丘者'，出今河南济源县共山，

① 施雅风主编：《中国全新世大暖期气候与环境》，北京：海洋出版社，1992年。
② 郭郛：《山海经注证》，北京：中国社会科学出版社，2004年，第305页。

在县北十二里。”[①]《水经》云:“济水出河东垣县东王屋山,为沇水,又东至温县西北为济水。”注云:“潜行地下,至共山南复出于东丘,今原城东北有东丘城。”泰头之山有可能就是《海内东经》所记之共山,发源于此的共水应该源出今河南济源。

河南新安。《山海经·中次六经》云:“又西百里,曰长石之山,无草木,多金玉。其西有谷焉,名曰共谷,多竹。共水出焉,西南流注于洛,其中多鸣石。”《水经注》引此文曰:“洛水又东,共水入焉。水北出长石之山,山无草木,其西有谷焉,厥名共谷,共水出焉。南流得尹溪口,……又西南。与左涧水会。……又南与李谷水合,……共水,世谓之石头泉,而南流注于洛。”长石之山,郝懿行和毕沅都认为在河南新安县[②]。徐旭生先生也认为“地在今河南新安县境内。西离‘莘、虢之间’不过一二百里”[③]。

山西芮城。《山海经·中次一经》云:“中山经薄山之首,曰甘枣之山。共水出焉,而北流注于河。”徐旭生先生认为:“《水经注·河水》引此文,又说:‘今诊蓼水,川流所趋,与共水相扶’,是以蓼水为共水,地在今山西西南隅芮县境内,离黄河东曲处不远。”[④]此共水位于今山西芮城县东北约 15 公里处,现名朱吕沟,发源于甘枣山,南流并入黄河。

考山西芮城、河南济源和河南辉县之位置,大体上呈东西向排列在黄河沿岸,此现象更加说明了共工氏与水的关系。共工形象从产生之日起直至最后定型,都与水环境有密切的关系。基于此,我们认为共工神形象的发展演变反映了豫西晋南地区黄河中下游在上古时期的水环境变化情况。黄河上游地区黄河的走向复杂,决溢的时候并不是很多,而黄河中下游,特别是中游,走势比

---

① 毕沅:《山海经新校正》,《丛书集成初编》,北京:中华书局,1985 年。
② 郝懿行:《山海经笺疏》,《万有文库》,上海:商务印书馆,1936 年,第 129 页;毕沅《山海经新校正》,《丛书集成初编》,北京:中华书局,1985 年。
③ 徐旭生:《中国古史的传说时代》,桂林:广西师范大学出版社,2003 年。
④ 徐旭生:《中国古史的传说时代》,桂林:广西师范大学出版社,2003 年。

较平直，上游地区积聚的巨大水势能在中游得到宣泄。加之上游下来的河水夹杂大量的泥沙，使得中游的黄河河段以“善淤、善徙、善决”著称。因此，黄河中游地区以“水”为基础的各种灾难接踵而至，这在上古时期是不争的事实。共工作为掌管“水”的神，他的传说实际上包含了整个古史传说时代黄河中游地区水患的基本情况。事实上，共工神话的发展过程蕴含了人们对于“水”的认识过程及复杂感情。伏羲、女娲时期，人们对于“水”的依赖性极其强烈，因此便将对水的喜爱体现在对共工神的正面形象的颂扬上。颛顼、帝喾时期，水患开始频繁，水不再仅仅是生命之源，也是会夺去人们生命的灾难之源，人们对于水又爱又恨，此时共工的形象也变得不讨人喜欢。尧舜时期，水患进一步加剧，在人们眼里，水变成了吞噬人类家园乃至生命的恶魔，代表水的神——共工自然也变成了人们诅咒的对象。而“怒触不周山”则是史前洪水灾难中最为巨大、后果最为惨烈的一次，此次灾难造成了“天柱折，地维绝。天倾西北，故日月星辰移焉；地不满东南，故水潦尘埃归焉”的严重后果。显然，如此巨大的灾难性后果绝非人力所能为，实是一种神话景象。但是正如前文所言，神话景象中蕴含着真实的历史内核。以当时古人类的认知水平，这种神话式的描述语句，其实是当时人们对于黄河中游地区的地形地貌、气候灾变、雨水丰歉、天文星象认知的一种外在表述。这种表述，时至今日仍然契合我们黄河中游地区的地形地貌和水系分布。前面我们也讲到，此时尚处在“仰韶温暖期”的时段范围内，气候温暖湿润，雨量丰沛，河水暴涨冲刷河道使地形发生了变化。黄河多处决口，在古人看来已经是撼天动地的灾难，因此才有文献中的种种可怕的后果描述，实非共工“怒触不周山”的后果，乃是史前气候和洪水灾难的真实写照。

综上所述，我们认为共工神话形象的演变过程就是史前气候与水文变迁历史的神话体现。人们把对水环境变迁、气候灾变的认知和态度转移到一个代表“水”的神——共工的身上。客观方面，以一种夸张的手法向我们展示了史前灾难的真实状况；主观方面，通过对共工氏的评价，来体现人们对于包括水环境在内的整个生态环境的评价和认知。这就是我们本文所要表达的核心意思。至于共工神话演变的合理性及共工形象的神人之辩，其实在这里已经不重要。神话和历史有不同的发展逻辑，史学工作者研究上古神话的目的在于复原当时的历史，而不是去探究神话的发展脉络和逻辑，所以，面对共工的神话传说，我们无须对神话过分“求真”，只要能够通过神话的阶段性特征和连续的发展脉络窥探到历史发展的真实“影像”，也就可以了。

（本文作者为河南省社会科学院历史与考古研究所助理研究员）

共工治水传说与大禹治水传说的比较研究

李玲玲

共工与大禹都是传世文献中所记载的上古时期与治理洪水有关的著名族群首领。二者的治水传说有一定的区别，本文通过对传世文献中有关共工治水和大禹治水的相关记载进行梳理，来探寻二者治水传说的不同之处，并进而推断上古时期的治水传说所反映的历史真相。

一、共工治水传说与大禹治水传说的比较

共工的相关传说在春秋战国时期的文献中已有较多记载，而且种类也比较丰富，其中包括共工的世系、外貌、政治地位、治水过程、失败原因及他与尧、舜、禹族群的关系等方面的内容，可以说先秦时期有关共工的记载是比较集中的；秦汉以后共工传说的基本内容与先秦时期一致，但共工所处的时代提前到了伏羲、女娲时期，并增加了其与伏羲、女娲、祝融等其他人文始祖的关系。

但从有关共工治水的内容来看，相关记载并不多，主要内容为：共工治水，

共工后裔辅佐大禹治水，治水方法为“壅防百川，堕高堙庳”，共工熟识水性，善于利用水进行水战等。与共工治水有关的是他治水的结果：治水失败，引起民愤，被征讨流放。主要是因为他的治水方法局限于小范围治水，以邻为壑，壅防百川，严重威胁到其他族群的生存，从而与其他族群冲突不断。从传世文献的相关记载来看，先秦时期的文献提到尧、舜、禹族群均与共工族群有冲突和战争，结果都是以共工被流放、共工族群的失败而告终。先秦文献中所记载的共工是一个失败者形象，虽然有威望、有才能，但曾经做出危害民众之事，口碑并不好，被尧、舜、禹等圣王打败后流放。下面以传世文献中记载的有关共工治水的内容来对共工治水传说进行具体分析。

传世文献中有关共工治水的材料比较有限，主要出现在《管子》《国语》《今本竹书纪年》等文献中。

《管子·揆度》说：“共工之王，水处什之七，陆处什之三，乘天势以隘制天下。”这一记载说明共工氏居住的地方以水地为主，也就是说共工氏族群居于水边，熟识水性。

《国语·周语下》载太子晋语：“晋闻古之长民者，不堕山，不崇薮，不防川，不窦泽。……昔共工弃此道也，虞于湛乐，淫失其身，欲壅防百川，堕高堙庳，以害天下。皇天弗福，庶民弗助，祸乱并兴，共工用灭。”这一记载表明了当时共工治水的方法主要是修建堤坝，把高地挖低，低洼地填平，引水蓄水的同时增加土地面积；而其“虞于湛乐，淫失其身”，再加上他的治水方法虽然对本族群有利，却因修建堤坝改变水流方向而损害了其他族群，导致祸乱并兴，最终失败。

《今本竹书纪年》载帝尧陶唐氏纪年：“十九年，命共工治河。六十一年，命崇伯鲧治河。七十三年春正月，舜受终于文祖。七十五年，司空禹治河。一百年，帝陟于陶。”记载了共工、鲧、禹治水的先后顺序。

虽然文献记载的共工治水传说不多，但后世人们常把共工与洪水紧密地联系在一起,这不仅是因为共工治水,还因为文献中所记载的他造成水害、善于水战、长期以来为水官的事实。

如《淮南子·本经》:"舜之时,共工振滔洪水,以薄空桑。龙门未开,吕梁未发,江淮通流,四海溟涬。民皆上丘陵,赴树木。"共工振滔洪水,造成了巨大的水灾,这里说得很明确,可能是洪水暴发时,共工治理不当造成更大的灾难。共工作为水官,文献中也有不少记载,如《史记·五帝本纪》载:"驩兜曰:'共工旁聚布功,可用。'"《集解》引郑玄曰:"共工,水官名。"《淮南子》高诱注亦云:"共工,水官也。"《史记·律书》曰:"颛顼有共工之陈,以平水害。"《集解》曰:"文颖曰:'共工,主水官也。少昊氏衰,秉政作虐,故颛顼伐之。本主水官,因为水行也。'"

这些为数不多的有关共工与洪水的记载,为共工带来了扑朔迷离的身份之谜,到底是治水之氏族首领,还是兴水之水神,抑或"共工"只是治水之官职名,后世争论不休,且对共工多有贬斥之意。但不管是哪一种身份,共工的治水传说都反映着一定的历史真相,比如当时人类的生存环境、当时社会的发展水平等,值得我们去深入研究和探寻。

与共工氏治水文献记载较少相反的是,有关大禹治水的传说文献中有相当丰富的记载,而且,早在先秦时期的文献中,大禹治水的传说在大禹的各种传说中已是最重要的内容。涉及大禹治水的方法、治水的区域、治水的效果等。也就是说,先秦时期大禹治水传说已经比较完善并广为流传,大禹已成为平治水患、划分政域、建立国家,对早期人类做出重大贡献的圣王。

有关大禹的记载目前可见时代最早的是西周中期青铜器遂公盨上的铭文,记载非常简单,仅说明大禹曾经治水。在西周和春秋时期的古籍文献如《尚书》《诗经》的一些篇章中也有对大禹的记载,如《尚书·吕刑》有"禹平水土,主名山川",与遂公盨的记载一致。《诗经·商颂·长发》中有"洪水芒芒,禹敷下土方"。西周时期大禹传说主要是"平水土、名山川"和"禹迹",连带涉及鲧和启的传说。到春秋战国时期,诸子百家为了宣扬自己的政治主张,开始对大禹传说进行加工、改造和细化,大禹的各种传说和事迹日益具体和多样化:

娶于涂山,辛、壬、癸、甲,启呱呱而泣,予弗子,惟荒度土功。(《尚书·皋陶谟》)

子曰:“禹,吾无间然矣。菲饮食而致孝乎鬼神,恶衣服而致美乎黻冕,卑宫室而尽力乎沟洫。禹,吾无间然矣。”(《论语·泰伯》)

当尧之时,水逆行,泛滥于中国,蛇龙居之,民无所定;下者为巢,上者为营窟。书曰:“洚水警余。”洚水者,洪水也。使禹治之。禹掘地而注之海,驱蛇龙而放之菹;水由地中行,江、淮、河、汉是也。险阻既远,鸟兽之害人者消,然后人得平土而居之。(《孟子·滕文公下》)

禹疏九河,沦济漯而注诸海,决汝汉,排淮泗而注之江,然后中国可得食也。当是时也,禹八年于外,三过其门而不入,虽欲耕,得乎?(《孟子·滕文公上》)

墨子称道曰:“昔者禹之湮洪水,决江河而通四夷九州也,名川三百,支川三千,小者无数。禹亲自操稿耜而九杂天下之川,腓无胈,胫无毛,沐甚雨,栉疾风,置万国。”(《庄子·天下篇》)

白圭曰:“丹之治水也愈于禹。”孟子曰:“子过矣。禹之治水,水之道也,是故禹以四海为壑。今吾子以邻国为壑。水逆行谓之洚水。洚水者,洪水也。仁人之所恶也。吾子过矣!”(《孟子·告子》)

先秦文献中对大禹治水的具体方法进行了详细记述,并对大禹艰苦奋斗、舍身忘己的精神给予了高度评价。秦汉以后的文献如《史记》《帝王世纪》《淮南子》等都有大量详细的大禹治水传说,但内容与先秦文献基本一致,只在治水区域上有所扩大。所以大禹一直是历朝历代国家祭拜的重要圣王之一。

从共工治水传说和大禹治水传说出现的差异来看,首先反映的是上古时期历史发展的真实,即大禹治水的成效更好。从当时的社会发展状况来看,早期人类受生产力低下的限制,其居住地的选择必定离水源地不远,一般生活在大江大河附近的台地之上,既便于取水,也避免洪水的影响,但离水近难免会受到洪水的影响。根据文献记载,公元前四五千年即尧舜禹时期暴发了大范围的洪水,即"当尧之时,水逆行,泛滥于中国,蛇龙居之,民无定所,下者为巢,上者为营窟"。因此治理水患是人们的当务之急。当时受水患影响的族群应当都在尝试寻求有效的治水方法,文献中记载有鲧治水、大禹治水、共工治水,说明他们应都是在治理水患方面卓有成效的族群,有着丰富的治水经验,并且共工的后裔还在一直帮大禹治水。但为何文献记载中对鲧治水、共工治水提及较少,而且都是以失败告终,没有记载他们曾经取得的成功呢?这一方面说明可能其治水方法确实有问题,在治理小范围洪水灾害时有一定效果,但治理大范围的水患时效果并不好。而大禹在吸取鲧治水和共工治水成败的经验之上,探索出了更加切实有效的治理方法,因势利导,充分利用水性,最终取得了胜利,使得沿河的多个族群免于水患之害。大禹也在治水过程中获得了支持和权力,最终得以成为当时族群联盟的最高领导者。

另一方面,这种记载的差异还反映出历史由胜利者书写的社会规则。先秦文献记载中的共工是个失败者,在整个尧舜禹时期都被压制甚至流放;而大禹则是夏王朝的开创者。因此,大禹的功绩随着夏王朝统治区域的扩大被越来越多的族群认可和接受。夏、商、周王朝的建立,伴随着民族意识的产生、华夏族的形成,大禹作为夏王朝的开创者,被春秋战国时期的学者赋予更多的道德内涵和政治内涵,成为历代祭拜的圣王之一。而被尧、舜、禹打败,站在尧、舜、禹对立面的共工,不管他曾经的功绩有多大,注定要淹没在胜利者的历史之中。

二、共工治水与大禹治水反映的历史真实

首先,共工治水与大禹治水的传说反映了早期人类的生存环境及治水活动在社会发展中的重要作用。

共工治水与大禹治水的众多记载明确显示了当时人类的社会环境和生存环境。如《孟子·滕文公下》载:当尧之时,水逆行,泛滥于中国,蛇龙居之,民无所定;下者为巢,上者为营窟。书曰:“洚水警余。”洚水者,洪水也。使禹治之。禹掘地而注之海,驱蛇龙而放之菹;水由地中行,江、淮、河、汉是也。险阻既远,鸟兽之害人者消,然后人得平土而居之。《淮南子·本经训》:“舜之时,共工振滔洪水,以薄空桑。龙门未开,吕梁未发,江淮通流,四海溟涬。民皆上丘陵,赴树木。舜乃使禹疏三江五湖,辟伊阙,导廛涧,平通沟陆, 流注东海。鸿水漏,九州干,万民皆宁其性。”文献记载这一时期的大洪水也得到了考古资料的证实,如登封王城岗遗址、青海喇家遗址、辉县孟庄遗址等遗址都属于公元前四五千年时期,即文献记载的尧舜禹时期,都能清楚地看到当时被洪水冲垮的证据。共工治水和大禹治水的不同结果也充分显示出治水在当时的重要意义。共工因在小范围治水损害其他族群,从而导致失败;而大禹则是全局考虑的大范围治水,受益的族群多,形成了大禹的支持者,所以大禹在治水过程中公共权力进一步加强,形成了权威,最终成为尧舜禹联盟的首领,并建立早期的国家政权,实现较大范围的统一,为夏王朝的建立奠定了重要基础。因为治理水患是当时人类生活中亟须解决的,也是威胁最大的,因此治水成功与否直接影响到族群首领的威信、权力、地位的高低。

其次,共工治水及其他相关传说反映了共工氏为一个长期延续的氏族或部落,该部落首领均袭共工氏称号,善于治水,善于水战。

共工因战争和治水而名号传延,从颛顼到尧舜都有共工。共工曾与颛顼

争帝位,最后被颛顼打败,怒触不周山。

昔者,共工与颛顼争为帝,怒而触不周之山,天柱折,地维绝。天倾西北,故日月星辰移焉;地不满东南,故水潦尘埃归焉。(《淮南子·天文训》)

颛顼尝与共工争矣,……共工为水害,故颛顼诛之。(《淮南子·兵略训》)

当其末年也,诸侯有共工氏,任智刑以强,霸而不王,以水乘木,乃与祝融战。不胜而怒,乃头触不周山,崩,天柱折,地维缺。(《史记》司马贞补《三皇本纪》)

尧时,共工为尧的同盟族群,共工虽然有很强的能力,但因性格问题,并未获得尧的信任。如《尚书·尧典》记载有唐尧评论共工的一段话:帝曰:“畴咨若予采?”驩兜曰:“都!共工方鸠僝功。”帝曰:“吁!静言庸违,象恭滔天。”这段话是驩兜向尧举荐共工,但尧认为共工表面恭敬,内心却并不服从,从而拒绝任用共工。后因共工反对尧传位于舜,尧进攻共工,共工被杀。即《韩非子·外储说右上》中所载:“尧欲传天下于舜,……共工又谏曰:‘孰以天下而传之于匹夫乎?’尧不听,又举兵而诛共工于幽州之都。”

到舜时,《淮南子·本经训》记载:“舜之时,共工振滔洪水,以薄空桑。龙门未开,吕梁未发,江淮通流,四海溟涬。民皆上丘陵,赴树木。舜乃使禹疏三江五湖,辟伊阙,导廛涧,平通沟陆,流注东海。鸿水漏,九州干,万民皆宁其性。”共工因堵洪水,而使洪水威胁到了空桑地带。舜和共工之间爆发战争,《韩非子·五蠹》记载说舜帝时有“共工之战”,《尚书·尧典》:“流共工于幽州,放驩兜于崇山,窜三苗于三危,殛鲧于羽山,四罪而天下咸服。”最终还是共工失败。

到大禹时期,禹和共工之间依然冲突不断。《荀子·议兵》《战国策·秦策》都有“禹伐共工”的记载。《荀子·成相》:“禹有功,抑下鸿,辟除民害除共工。”《山海经·大荒西经》曰:“有禹攻共工国山。”大禹直接攻到了共工氏本土所在地,并杀了共工的大臣。《山海经·大荒北经》:“共工臣,名曰相繇。……禹湮洪水,杀相繇。其血腥臭,不可生谷。”《山海经·海外北经》:“共工之臣曰相柳氏,九首,以食于九山。相柳之所抵,厥为泽谿。禹杀相柳,其血腥,不可以树五谷种。禹厥之,三仞三沮。”

从颛顼到尧、舜、禹,在这段漫长的历史时期中,他们均与共工有交集,这说明共工并不是一个人,而是一个族群,其首领继承共工称号,该族群长期延续,善于治水,所以在尧舜禹洪水暴发期得以重用,发展兴盛。因为当时面临洪水的威胁,治水人才是非常重要的,治水也是需要集合诸多部族之力。因此即便大禹进攻共工本土,杀其臣子,也并未灭其族,共工后裔依旧辅佐大禹治水。共工由于争夺部落联盟首领弄得身败名裂,以至于他在中华民族水利史上的地位也被大部分人所忽略,但他儿子句龙继承他的事业,终在治水方面作出贡献,《礼记·祭法》云:“共工氏之霸九州也,其子曰后土,能平九州,故祀以为社。”句龙被后人尊为后土,成为整个三代以至以后千余年中最重要的神祇之一,与后稷并列。可见共工氏在中华民族史上的影响是巨大的。①

再次,共工治水与大禹治水反映了早期人类的生产力和生产水平。

人类最早居住于距离水源较近的山腰台地之上。到五帝时期进入农耕社会,先民开始逐渐移居到大江大河的冲积平原上生活以便农耕种植,但这种离水源地近的荒野之地,不可避免地会受到洪水泛滥的影响,因此水患是农耕社会早期人类面临的最大威胁。从共工治水、鲧治水到大禹治水,早期人类一步步积累治水经验,从共工的筑堤坝、修水库,到鲧的建城自保,再到大禹的根据山川地貌因势利导,堵疏结合的治水方法,人类的生产力水平日益提高,社会迅速发展。

---

① 张启成、章原:《共工的历史演变及其评价》,《贵州文史丛刊》2000 年第 2 期,第 18、73 页。

共工的治水方法是障壅之法，即将由两个山陵之间流来的一条河采用筑堤防的办法堵住，使水位升高后改道流向其他地方。两山之间积水成湖，人们可以进行渔猎。在人类文明的早期阶段，面对变化无方的河流，大约也只能用这样的办法以保护自己的生活、生产环境。这既是我国筑堤之始，也是后来水库之始。《国语·周语下》载，周灵王二十二年，王城北面的谷水上涨，由城西向南流而合于洛水，两水相激，将危及王宫。周灵王将欲壅谷水使其北出，太子晋谏曰："不可。晋闻古之长民者，不堕山，不崇薮，不防川，不窦泽。……昔共工弃此道也，虞于湛乐，淫失其身，欲壅防百川，堕高堙庳，以害天下。"可以看出，共工当时用的就是"壅防"之法。《国语》中说他"壅防百川，堕高堙庳"，韦昭注："堕，毁也。""防，障也。""堙，塞也。高，谓山陵。庳，谓池泽。"那就是说，共工是挖山上的土使其落下来堵住河流。韦昭注说"庳，谓池泽"是错的，"庳"这里指河道。池泽同堵河道无关。由于共工氏控制着水坝，故对下游所居氏族、部落是一个很大的威胁。《管子·揆度》中说"共工之王，水处什之七，陆处什之三，乘天势以隘制天下"，《左传·昭公十七年》载郯子语"共工氏以水纪，故为水师而水名"都反映了这个情况。共工的治水方法适合小范围的治理，但其填堵河道致使河水改流，对沿河的其他族群产生了威胁，因此其治水方法并未成功。①

到鲧治理洪水时，依然是在共工治水的基础上采取"堵"的治水方法，但鲧是城的创建者。鲧平地建城，对人们的生活有了一定的保障。但其以堵为主的治水方法依然难以成功，所以被舜殛于羽山。

到禹治水时，他在前人治水经验的基础上，采取了因势利导的方法，取得了成功。《孟子·告子》："白圭曰：'丹之治水也愈于禹。'孟子曰：'子过矣。禹之治水，水之道也，是故禹以四海为壑。今吾子以邻国为壑。水逆行谓之洚

① 赵逵夫：《从〈天问〉看共工、鲧、禹治水及其对中华文明的贡献》，《社会科学战线》2001年第1期，第88页。

水——洚水者,洪水也——仁人之所恶也。吾子过矣!’”孟子对大禹治水的方法作了精辟的概括:“水之道也。”《庄子·天下篇》:墨子称道曰:“昔者禹之湮洪水,决江河而通四夷九州也,名川三百,支川三千,小者无数。禹亲自操稿耜而九杂天下之川,腓无胈,胫无毛,沐甚雨,栉疾风,置万国。”这些有关大禹治水方式的论述均说明大禹堵疏结合、因势利导的方法。

从地域范围上说,共工氏、鲧用埋塞的治水方式所涉及的范围不是整个“天下”,仅仅是为了自己的部族,这就等同于“以邻为壑”,保护了自己,却危害了黄河下游别的部族,这是共工氏、鲧因治水方式犯怒天下的原因;而禹率领众多部族治理所谓的九州洪水,取得了天下众多部族的拥戴①。

从共工到大禹治水方法的改变,体现的是当时人们对山川地理、河流湖泊等自然知识认知的发展过程,也体现了社会生产力的发展。因为只有熟悉大范围的山川地理形势,而不是拘泥于某一地区的洪水治理,才能最终取得治水成功。另外,这种大范围的水患治理是需要多个族群的合作,族群间的交流融合也进一步促进了公共权力的加强和早期国家的产生,是社会发展的重要推动力。

最后,共工治水和大禹治水反映了早期族群的交流和融合。

共工治水和大禹治水的传说中鲜明地反映出早期族群间的交流与融合,因为治水绝不是一个族群能够完成的。如共工氏族群一直与尧、舜、禹族群关系密切,长期以来与其他族群一起共同治理水患。当帝尧之时商议治水之事,四岳首先推荐共工氏(应为同颛顼争帝之共工之后裔)。《国语·周语下》说到伯禹治水之事时云:“共工从孙四岳佐之,高高下下(犹言将河床两边均匀加高,河道中均匀加深),疏川导滞,……祚四岳国,命以侯伯,赐姓曰‘姜’,氏曰‘有吕’,谓其能为禹股肱心膂,以养物丰民人也。”所谓“从孙”,韦昭注:

① 王晖:《大禹治水方法新探——兼议共工、鲧治水之域与战国之前不修堤防论》,《陕西师范大学学报》2008年第2期,第31页。

"昆季之孙也。"《国语·鲁语上》中说到共工之子:"共工氏之伯九有也,其子曰后土,能平九土,故祀以为社。"又《左传·昭公二十九年》:"共工氏有子曰句龙,为后土,……后土为社。"由这些记载不仅可以看出共工氏族群善于治水,其治水有悠久的历史,治水上有所建树;同样也可以看出不同族群在治水过程中的合作。

大禹治水更是如此。如大禹与东方族群的首领皋陶、益都是舜的大臣,曾奉舜帝之命一起治水。《尚书·尧典》记载,舜担任邦国联盟首领后曾任禹为"司空",主持治理洪水,平定水土;命弃为"后稷",主持谷物播种和生产;命契为"司徒",主持教化;命皋陶为"士",主持刑罚。禹是夏朝始祖,弃是周朝始祖,契是商朝始祖,皋陶是东夷族人,这在一定程度上反映出舜与诸邦的广泛联系,也反映了当时邦国联盟的构成情形[①]。《史记·夏本纪》对此也有记载:"尧崩,帝舜问四岳曰:'有能成美尧之事者使居官?'皆曰:'伯禹为司空,可成美尧之功。'舜曰:'嗟,然!'命禹:'女平水土,维是勉之。'禹拜稽首,让于契、后稷、皋陶。舜曰:'女其往视尔事矣。'"大禹接下治水的使命后,开始带领民众一起治水:"禹乃遂与益、后稷奉帝命,命诸侯百姓兴人徒以傅土,行山表木,定高山大川。"《史记·夏本纪》正义引《帝王世纪》:"皋陶生于曲阜。"梁玉绳《史记志疑》以为"皋(陶)、(伯)益,同族而异支"。皋陶、伯益都属东方族群,与大禹族群一起为当时尧、舜部落联盟的成员,也就是说当时中原族群与东方族群为联盟关系。禹担任部落联盟首领后,皋陶和益继续辅佐他,《荀子·成相》:"禹傅土,平天下,躬亲为民行劳苦。得益、皋陶、横革、直成为辅。"《史记·夏本纪》:"帝禹立而举皋陶荐之,且授政焉,而皋陶卒,……而后举益,任之政。"这些记载虽然出现时间比较晚,还被附加了许多当时社会的政治观和道德观,不完全符合当时的历史真实,但确在一定程度上反映出舜、

① 中国社会科学院历史研究所:《简明中国历史读本》,北京:中国社会科学出版社,2012年,第39页。

禹所属的中原族群与皋陶、益所属的东方族群之间的密切关系[1],两大族群长期处于友好的联盟状态,均为晋陕豫邦国联盟的重要组成部分。

这种治水过程中的合作,加速了族群间的交流和融合,为夏王朝的建立和华夏族的形成奠定了重要基础。

(本文作者为河南省社会科学院历史与考古研究所助理研究员)

① 田继周:《夏代的民族和民族关系》,《民族研究》1985 年第 4 期,第 33、34 页。

共工氏与龚姓研究

龚姓的历史与文化

袁义达

龚姓是中国人口最多的第90位姓氏,在长江中上游地区人丁比较兴旺。当今龚姓人群大约占了全国人口的0.2%,总人口大约在264万。

一、龚的名义和图腾

作为姓,龚出自共,即共工氏的共。共即共和,是一个会意字,以廿、廾组成。廾,表示两手捧物。共的本义是二十人皆竦手。多人共做一事,即为同。甲骨文中共字有两种字形,一种是象四只手共力之形,另一种是象双手向上恭敬地捧物之形。物是一方形,可以想象是块玉,更有可能是一重物,需要多人共同出力才能举起,比如重石,双手搬着石头,正是共工氏搬石壅防百川的图像。

龚字甲骨文

共,也作龚。由于共工氏能治理洪水,故大洪水之洪为"共"字加一"水"旁。水系五行之一,位于北方,所以共工氏是以黑龙为图腾。龚姓与共姓有关,与能治理洪水的氏族有关。

二、龚姓的来源和演变

构成龚姓主要有三大支:共工氏、偃姓和姬姓。

第一支出自共工氏。共工氏相传是上古伏羲氏时代已经存在的古部落,于神农氏炎帝时代居于江淮之间,其部落首领一直被称为共工。共工曾为伏羲氏的上相,黄帝时司水土的大臣,一度与颛顼帝争夺帝位,帝喾时部落首领共工被诛杀。尧帝时共工部落被授工师之职,尧舜时代与驩兜、三苗、鲧并称"四凶",舜帝时被逐出中原至幽州。所以,共工氏在夏朝之前是一支十分强大的部落,在漫长的几千年中一直使用共工一名,后人认为共工氏之后才有共氏。而古代共、恭、龚三字通用,龚氏即共氏。一说,共氏之后分为两支,一支以共工氏属五行中之水,加水为洪姓;另一支因黄帝时的共工氏之子句龙继承父职,为黄帝之土正,管理土地,其后因避难,遂在共字上加龙字为龚氏。总而言之,后人认为龚姓来自共姓,共姓的渊源之一出自共工氏。

第二支出自偃姓。金天氏少昊氏之后,皋陶为尧舜时掌管刑法和司法之官,舜赐姓偃氏。皋陶后裔在商朝被封有阮、徂、共等小国,共国亦作恭国,在今甘肃泾川北,商末为周文王所灭,共人归周。周武王灭商后,所封异姓诸侯国中另有共伯国,位于今河南辉县,伯爵、偃姓、皋陶的后裔,不久为卫国所并,成为卫国之邑。两共国国亡之后,子孙均以国为氏,共姓后来改为龚姓。殷墟卜辞中所见的地名中有龚,即河南辉县的共伯国。古代共、恭、龚三字通用,在先秦时期多以共为正字,少见恭字,罕见龚字。龚、共实为同一国、同一姓也。

第三支出自姬姓。卫厘侯并吞偃姓共伯国,封太子余为共伯,此共国之后有共氏。春秋时,晋献公之太子申生,号恭君,谥恭,恭也作共,其后有共氏,晋大夫共华、共赐均为其后。又春秋时郑太叔,亦称共叔段,出奔共,即古共伯国,其后也为共氏。此三支均为姬姓,后也改为龚姓。

除了此三大支龚姓的来源,另有部分龚姓出自外族。外族融入龚姓中的事件最为重要的是发生在巴蜀,西汉初巴郡板循蛮七大姓中有龚姓,龚姓族居于今重庆市酉阳县西北的龚滩。西汉荆州刺史龚荣、巴郡太守龚扬均为板循蛮之种。秦汉时期,巴郡地区存在多个民族,其中有共族,也称共蛮,板循蛮中的大姓龚族似出于共蛮。夏商时期,在今重庆市巴南区有恭国,也称共国,其后裔或为秦汉时期的巴郡蛮的共族。板循蛮除一部分发展为今天的湘鄂西部的土家族外,其余不久都成为当地的汉族,四川地区多龚姓与板循蛮的龚姓有关。

三、历史上龚姓的分布和迁移

秦汉时期,龚姓开始出现在史书上,龚姓的历史其实只有 2100 年,是一个比较年轻的姓氏,龚姓主要活动于四川、甘肃、河南、山西、河北、山东、江苏等地区。两晋南北朝时,龚姓已经发展到长江两岸等地。唐宋时,龚姓主要在江南发展,福建、广东等地也有了龚姓足迹。清初始入台湾。

宋朝时,龚姓大约有 15 万人,约占全国人口的 0.2%,排在第 84 位。龚姓第一大省是安徽,约占全国龚姓总人口的 19.3%。在全国的分布主要集中于安徽、江苏、江西、湖南、福建、河北,这六省龚姓大约占全国龚姓总人口的 81%。其次分布于广东、山东、浙江、河南等省。全国形成了东部皖苏、北面河北、南方赣湘闽三块龚姓聚集区。

明朝时,龚姓大约有 30 万人,约占全国人口的 0.32%,排在第 71 位。江苏为龚姓第一大省,约占全国龚姓总人口的 25.7%。在全国的分布主要集中于江苏、江西、浙江、福建,这四省龚姓大约占龚姓总人口的 76%。其次分布于湖北、四川、湖南,这三省的龚姓又占了 17%。

宋、元、明期间，龚姓的分布总格局变化较大，其人口主要由北方向东南迁移。全国重新形成了苏赣浙闽一片龚姓人口聚集地。

四、当代龚姓的分布和图谱

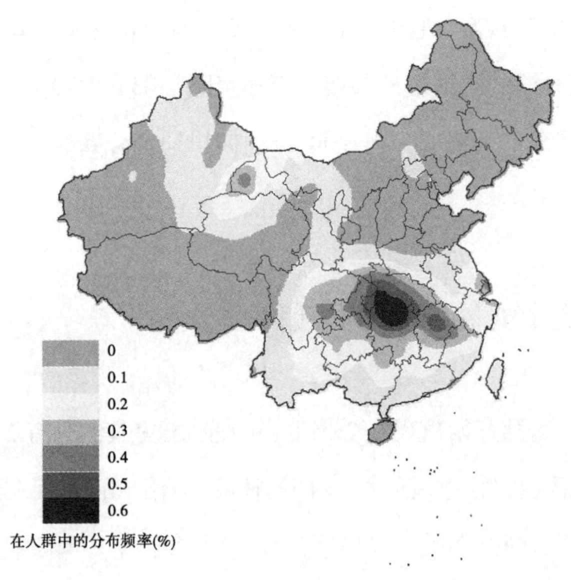

当代龚姓分布频率

当代龚姓人口约有 264 万，为全国第 90 位姓氏，大约占全国人口的 0.2%。从明朝至今 600 年中龚姓人口由 30 万增到 264 万，增加了近 9 倍，龚姓人口的增加速度远低于全国人口的增加速度。自宋朝至今 1000 年，龚姓人口的增加率是呈“∧”形的态势。目前龚姓在全国的分布主要集中于湖南、湖北、四川、江西四省，大约占全国龚姓总人口的 44.9%，其次分布于江苏、重庆、贵州、河南、浙江、广东，这六省市又集中了龚姓人口的 28.8%。湖南为龚姓第一大省，居住了 12.8%的龚姓人口，湖北紧随其后，为 12%。全国形成了沿长江省份的高频率龚姓分布带。在近 600 年，龚姓人口流动的程度和方向与宋、元、明期间有了很大的区别,由东部向华中、华北和四川的回迁成为龚姓迁移的主流。

龚姓聚集前 9 的县(区)	该县(区)龚姓人口数
江西省南昌县	28737
湖南省安化县	24252
上海市崇明县	20906
浙江省义乌市	20106
江苏省启东市	19996
湖南省益阳市资阳区	19768
湖北省监利县	16148
湖南省张家界市永定区	15467
上海市浦东新区	15002

五、龚姓的传统文化

郡望和堂号:龚姓的郡望主要有武陵。龚姓的著名堂号有武陵、中隐、六桂、耕读、渤海等。“中隐”堂号出自宋朝龚宗元。龚宗元当句容县令时,在破案、挖掘藏犯、追捕逃犯方面,屡创奇功,如有神助。庆历年间,杨纮任江东转运按察史,其督察严厉是出了名的,可是他到句容边境,说:“这里是龚先生治理的地方,不用去了。”于是打道到别处去了。龚宗元退休后建了一座中隐堂,朝野上下都赞他是“耆德”,就是年高有德之人。

龚姓的重要楹联有四副:

荆楚仙范,渤海清风。

抚循异迹,行谊纯修。

大汉遗民,甘心绝粒;横波侍史,雅擅画兰。

五马数循良,偃武修文,炼就甲兵还绿野;一龙看变化,出风入雨,普将膏泽润苍生。

家训格言：龚自珍，清仁和人，道光进士，官礼部主事，博学有才气，晚尤好佛乘，是著名思想家、文学家。他十分重视家教，认为人品的炼成和学识的积累全赖从小的培养和苦学，不是天生就有的。他谆谆教导子孙："虽然大器晚年成，卓荦全凭弱冠争。"同时他也要求子孙要淡泊名利，更不能去追逐名利。他训诫子孙"多识前言蓄其德，莫抛心力贸才名"。

目前国内外的图书馆和其他单位正式公布收藏的龚姓族谱有 164 部。

六、名人频率和宗族先贤

《中国人名大辞典》收入了龚姓历代名人 85 名，占总名人数的 0.19%，排在名人姓氏的第 101 位；龚姓的著名文学家占中国历代文学家总数的0.16%，排在第 109 位；龚姓的著名医学家占中国历代医学家总数的0.28%，排在第 71 位；龚姓的著名美术家占中国历代美术家总数的0.19%，排在第 94 位。

历史上涌现出龚姓的重要人物有：西汉渤海太守龚遂、画家龚宽、音乐家龚德，北宋天圣进士、文学家龚宗元，南宋名臣龚茂良，宋、元之间画家龚开，明朝史学家龚之伊、水利学家龚弘，清朝思想家兼文学家龚自珍、文学家龚鼎孳、画家龚贤、博士龚士燕、捻军名将龚德树，当代光学专家龚祖同、电影艺术家龚稼农。

龚开(画像)

龚宗元(画像)

七、龚姓血型

龚姓人群的血型分布总体是:O 型占 34.6%;A 型占 29.7%;B 型占 27.2%;AB 型占 8.5%。

(本文作者为中国科学院遗传与发育生物研究所研究员)

共工神话的历史贡献与龚姓氏族的图腾形成

江林昌　孙　进

在中国古代神话传说中,共工与黄帝、炎帝、颛顼、蚩尤、太昊、后羿等神话人物一样,影响深广。神话是氏族部落的远古记忆,其背后隐藏着远古历史的痕迹。如果我们能合理运用神话原型,以传世文献资料为线索,以考古资料与民族资料相印证,就能复原出远古历史的部分史事,这对于中国上古史的重建是具有积极意义的。共工神话内涵丰富、涉及面广、信息量大,是我们认识中国上古史的重要资料宝库。共工神话所代表的氏族部落与黄帝、炎帝、颛顼、蚩尤等神话人物所代表的氏族部落共同创造了五帝时代黄河流域、中原地区上千年波澜壮阔的中华文明起源发展史。研究共工神话,是我们认识中国上古史的重要窗口。

一、对共工神话的总体认识

认识共工神话,我们应先把握其活动的时间跨度与空间广度,然后在此基础上梳理神话所涉及的不同方面的内涵，再加以考证分析，揭示其反映的史事。

1.共工部落活动的时间跨度

共工是氏族部落名，也是酋长名号。具体的酋长一任换一任，但其名号不变。正如摩尔根《古代社会》分析易洛魁部落时所指出：部落“首领职位，都一任连一任，先后相继，从那时一直承袭到现在。每一个首领职位的名号也就成了充任该职者在任其内的个人名号，凡继任者即袭用其前任之名”[1]。共工部落在炎黄时代就已存在了，在中原地区一直生存繁衍到夏代初期。其具体情况可由以下资料获知：

炎黄时期：

昔者，黄帝氏以云纪，故为云师而云名。炎帝氏以火纪，故为火师而火名。共工氏以水纪，故为水师而水名。（《左传·昭公十七年》）

黄帝故用水火矣，共工氏固次作难矣。（《吕氏春秋·荡兵》）

炎帝以火，共工以水，太昊以龙，其义一也。（《孔子家语·辨物》）

颛顼时期：

昔者，共工与颛顼争为帝，怒而触不周之山。（《淮南子·天文训》）

颛顼尝为共工争矣，……共工为水害，故颛顼诛之。（《淮南子·兵略训》）

其后共工氏与颛顼争为帝，怒而触不周之山。（《列子·汤问》）

祝融时期：

祝融降处江水，生共工。（《山海经·海内经》）

高辛时期：

昔共工之力，触不周之山，使地东南倾。与高辛争为帝，遂潜于渊。

---

① 摩尔根：《古代社会》，杨连纯等译，北京：商务印书馆，1987年，第126页。

(《淮南子·原道训》)

帝尧时期:

尧于是放驩兜于崇山,……流共工于幽州。(《庄子·在宥》)

尧欲传天下于舜,……共工又谏曰。(《韩非子·外储说右上》)

帝(尧)曰:"畴咨若予采?"驩兜曰:"都,共工方鸠僝功。"(《尚书·尧典》)

昔有共工自贤,自以无臣,久空大官,下官交乱,民无所附,唐氏(尧)伐之,共工以亡。(《逸周书·史记》)

帝舜时期:

舜流共工于幽州。(《孟子·万章上》)

(舜)流共工于幽州,放驩兜于崇山。(《尚书·尧典》)

舜之时,共工振滔洪水,以薄空桑。(《淮南子·本经训》)

帝禹时期:

禹有功,抑下鸿,辟除民害逐共工。(《荀子·成相》)

禹伐共工。(《荀子·议兵》)

禹攻共工国山。(《山海经·大荒西经》)

从炎帝时期到夏禹时期,前后跨度一千多年,这自然不可能是共工一个人的年岁,而肯定是共工部落的生存时间。

2.共工部落活动的空间范围

共工部落发展延续了一千多年,说明了其强大兴旺。由此推测,其活动范围也应该不会拘泥于一处,而是迁徙多地。学者们曾以"共水""共山""共谷"等地名考察为线索,得共工氏活动地点如下:

(1)山西芮城县

《山海经·中山经》:"甘枣之山,共水出焉,而西流注于河。"《水经注·河水》引此文并云:"蓼水,川流所趋,与共水相扶。"徐旭生先生据此指出:"是以蓼水为共水,地在今山西西南隅芮城县境内。”今黄城县仍有甘枣山名。

(2)河南新安县

《山海经・中山经》:“长石之山,其西有谷焉,名曰共谷,多竹,共水出焉,西南流注于洛。”《水经注・洛水》引此文,又曰:“洛水又东……其西有谷焉,厥名共谷,共水出焉。”郝懿行、毕沅、徐旭生等均认为此共水在河南洛阳西北向的新安县境内。

(3)河南济源市

《山海经・海内东经》:“济水出共山南东丘,绝钜鹿泽,注渤海,入齐琅槐东北。”毕沅注:“云‘出共山南东丘’者,出今河南济源县共山,在县北十二里。”《水经・济水》:“济水出河东垣县东王屋山,为沇水。”注云:“潜行地下,至共山南复出于东丘,今(济)原城东北有东丘城。”

(4)河南辉县市

《水经・清水》:“共伯既归帝政,逍遥于共山之上。山在国北,所谓共北山也。”此共山即今辉县市北的九峰山。辉县汉代称共县,《汉书・地理志》“共县”条班固注共县即共伯“古国”。徐旭生先生谓:“这就是《庄子・让王》篇内的共首,《荀子・儒效》篇内的共头,为今河南的辉县。”又说:“共县本为共工氏旧地,商周间又有共头的名,似乎共的名字来源很古,并不成问题。”

(5)甘肃灵台县

《诗经・大雅・皇矣》:“密人不恭,敢距大邦,侵阮徂共。”《汉书・地理志》“安定郡阴密县”条班固自注:“《诗》密人国。”《读史方舆纪要》“径川”条下:“共池在川北五里,诗‘侵阮徂共’……今之共池是也。”密在今甘肃灵台县境内,而泾州即今泾川县,与灵台县相邻。

(6)山西五台县

《山海经・北次三经》:“又东三百七十里,曰泰头之山,共水出焉,南注于虖池。”郭璞注“虖池”为“呼佗”。今山西省五台县南为滹沱河发源处,所以徐旭生先生认为此泰头山所出的共水“当在今山西省五台县境内”。

以上六个与共工氏有关的地区中，甘肃灵台县在泾水上游，地在西北方，五台县在山西北面。此两地可能与尧舜禹时期流共工于幽州有关，当为共工氏后裔散迁西北方或北方的反映。而芮城、新安、济源、辉县四地刚好在中原地区的黄河两岸，这应该是共工部族的主要活动中心。

3.共工部族的历史贡献

在中原这个活动中心地带，共工氏做了三件影响整个中华民族的大事：

其一，改造大陆地形。《山海经》《天问》《淮南子》诸书所说的共工怒触不周山，而造成“天倾西北，故日月星辰移焉；地不满东南，故水潦尘埃归焉”，这实际上是我国先民以中原为中心观察我国地形地貌所作出的神话解释，反映了我国先民在农耕生产背景下所形成的早期宇宙观。

其二，治理中原洪水。共工怒触不周山是中原先民对自然地形天真而合理的解释，而共工治水则是对自然地形的主动改造。《淮南子·本经训》中“舜之时，共工振滔洪水，以薄空桑”，《左传·昭公十七年》言“共工氏以水纪，故为水师而水名”，真是气贯长虹、壮怀激荡。而且，共工治水开启了中原先民治理洪水的序幕，其后鲧、禹治水，正是继承了共工的事业：

《山海经·海内经》：“共工生术器，术器首方颠，是复土穰，以处江水。共工生后土，后土生噎鸣。”

《国语·周语上》：“昔共工……欲壅防百川，堕高堙庳，……其在有虞，有崇伯鲧，播其淫心，称遂共工之过。”

《国语·鲁语上》：“共工氏伯九有也，其子曰后土，能平九土。”

《左传·昭公二十九年》：“共工氏有子曰句龙，为后土，后土为社。”

后世人因为大禹建立了夏朝，所以称赞禹治水成功，是其因疏导的方法，而批评共工与鲧治水用堵塞的方法，所以失败。其实从共工、鲧到禹是中原民族经历了一个长期水患而又与水患长期斗争的过程。这个与大自然抗争的可歌可泣的过程,正是中华民族顽强奋斗、百折不挠的优秀传统的最初反映,并影响了以后儒家文化积极向上主题的形成。

其三,与中原及周边各部族的斗争与交流。共工部族与颛顼、帝辛、尧、舜、禹的交往过程,正是中原华夏各族联盟、融合的过程,他们共同促进了中原地区文明的起源与早期发展。

二、由子龙大鼎看龚姓氏族的图腾形成

徐旭生先生指出,共工氏族在中原地区黄河两岸的芮城、新安、济源、辉县四个活动地中,以辉县与共工的关系最为密切:

> 共工在古代传说中特别同水有关系,又同颛顼很有关系。《潜夫论·五德志》篇以至于把他同颛顼相混。"颛顼之虚"为帝丘,今为河南的濮阳县。共工氏如果远在西方,就不会同颛顼发生关系。独辉县与濮阳邻近,颛顼常与共工战,才有可能。它同漳水发源的发鸠山,赵、代间的空桑全相去不很远,所以炎帝少女精卫溺海和衔木石填海的神话同振滔洪水以薄空桑的神话才有发生的可能。它的旧地在今辉县境内,大约可无疑义。

2006年,子龙大鼎的回归与许多"子龙""子龚""龚子"青铜铭文资料的出现,以及辉县孟庄龙山文化遗存的发掘,进一步佐证了徐旭生先生的论断是可信的。综合相关资料,我们认为,辉县不仅是龙岗晚期共工氏族生活与治水的中心区域,而且以龙为图腾崇拜的龚姓氏族也正于此发源形成。

子龙大鼎于2006年被购回国,并在国家历史博物馆展出。经学者们研究,该鼎的年代当为商代末年,是目前所见商代最大的青铜圆鼎。据传,该鼎于20世纪早期流入日本,先后为不同人所藏。2004年6月,日本最后一位收藏者千石唯司将其参展于大阪美术俱乐部举行的"中国王朝之粹",并载入图

录。该图录的日文说明中指出该鼎可能出土于河南辉县。

子龙大鼎不仅在口沿下饰有饕餮龙纹与瓶形角龙首，而且其内壁近口缘处还铸有“子龙”铭文，“字迹秀劲，‘子’字居左上角，两臂一下一上，‘龙’字双钩，有瓶形角，与鼎面饕餮纹间的龙首一致”。子龙大鼎及其铭文的出现，为我们探讨辉县与共工部族的关系提供了实物资料。

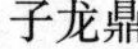

子龙鼎

子龙鼎铭文拓片

子龙鼎铭文

不仅于此，在辉县及其周边还出土了铸有“子龙”“子龚”“龚子”等铭文的青铜器。现一并列下，以便讨论。

其一，《中原文物》1991 年第 3 期发表的杨清秀等撰《新乡市博物馆馆藏古代兵器选介》一文，其中有一件戈，“援本有龙首花纹，内上一面有铭‘子龚’，另一面也有龙首，两处龙首都饰有瓶形角，显然是与铭文呼应，和子龙大鼎一样。这一点有利于‘子龙’即‘子龚’的看法。辉县在新乡地区，戈疑亦出辉县”。

其二，《殷周金文集成》1306、1307、1308 三件鼎，与子龙大鼎相仿。三件鼎均铸有“子龚”铭文，“子”字在“龚”字正上端，而“龚”字的龙首亦为瓶形角。其中的 1308 号子龚鼎现藏于加拿大皇家安大略博物馆，据传亦出土于辉县。

子龚鼎铭文拓片
（《集成》1306）

子龚鼎铭文拓片
（《集成》1307）

子龚鼎铭文拓片
（《集成》1308）

其三，《殷周金文集成》6349 子龙觯。器铭“子龙”在圈足内，横书，“子”字在右侧。“龙”字首作瓶形角，亦与子龙鼎同。而该觯的器盖铸有铭文“龚女子”，再次证明“龙”与“龚”为同字相通。

子龙觯器铭文“子龙”（《集成》6349.2）

子龙觯器盖铭文“龚女子”（《集成》6349.1）

其四，其他作“子龙”铭文的青铜器有：子龙壶（《集成》9485）、子龙爵（《上博馆藏》）、龚子簋（《集成》3078）、龚女簋（《集成》3083）、龚子勺（《集成》9914）、龚子尊（《集成》5543）、龚子钺（《集成》11751.2）、龚子卣（《大英博物馆藏》）、龚啕觚（《集成》7311）。其中龚啕觚也出土于河南辉县。

龚子簋铭文拓片
（《集成》3078）

龚女簋铭文拓片
（《集成》3083）

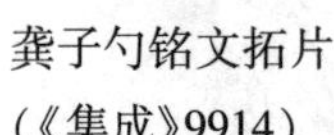

龚子勺铭文拓片（《集成》9914）

龚子尊铭文拓片（《集成》5543）

龚子钺铭文拓片（《集成》11751.2）

龚餇觚铭文拓片（《集成》7311）

共工部族与洪水的关系已如上所述。因为治水的关系，共工部族应该是以龙为图腾的。古文献提供了相关信息：

共工，人面蛇身，朱发。（《归藏·启筮》）

共工氏有子曰句龙，为后土。（《左传·昭公二十九年》）

共工氏之伯九有也，其子曰后土，能平九土。（《国语·鲁语上》）

共工氏霸九州，其子曰后土，能平九州，故祀以为社。（《礼记·祭法》）

共工之臣名曰相繇，九首蛇身，自环，食于九土。（《山海经·大荒北经》）

共工之臣曰相柳氏，九首，以食于九山。……相柳者，九首人面，蛇身而青。（《山海经·海外北经》）

由此可见，龙即共工部族的图腾。辉县是共工部族治水活动的中心，因此龙图腾崇拜在辉县地区应该是影响深远的。这应该就是辉县地区多出土“子龙”“子龚”铭文铜器的历史文化背景。“龚”字作双手捧奉龙的形象，这应该是崇拜龙图腾的真实反映。

在商代，用龟甲穿成的“册”来祭神通神，并将记录通神的卜辞刻在龟甲上，又将这种记有通神卜辞的“册”用双手供奉在神灵之前，称为“典”。甲骨文周祭制度里有专门的“贡典”祭。甲骨文里“册”与“典”相通，所以《尚书·

无逸》篇说商代“有册有典”。对此，我们有另文讨论，此不赘述。同理，“龙”为共工部族图腾，将龙图腾供奉起来祭祀，便是“龚”。“龙”“龚”相通。《集成》6349子龙觶，器盖铭又作“龚女子”，是“龙”“龚”相通的最佳实证。据此，上述凡“子龙”“子龚”“龚子”，当都是相通的，它们都是同一氏族部落名。李学勤先生即指出：“如果‘子龙’‘子龚’是一回事，只能是族氏，不会是一个人。”①

“龚”字不仅在商周青铜器铭文里出现，而且在甲骨文里已有地名“龚”了：

贞，王于龚。

勿于龚次。(《甲骨文合集》7352)

辛未卜，在龚，贞，王今夕无祸？(《甲骨文合集》36926)

“龚”地应该就是龚人的封地。“龚”还有作族氏名的，如：

贞，侑于龚司(后)。(《甲骨文合集》14814)

丑，侑于五毓至于龚司(后)。(《甲骨文合集》24951)

“龚后”是商王的配偶，为龚氏的女子。龚氏族与商王室有通婚关系，说明其地位极高。朱凤瀚先生曾指出：“对于商王室来说，称‘子某’者应是王子，对于非王贵族来说，称‘子某’是其宗族长之子。所以子龙(子龚)应属商人，如果器已进周初，则已属殷遗民。”②

商代甲骨文龚地、龚族及商末青铜器铭文“子龙”“子龚”是我们追溯龚姓族最早的文字依据，但还不是龚姓的最早起源。龚姓的起源应该可以追溯到龙山时代晚期或夏代早期的辉县。生活在辉县的共工族后裔，因崇拜其龙图腾而发展出龚姓，然后世代相守，因而到了商代卜辞与青铜器里才有了龚地、龚族的传承。诚如李学勤先生所指出：“值得注意的是辉县古地名‘共’。

① 李学勤：《论子龙大鼎的有关问题》，《中国历史文物》2006年第5期。
② 朱凤瀚：《子龙鼎的年代与铭文之内涵》，《中国历史文物》2006年第5期。

‘共’在古文字常与‘龏’(龏、龚两字同——编者按)通假。‘子龏’器物出在辉县,恐怕不是偶然的。一种解释是‘龏’这个地方的得名即缘于子龏其人封于该地,族氏世在那里。如果是这样,子龏的生活时期一定很早,……现见有器形的‘子龏’青铜器,上面的铭文都只能是族氏。”①

(本文作者分别为山东烟台大学副校长、山东烟台大学中国学术研究所副教授)

① 李学勤:《论子龙大鼎的有关问题》,《中国历史文物》2006年第5期。

共叔段与中华龚姓早期源流

王大良

龚姓主要出自共姓,尊奉共工为始祖,是一个多元一体的姓氏,其来源见于记载的达10种以上。其中之一据《元和姓纂》《古今姓氏书辩证》等记载,与共姓的来源之一一样出自姬姓,以春秋时郑武公的儿子共叔段为祖先,因共叔段居住在共(今河南辉县市)而姓共,后又加龙为龚。但共叔段与龚姓是否还有更进一步的关系,共叔段的血统来源究竟如何,共叔段以前的世系传承怎样,与共叔段本人有关的问题如与郑庄公之争的真相、在《诗经·郑风》和郑国人心目中的形象、从郑国流亡卫国共城以后的生活状况等,诸如此类除见于《左传·隐公元年》《史记·郑世家》《诗经·郑风》等零星记载外还缺乏系统、深入的研究。本文拟在认真梳理传统文献资料的基础上,对上述问题进行系统探讨,献给"共工氏与中华龚姓研讨会",并期望能从一个方面推进龚姓历史文化的研究。

一、共叔段的血统来源与早期世系

关于共叔段,事迹主要散见于上述所提及的文献资料中。综合研究这些资料可知,他是春秋时期郑国第二代国君郑武公的次子,兄长是郑武公长子郑庄公。在郑武公之前,共叔段的祖先还有郑国开国君主郑桓公、郑桓公的父亲周厉王,以及周厉王的祖先周武王、周文王,甚至可以一直追溯到周朝祖先古公亶父、后稷等人,乃至与中华民族的人文始祖黄帝等人联系在一起,血统源流线索颇为清晰。

对于共叔段以前的早期历史,根据姓氏研究界的通常做法,一般是根据历史发展线索由黄帝一直研究至共叔段的。在这段历史中,黄帝作为中华民族的人文共祖,不仅是传说时期的著名部落首领,也是今天90%以上姓氏共同尊奉的祖先。在他之后,《史记·五帝本纪》和《周本纪》都说他一传玄嚣,再传蟜极,三传帝喾,四传便是周朝的始祖后稷。后稷是周朝早期历史上一位里程碑式的人物,由于他为周部落的形成奠定了基础,其所在的部落从此便在这一基础上一脉相承地向前发展。到后稷裔孙周武王时,由后稷子孙组成的周部落势力已经远远超过商王朝的势力,加上在位的商纣王昏庸无道,周武王便在其他方国的支持下,率领本部落的人灭掉商朝,建立周朝。此后,武王传成王,成王传康王,康王传昭王,昭王传穆王,穆王传恭王,恭王传懿王,懿王传孝王,孝王传夷王,共8世。传到夷王之子周厉王,周厉王便是共叔段的曾祖。周厉王的长子静后来即位为周宣王,少子友在周宣王时被分封到棫林(今陕西华县东)建立郑国,成为周朝的诸侯国之一,史称郑桓公。郑桓公即共叔段的祖父。

郑桓公受封是共叔段先祖历史上的一个重要事件,被分封的时间是在周宣王二十二年(前806),伯爵,不久后移封于拾(棫林附近)。由于有了这次分封,不仅使他所在的房支从周朝王族中分出成为诸侯,而且对其子孙后来的发展也产生了重要影响。此后,郑桓公曾在周朝担任司徒一职,见天下已危机四伏,便在别人的建议下谋迁郑国,可惜因为西周灭亡、他与周幽王等人一起被杀而未能实施,未竟的事业由他的儿子即共叔段的父亲郑武公完成。郑武公不仅实现了郑桓公的夙愿,通过"东寄帑与贿"等方式在今河南省郑州市一带重建郑国,而且还是辅佐周平王东迁的主要功臣,《国语·周语》中所谓"我周之东迁,晋、郑是依"也是指此。由于当时的周王室已经衰落不堪,只有在郑、晋、卫等国支持下才能勉强维持,因此,郑武公也与晋文侯、卫武公一样成为王室的主要卿士。后来,由于晋文侯忙于内政,卫武公年老去世,朝中真正拥有实权的只剩下郑武公一人。这种良好的政治环境,也为新建郑国的发展提供了重要契机。从此开始,郑国逐渐进入全盛时期,一度在诸侯争霸中扮演了霸主角色。史称在春秋时期共有 12 个主要诸侯国,而郑国便是其中之一。此外,更为重要的是,共叔段也生活在郑国东迁以后的鼎盛时期。

由上可见,《元和姓纂》《古今姓氏书辩证》等书所记载的出自共叔段之后的龚姓人在共叔段以前的传承历史的确清晰,今天如果根据《史记》中的《五帝本纪》和《周本纪》《郑世家》等也足以厘清由黄帝至共叔段之间的传承线索。更为重要的是,这一传承线索如果从另外一个角度看,实际上也是尊奉共叔段为祖先的龚姓人所应追溯的血统源流。

二、共叔段与郑庄公之争的历史真相

在《春秋·隐公元年》《左传》《公羊传》《穀梁传》《史记·郑世家》等早期文献里,都有一些与共叔段有关的记载,这些记载中还把他描写成一个因受母亲溺爱而恣意妄为、贪婪愚蠢的乱臣贼子。事实上,共叔段是一个被妖魔化的悲剧英雄,也是成王败寇传统观念的牺牲品。尤其是他与兄长郑庄公之间的关系,有必要进行更加符合实际的重新评价。

共叔段之所以是一个悲剧英雄,其悲剧事实上是由其父亲郑武公、母亲武姜和他的兄长郑庄公三人共同造成的,其中又以郑庄公的责任最大。他与郑庄公其实是亲兄弟,都是郑武公和武姜的儿子。早在武姜生郑庄公时,因为难产险些送命,因此很不喜欢郑庄公,还为他起名“寤生”。后来又顺利生下了共叔段。由于这一缘故,武姜喜欢共叔段而厌恶郑庄公,但郑武公对他们并没有偏见,还按长子继承法把郑庄公立为继承人。对此,武姜深为不满,常在郑武公面前夸赞共叔段,并想让郑武公改立共叔段为继承人。郑武公没有答应,也没有对武姜的这种想法太在意。至郑武公二十七年(前744),郑武公病重,武姜再次提出继承人问题,同样遭到郑武公的拒绝。不久,郑武公去世,郑庄公继位。这时,武姜看到拥立共叔段已经没有希望,便改变主意,要求郑庄公分封给共叔段一大片土地。而在当时的郑国境内,除国都外还有制(今河南荥阳上街)和京(今荥阳京襄城)两个重镇,武姜首先为共叔段求封制,郑庄公以其过于重要而加以回绝,但同时又许愿“他邑唯命”。结果,武姜便向郑庄公请求把京分封给共叔段,郑庄公不得不答应。接着,共叔段被分封在京,从此也被称为“京城大叔”。

以共叔段被分封在京为界限,可知此前的共叔段与父母和兄长之间的关系还基本在正常范围内,只不过是作为父亲的郑武公过于遵守旧制、作为母亲的武姜有点溺爱次子、作为兄长的郑庄公有些迫于母命而已。但在以后的发展中,郑庄公有意导演了一场政治阴谋,使共叔段一步一步落入了他的政治圈套。在至今可见的早期文献里,见不到作为兄长的郑庄公对共叔段这位弟弟进行教育的半点记载,而通篇都是他以退为进、等待时机,对共叔段欲擒故纵、有意养其恶的文字。当别人劝他对共叔段有所管束时,他的回答是“多行不义,必自毙,子姑待之”“无庸,将自及”“不义不昵,厚将崩”,直到共叔段终于中计走上起兵推翻他之路时,他这才说“可矣”,并且毫不手软地“命子封帅车二百乘以伐京”,而且穷追猛打。当共叔段不得不逃难到鄢(今河南鄢陵)时,他又亲自带兵“伐诸鄢”,完全是要置共叔段于死地,其老谋深算、阴险狡诈的面目暴露无遗。共叔段被逼得无法在郑国立足,只得背井离乡,到卫国共城逃难。对此,《左传》在对《春秋》“郑伯克段于鄢”一句进行注解时,便说《春秋》不以郑庄公称呼他而“称郑伯,讥失教也;谓之郑志,不言出奔,难之也”,意思是说,《春秋》之所以如此记载,是在讥讽郑庄公作为一个兄长,对弟弟本来就有教育之责,但他不仅对弟弟失于管教,而且要置共叔段于死地,这种行为应该受到谴责。《公羊传》也说:“克之者何?杀之也。杀之,则曷为谓之克?大郑伯之恶也。曷为大郑伯之恶?母欲立之,己杀之,如勿与而已矣。”《穀梁传》:“郑伯之处心积虑,成于杀也。于鄢,远也,犹曰取之其母之怀中而杀之云尔,甚之也。”这些对郑庄公的评价都与《左传》近似。另外,宋人吕祖谦也在所著《东莱博议》中说,郑庄公对共叔段这样的同胞兄弟“纵其欲而使之放,养其恶而使其成”,的确有违亲亲之道。上述这些评价都是中肯的,较为符合当时的历史实际。

三、共叔段与《诗经·郑风》

尽管共叔段最终成了与郑庄公之争的牺牲品,但在郑国人的心目中却是位英雄。在保存至今的《诗经·郑风》中,就有两首为他唱赞歌的诗篇。一篇是《叔于田》,另一篇是《大叔于田》。

《叔于田》共3章,每章5句,即“叔于田,巷无居人。岂无居人?不如叔也,洵美且仁。叔于狩,巷无饮酒。岂无饮酒?不如叔也,洵美且好。叔适野,巷无服马。岂无服马?不如叔也,洵美且武”。全诗都是在歌颂休闲在家的共叔段,把他描写成一个几乎十全十美的英雄。他英俊健美、态度温和、豪爽大度、矫健勇武,打猎、饮酒、驾车样样都在行,几乎没有人能像他那样出众。

另外，根据《毛诗序》的说法，这首诗是“刺庄公也。叔处于京，缮甲治兵，以出于田，国人说而归之”。欧阳修《诗本义》也说：“诗人言大叔得众，国人爱之。”意思是说，它不仅歌颂了共叔段，也讽刺了郑庄公。全诗还有较高的艺术价值，钱锺书在《管锥编》中说韩愈的《送温处士赴河阳军序》“伯乐一过冀北之野而马群遂空，非无马也，无良马也”等句的句法也出自本诗，其对后世的影响由此可见一斑。

至于《大叔于田》，是一首与《叔于田》同一个题材的诗篇，共 3 章，30 句，刻画了共叔段出外打猎的全过程：“叔于田，乘乘马。执辔如组，两骖如舞。叔在薮，火烈具举。袒裼暴虎，献于公所。将叔无狃，戒其伤女。叔于田，乘乘黄。两服上襄，两骖雁行。叔在薮，火烈具扬。叔善射忌，又良御忌，抑磬控忌，抑纵送忌。叔于田，乘乘鸨。两服齐首，两骖如手。叔在薮，火烈具阜。叔马慢忌，叔发罕忌，抑释掤忌，抑鬯弓忌。”大意是说，共叔段英武豪迈而又技艺高强，驾着马车外出打猎，来到草泽边，点燃篝火，用弓箭射杀野兽，并徒手打死了一只猛虎。全诗对他狩猎的描写非常细腻生动，说他驾车时“执辔如组，两骖如舞”，狩猎时“袒裼暴虎”“叔善射忌”，无不刻画入微，使人仿佛可见他那卓绝的技艺与无畏的英姿。吴懋清在《毛诗复古录》中说“叔段长于射御，力能暴虎，为国人所叹赏，宣扬传颂”，正是对这首诗最为客观的评价。另外，《毛诗序》说这首诗是“刺庄公也。叔多才而好勇，不义而得众也”，孔颖达疏说“叔负才恃众，必为乱阶，而公不知禁，故刺之”，刘沅《诗经恒解》说“庄公不能善教之以成其材，又不能善用之以全其才，而使陷于恶，诗人流连咏叹，惜叔实刺公也”，无不指出这首诗的言外之意，其评价也是不无道理的。

四、共叔段奔共及与龚姓的关系

由上可见，共叔段在被迫流亡卫国共城以前，的确有一段非同一般的经历，这一经历在历史上有不同评价。至于他在流亡卫国共城以后的历史，《春秋》《左传》《史记·卫康叔世家》等也有零星记载，说在共叔段流亡时，有个叫公孙滑的人随他一起流亡，而这位公孙滑据《春秋经传集解·隐公元年》说是共叔段之子。随后，卫国为他们出兵攻打郑国，并攻占了廪延（今河南延津县北）。郑国也不示弱，联合周王和虢国、邾国的军队反攻卫国，次年又再次攻打卫国，其原因仍是“讨公孙滑之乱也”。至鲁隐公四年（前719），与共叔段素有交往的卫国国君卫桓公的弟弟州吁联合卫桓公的政敌攻杀了卫桓公，自立为卫君，并在当年以替共叔段报仇为名，联合宋国、陈国、蔡国攻打郑国，一直进军到郑国都城东门。只是这些军队在随后发生内讧，州吁被杀，联军也在包围郑国都城五日后撤军。在这次替共叔段报仇的军事行动中，共叔段是否参与不得而知，而州吁被杀后的卫国拥立了卫桓公的另一位弟弟卫宣公，卫宣公时的共叔段事迹更不见记载。直到鲁庄公十六年（前678），郑国发生了流亡在外的郑厉公复国事件，郑厉公复国后开始大量诛杀异己，一个叫公父定叔的人出奔卫国。这位公父定叔应是共叔段或公孙滑的后代，郑厉公也说“不可使共叔无后于郑”，在三年后的一个十月里把公父定叔从卫国迎回。对于这位见于记载的共叔段后裔，后世编修的家谱里说是公孙滑的儿子，共叔段的孙子，大抵另有所据，也可聊备一说。

共叔段流亡到共城以后，值得关注的除上述外，还有他为何要流亡到这里。联系文献和考古材料可知，共城被称为共的原因大约与共工曾在此活动有关。西周厉王时，卫釐侯次子和被封到这里，建共国，称为共伯，其爵位与共叔段所在的郑国国君相同，他本人则被称为共伯和。周厉王十六年（前841），“国人暴动”发生，周厉王逃奔到彘（今山西霍州），国人推举共伯和“摄行天子事”。对此，《史记正义》引《鲁连子》说：“共伯名和，好行仁义，诸侯贤之。周厉王无道，国人作难，王奔于彘，诸侯奉和以行天子事，号曰共和元年。十四年，厉王死于彘，共伯使诸侯奉王子靖为宣王，而共伯复归国于卫也。”此后，共伯和又重修了共国城,被南朝人沈约誉为"和有至德,尊之不喜,废之不怒,逍遥得志于共山之首"。春秋时期,共国被卫国兼并,变成卫国一个边邑,共叔段逃亡到这里时即为边邑。但由于有共叔段逃亡至此的故事,这里后来不仅有国君的后代为纪念故国而以故国名共为姓,而且共叔段也从此被称为"共叔段",共叔段的后代也有人姓共。对此,唐朝人林宝在《元和姓纂》中说"共,共工氏之后,或云郑共叔段后",南宋人邓名世在《古今姓氏书辩证》中说"龚,其先共氏,避难加龙为龚",清朝人张澍在《姓氏寻源》中引《元和姓纂》说"共工后有共、龚二氏"。综合这些记载可知,龚姓出自共姓,共姓的一个来源与共叔段有关。既然如此,共叔段自然也就是龚姓人的一位祖先了。

五、共叔段与龚姓研究的文化意义

众所周知,尊奉共叔段为祖先的龚姓人并非龚姓的主体,这一来源也不过是龚姓的众多来源之一。加上在龚姓人自己编修的家谱等文献里也几乎不见共叔段前后世系的记载,更使共叔段及其所在支派的龚姓人鲜为人知。那么,既然如此,在主体龚姓研究越来越走向深入的今天,重提共叔段也是龚姓人祖先这一话题究竟有什么意义呢?

其实,归根结底,研究共叔段与龚姓的关系,还是更具有文化意义。这种意义,与中华民族尊奉炎黄二帝、主体龚姓尊奉共工一样,是一种对共叔段的文化认同。这种认同是龚姓人自有的一种文化现象,有多元的文化特征。如就其来源看,这支龚姓人出自共叔段,在起源以后不断发展,并先后具有了文化的共享性、习得性、象征性、整合性、适应性和变迁性等基本特征,这些特征也是文化的特征。共叔段的后代改姓为龚后,其姓氏为这支龚姓人共同享有,并通过社会化的过程传给下一代,进行与生物遗传并行的社会遗传和文化遗传。尤其是在这种文化遗传中,这支龚姓人中的每个人都会从牙牙学语开始被家人告知自己姓龚,具有了文化传承的习得性,而"龚"字也作为符号系统具有了龚姓文化的象征性,尊祖敬宗、祖先崇拜等都是这种象征性的进一步表现,同姓宗亲也在相互适应的基础上和谐一致地被整合在"龚"这一整体之下。在这种意义上,来自不同地方的共叔段后代都姓"龚",与出自其他支派甚至其他民族的龚姓人一起共同使用"龚"字,又具有了多元一体的突出特点。此外,在文化的适应性、变迁性等方面,这支龚姓人也随着历史的发展变化而发生变迁,或因避讳、避祸、避乱、入赘、被收养、求发展、假冒等原因而变化,与知识、信仰、艺术、道德、法律、风俗等一样都是文化的表现形式。正因其本身具有文化意义,而这种文化又有其源头,追本溯源,共叔段就是这支龚姓人的文化源头,由他开始才有了这支龚姓。

研究共叔段与龚姓的关系,还是一种建立在文化认同之上的追根寻源活动,从实质上看是在寻找这支龚姓人的文化源泉和归宿。毕竟血浓于水,这支龚姓人的血管里流淌的都是从共叔段那里代代相传的血,这是不争的事实。而研究共叔段与龚姓的关系,不仅可以加深其后代对他的认同,而且还有助于增强其后代之间的凝聚力、向心力。尤其是这种凝聚力,实际上是千百年来所形成的以共叔段为总根、每个共叔段子孙共同建构的向心力,也在一定程度上是其赖以生存和发展的内在动力及与其他支派的重要区别。正如英国著名史学家汤因比所说的那样:"就中国人来说,几千年来,比世界任何民族都成功地把几亿民众,从政治文化上团结起来。他们显示出这种在政治、文化上统一的本领,具有无与伦比的成功经验。"作为众多龚姓支派之一的共叔段及其后代所在的支派,几千年来对共叔段这一文化总根的认同其实也是如此。正是在这种认同的基础上,这支龚姓人形成了共同的心理特征,进而表现为文化上的凝聚力。同时,这种以尊祖敬宗为基础的对共叔段的认同,换句话说也就是认为共叔段的后代都是一家,一向深入人心的"五百年前是一家"之说的依据其实也是如此。由于在研究或探讨共叔段与龚姓的关系时所追寻的是这支龚姓人的文化之根或血缘所出最终都与共叔段联系在一起,这也是这支龚姓人凝聚力的一种表现形式。这就像一首诗中所写的那样:“千条江河归大海,千枝万叶一条根。”这种江河与大海、枝叶与根的关系,所反映的便是认同或向心力、凝聚力,而这支龚姓人对共叔段的认同实际上也是江河与大海、枝叶与根的关系。

总之,出自共叔段之后的龚姓人作为龚姓众多支派中的一个组成部分,其文化之根或总根在共叔段。通过从历史角度研究和探讨共叔段与龚姓的关系,厘清一些与此相关但长期没有解决的问题,有助于进一步增强共叔段子孙乃至天下龚姓人之间的认同感和向心力、凝聚力,并进一步确信同姓一家亲的同根共源情结。这对于弘扬龚姓的优秀传统文化,更好理解龚姓形成的基础和发展动力,都有一定的价值和作用。

(本文作者为中国青年政治学院教授)

殷代龚国考

曹定云

一、殷墟甲骨文中的“龚国”

殷墟甲骨文中有“龚”字,其形作“[illegible]”。有时可作为“人名”在卜辞中出现。今择引如下:

(1)……兄贞:……龚𡍮……(《合集》5928[①])

(2)𠑻贞:令龚[illegible]敉。(《合集》6816)

(3)贞:侑于龚司?(《合集》14814)

(4)……丑侑于五毓至于龚㚸?(《合集》24951)

(5)龚㚸先彡翌?(《英》1972[②])

上述五辞中,第(1)(2)(3)辞是第1期卜辞,第(4)(5)辞是第2期卜辞。

---

① 《合集》,指《甲骨文合集》,郭沫若主编,胡厚宣总编辑。北京:中华书局,1978年10月—1983年6月。

② 《英》,指《英国所藏甲骨集》,李学勤、齐文心、艾兰编辑,北京:中华书局,1985年。

第(1)(2)辞中的“龚 ”与“令龚”,其“龚”显然是“人名”,但这个“人名”不是“私名”,而是“国名”。这在卜辞中是常见之事。第(3)辞中的“龚司”是祭祀对象,“司”通常是王宫中的女官,多数情况下是王的妃子。因此,她们死后,往往受到祭祀。“龚司”就是“龚国来的女官”,她死后,同样受到“侑祭”。第(4)(5)辞中的“龚犳”实际上也是王宫中从龚国来的女官,还是王的妃子。她们均已去世。这两条卜辞是卜问是否用“侑祭”或“酻祭”祭祀“龚犳”。

以上卜辞无论是男性之“龚”,还是女性之“龚”,都来自龚国,故在卜辞中称“龚”“龚司”或“龚犳”。“龚”又在卜辞中作为地名,今引征如下:

(6)贞:王于龚……(《合集》7352 正)

(7)勿于龚皀?(《合集》7352 正)

(8)……卜,㱿贞:我在奠(郑)从龚受年?(《合集》9770)

(9)辛未卜,在龚贞:王今夕无畎?(《合集》36926)

以上四辞中,第(6)(7)(8)辞均属于第 1 期,第(9)辞属于第 5 期。上述四辞中的“龚”(“于龚”“从龚”“在龚”)均是地名。殷墟卜辞中,国名和地名是一致的。关于龚地,王国维以为即“太叔出奔共”的共。因为龚、共二字古相通用[①]。

通过以上论证可知,殷代确实存在“龚国”。

二、殷代金文中的“龚国”

殷代龚国确实存在,因此,它在殷代金文中必然会有所反映。在殷代金文中,龚国的表现形式是不一样的。根据铭文可以分为如下几种:

1.称“子龚”,见之于如下诸器:

① 张秉权:《殷虚文字丙编》上辑(一),台湾“中央研究院”历史语言研究所,1957 年,第 18 页。

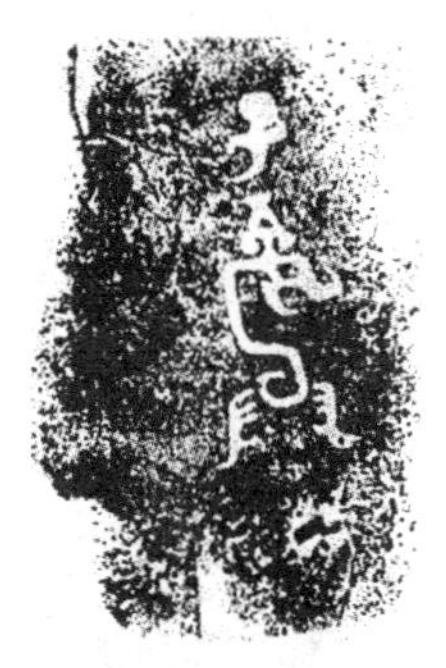

图 1:《集成》3.1306

图 2:《集成》3.1308

(1)《集成》[①]3.1306 子龚鼎,其铭文作"子龚","子"在上,"龚"在下。字体填实偏瘦(见图 1)。此器现在不知去向。《集成》3.1307 同此。

(2)《集成》3.1308 子龚鼎,其铭文亦作"子龚","龚"字中"龙"的头向与前者相同,其笔体丰厚(见图 2)。此器出自河南辉县,现藏于加拿大多伦多皇家安大略博物馆。

2.也称"子龚",但"子"在"龚"之右侧,见之于以下诸器:

图 3:《集成》11.5543

图 4:《集成》6.3078

(1)《集成》11.5543 子龚尊,其铭文"子"字在"龚"之右侧,"龚"字"龙"身作双钩中空形,躬屈较甚(见图 3)。此器现藏于美国华盛顿弗里尔美术陈列馆。

① 《集成》,指《殷周金文集成释文》,中国社会科学院考古研究所编,香港中文大学中国文化研究所出版,2001 年 。

(2)《集成》6.3078 子龚簋,其铭文同上器,“子”在“龚”右侧,“龙”为双钩,但字体偏瘦,“龙”身弯屈程度更甚(见图4)。此器只见铭文,不知器物存于何处 。

3.称“龚子”,其“子”字在“龚”之下方。见之于以下诸器:

图5:《集成》12.6914

图6:《集成》16.9914

图7:《集成》18.11751,左为内上铭文,右为钺全形(1∶2.5)

(1)《集成》12.6914 龚子觚,其铭文作“龚子”,“子”在“龚”之下方,在两手之间。字体填实偏瘦,比较呆板(见图5)。此器现藏于上海博物馆。

(2)《集成》16.9914 龚子勺,其铭文“龚子”二字,“子”在“龚”之下方,也在两手之间。字体填实,比较活泼(见图6)。此器只见铭文,器物不知落于何方。

(3)《集成》18.11751 龚子钺,其铭文“龚子”二字铸于内上,“龙”体填实,笔体活泼,“子”位于两手之下方(见图7左);其器为一完整青铜钺,内上饰一对夔龙纹,“龚子”位于“夔龙”之中;弧形钺刃,钺身后部亦饰夔龙(见图7右)。钺两面花纹、铭文均相同。此器现藏于故宫博物院。

以上七器铭文都是“子”与“龚”的组合,实际上分为三种类型:第一种是“子”在“龚”上,称“子龚”,“子”有两种含义:一是男性贵族奴隶主的尊称;二是爵称,即“公、侯、伯、子、男”之“子”,“子”是小国之爵称。殷周时代的“爵称”基本相同。《国语·郑语》:“其济、洛、河、颍之间乎!是其子男之国。”王制所谓“公侯田方百里,伯七十里,子男五十里”。“子龚”之“子”可能两者兼而有之,但主要是爵称。第二种是“子”在“龚”之右侧,“子”与“龚”上部大致齐平。其铭文字体已经发生变化,词义与第一种可能有别,时间上亦会不同:第二种应晚于第一种。我们从字体的变化中已经很明显地看到了这一趋势。第三种则不同,“子”在“龚”下方,作“龚子”。此“龚子”之“子”应是“龚国国君”之“儿子”。所以,这里的“子”是“儿子”之“子”。但这并不影响他是龚国国君,因为在殷周时代,国君之位在通常情况下都是父死子继的。铭文虽然标出的是“龚子”,同时也就表明了他是龚国国君的合法继承者,自然也还是龚国国君。

上述三种铭文的时间顺序应是:第一种最早,第二种次之,第三种又次之。但具体时间需结合其他情况而定,不可贸然处置。

4.作“亚龚”。目前共见两器:

(1)《集成》11.5747亚龚父辛尊,铭文为:亚,龚父辛。“龚”字“龙”体偏瘦,“龙”身单线条,字体活泼匀称,“父辛”二字浑厚带笔锋,字体美观(见图8)。

(2)《集成》6.3330亚龚父辛簋,铭文字体结构同上器,但字体风格略显呆板,不露笔锋(见图9)。

图 8:《集成》11.5747

图 9:《集成》6.3330

由于此二器字体结构内容基本相同,很可能是一人之器,但时间上可能有早晚之别,《集成》11.5747 可能早于《集成》6.3330。

"亚"是一种武职官名,凡担任这一武职官名者,通常都是诸侯。对此,我过去已作过详细论证,此不赘述[①]。前面揭示的"子龚",其身份(爵称)是"子",而此处揭示的"亚龚",其武职是"亚",其爵称是"侯",这并不矛盾。因为,在同一龚国内,有人身份是"侯",有人身份是"子",不同的人有不同的爵称。当然,也有另外一种可能,同一个人,开始爵位是"子",后来地位上升为"侯",故在铜器铭文中,先后出现了"子龚"与"亚龚"。这是由于时间之先后不同而造成的,并非不可理解。

5.作"龚母"。其铭文亦见两件:

(1)《集成》6.3083 龚母簋,铭文"龚"字"龙"体双钩,"母"置于"龚"下,双手于"龙"体两侧一上一下(见图 10)。此器现藏于美国旧金山亚洲美术馆,为布伦戴奇藏品。

(2)《集成》11.6349 龚母子觯,器身铭文三字上下排列,"子"在"母"下。铭文比较草率。值得注意的是,其盖铭文作"子龙","子"在"龙"之右侧(见

① 曹定云:《殷墟妇好墓铭文研究》,台北:台湾文津出版社,1993 年;又昆明:云南人民出版社,2007 年 4 月。

图11)。关于此器,陈梦家认为“盖与器身是一体”,但也有学者提出怀疑[①]。如果确为一体,则盖上铭文启示我们:前述第二种铭文形式,应与第一种铭文形式存在区别。

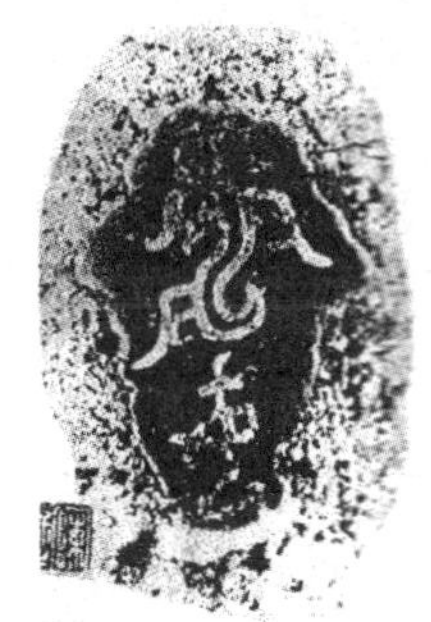

图10:《集成》6.3083

图11:《集成》11.6349,左为盖,右为器身

6.作“龚姛”,其器物为《集成》4.2433与4.2434龚姛方鼎,两件器物铭文相同,均为:“龚姛商(赏)赐贝于司,乍(作)父乙彝。”(见图12)4.2434比4.2433铭文清楚,故本文中采用之。“龚姛”之“姛”,《集成》隶释为“姒”,不妥;张亚初隶释为“姛”,正确[②]。从铭文形式与风格看,应是殷代晚期之物。从铭文内容分析,这是“龚姛”(应是龚国国君夫人)赏赐于“司”,“司”做了这两件鼎。“赏赐”应该比较厚重。受赐者“司”也应是“龚”氏之人。需要指出的是,“龚司”应是殷王宫中的一位“女官”,本文前面所引卜辞第(3)条“侑于龚司”是最好的佐证。

另外,还有一件龚姛觚(《集成》12.7311),其铭文为“龚姛赐商(赏)贝于姛,用作父乙彝”(见图13)。该器铭文内容与前者基本相同,被赏者前者作“司”,后者作“姛”,说明“司”即“姛”,也是宫中“女官”。赏赐者是“龚姛”,被赏者是“司”(姛),地位上存在差别。被赏者“司”(姛),很可能是“龚姛”手下之人。此器传出土于河南辉县,现藏于加拿大多伦多皇家安大略博物馆。

① 见《殷周金文集成释文》第四卷第321页,在“子龚”铭傍注:“陈梦家先生以为器铭可疑。”
② 张亚初:《殷周金文集成释文引得》,北京:中华书局,2001年。

图 12:《集成》4.2434

图 13:《集成》12.7311

这两件器物铭文内容虽然相同,但字体风格相差甚远。前者属殷代晚期,后者属西周早期后段。这说明,殷代的龚国在西周早期依然存在,并且有一定的政治、经济势力,否则,龚姛怎么还能赏赐手下人呢?而且,这也说明,龚姛是一位长寿老太太,她见证了殷朝的灭亡与西周王朝的兴起。

三、殷代龚国地望

前面的论述揭示了一个基本事实:殷代有龚国,无论在甲骨文和殷金文中都有充分的记载。但殷代龚国的地望究竟在哪里?这是需要考察的一个问题。

龚国青铜器物的出土给我们提供了很好的线索。在上举殷代龚国青铜器中,有《集成》4.2434 龚姛方鼎(图 12)、《集成》12.7311 龚姛觚(图 13)、《集成》3.1308 子龚鼎(图 2)等三器根据记载出自河南辉县,这不是偶然的一件器物,而是不同时期的三件器物都出自河南辉县,这说明河南辉县应是殷代龚国所在地,同时,这个地方也是西周共国(龚国)之所在。《左传·隐公元年》:“五月,辛丑,太叔出奔共。”杜注:“共国,今汲郡共县。共音恭。”共县,即今河南辉县。西周时的共(龚)国是在原殷代龚国的地盘上受封的。西周龚国是承袭殷代龚国之号,所以,认定河南辉县是原殷代龚国之地比较合于历史,也与甲骨、金文记载相吻合。

四、西周殷遗龚国铜器

西周初年,殷代龚国虽仍然存在,而且拥有一定的经济势力;但从根本上讲,它仍然是殷代遗民,只不过它没有随着殷王朝的灭亡而灭亡,而是保留了一段时间。不过,好景毕竟不长。在原殷代龚国的地盘上,新封了西周共国,殷代龚国自然是不宣而亡。这部分龚国遗民,最上层的贵族,可能会迁往他处,这也是周初统治者巩固政权最有效的手段之一。究竟龚国消亡后,龚国贵族迁往何处,文献没有任何记载。这也是西周历史之谜。

在西周中期的青铜器中,有一件龚鼎(《集成》4.2077),其铭文曰:“龚作旅尊彝。”(见图14)该铭文字体纤细、不清,显得有些草率;而铭文内容非常简略,与西周中期常见的铭文相比大为逊色——不但比不了他国铜器铭文,甚至也比不了殷末周初龚国铜器铭文,呈现出一种衰落的景象。其中的原因不能不让人们进行思考。

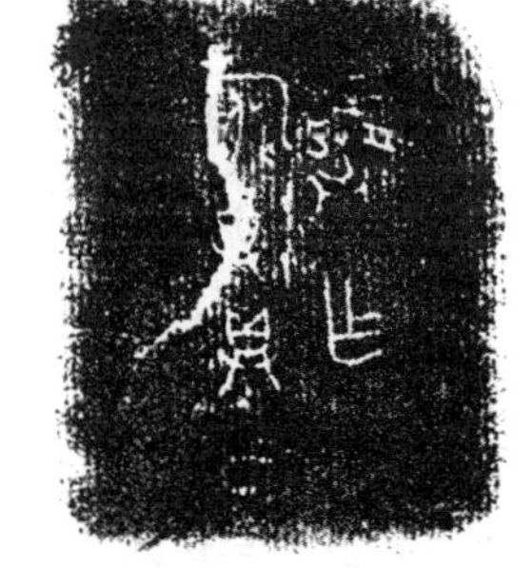

图14:《集成》4.2077

2015年10月10—13日,“全国首届周文化暨周公思想文化研讨会”在陕西岐山召开。在参观周公庙遗址时,我听到了北京大学雷兴山教授讲到的一种非常重要的现象:在同一大的遗址中,周人遗迹与殷人遗迹是分开的。当时,周族统治者为了巩固统治,吸收殷人的先进文化,将大批的殷人贵族迁到岐周。这件铜器就是1962年在陕西岐山县高店发现的,现藏于陕西历史博物馆。它使我突然想到:这件铜器应是殷遗“龚国”贵族被迁往岐山的最佳物证。这些龚国贵族,早已失去了昔日的光辉;但尚能勉强维持生计,且有余钱剩米,家族成员也在一起。所以,他们做了这件礼器。这也是殷遗龚国贵族心中的一种安慰吧！

五、余论

中国姓氏文化研究是一个非常复杂的学术课题。华夏民族最初的姓是有限的，但后来随着历史的发展，同一姓中的不同人群分封到不同的地方，这些不同地方的人群以封国为氏，也有以职官和人名为氏的。同一个族源的人群就分化为许多不同的氏。另外，由于时代的更替，同一个地方，会有不同的人群到来，新来的人群也会以此地名为氏。这就造成了同一个氏的人群，来自不同的族（姓）源。秦汉以后，姓、氏不分，都称姓。由此造成了中国姓氏中特有的现象：同源不同姓，同姓不同源。这还不包括那些赐姓与改姓者。

龚姓（氏）同样有这个问题。殷代就有龚国，其地望大致在今日河南辉县。西周初年还存在，但后来消失了、西迁了，到了周人居住地“岐山”。这部分殷遗自然是以龚为氏（姓）。在原来殷代龚国的地盘上，新封了姬姓共（龚）国。后来，姬姓共（龚）国被卫国兼并，也消失了。这部分姬姓共（龚）国后人也是以龚（共）为氏。所以，中华龚氏（姓）中，至少包括了殷代龚国后人和西周共（龚）国后人。他们原本是源于不同的姓。所以，我们从龚姓（氏）的来源中，可见中华姓氏情况复杂之一斑。

（本文作者为北京师范大学历史文化学院特聘教授、中国社会科学院考古研究所研究员）

从文化认同看龚姓的族源追溯

张淑一

有关龚姓的起源,说法不一,归纳起来,大致有如下几种:

第一,为共工氏后裔。据《元和姓纂》记载,共工氏为黄帝水官,因治水有功,被奉为社神。其后一支以“共”为家族姓氏,后裔再加“龙”字,遂演变为龚姓。

第二,为商代共国后裔。据《通志·氏族略》记载,共为商代诸侯国,因侵犯周而被周文王所灭。其子孙以国为氏,即共氏,后演变为龚姓。

第三,为周代共伯和之后。西周后期,周厉王在“国人暴动”中被赶出国都,诸侯推举共伯和代行天子权力,史称“共和行政”。其子孙以国名为氏,称共氏,后演变为龚姓。

第四,为春秋晋献公太子申生后裔。据明万历四十五年(1617)廖用贤编纂《尚友录》记载,春秋时,晋献公之子奚齐即位后,将以自杀表示对父亲忠心的前太子申生谥为“共君”。申生之后即以谥号为氏,称共氏,后演变为龚姓。

第五,为春秋郑庄公弟共叔段后裔。据《元和姓纂》《史记·郑世家》等记载，武公之子郑庄公继承君位，庄公弟叔段企图篡位，被郑庄公打败，逃到共，称“共叔段”，其后有以“共”为氏者，称共氏，后演变为龚姓。

第六，出自少数民族改汉姓。如土族、京族、瑶族、彝族、白族等均有改汉姓龚氏者。

前述六种说法除了第六种，其余五种都强调龚姓起源于上古某帝王或诸侯，尽管所追溯之始祖的时代有早晚之别，但无一例外均为三代以上某王侯。事实上，这种将本姓的起源追溯至上古某王侯圣贤的做法并非龚姓所独有，而是姓氏寻源中的一种普遍现象，在很多姓氏中都存在。

2009 年秋，笔者在广州参加过一个全国政协举办的姓氏文化研讨会，会上一些姓氏研究者，尤其一些民间姓氏研究爱好者，对某些姓氏与上古帝王圣贤的渊源关系十分感兴趣，将很多我国现今仍在使用的姓氏的源头追溯至古史时代，与传说中的帝王将相、古圣先贤或者达官显贵建立谱牒联系。比如将傅姓始祖追溯为被商汤擢拔于版筑之间的傅说，周姓始祖追溯为姜嫄“履帝武而生”的周后稷，姜姓始祖追溯至齐开国之君太公望，吴姓始祖追溯为周文王伯父周泰伯，等等，不胜枚举；甚至动辄说某姓祖先出自黄帝、炎帝、伏羲氏、神农氏。而对于某姓之所以流落在某地，则称祖先不是受奸人陷害流落他乡，就是为保护龙子凤孙舍生取义，总之祖上都是伟大光荣英雄式的人物，从来不会有人承认自己的祖先曾是负面人物，比如遭流放的囚徒，或沿街乞讨的乞丐。

当时，笔者对此是持很不以为然的态度的，认为这是中国古代姓氏研究中的一个盲点和误区，因为中国古代姓氏的历史太过悠久，在经历了无文字记录的母系社会和父系社会早期、春秋战国时代的礼崩乐坏、秦始皇的焚书坑儒、魏晋南北朝的长期战乱，以及历代少数民族内迁中原混入汉姓之后，现今想找到一份起自上古、流传千年、真实而又纯粹的姓氏谱牒已经是根本不可能的事情。中国目前可知最早的家谱，时代不超过南宋，绝大多数家谱是明代以后才修撰的。在这种情况下，将某些姓氏的渊源上溯至三代甚至更远时期的古帝先贤的做法只能是向壁虚造。当其时，笔者还引用了一位学者的观点对此进行批评：其一，某些研究者在对姓氏起源的史前查证中不经信史、出土文物或其他可资凭信的古文字、古方言中的材料，而是凭借距离史实一两千年之久，又大多出自某些古人穿凿臆造的作品大加论证。其二，某些研究者的研究目的落古人窠臼，把姓氏学研究与为某姓找寻光荣体面的祖先混为一谈。[1]

但是在会后与一位同行的交流中，这位同行的观点却引起了笔者的深思，该学者说："所谓'存在即合理'，对于这种在姓氏寻源中普遍存在的情况，我们不应仅仅根据血统的追溯是否真实做价值判断，还应该从其中所蕴含的文化认同进行考虑。"

所谓"文化认同"，回答的是"我们是谁"的问题，哈佛大学政治学教授塞缪尔·亨廷顿曾经指出，[2]不同民族的人们常以对他们来说最有意义的事物来回答"我们是谁"的问题，即用祖先、宗教、语言、历史、价值、习俗和体制来界定自己，并以某种象征物作为标志来表示自己。文化认同又可以分为个体认同和群体认同两个层面，两者既有一致的一面，也有不一致的一面，而最终的结果是群体认同一旦形成，个体就将不断地调适自己，去认同群体文化中已形成的因素。按照人类学的观点，文化认同对于大多数人来说是十分有意义的东西，它也是社会团体认同的一种机制，具有团结人群、创造社会共同体的作用。

具体到姓氏寻源问题上，首先，诸多姓氏都将自己的祖根"攀附"至某王侯将相、古圣先贤身上，这里面的"英雄人物"情结，回答的正是"我们是谁"的问题——各姓氏通过有意识地选择具有非凡历史地位和文化影响的人物作为开基鼻祖，其深层的含义在于勾画本族不同凡响的出身，显示"我们"的来历

---

① 曹涛：《中国姓氏研究中的盲点和误区》，《江西教育学院学报》1996 年第 1 期。
② 塞缪尔·亨廷顿：《我们是谁？——美国国家特性面临的挑战》，北京：新华出版社，2005 年。

非同寻常,其中借祖先之名以提高文化自信、增强自身存在感的精神利益追求不言而喻。

其次,个人相对于一个姓氏家族属于个体,当某姓氏家族对于祖先的追溯开始形成,个体受群体文化影响,对本姓氏家族的寻源结果就会采取接受、认可、尊重和内化的态度,对其持一种肯定、自豪的价值判断,并不断加以传播、宣扬。而单个姓氏家族相对于全体姓氏家族也是个体,当多数姓氏家族对于祖先的追溯都采取"向声背实"的态度时,单个姓氏家族亦会认同这种文化理念,并在一系列家族文化活动中体现出来。

再次,所谓"树高千丈,叶落归根;江流万里,滴水寻源",各姓氏家族这种"攀附"上古名人式的寻根问祖过程,实际上也是族群建构的过程。一个姓氏家族通过对自己祖先的"名人化""英雄化",形成了维系本姓氏家族之向心力和凝聚力的基础,并通过建构姓氏流变、家族播迁、名人事迹、家谱宗祠、世系家训、郡望堂号、堂联字辈等一系列家族文化内容,形成有别于其他姓氏家族的方方面面。

具体到龚姓,龚姓亦属于中国姓氏家族大家庭中的一员,中国姓氏家族群体所具有的文化认同特性在龚姓中亦有全面体现,龚姓将自己的族源追溯到共工氏之后、商代共国之后、周共伯和之后、晋太子申生之后、郑共叔段之后等,也是为了提高本姓族的自尊心、自豪感,增强本姓族的向心力、凝聚力,同时深化本族依恋本源、尊祖敬宗的传统,并且这种对始祖的"攀附性"追溯与真实的血缘关系也不构成很大的矛盾冲突,如王泉根先生所论述:"具体到'一家一姓之史'的家谱记载,中国人历来的做法是有区别的:对于远祖,重其文化名位与历史声望,认同于普遍敬仰的祖先形象;……而对于近祖,则是重血缘世系,坚执'行吾所明,不行吾所不明'的修谱原则,于近祖,如上溯至明、清时代的始迁祖,总要查考出个水落石出,将其血亲衍派勾勒得清清楚楚。"①

顾颉刚先生在论述中华民族族群偶像的创造时曾经说过:"战国秦汉之间,造成了两个大偶像。种族的偶像是黄帝。疆域的偶像是禹。这是使中国之所以为中国的,这是使中国人之所以为中国人的。"②这段论述同样可以推衍到各姓氏家族创造自己的姓族偶像上,两者只是有规模大小的区分,并无本质差异。美国心理学家詹姆斯曾说过,"人类本质中最殷切的需求是渴望被肯定",每个人、每个群体都有被肯定的心理需要,当这种需要得到满足的时候,人们就会欢欣鼓舞、动力不断。那么这种文化认同既然于一部分人无害,于一部分人又有益,何乐而不为呢?

(本文作者为华南师范大学历史文化学院教授)

① 王泉根:《中国姓氏的文化解析》,《人民政协报》2012年3月26日,第C03版。
② 顾颉刚:《战国秦汉间人的造伪与辨伪、秦汉的方士与儒生》,上海:上海古籍出版社,2005年。

共工与共姓

任崇岳

一、共工的贡献

共工是我国古代神话传说中的人物,大约与尧同时,是尧的臣子。由于共工的时代距现在太远,因此史书记载不多,只《尚书》《国语》《史记》《淮南子》诸书中有零星记载,使人难窥其全貌。即使如此,我们根据这些零星资料,仍可勾勒出共工的部分事迹。

在我国古代传说中,最早的氏族和部落是炎帝。据说炎帝的后裔有4支,也即古代羌人的4个氏族部落。可考的有两支:一支是烈山氏,他的儿子名字叫柱,会种植蔬菜和五谷,被后人尊崇为稷神,这一支在今湖北某地;另一支便是共工部落了。《国语·鲁语·展禽论祭爰居非政之宜》说:“共工氏之伯九有也,其子曰后土,能平九土,故祀以为社。”郭沫若先生解释说:“九有、九土,从字面上看是九个地方,所以说‘伯九有’也就是霸九州,实际上是反映九个氏族住在九块地方，共工氏在其中居于首要地位。”[①]这几句是说共工称霸九州时，他的儿子叫后土，能够平定九州的土地，所以把他当作土神（即社神）来加以祭祀。由此可知共工氏族也是从事农业生产的部落。

共工部落居住地在哪里？史籍中没有明确记载，但他同蚩尤在太行山东侧打过仗，这应该是黄河中游一带。因此郭沫若推断说，共工部落“长期活动的地方应是今河南西部伊水和洛水流域，这地方，古代称为‘九州’，可能来源于共工氏的九个氏族。后来，这里往西的山区中还有‘九州之戎’，大概是共工氏的余部延续下来的。由于共工氏这一支逐渐衰亡了，所以他们的历史很少流传下来”[②]。位于黄河中游一带的辉县应该是共工氏部落活动的核心区域，因此才有以“共”字命名的地名，历史上的共邑、共州、共城县、共国均是今日的辉县。郭沫若的判断是对的。

《山海经》一书也为共工居住中原地区提供了佐证：

> 炎帝之妻，赤水之子听訞生炎居，炎居生节并，节并生戏器，戏器生祝融，祝融降处于江水，生共工，共工生术器，术器首方颠，是复土穰，以处江水。共工生后土，后土生噎鸣，噎鸣生岁十有二。[③]

《山海经》是中国古代地理类史书，内容有许多荒诞不经之处，但有些记载还是有参考价值的。这一段记载说共工生后土，就与《国语・鲁语上》相契合。又说共工乃祝融之子，也值得重视。在古史传说中，祝融是颛顼后裔，他们最初居住在中原地区，颛顼居帝丘（今河南濮阳西南），祝融居地在郑，《左传・昭公十七年》：“郑，祝融之虚也。”这个郑指的是新郑。祝融后裔有八姓，每一个姓氏又繁衍为几个氏族。他们“最初大体上以河南北部之卫郑为集聚地，其后始扩展至河南中部、山东南部、江苏北部一带。至商、周时才有较大南

① 郭沫若：《中国史稿》第一册，北京：人民出版社，1976 年，第 109 页。
② 郭沫若：《中国史稿》第一册，北京：人民出版社，1976 年，第 109—110 页。
③ 《山海经》卷十八《海内经》，《国学备览》第五册，北京：首都师范大学出版社，2007 年，第 92 页。

迁。”[1]这就是说,祝融氏族在上古时期居住在中原地区,新郑是根据地,商、周时期南迁至长江流域,成为楚国王室的祖先。共工既是祝融之子,当生活在南迁以前,他以辉县为根据地,也是在情理之中的。

共工对中国历史的贡献有两点:一是治理洪水,二是与颛顼作战。

首先说治理洪水。

古代生产力低下,生存维艰,而当时洪水滔天,人类为了生存,除了与洪水搏斗,别无选择。《孟子·滕文公上》记载:“当尧之时,天下犹未平,洪水横流,泛滥于天下,草木畅茂,禽兽繁殖,五谷不登,禽兽逼人,兽蹄鸟迹之道交于中国。”[2]《滕文公下》又说:“当尧之时,水逆行,泛滥于中国,蛇龙居之。民无所定;下者为巢,上者为营窟。《书》曰:‘洚水警余。’洚水者,洪水也。”[3]《尚书·尧典》也说,尧时“汤汤洪水方割,荡荡怀山襄陵,浩浩滔天”[4]。以上3段话给我们描绘出了尧在位时期洪水横溢,他所管辖的土地几乎成了水乡泽国,人或为鱼鳖的情景。《孟子·滕文公上》那段话是说,尧时天下不太平,洪水泛滥,草木茂盛,禽兽繁殖,五谷没有收成,禽兽危害人类生存,中原到处都是禽兽的遗迹。《孟子·滕文公下》则说,尧时水势浩大,向西倒流,中原地区到处都是洪水,蛇龙等水生动物住在中原地区。老百姓无处安身,住在低洼地方的人在树上搭房子,住在高处的人在山上营造洞穴。《尚书·大禹谟》说,洚水震动了我,洚水也就是洪水。《尚书·尧典》说,尧时奔腾呼啸的洪水普遍为害,吞没一切的洪水包围了大山,冲上了高空,水势大极了,简直要遮蔽天空。许多先秦文献都记载了尧时发生的洪水,洪水在中华民族的记忆中留下了深深的烙印。现在考古发现结合水文地质的研究已经证实,新石器时代末

---

① 白寿彝主编:《中国通史》(修订本)第三卷,上册,上海:上海人民出版社,2004年,第191页。

② 《孟子·滕文公上》,广州:广州出版社,2001年,第94页。

③ 《孟子·滕文公下》,广州:广州出版社,2001年,第117页。

④ 《尚书·尧典》,北京:燕山出版社,2009年,第4页。

期中国确实发生过大洪水。于是共工成了中华民族史上治理洪水的第一人。

共工氏族居住的地方,正是洪水泛滥的地方,为了生存,共工必须经常与洪水搏斗。共工治水的办法是“壅防百川,堕高堙庳”①。这就是说,他铲平高地,用那些多余的土堙塞池泽,后人解释为筑堤防。这种办法在当时不失为一条有效的治水途径,他取得了成功,是中国历史上最早的治水英雄。后来大禹的父亲鲧治水时,仍然吸取了共工的经验。只因时移势易,情况发生了变化,鲧治水不成功,他的儿子禹治水采取了疏导的方法。《尚书·尧典》记载,尧与大臣就如何治理国家有一段对话,其中有两句话是涉及共工的:

帝曰:“畴咨若予采?”驩兜曰:“都,共工方鸠僝功。”②

这两句话颇为晦涩难懂,需要作点解释。上一句中:畴,意为谁人;咨是商议;若,善,治理好;予,我;采,事,指政务。下一句中:共工即尧的大臣;方与防相通;鸠,与救字相通;僝,读作 zhuàn,东汉经学家马融解释为“具”,也即具有、完备之意;功,即功绩。这两句翻译成白话是:尧说:“唉!谁能够根据我的意见办理政务呢?”驩兜说:“哦!还是共工吧!他现在在安抚人民、防治洪水方面已经取得一定成绩了。”由此可知,共工治水的功劳得到了大臣们的认可。《史记·五帝本纪》在叙述尧与大臣对话时说:“讙兜曰:‘共工旁聚布功,可用。’”③这里也说共工在辅佐尧治理天下时在多方面取得了成效,因而是可以放心使用的人。当天下“汤汤洪水方割,荡荡怀山襄陵”之时,尧本该让共工去治理洪水,因为他是治水的行家里手,但尧对他有偏见,没有用共工,而是用了禹的父亲鲧。鲧继承了共工氏族治水的经验,筑堤堙塞洪水,后人把堤叫作鲧堤。但此时洪水的情况与共工治水时已有所变化,鲧不知道变通,一味墨守成规,因此遭到失败。禹又继承了鲧的事业,改为以疏导为主,终于制服了

① 《国语》卷三《周语下》,北京:华龄出版社,2002 年,第 37 页。
② 《尚书·尧典》,北京:燕山出版社,2009 年,第 4 页。
③ 《史记》卷一《五帝本纪》,北京:京华出版社,1999 年,第 2 页。

水患。

大禹治水的故事如今已家喻户晓,但共工后裔帮助大禹治水的事却鲜为人知。《国语·周语》记载,大禹之父鲧治水失败后,“其后伯禹念前之非度,厘改制量,象物天地,比类百则,仪之于民,而度之于群生。共之从孙四岳佐之,高高下下,疏川导滞,钟水丰物,封崇九山,决汩九川,陂鄣九泽,丰殖九薮,汩越九原,宅居九隩,合通四海”[①]。这段话的意思是说,伯禹想到以前做法的过失(指鲧治水失败),修改制定了新的法度,效法天地间的物象,比照仿效无数个榜样,给人民制定出准则,而且考虑到万物的生存。共工的从孙四岳帮助他,高山大河他都视察过,然后才疏通河道,开决淤积,聚水于湖泊,让生长万物。就这样,治好了九州的高山,疏通了九州的大河,围防了九州的沼泽,茂植了九州的湖泊,平治了九州的土地,让可居的土地都建起了房舍,让河流都流入大海。大禹治水成功离不开共工从孙四岳的帮助,可见四岳也继承了共工治水的本领。

其次说共工与颛顼的战争。

共工是治理洪水的英雄,他的活动地在今伊水和洛水流域,而与其同一时代的颛顼活动在何地?学界一般认为在以今濮阳为中心的区域。如此共工氏的活动地区正好在颛顼活动地区的上游。而共工氏“壅防百川,堕高堙庳”的治水之法,在本部落族人做好就高避低的准备的情况下,可能还有不小的作用,但对于其中下游的部落来说,洪水被阻挡改向或者冲破阻挡的土堤,造成的影响是毁灭性的。所以《淮南子·本经训》认为“舜之时,共工振滔洪水,以薄空桑。龙门未开,吕梁未发,江淮通流,四海溟涬,民皆上丘陵,赴树木”,共工氏兴起了大洪水,祸害民众,而很多史书将共工、三苗、驩兜与鲧并称为“四凶”,最重要的原因可能于此。不当的治水方法使得洪水祸及其他部落,成为

① 《国语》卷三《周语下》,北京:华龄出版社,2002年,第38页。

颛顼与共工之间战争的导火索。于是就有了《淮南子》中的一段记载:“共工与颛顼争为帝,怒而触不周之山,天柱折,地维绝。天倾西北,故日月星辰移焉;地不满东南,故水潦尘埃归焉。”“争为帝”虽言两方发动战争是为了政治权力的争夺,但因治水而引发洪水危及其他氏族或许是引起战争的直接原因。触不周山的结果是天往西北方向倾斜,地势往东南方向逐渐走低,“从此日月西逝,江河东流。原来的天柱、地维不合理的状态,由于他的一怒而天地改观,为日月星辰开辟了道路,替江河泥沙找到了归宿。‘治洪水’是传说,‘触不周’是神话,但两者都认为共工是改造自然的英雄”[①]。

二、共姓的来源

共姓是如何来的?自然和共工有关。但是共姓和其他许多姓氏一样,来源不止一处,根据史料记载,共姓至少有4个来源。

一是共工之后。共工是尧的大臣,他治水有功,但尧对他有偏见,不信任他,把他和驩兜、鲧、三苗合称“四凶”。《尚书·尧典》记载,当驩兜向尧举荐共工可担当治国重任时,尧说他“静言庸违,象恭滔天”。[②] 静言,指美好的言辞;庸,用,指做事;违,邪僻;象,貌;滔天,漫天,指心高气傲好像水弥漫到天上;滔,弥漫。这两句意思是说,共工这个人很会说些漂亮话,但却阳奉阴违,貌似恭敬,实际上对国君十分轻慢。于是尧“流共工于幽陵,以变北狄;放驩兜于崇山,以变南蛮;迁三苗于三危,以变西戎;殛鲧于羽山,以变东夷:四罪而天下咸服”[③]。共工被流放以后,他后代中有一支以“共”为姓。

二是共国后裔。共国系商代诸侯国,其地在今甘肃省泾川县北,靠近陕西

① 白寿彝主编:《中国通史》(修订本)第三卷,上册,上海:上海人民出版社,2004年,第179页。

② 《尚书·尧典》,北京:燕山出版社,2009年,第4页。

③ 《史记》卷一《五帝本纪》,北京:京华出版社,1999年,第4页。

西北部。而陕西西北部乃是周文王姬昌的地盘。两国因利益发生冲突而导致交战,其时已是商朝末年。共国弱小,周国强大,结果共国被周国灭亡。《诗经·大雅·皇矣》中写道:“密人不恭,敢距大邦,侵阮徂共。王赫斯怒,爰整其旅,以按徂旅。”这里的密人指密须国的人,密须国在今甘肃灵台西;距,抗拒;大邦指周国;阮,国名,地在今甘肃泾川;徂(cú),到;共,国名,今甘肃泾川北。王,指周文王;赫斯怒,大怒,斯为语气词;爰整其旅,于是整顿军队;按,遏,阻止。这几句意思是说居住在甘肃灵台县的密须国人对周国这个大国不恭敬,敢和大国对抗,侵犯阮国又到了共国。周文王震怒,于是整顿军队,用来遏止密须国的队伍。《皇矣》是周朝开国史诗之一,先叙述太王,次叙述王季的事迹,着重叙述文王伐密、伐崇(今陕西西安西)的功绩,实际上伐密的同时,把共国也灭掉了,而后挥戈东下,把崇国也灭掉了。共国被灭后,国人以“共”为姓,这是共姓的第二个来源。

三是西周共伯和之后。西周厉王当政时昏庸无道,晚年信任荣夷公,荣夷公好利,垄断山林川泽之利,既损害了小领主的利益,也损害了老百姓的利益。公元前 841 年,国人发生了暴动,围困皇宫,袭击厉王,厉王出奔彘(今山西霍县)。从这一年到公元前 828 年,共有 14 年没有立王,由卫国的共伯和执政。我国从公元前 841 年起,开始有了顺序的纪年,这是我国史学史上的一件大事。这 14 年史称“共和行政”。共伯和是卫釐侯的弟弟,共是地名,也就是采邑或封地,即今河南辉县市。伯是爵位,和是人名。卫是康叔的封国,康叔名封,是周武王的同母弟,因此共伯的名字叫姬和。共伯和是以诸侯的身份到王室去执政的。《竹书纪年》《庄子》《吕氏春秋》等书均认为“共和行政”是共伯姬和到周王室去执政的。14 年之后,厉王的儿子姬静在贵族的拥戴下即位,是为周宣王。共伯和又回到了他的封地共国,后来共国的子孙就以国名为姓,称共氏。这是共姓的第三个来源。

四是春秋时共叔段之后。《左传》第一篇隐公元年(前 722)记载,郑武公有两个儿子,郑庄公和共叔段。因母亲武姜生庄公时难产,所以很讨厌庄公,想立共叔段为君,武公不答应。庄公即位后,姜氏请求把制邑(今河南荥阳虎牢关)作为共叔的封邑,庄公不允,改封到京城,共叔也称“京城大叔”。共叔在京地(今河南荥阳东南)缮聚甲兵,准备夺取哥哥的江山社稷,他的母亲也准备做内应。庄公派大将子封率车 200 乘进攻京城,“京叛太叔段,段入于鄢(今河南鄢陵),公伐诸鄢。五月辛丑(五月二十三日),太叔出奔共”[①]。共就是今天的辉县市,“京城大叔”逃入共地后,又称“共叔段”。共叔段的后人就以共为姓。这是共姓的第四个来源。

共姓为何变成了龚姓?宋人邓名世的《古今姓氏书辩证》一书说:“其先共氏,避难加龙为龚。”在这四种来源中第一种、第四种属于逃难,符合邓名世所说“避难加龙”的说法。不过需要说明的是,虽然这两支都姓龚,但共工是炎帝后裔,而共叔段却是黄帝后裔。

(本文作者为河南省社会科学院研究员)

① 《春秋左传·隐公元年》,沈阳:万卷出版公司,2008 年,第 2 页。

龚氏起源问题梳考

李　乔

关于龚氏的起源，历来说法不一，有说源于共工者，有说源于古共国者，有说源于共伯者，有说源于共叔段者，有说源于晋太子申生者，有说源于晋大夫龚坚者，有说源于板楯蛮者，可谓众说纷纭。加强对这一问题的研究，不仅可以帮助龚氏族人解决长期以来困扰他们的关于姓氏起源的问题，而且对于理清先秦史研究中的共工氏、共国、共伯、共叔段关系问题也有积极作用。为此，笔者不揣简陋，愿就这一问题做一探讨，不当之处，敬请诸位方家指正。

综合姓氏书籍的记载，龚氏起源可以归纳为共氏之后、晋大夫龚坚之后、板楯蛮之后三个来源。下面分别加以梳理，并做一些考证分析工作。

一、共氏之后

龚氏为共氏之后的说法最早见于宋邓名世《古今姓氏书辩证》，该书称：

“龚,其先共氏,避难,加龙为龚。”[①]清张澍《姓氏寻源》亦引《姓谱》云:“龚,其先共氏,避难加龙为龚。”[②]既然龚氏为共氏避难改姓而来,那要搞清龚氏来源,就必须首先弄清共氏的来源。根据姓氏书及龚氏、洪氏族谱记载,共氏有以下几个来源:

1.共工氏之后

共氏为共工氏之后的说法见诸众多姓氏书籍,如唐林宝《元和姓纂》“共”姓条下说:“共,共工氏之后。”[③]宋邵思《姓解》曰:“共,共工氏之后。”[④]宋王应麟《姓氏急就篇》云:“共氏,共工氏之后。”[⑤]明廖用贤《尚友录》谓:“共,共工氏有子名勾龙,佐颛顼平水土。”[⑥]明陈士元《姓觿》载:“共,《集韵》云:共工氏之后。”[⑦]《姓氏寻源》引《元和姓纂》云:“(共氏,)共工氏之后。”[⑧]洪氏族人也认为共工氏之后有共氏,洪适《叔父常平墓志铭》曰:“昔包羲氏既衰,共工氏以水纪伯九域,共氏其后也。”[⑨]洪咨夔《于潜洪氏谱系图序》云:“伏羲、神农间,共工以水德伯九州,其子勾龙为后土,后裔封于共,为共氏,汉末避仇,益水为洪,吾宗共伯之胄也。”[⑩]

而龚氏为共工氏之后的说法大概在清代后期才出现,《姓氏寻源》引《元和姓纂》云:“共工后有共、龚二氏。”[⑪]然《元和姓纂》并无此文,在“龚”姓条下

① 〔宋〕邓名世著,王力平点校:《古今姓氏书辩证》卷三,南昌:江西人民出版社,2006年,第34页。
② 〔清〕张澍编纂:《姓氏寻源》,长沙:岳麓书社,1992年,第32页。
③ 〔唐〕林宝撰,岑仲勉校记,郁贤皓、陶敏整理:《元和姓纂(附四校记)》,北京:中华书局,1994年,第61页。
④ 〔宋〕邵思纂:《姓解》卷三,一六〇·共韵,北京:中华书局,1985年。
⑤ 〔宋〕王应麟撰:《姓氏急就篇》卷下,北京:北京图书馆出版社,2006年。
⑥ 〔明〕廖用贤辑:《尚友录》卷一,二·冬韵,济南:齐鲁书社,1995年《四库全书存目丛书》影印明天启刻本。
⑦ 〔明〕陈士元撰:《姓觿》卷一,二·冬韵,《四库全书存目丛书》影印明万历自刻归云别集本。
⑧ 〔清〕张澍编纂:《姓氏寻源》,长沙:岳麓书社,1992年,第32页。
⑨ 〔宋〕洪适撰:《盘洲文集》卷七五《叔父常平墓志铭》,文渊阁《四库全书》本。
⑩ 〔宋〕洪咨夔撰:《平斋集》卷二九《序》,文渊阁《四库全书》本。
⑪ 〔清〕张澍编纂:《姓氏寻源》,长沙:岳麓书社,1992年,第32页。

亦无“共工氏之后”的文字。岑仲勉认为龚姓为共工氏之后的说法源于郑樵《通志》引颜师古《史记·项羽本纪》“义帝封国共敖”注文:“《项羽传》:‘义帝封国共敖。’颜师古云:‘共读曰龚。龚即共也。籀文从龙。’”[①]岑仲勉说:“疑后人因《姓纂》称‘共为共工后’,遂以颜说引申其意而兼及龚氏耳。”[②]清王相《百家姓考略》明确指出:“(龚氏)系出共工氏。黄帝臣共工司水土,子句龙继其职,其后为龚氏。”[③]

龚氏为共工之后的说法也得到了龚氏族人的认可,清光绪七年(1881)(浏阳)《龚氏族谱》所载《得姓考并来浏始事》云:“黄帝臣共工司水土,其子勾龙继其职,子孙遂合共龙为龚姓。则共工为始祖也。”[④]1997年龚鹏程江西《庐陵龚氏族谱序》曰:“龚氏之先,或云出自共工氏勾龙,故字又从龙为龚。四海之内俱出一源,支分派衍,遂遍天下。”彭水《龚氏族谱》亦称:“吾母族龚姓,肇自共工。”[⑤]

共工氏为上古部落首领之一,为炎帝后裔,姜姓。《国语》“昔共工弃此道也”韦昭注曰:“贾侍中云,共工,诸侯,炎帝之后,姜姓也。”其子勾龙能平九州,辨土地之宜,为颛顼土正。关于共工氏活动地域,有各种说法,其中徐旭生先生认为在今天河南辉县境内。[⑥] 徐旭生的说法得到了考古资料的印证,袁广阔《孟庄龙山文化遗存研究》说:“考古资料表明孟庄龙山城址内发现有洪水遗迹,且西城墙是被龙山末期的洪水冲毁的。孟庄龙山时期的人群自此以后也全部消失了,到了若干年后的二里头二期阶段,该遗址才重新有人居住。

---

① 〔宋〕郑樵撰:《通志》卷二六《氏族略·以国为氏·夏商以前国》,文渊阁《四库全书》本。

② 〔唐〕林宝撰,岑仲勉校记,郁贤皓、陶敏整理:《元和姓纂(附四校记)》,北京:中华书局,1994年,第60页。

③ 〔清〕王相著,黄曙辉点校:《百家姓考略》,上海:华东师范大学出版社,2010年,第30页。

④ 载龚春湘编著《中华龚氏源流史》,2009年印刷本。以下所引龚氏族谱资料未注明出处者均源自该资料。

⑤ 王希辉等著:《田野图志重庆彭水少数民族非物质文化遗产考察》,成都:西南交通大学出版社,2012年,第8页。

⑥ 徐旭生著:《中国古史的传说时代》,北京:科学出版社,1960年,第139页。

这说明氏族社会末期,太行山南麓的辉县一带曾发生过大洪水。若根据孟庄龙山文化遗存为共工氏族所留的线索再向前溯源,孟庄龙山文化来源于太行山东麓的仰韶文化'大司空类型',而这一类型的分布区内,共工氏的传说或记载更多,河北南部传说有'共工台'。孟庄龙山文化是在'大司空类型'基础上发展来的,是一个民族文化的延续,而共工氏是一个古老的氏族,共工是古史传说中的一位神话人物,最初曾'与颛顼争帝',继而乃为尧之水官,后来又被尧、舜流放于幽州,最后又被大禹攻逐。由此可知共工经历的时间相当久远,他绝不可能是一个人,而应是一个氏族或部族的名称。现有的考古材料表明,从仰韶文化'大司空类型'到龙山文化'孟庄类型'是一脉相承的,它当与共工氏这一氏族存在一定的联系。"①

2.殷商共国之后

殷商共国,其后以国为氏,有共氏。《通志·氏族略》将共氏归于以国为氏之列:"共氏,亦作恭。商末侯国,今河内共城即其地也。文王侵阮徂共,其子孙以国为氏。"②《尚友录》曰:"共,《左传》,商侯国,文王侵阮徂共,子孙以国为氏。"③《姓氏寻源》引《姓谱》云:"(共氏,)文王侵阮阻共,子孙以国为氏。"④

共与恭通,又有恭氏。《元和姓纂》云:"恭,殷末侯国,周文王侵阮徂恭,见《毛诗》。"⑤《姓氏寻源》曰:"(恭氏,)恭,即共也。《世族谱》云:附庸国,今朝之共城,文王侵阮徂恭者,即共伯国,非叔段邑。《姓纂》云:商末侯国。"⑥

---

① 袁广阔著:《孟庄龙山文化遗存研究》,《考古》2000年第3期。

② 〔宋〕郑樵撰:《通志》卷二六《氏族略·以国为氏·夏商以前国》,文渊阁《四库全书》本。

③ 〔明〕廖用贤辑:《尚友录》卷一,二·冬韵,济南:齐鲁书社,1995年,《四库全书存目丛书》影印明天启刻本。

④ 〔清〕张澍编纂:《姓氏寻源》,长沙:岳麓书社,1992年,第32页。

⑤ 〔唐〕林宝撰,岑仲勉校记,郁贤皓、陶敏整理:《元和姓纂(附四校记)》,北京:中华书局,1994年,第59页。

⑥ 〔清〕张澍编纂:《姓氏寻源》,长沙:岳麓书社,1992年,第32页。

共国为商末侯国,《资治通鉴》"义帝柱国共敖"注曰:"共,音龚,人姓也。《姓谱》:共,商诸侯之国。"[1]商末,共国曾遭到邻近的密须国侵犯,引起周王不满。《诗经·大雅·皇矣》曰:"密人不恭,敢距大邦,侵阮徂共。王赫斯怒。"

关于商代共国的地望,《路史·国名记》认为在汉代共县,即今河南辉县境内:"共,恭也。今朝之共城,文王侵阮徂恭者,即共伯国。汉之共县共故城县东百步,非叔段邑。"[2]《古今韵会举要》亦云:"共,地名,《诗》'侵阮徂共',阮国之地,在河内共城。杜预曰:今汲郡共县。"[3]不过,更多人认为共为阮国地名,其地在今甘肃泾川县境内。宋朱熹《诗经集传》曰:"共,阮国之地名,今泾州之共池是也。"[4]宋王应麟《诗地理考》云:"阮共:张氏曰:阮,国名。共,阮国之地名。皆在今泾州。今有共池,即共也。"[5]元刘瑾《诗传通释》谓:"阮,国名,在今泾州。徂,往也。共,阮国之地名,今泾州之共池是也。"[6]明季本《诗说解颐正释》曰:"阮,小国;共则阮之邑也,与密人相邻。殷政不纲,故诸侯放恣,而密人敢侵小国,然文王已为西伯,则其所专征之地也。于是整我之旅,以遏密人徂共之旅。"[7]乾隆《甘肃通志》载:"共邑,在州北五里。《诗·大雅》:密人不恭,侵阮徂共。郑氏曰:共,阮国地名,今共池是也。武王时,为畿内诸侯,居泾之阳。"[8]《读史方舆纪要》云:"共池,在(泾)州北五里。《诗》:侵阮徂共。郑氏曰:阮,国名,今之共池是也。"[9]

关于殷商共国的族属问题,何光岳先生认为是共工氏后裔。他在《南蛮

① 〔宋〕司马光撰,胡三省音注:《资治通鉴》卷九《汉纪一·太祖高皇帝上之上》,文渊阁《四库全书》本。
② 〔宋〕罗泌撰:《路史》卷二七《国名记丁》,文渊阁《四库全书》本。
③ 〔元〕黄公绍原编,熊忠举要:《古今韵会举要》卷一,文渊阁《四库全书》本。
④ 〔宋〕朱熹撰:《诗经集传》卷六,文渊阁《四库全书》本。
⑤ 〔宋〕王应麟撰:《诗地理考》卷四,文渊阁《四库全书》本。
⑥ 〔元〕刘瑾撰:《诗传通释》卷十六《诗》,文渊阁《四库全书》本。
⑦ 〔明〕季本撰:《诗说解颐正释》卷二三,文渊阁《四库全书》本。
⑧ 〔清〕许容修、李迪等纂:乾隆《甘肃通志》卷二二《古迹·泾州》,清乾隆元年刻本。
⑨ 〔清〕顾祖禹撰,贺次君、施和金点校:《读史方舆纪要》,北京:中华书局,2005年,第2795页。

源流史》中说:“共工氏在尧时已由甘谷县之冀又东迁至今甘肃泾川县北五里,《诗·大雅》:‘密人不恭,侵阮徂共。’郑笺:‘共,阮,国名,今共池是。’这个共国,无疑为共工氏所建,直到商末,才为周文王所灭[①]。共的东面即邠州,为尧诛共工于邠州之处,地望相合。乾隆《甘肃通志》卷五《山川·泾州》:共池,在州北五里,……密人侵阮徂共即此。”[②]王雷生也认为共国是共工氏后裔所建,他说:“殷周共伯国之‘共’,金文即书作‘龚’,作双手捧龙之状,正是上古共工氏崇拜龙蛇的象征,则此位于九州腹心地带古共工氏之域的,并以共工氏图腾文字作为国名的殷周共伯国,必为共工氏后裔所建无疑。”[③]

3.周共伯国之后

周共伯之后,以国为氏,亦为共氏。《姓氏急就篇》曰:“共氏,(共,)国名。周有共伯和。”[④]《姓觿》引《姓源》云:“(共氏,)共伯之后,以国为氏。”[⑤]

共伯为西周共国国君,名和。周厉王被国人放逐后,他受诸侯拥戴,代行王政,号共和元年(前841)。《史记·周本纪》正义引《鲁连子》云:“卫州共城县(今河南辉县),本周共伯之国也。共伯名和,好行仁义,诸侯贤之。周厉王无道,国人作难,王奔于彘,诸侯奉和以行天子事,号曰‘共和’元年。”《史记·周本纪》索隐引《汲冢纪年》云:“共伯和干王位。”唐代司马贞释云:“共,音恭。共,国;伯,爵;和,其名;干,篡也。言共伯摄王政,故云‘干王位’也。”[⑥]《晋书·束皙传》引《古本竹书纪年》云:“厉(原文误记为“幽”,今改之)王既亡,有共伯和者摄行天子事。”[⑦]十四年后,周厉王死,其子周宣王即位,他归

① 何光岳先生说商代共国被周文王所灭不知何据。
② 何光岳著:《南蛮源流史》,南昌:江西教育出版社,1988年,第165页。
③ 王雷生:《关于“共和行政”若干历史问题的再考察》,《人文杂志》1999年第6期。
④ 〔宋〕王应麟撰:《姓氏急就篇》卷下,北京:北京图书馆出版社,2006年。
⑤ 〔明〕陈士元撰:《姓觿》卷一,二·冬韵,《四库全书存目丛书》影印明万历自刻归云别集本。
⑥ 〔汉〕司马迁撰:《史记》,北京:中华书局,1982年,第144页。
⑦ 〔唐〕房玄龄等撰:《晋书》,北京:中华书局,1974年,第1432页。

国。“十四年,厉王死于彘,共伯使诸侯奉王子靖为宣王,而共伯复归国于卫也。”[①]清华简《系年》亦记录了共伯参与“共和行政”的历史事件:“至于厉王,厉王大虐于周,卿李(士)、诸正、万民弗忍于厥心,乃归厉王于彘,共伯和立。十又四年,厉王生宣王,宣王即位,共伯和归于宋(宗)。”[②]

周共国地望,史籍有明确记载,就在今天的河南辉县境内。《史记·周本纪》正义引《鲁连子》曰:“卫州共城县,本周共伯之国也。”[③]《元和郡县志》云:“共城县,本周共伯国。厉王无道,流崩于彘,共伯奉王子靖立为宣王,共伯复归于国。”[④]《太平寰宇记》载:“共城县,东北六十二里,旧十二乡,本共伯国也。故城在县东一百十步,尚存。《鲁连子》云:共伯名和,好行仁义,诸侯贤之。周厉王无道,国人作难,流王于彘,诸侯奉和以行天子事。至十四年,厉王崩于彘,共伯使诸侯奉王子靖为宣王,而共伯复归于国。”[⑤]《明一统志》称:“辉县,在府城西六十里,古共伯之国,周佣国地,春秋时并于卫。”[⑥]《清一统志》载:“共县故城,今辉县治,周共伯国。《汲冢纪年》:厉王出奔,共伯于王位后复归于国。《水经注》:共县故城,即共和之故国也。”[⑦]在辉县境内还留有共山、共台、共姜祠等与共伯有关的遗迹。《明一统志》曰:“共山,在辉县东北八里,俗呼九山,以九日登临,故名。昔共伯逍遥得道于共山之首,即此。”[⑧]《清一统志》云:“共山,在辉县北九里。《汉书·地理志》:共山北,淇水出焉。《水经注》:共山,在共伯故国北,所谓共北山也。乐史《太平寰宇记》:在县北十里,

---

① 〔汉〕司马迁撰:《史记》,北京:中华书局,1959 年,第 144 页。
② 李学勤主编:《清华大学藏战国竹简(贰)》,上海:中西书局,2011 年,第 136 页。
③ 〔汉〕司马迁撰:《史记》,北京:中华书局,1959 年,第 144 页。
④ 〔唐〕李吉甫撰:《元和郡县志》卷二十《河北道·卫州》,文渊阁《四库全书》本。
⑤ 〔宋〕乐史撰:《太平寰宇记》卷五六《河北道五·卫州》,文渊阁《四库全书》本。
⑥ 〔明〕李贤等撰:《明一统志》卷二七《卫辉府》,文渊阁《四库全书》本。
⑦ 〔清〕和珅纂:乾隆《清一统志》卷一五八《卫辉府》,文渊阁《四库全书》本。
⑧ 〔明〕李贤等撰:《明一统志》卷二七《卫辉府》,文渊阁《四库全书》本。

昔共伯复归于国，逍遥得意，游共山之首。”[①]嘉靖《辉县志》谓：“共姜台，在县治内，台上有亭，卫世子共伯妻共姜守节之所。”[②]《明一统志》称：“共台，在辉县治内。台高一丈五尺，上有亭，相传为卫世子共伯妻共姜守节之所。”[③]《清一统志》载：“共姜祠，旧在府学东。元时建，并祀共伯。”[④]

关于周共国的族属，史籍无载，清顾栋高《春秋大事表 · 列国爵姓及存灭表》、陈槃《春秋大事表列国爵姓及存灭表撰异》亦均阙如。不过，陈槃从共工与共伯和地望均在今河南辉县境内推测说：“共伯和之共亦共工之后矣。”[⑤]共伯既为共工氏之后，共国亦应为姜姓。共伯国与商代共国应该有承续关系。商代共国与西周邻近，周朝灭商之后，被改封在中原地区，即今河南辉县也不是不可能的。洪氏族谱认为共伯为共工氏之后，洪咨夔《于潜洪氏谱系图序》曰：“伏羲、神农间，共工以水德伯九州，其子勾龙为后土，后裔封于共，为共氏，汉末避仇，益水为洪，吾宗共伯之胄也。”[⑥]《洪氏世系源流》云：“洪氏受姓之原出于共工氏。共工之苗裔有曰勾龙，曰共伯和，曰共华、共赐，曰共雍、共刘，曰共教、共慰、共友。”[⑦]（花县）《洪氏宗谱》称：“洪氏受姓之源出于共工氏，共工之苗裔有曰勾龙，因治水有功而出仕，后裔封于共益（卫州共城县，旧称共山围），因以国为氏。有曰共伯、曰共华、曰共赐、曰共雍等。”[⑧]

4.共叔段之后

共叔段之后，以名为氏，亦称共氏。《元和姓纂》云：“（共，）郑共叔段后。

---

① 〔清〕和珅纂：乾隆《清一统志》卷一五八《卫辉府》，文渊阁《四库全书》本。
② 〔明〕张天真纂修：嘉靖《辉县志》卷三《古迹》，明嘉靖六年刻本。
③ 〔明〕李贤等撰：《明一统志》卷二七《卫辉府》，文渊阁《四库全书》本。
④ 〔清〕和珅纂：乾隆《清一统志》卷一五八《卫辉府》，文渊阁《四库全书》本。
⑤ 陈槃撰：《春秋大事表列国爵姓及存灭表撰异》，上海：上海古籍出版社，2009 年，第 288 页。
⑥ 〔宋〕洪咨夔撰：《平斋集》卷二九《序》，文渊阁《四库全书》本。
⑦ 陈周棠校补：《洪氏宗谱》，杭州：浙江人民出版社，1982 年，第 22 页。
⑧ 骆伟编著：《岭南姓氏族谱辑录》，广州：广东人民出版社，2012 年，第 367 页。

今河内共城，是其地也。”[①]《资治通鉴》“义帝柱国共敖”注曰：“共，音龚，人姓也。郑共叔段后。”[②]《姓解》载：“共，《左传》‘郑共叔段奔共’，子孙因称共氏。”[③]《姓氏寻源》曰：“共氏，一云郑共叔段之后。”[④]

共叔段，姬姓，名段，郑武公少子，郑庄公同母弟，母武姜。郑庄公即位后，共叔段受封京城，故称“京城大叔”或“太叔段”。因郑庄公是难产而生，共叔段是顺产而生，所以其母武姜非常钟爱共叔段。共叔段后在武姜帮助下谋划作乱，郑庄公在共叔段未公开反叛之前便得知其图谋，于是派兵攻打并击败共叔段，共叔段逃到共地。

在共叔段的得名方式上有两种不同的说法，汉代经学家贾逵、服虔认为“共”是谥号，郑樵也持此观点，《通志・氏族略》“段氏”下所加按语曰：“共叔段者，共，谥；叔，字；段，名也，此以名为氏者。”[⑤]他还将共叔段之后的共氏归入以谥为氏之列：“或言，共氏，共叔段之后也。又晋太子申生谥恭君，其后以为氏，此皆以谥为氏者。”[⑥]孔颖达认为按照《谥法》的规定，叔段是不应该给予“共”这个谥号的，共叔段应该是以地为名，他说：“《谥法》：敬长事上曰共。(叔段)作乱而出，非有其德可称。糊口四方，无人与之为谥。故知段出奔共，故称共，犹下晋侯之称鄂侯也。”杜预注“生庄公及共叔段”亦曰：“段出奔共，故曰共叔，犹晋侯在鄂，谓之鄂侯。”[⑦]宋真德秀《大学衍义》“生庄公及共叔段”注曰：“共，邑；叔，字；段，名。”[⑧]

---

① 〔唐〕林宝撰，岑仲勉校记，郁贤皓、陶敏整理：《元和姓纂(附四校记)》，北京：中华书局，1994年，第61页。

② 〔宋〕司马光撰，胡三省音注：《资治通鉴》卷九《汉纪一・太祖高皇帝上之上》，文渊阁《四库全书》本。

③ 〔宋〕邵思纂：《姓解》卷三，一六〇・共韵，北京：中华书局，1985年。

④ 〔清〕张澍编纂：《姓氏寻源》，长沙：岳麓书社，1992年，第32页。

⑤ 〔宋〕郑樵撰：《通志》卷二八《氏族略・以名为氏・郑人名》，文渊阁《四库全书》本。

⑥ 〔宋〕郑樵撰：《通志》卷二六《氏族略・以国为氏・夏商以前国》，文渊阁《四库全书》本。

⑦ 〔晋〕杜预注，〔唐〕陆德明音义，孔颖达疏：《春秋左传注疏》卷一，文渊阁《四库全书》本。

⑧ 〔宋〕真德秀撰：《大学衍义》卷八，文渊阁《四库全书》本。

共叔段逃到的共国就是共伯之国，不过到那个时候共伯国已经国小势弱了，叔段才强行逃到了这里。《左传・隐公元年》“大叔出奔共”杜预注曰：“共，国，今汲郡共县。”[①]《舆地广记》云：“共城县，故共国。《左传》隐元年，郑太叔出奔共是也。”[②]明傅逊《春秋左传属事》“庄公克叔段”注曰：“段出奔共，故曰共叔。共，古共伯国，今为河南辉县。”[③]清库勒纳《日讲春秋解义》“生庄公及共叔段”注曰：“共，今河南辉县。段出奔共故曰共叔。”[④]《春秋地理考实》：“共，《传》‘太叔出奔共’杜注：‘共国，今汲郡共县。’《汇纂》：今河南卫辉府辉县治。”[⑤]

共叔段既然因共国而得名，那么，共叔段之后以名为氏而为共氏，实际上也是因共国而得氏，其得姓地亦在今河南辉县境内。

5.晋太子申生后

晋太子申生谥号为“恭”，其后以谥为氏，有恭氏，因“恭”与“共”通，又作共氏。《广韵》曰：“恭，姓，晋太子申生号恭君，其后氏焉。”[⑥]《通志・氏族略》云：“共氏，晋太子申生谥恭君，其后以为氏。”[⑦]《古今姓氏书辩证》：“恭，《姓源韵谱》曰：晋申生谥恭，世子后人以谥为氏。”[⑧]《姓氏急就篇》：“恭氏，晋太子申生号恭君，其后氏焉。”[⑨]《尚友录》：“恭，晋太子申生谥恭君，其后以为氏。”[⑩]《姓觿》：“恭，《国语》注云：晋太子申生号恭君，后因氏。”[⑪]《万姓统谱》：

---

① 〔晋〕杜预注，〔唐〕陆德明音义，孔颖达疏：《春秋左传注疏》卷一，文渊阁《四库全书》本。
② 〔宋〕欧阳忞撰：《舆地广记》卷十一，文渊阁《四库全书》本。
③ 〔明〕傅逊撰：《春秋左传属事》卷十六，文渊阁《四库全书》本。
④ 〔清〕库勒纳等撰：《日讲春秋解义》卷一，清乾隆二年武英殿刻本。
⑤ 〔清〕江永撰：《春秋地理考实》卷一，文渊阁《四库全书》本。
⑥ 〔宋〕陈彭年等撰：《广韵》卷一，三・钟韵，文渊阁《四库全书》本。
⑦ 〔宋〕郑樵撰：《通志》卷二六《氏族略・以国为氏・夏商以前国》，文渊阁《四库全书》本。
⑧ 〔宋〕邓名世著，王力平点校：《古今姓氏书辩证》卷三，南昌：江西人民出版社，2006 年，第 34 页。
⑨ 〔宋〕王应麟撰：《姓氏急就篇》卷上，北京：北京图书馆出版社，2006 年。
⑩ 〔明〕廖用贤辑：《尚友录》卷一，二・冬韵，济南：齐鲁书社，1995 年，《四库全书存目丛书》影印明天启刻本。
⑪ 〔明〕陈士元撰：《姓觿》卷一，二・冬韵，《四库全书存目丛书》影印明万历自刻归云别集本。

"恭,晋太子申生谥恭君,其后以为氏。"[①]《姓氏寻源》:"共氏,《氏族略》云:晋太子申生谥恭,其后以共为氏。"又谓:"恭氏,澍按:恭,即共也。《韵谱》云:晋毕生谥恭,世子后人以谥为氏。"[②]

晋太子申生,姬姓,晋献公之嫡长子,齐姜所生,本为晋国太子。后其父宠爱骊姬,欲立骊姬子奚齐而废太子,命他出居曲沃(今山西闻喜东北),统率下军。后为骊姬谗毁,晋献公欲杀害申生。申生明知受骊姬诬陷,却不愿向父亲申辩。《左传》载:"或谓大子:'子辞,君必辩焉。'大子曰:'君非姬氏,居不安,食不饱。我辞,姬必有罪。君老矣,吾又不乐。'曰:'子其行乎?'大子曰:'君实不察其罪,被此名也以出,人谁纳我?'十二月戊申,缢于新城。"[③]申生卒后,赐其谥号为"共":"申生受赐以至于死,虽死何悔,是以谥为共君。"[④]申生后裔以他的谥号为姓氏,亦为共氏。

二、龚坚之后

龚氏为晋大夫龚坚之后是龚氏起源的最早说法。《元和姓纂》载:"龚:《左传》,晋大夫龚坚。"[⑤]其后,众多姓氏书籍都沿袭了此种说法,如:《姓解》曰:"龚,渤海龚氏,晋大夫龚坚。"[⑥]《通志·氏族略》云:"龚氏,《左传》:晋大夫龚坚。"[⑦]《氏族大全》谓:"龚,晋大夫龚坚之后。"[⑧]《尚友录》称:"龚,晋大夫

---

① 〔明〕凌迪知撰:《万姓统谱》卷二,二·冬韵,上海:上海古籍出版社,1994年。
② 〔清〕张澍编纂:《姓氏寻源》,长沙:岳麓书社,1992年,第32页。
③ 〔晋〕杜预注,〔唐〕陆德明音义,孔颖达疏:《春秋左传注疏》卷十一,文渊阁《四库全书》本。
④ 陈桐生译注:《国语》,北京:中华书局,2013年,第314页。
⑤ 〔唐〕林宝撰,岑仲勉校记,郁贤皓、陶敏整理:《元和姓纂(附四校记)》,北京:中华书局,1994年,第60页。
⑥ 〔宋〕邵思纂:《姓解》卷二,七五·龙韵,北京:中华书局,1985年。
⑦ 〔宋〕郑樵撰:《通志》卷二六《氏族略·以国为氏·夏商以前国》,文渊阁《四库全书》本。
⑧ 〔元〕佚名撰:《氏族大全》卷一,二·冬韵,文渊阁《四库全书》本。

龚坚之后。”[①]《姓觿》引《氏族大全》云:“(龚,)晋大夫龚坚之后。”[②]《万姓统谱》曰:“龚,晋大夫龚坚之后。”[③]

龚氏为晋大夫龚坚之后的说法得到了龚氏族人最广泛的认可。欧阳修《龚氏族谱序》曰:“予观龚氏族谱,自龚坚为奕世之祖,以嗣勾龙之系。后龚遂为始祖而绩支派之流,代代相继,世世相承,簪缨晖映,代不乏人,乃为天下名族也。”宋绍兴七年(1137)崇仁《龚氏一修族谱序》称:“龚氏远祖自坚公始,春秋时为晋大夫,姓氏诸书彰彰可考。”宋乾道五年(1169)左尚书兼理军国枢密使虞允文《龚氏谱序》亦曰:“龚氏之先出于姬姓,自分茅胙土而后,姓以地传至春秋,时朝有晋大夫名坚者,已著姓于世矣。”

然而,被姓氏书所说的晋大夫龚坚却不见载于《左传》,其他史籍也不见记载,《古今姓氏书辩证》就说:“姓书云晋大夫龚坚后,误矣,晋无龚坚。”[④]而且,姓氏书不仅对于龚坚得姓方式没有记载,而且对于龚坚之前的世系也没有交代。不过,龚氏族谱对于始祖龚坚却坚信不疑,并对龚氏得姓方式及龚坚之前的世系有较为详细的记载,但在龚坚的族属问题上又有子姓、姬姓、芈姓三种不同的说法。

第一种说法:龚坚出自子姓,为箕子后裔。明洪武二十一年(1398)龚子富、龚子清湖南《龚氏三修族谱跋》曰:“龚氏之由来,渊源有自矣。原于成汤,历胥余公都朝鲜,二十七代有际元公、际诚公、际征公。元公使周,受封供邱,易龚,生坚,而龚氏始此。”清李蕊《龚氏族谱序》云:“考龚氏系出箕子。胥余公受封朝鲜,至际元公使于周,受封龚蚯,乃因地为姓。自是汉晋隋唐,代有名

① 〔明〕廖用贤辑:《尚友录》卷一,二·冬韵,济南:齐鲁书社,1995年,《四库全书存目丛书》影印明天启刻本。
② 〔明〕陈士元撰:《姓觿》卷一,二·冬韵,《四库全书存目丛书》影印明万历自刻归云别集本。
③ 〔明〕凌迪知撰:《万姓统谱》卷二,二·冬韵,上海:上海古籍出版社,1994年。
④ 〔宋〕邓名世著,王力平点校:《古今姓氏书辩证》卷三,南昌:江西人民出版社,2006年,第34页。

宦。而世远年湮，概从阙典，弗遥溯也。”[①]清光绪十年(1884)光裕堂刊湘潭《中湘龚氏族谱序》称:“吾龚氏为殷箕子后，二十七代有际元者使周，肇封兖州滕县龚蚯，以子姓而易为龚姓者，始此。”同书所载《源流原序》亦云:“族始祖名公叔者生春秋时，自齐灭滕使周，受封供丘，赐姓为龚。”[②]清光绪二十八年(1902)巴县龙凤大虎峰《龚氏族谱》亦称:龚氏源于殷箕子(胥馀)封朝鲜，二十七世生际元，际元使周，封龚丘，因地为姓，生子龚坚，其姓始。龚汝廉《锦溪龚氏八修族谱序》也说:“稽吾龚氏，源于成汤，历箕子至际元公字公叔者，使周，赐封共丘，因地赐姓，此龚氏之所由始也。际元公生子子名坚，为晋大夫，数传而生选与遂。遂公为渤海太守，治绩显著。”

综合上述族谱资料，可以看出龚氏是这样起源的:箕子二十七世孙际元，字共叔，于齐灭滕时由朝鲜奉使归周，受封龚丘(供丘、共丘、龚蚯)，因地赐姓为龚，其子龚坚为晋大夫。然而，稍作分析不难发现，其中疑点颇多。一是时间上的问题。际元受封是在滕国灭亡以后，此时应在战国初期，而春秋末期晋国已被韩、赵、魏三家瓜分，国已不存，龚坚又如何能出任晋国大夫?二是地点上的问题。际元受封的龚丘在今山东宁阳，不在古滕国境内。《元和郡县志》曰:“龚丘县，本汉宁阳县之地，属泰山郡。……隋以此县与德州平原县同名，以县东南二十里有龚丘城，遂改为龚丘县，属兖州。”[③]《山东通志》载:“龚丘城，在(宁阳)县东南三十七里，古邑名，隋取以名县是也。”而古滕国境内仅有公丘故城，《汉书·地理志》“沛郡公丘”一条杜预注曰:“侯国，故滕国。周懿王子错叔绣所封，三十一世为齐所灭。”[④]《元和郡县志》载:“公丘故城，在(滕)县西南十五里。”[⑤]可见，龚氏族谱误将公丘混作了龚丘。

---

① 〔清〕李蕊撰，王治来等点校:《兵镜类编》，长沙:岳麓书社，2007年，第785页。
② 鄢光润著:《湘潭姓氏源流》，北京:中国文史出版社，2009年，第522页。
③ 〔唐〕李吉甫撰:《元和郡县志》卷十一《河南道·兖州》，文渊阁《四库全书》本。
④ 〔汉〕班固撰，颜师古注:《汉书》，北京:中华书局，1962年，第1572页。
⑤ 〔唐〕李吉甫撰:《元和郡县志》卷十一《河南道·徐州》，文渊阁《四库全书》本。

第二种说法:龚坚出自姬姓,为周文王子叔绣之后。《武陵堂龚氏族谱》称:龚氏本姓姬,周文王第十四子错叔绣之后,裔孙际元封于滕地龚丘,因以龚为姓。[①]《紫金文史》载:“周武王克商后分封诸侯,其弟叔绣受封于滕,地名龚丘,以地为姓,龚氏肇姓于此。春秋时,龚坚受封晋国大夫,是为龚姓之鼻祖。”[②]《紫金县志》亦载:“龚氏源出姬姓。文王子、武王弟,叔绣之后。叔绣受封于滕,地名龚丘,以地为姓。春秋时,龚坚任晋大夫,为肇姓鼻祖。”[③]

叔绣被封滕地,建立滕国于史有据,晋杜预《春秋释例》曰:“滕,姬姓,文王子错叔绣之后也,武王封之居滕,今沛郡公丘县是也。”[④]《舆地广记》云:“滕县,故国,汉地理志云,周懿王子错叔绣所封。”[⑤]叔绣之后,以国为氏有滕氏。《通志·氏族略》曰:“滕氏,文王第十四子叔绣后也,武王封之于滕。旧云滕在沛国,公丘县东南。”[⑥]《古今姓氏书辩证》:“滕,周文王子封为滕侯,所谓滕叔绣。叔绣之后,以国为氏。”[⑦]然而,滕国有公丘而无龚丘,滕国之后有公丘氏,而无龚氏。

还有一种说法认为龚坚出自芈姓,为楚国开国君主熊绎后裔。西周初年,熊绎被封楚地,爵同子男。不久,创立楚国,建都丹阳。楚怀王六年,楚国公子昭带兵伐魏,得其七邑,龚坚受封龚丘,因地为姓。此种说法于史无据,影响较小。

① 广东客属海外联谊会组编,谭元亨主编:《广东客家史》上册,广州:广东人民出版社,2010年,第187页。
② 紫金县政协文史委员会,紫金县档案局编:《紫金文史》第17辑《姓氏篇》,2005年,第112页。
③ 紫金县地方志编纂委员会编:《紫金县志》,广州:广东人民出版社,1994年,第186页。
④ 〔晋〕杜预撰:《春秋释例》卷九,《世族谱》第四十五,文渊阁《四库全书》本。
⑤ 〔宋〕欧阳忞撰:《舆地广记》卷七,文渊阁《四库全书》本。
⑥ 〔宋〕郑樵撰:《通志》卷二六《氏族略·以国为氏·周同姓国》,文渊阁《四库全书》本。
⑦ 〔宋〕邓名世著,王力平点校:《古今姓氏书辩证》卷十七,南昌:江西人民出版社,2006年,第248页。

三、板楯蛮之后

秦汉时期,巴郡蛮有龚氏。《元和姓纂》:“后汉蛮氏首有龚氏。”《通志·氏族略》:“后汉巴郡蛮酋有龚氏,……后汉巴郡蛮酋罗、朴、督、鄂、度、夕、龚,凡七姓,是巴蛮亦有龚氏。”

上面说到的巴郡蛮是我国古代少数民族之一,秦汉时分布在当时的巴郡一带,因作战时以木板为楯,故称板楯蛮,主要有罗、朴、督、鄂、度、夕、龚七姓。板楯蛮善兵战,天性劲勇,长于狩猎。相传秦昭襄王时,族人曾为秦除虎患有功,昭襄王赐以土地,免征赋税。《后汉书·南蛮传》:“板楯蛮夷者,秦昭襄王时有一白虎,常从群虎数游秦、蜀、巴、汉之境,伤害千余人。昭王乃重募国中有能杀虎者,赏邑万家,金百镒。时有巴郡阆中夷人,能作白竹之弩,乃登楼射杀白虎。昭王嘉之,而以其夷人,不欲加封,乃刻石盟要,复夷人顷田不租,十妻不筭,伤人者论,杀人者得以倓钱赎死。……至高祖为汉王,发夷人还伐三秦。秦地既定,乃遣还巴中,复其渠帅罗、朴、督、鄂、度、夕、龚七姓,不输租赋,余户乃岁入賨钱,口四十。世号为板楯蛮夷。”①

板楯蛮七姓中的龚,又作共,《华阳国志·巴志》载:“其(巴)属有濮、賨、苴、共、奴、獽、夷、蜑之蛮。”②《旧唐书·地理志》曰:“洪社,武德二年,分置洪杜县,治洪杜溪。麟德二年,移治龚湍。”③龚湍即今重庆市酉阳县之龚滩镇,属古巴人所居之地。邓少琴认为“龚滩”得名可能与曾有龚人居住于此有关,“或以其地曾为龚人居住,就称它叫‘龚’,‘共’应即为‘龚’字”,“先称洪,后

---

① 〔南朝宋〕范晔撰,〔唐〕李贤注:《后汉书》,北京:中华书局,1965年,第2842页。
② 〔晋〕常璩撰:《华阳国志》卷一《巴志》,文渊阁《四库全书》本。
③ 〔后晋〕刘昫等撰:《旧唐书》,北京:中华书局,1975年,第1621页。

称龚,其发声部位相同也”[①]。何光岳认为蓬江也与龚人有关,“蓬江由此(龚滩)入乌江,蓬即洪之转音”[②]。共(龚)人的始祖也认为是共工氏。彭水苗族龚氏族人将其家族来源追溯到了共工,该族族谱称:“吾母族龚姓,肇自共工,……世居黔地,由来久矣。”[③]《古今姓氏书辩证》认为板楯蛮龚氏出自共氏:“龚,其先共氏,避难,加龙为龚。……后蜀李寿,以巴西龚壮谋杀李期而自立,及僭位,以安车束帛聘壮为太师,壮固辞,特听缟巾素带,居师友之位。”[④]

四、结语

通过以上的梳理考证,我们可以得出如下几个观点:

1.龚氏为共工氏之后,出自姜姓,系以国为氏,共工氏为龚氏族人的鼻祖。如前所述,无论是殷商共国之后,还是周共伯之后的以国为氏,都为共工氏之后。而龚坚之后的龚氏也认共工氏为始祖,如 1996 年龚春湘湖南《益阳龚氏十修族谱序》称:“龚氏有姓,源于共工,源于成汤,源于箕子,源于际元,其说不一,而源远流长则认同不二。”湖南《益阳龚氏道源公裔十一修族谱》也说:“血缘始祖炎帝氏,姓源始祖共工氏,得姓始祖勾龙氏,复姓始祖际元。”而板楯蛮之后的龚氏始祖也为共工氏。

2.今河南辉县是龚氏族人最重要的祖根地。文献记载和考古资料表明今河南辉县是共工氏的活动地区,而共工氏之后建立的殷商共国、周共伯国及共叔段逃奔的共国之间存在承袭关系,其中周共伯国及共叔段逃奔的共国均在

---

① 邓少琴:《巴蜀史迹探索》,成都:四川人民出版社,1983 年,第 19、75 页。

② 何光岳:《南蛮源流史》,南昌:江西教育出版社,1988 年,第 176 页。

③ 《彭水苗族土家族自治县民族宗教志》,重庆:重庆出版社,2003 年,第 10 页。

④ 〔宋〕邓名世著,王力平点校:《古今姓氏书辩证》卷三,南昌:江西人民出版社,2006 年,第 34 页。

今河南辉县境内，而且春秋战国时期正是姓氏形成的重要时期，因此河南辉县无疑是龚氏族人最重要的祖根地。

3.龚坚是龚氏族人心目中的得姓始祖。龚氏起源虽然众说纷纭，加之年湮代远，让龚氏族人不知所从，但更多的龚氏族人没有因此而苦恼，相反从敦宗睦族的目的出发，以乐观的心态接受了这样一个事实。丰沛渤海堂《龚氏族谱》所载龚逢庆《龚氏姓源琐考》就说："诸说纷陈，吾何以宗？答曰：考实之前，宗吾族谱；考实之后，吾宗科学。然毋庸置疑者，龚氏确系一历史悠久且有着优良传承之望族。斯固吾宗族裔值得自豪者也。"江西吉安永乐《龚氏族谱》也说："龚氏之先或云出自共工氏勾龙，故字又从龙为龚。四海之内俱出一源，支分派衍，遂遍天下。然郑樵《通志》已谓龚氏有三：一是夏商以前以国为氏，二为晋大夫龚坚之后，而汉巴郡蛮酋亦有龚氏也。……世代旷远，难以稽征，缅念古昔，曷胜浩叹。然世谱之学，本不以辨族源为贵，特借此以统宗收祖，敦缉人伦耳。"虽然龚坚的族属问题还存在很大分歧，也存在很大疑问，但龚坚作为得姓始祖得到了龚氏族人的广泛认可，不可轻易否定，从文化寻根的角度讲，龚坚就是龚氏族人的得姓始祖。

（本文作者为河南省社会科学院河洛文化研究中心副主任、研究员）

龚姓堂号“中隐堂”的文化溯源

杜学霞

苏州龚氏在有宋二百多年的历史中世代居于吴地，仅北宋时期就出过七位进士，是当地很有名望的家族之一。同时，他们还通过联姻的方式与当地名门望族及在当地任职的官员之家有这样或那样的联系，更提升了其家族在苏州的地位。研究这个家族的历史和文化，可以了解宋代苏州的文化与社会的发展变迁情况。其中，对于这个家族堂号“中隐堂”的研究尤为有意义和价值。

一、“中隐堂”堂号与龚宗元家族

所谓堂号，是指一个家族祠堂的名称或称号，主要用于区别姓氏、宗族或家族。一个家族的堂号里往往包含着家族的起源、历史、训词及立身处世原则等历史文化内容。龚姓的堂号有“六桂堂”“耕读堂”“渤海堂”“期颐堂”等多个，“中隐堂”就是宋代苏州龚氏家族的堂号之一。这个以北宋龚氏名人龚宗元为开端的堂号,包含了深刻的文化意蕴,它不仅反映了苏州龚氏家族的立身处世原则,也折射了中国知识分子在先秦以来两千多年的历史文化发展中的心理、社会实践、人生哲学乃至人生价值观等的复杂历程,其浓缩的文化内涵怎么说都不过分。

关于龚宗元本人的情况,我们主要通过范成大的《吴郡志》、龚宗元的曾孙龚明之所著的《中吴纪闻》和元代杨譓纂修的至正《昆山郡志》等资料获得。其仕宦情况大致如下:龚宗元,宋代著名政治家和文人,出身官吏家庭。祖父曾仕于南唐,并作为南唐的使者朝贡北宋太祖赵匡胤,南唐灭亡后被害。父亲龚识,进士出身,也是宋代苏州第一位考取进士的人,曾官至平江军节度副使。龚宗元本人是宋仁宗天圣五年(1027)王尧臣榜下的进士,先后任杭州仁和县主簿、建安县尉、大理寺评事、句容县知县、衢州通判、越州通判等职,后任京官,官至吏部都官员外郎。他一生的仕宦情况可以从三件事上说明。一件事是他早年任仁和县县令时,曾经拜访过当时的名相范仲淹。范仲淹叮嘱他:"公器业清修,他日必为令器,谨勿因人以进。"正因为范仲淹的鼓励,龚宗元"自登朝,未尝入公卿之门,皆文正公之教也。士论美之"。还有一件事与叶清臣有关,时龚宗元任句容县令,"叶道卿(叶清臣)内翰时开府金陵,甚为之前席"。这种长官与僚属的关系后来发展为很深的友谊。还有一件事也说明龚宗元当时的声名。庆历年间,杨纮曾任江东转运按察使,因为督察严厉,与王鼎、王绰合称为"江东三虎"。但杨纮持使节巡查,"独不入(句容)县,或问其故,曰:'龚君治民,所至有声,吾往徒为扰耳。'",可见当时龚宗元的政声和他为士林所尊重的情况。龚宗元与上面所说的三个人交往的情况均见于其曾孙龚明之所著的《中吴纪闻》中"曾大父"一条。龚明之还记录了龚宗元晚年的生活。他晚年以都官员外郎分司南京,谢事家居,住苏州大酒巷,建中隐堂,"与尚书屯田员外郎程适,太子中允陈之奇相与从游,日为琴酒之乐,至于穷夜而忘其归。二公皆耆德硕儒,致政于家,吴人谓之'三老'"[1]。后来,"中隐堂"就成了苏州龚氏家族的堂号之一。

龚氏家族的"中隐堂"堂号,反映了龚宗元的人生态度和价值观念,对其后世的影响是很大的。正如其曾孙龚明之在《中吴纪闻》的序言中指出的,"吾家自先殿院占籍中吴,距今几二百祀,相传已及云、仍矣。明之幼尝逮事王父,每闻讲论乡之先进所以诲化当世者,未尝不注意高仰云。少长从父党游,皆名人魁士"[2]。接着,龚明之回忆了其家庭事于进取的情况。从这些情况看,龚氏家族在当地很受尊敬,龚明之的个人经历也可证明。龚明之虽在当时名位不显,却很受尊重。两浙西路任职监司的郑兴裔,曾力荐龚明之:"怀奇握异,砥志是躬。倡明圣道,绍孔、孟之心传;敦叙彝伦,拟曾、闵之至行。""立德立言,多士矜式,孝行节谊,著于乡闾。"[3]他的志向和抱负在其诗《芝华亭》中明显地流露出来:"谁道休祥系上穹,民心元自与天通。政平讼理为真瑞,何必金芝产梵宫?"他的另一首诗"投老归来万事休,比窗一枕足清幽。虽然不得行胸臆,幸喜身无千岁忧"则表现了他心地坦然、淡泊名利的性格。这些,都说明了龚明之继承了曾祖父龚宗元"中隐"的思想。

龚宗元以"中隐堂"为堂号,不仅影响了苏州龚氏家族,也折射了中国士人文化的一个典型的文化现象,即如何处理好人生中仕与隐、出与处、进与退的关系。分析这种文化现象,可以窥一斑而见全豹,从中看出唐代到宋代士人立身处世态度的变化。

① 龚明之:《中吴纪闻》卷二《中隐堂三老》,上海:上海古籍出版社,1986年,第36页。
② 龚明之:《中吴纪闻》序,上海:上海古籍出版社,1986年。
③ 〔宋〕郑兴裔:《四库全书集部别集类·郑忠肃奏议遗集》。

二、“中隐堂”堂号与“中隐”思想

在中国历史上,中国社会的精英——士人或曰知识分子——一直都面临着仕与隐、出与处、进与退等人生态度的矛盾。这种矛盾反映了士人作为个体在个人价值与社会价值、个性自由与社会责任感之间的矛盾。从先秦到宋代,中国士人经历了一千多年历史发展的演变和文人自身的实践探索,经历了哲学和宗教学的理论思考,才大体上找到了一个追求个体价值与社会价值、个性自由和社会责任感的平衡点。龚氏的堂号“中隐堂”三个字,折射了中国历史上这一千多年中士人处世态度的嬗变过程。

在先秦,有两种思想渊源影响着士人的人生选择,那就是儒家思想和道家思想。在仕与隐、出与处的问题上,儒家思想偏重于入世进取,有强烈的社会责任感,即我们经常提到的修身齐家治国平天下;道家则看重个体生命的自由与个性的完整,更愿意将逍遥适意奉为人生的圭臬。作为一个个体的人,追求社会价值和个性自由都是人自我实现的基本欲求。但在人生实践上,这两种愿望存在着一定的矛盾与冲突。对于儒家士人来说,入仕是实现人生理想的重要途径,但入仕并不总是一帆风顺的,因为宦海风波总是无处不在,在人生挫折中如何自处是个很需要思考的问题。于是,孔子就提出来“天下有道则仕,无道则隐”,“用之则行,舍之则藏”[①]。可见儒家的隐逸是有条件的。对道家而言,隐或曰隐逸固然可以实现个性自由,但个性自由如果没有一定的物质生活作为保障,就有可能面临清苦贫穷甚至会有饥寒之忧。到了汉代,中国士人这两种追求的冲突和矛盾更尖锐了。汉代,特别是东汉以后,由于经学被作为选拔官员的一个重要条件,中国文化出现了儒生与文吏结合的情况。书生

① 杨伯峻:《论语译注》,北京:中华书局,1980年,第82、68页。

都变成了儒生，入仕，成了绝大多数士人不得不走的路。此后的中国士大夫往往身兼两种身份：官吏与文士。官员的身份让他们有强烈的社会责任感，文士的身份又让他们深切地向往着个性自由。既能实现社会理想，又能实现个性自由，是很难做到两全其美的。在这种情况下，如何在实践和理论上解决矛盾，就显得非常必要和迫切。

从实践上说，西汉的东方朔已经开启了将仕与隐调和起来的人生实践。他自称“避世金马门”[①]，既通过入仕实现社会价值，又使自己享受因做官而带来的功名富贵从而避免了饥寒之苦。魏晋时，思想家们努力融合儒家思想和道家思想，其中，以郭象为代表的哲学家在自然与名教之间寻求折中调和，在一定程度上缓解了仕与隐的冲突。郭象的《庄子注》援儒入道，解释庄子的《逍遥游》篇，“夫圣人虽在庙堂之上，然其心无异于山林之中”，故圣人能“游外以宏内，无心以顺有”[②]。郭象的解释为魏晋以后的士人在出与处、仕与隐问题上找到了理论依据，这就是从“内”与“外”上看，重“内”而不重“外”。郭象的理论反映了魏晋时代文人仕与隐思想的重要变化——向“内”转，重“心”不重“迹”。这也是《晋书·邓粲传》中所谓的“夫隐之为道，朝亦可隐，市亦可隐。隐初在我，不在于物”[③]。总之，唐代以前，中国士人无论从实践上还是理论上都在探索调和仕与隐、出与处。其中，“身在庙堂，心在江湖”，重“心”不重“迹”，成为士人崇尚的出处模式。

正是在这样的背景下，唐代的“吏隐”思想形成。“吏隐”一词何时在唐代出现已很难考证。但唐代前期的文人们已经开始频繁使用这个词来形容自己的生活方式，以至于连一向以积极用世闻名的杜甫也在其诗《院中晚晴怀西

---

① 司马迁：《史记》卷一百二十六《滑稽列传》，北京：中华书局，1956 年，第 3205 页。
② 郭庆藩：《庄子集释》，北京：中华书局，1961 年，第 28、268 页。
③ 房玄龄：《晋书》，北京：中华书局，1974 年。

郭茅舍》中有“浣花溪里花饶笑,肯信吾兼吏隐名”[①]这样的诗句。“吏隐”之“吏”,原本的含义是小官、冷官、闲官。选择“吏隐”作为生活方式,可以解决出处的矛盾,让自己兼得二者的好处,既避免政治中心的辛劳和残酷斗争,也通过“以禄代耕”的方式避免了经济上的窘迫。中唐时期,“吏隐”一词频繁出现在士人的诗文中,甚至连元稹、李德裕这样当过宰相的士人也以“吏隐”形容自己的生活,可见“吏隐”之“吏”,在中唐以后完全成了一个与“当官”相对应的词。“吏隐”,是士人在参与政治生活的同时,又欲在心理上与政治保持一定距离的尝试,意在兼顾社会责任与个性自由。

“吏隐”一词在中唐时期被频繁使用,与中国文化转型有直接的关系。唐代哲学思想的转变,不是我们专门研究的题目,无法展开。我们仅仅从一个角度说明唐代文化思想的转型,那就是禅宗的出现。禅宗是中国传统思想与外来佛教结合的产物,是中国传统思想对外来思想的改造以使其更适应中国文化的结果。禅宗思想的关键是将人对自我超越的外在追求——皈依佛祖以期成佛——转向了向内心寻找自我超越、自我解脱的方向。最能代表禅宗思想的是六祖慧能提出来“无所住而生其心”。禅宗思想认为,外在世界的纷扰并不重要,关键是自己能够在各种纷扰中于心不动——不执着,也即禅宗说的“一念悟即佛,一念迷即众生”,或者叫作“即心即佛”。禅宗要求人回归内心世界,不受形体所役使,不为外物所牵挂。同时禅宗思想还受到《维摩诘经》的影响,《维摩诘经》中“入火宅,过淫肆”的思想为中唐士人热衷于世俗生活,甚至放浪于形骸之外的行为找到了借口。在此思想影响下,兼得“吏”之名利与“隐”之实惠的“吏隐”便成为中唐以后士人的一种普遍人生理想。

白居易是中唐时期著名的官员和诗人,他的思想体现了中唐文化转型的典型现象。白居易一生为官十五任,从政四十余年,在宦海中几落几起却始终

① 张忠刚:《杜甫集集注》,北京:人民文学出版社,2013 年。

不倒,他晚年任太子少傅官至二品。他是“吏隐”思想的实践者,也是“中隐”思想的发明者。

白居易早年仕途顺利,29 岁成为贞元十六年(800)最年轻的新科进士,35 岁便进了有“储相之所”之称的翰林院,成为唐宪宗的翰林学士(皇帝的私人秘书)。但他后来因为敢于直谏,触犯龙鳞,差点被宪宗逐出翰林院。对他打击最大的是元和十年(815),他被人认为是“越职言事”,由朝官远贬为江州司马,给他落井下石的恰是他任翰林学士时期的同事王涯。他被贬谪四年后返朝,正赶上唐穆宗长庆时期,朝廷里政治形势十分复杂,外有藩镇割据威胁中央政权而不能制,内有朝官们派别间争斗而不能止,政治上的云谲波诡让其退隐之心越来越强。大和二年(828),白居易在刑部侍郎任上,这也是其一生中最有希望被任命为宰相的一年,他却选择了离开政治中心长安,以太子宾客分司东都洛阳。大和三年(829),退居东都洛阳的白居易写了《中隐》一诗,表明了自己的人生态度:“大隐住朝市,小隐入丘樊。丘樊太冷落,朝市太嚣諠。不如作中隐,隐在留司官。似出复似处,非忙亦非闲。不劳心与力,又免饥与寒。终岁无公事,随月有俸钱。……人生处一世,其道难两全。贱即苦冻馁,贵则多忧患。唯此中隐士,致身吉且安。穷通与丰约,正在四者间。”[①]白居易以“中隐”来形容自己退居东都后的生活,他开创了从唐代到宋代的“中隐”思想。从本质上看,白居易的“中隐”与“吏隐”不同的是,“中隐”不仅是实践中得来的,还多了一份对人生的理性思考,其思想中还明显地流露出世俗化情调。白居易的“中隐”取大隐与小隐之中间状态,是自觉调和三教的结果,还是中国传统处世之道“中庸”思想的体现。白居易的经历和思想在唐代中期以后有代表性。他出生在世敦儒业的家庭里,儒家思想也影响了白居易本人的一生。同时,他还浪迹于老庄,栖心梵氏(用他本人的话,通学大中小乘

① 朱金城:《白居易集笺校》,上海:上海古籍出版社,1988 年,第 1493 页。

法),儒家的中庸思想、道家的知足保和思想、禅宗的随缘任运思想都对他的“中隐”思想产生了重要影响。

文化的发展具有群体性和社会性特征。但有些时候,名人的个体行为也会影响到一个时代文化的发展变化,白居易就属于这种情况。白居易的“中隐”思想在宋代得到了广泛的回应,这主要表现在宋代士人对白居易“中隐”生活方式的仿效。如政治家王禹偁、范仲淹、王安石等都对白居易的“中隐”(“吏隐”)生活非常企慕。特别是大文豪苏轼,对白居易的“中吏隐”思想非常推重,他自称平生出处大约与白居易相同,他的号“东坡居士”就与仰慕白居易有直接的关系。

白居易的“中隐”思想在宋代传播的主要原因是宋代的三教融合。所谓三教融合,就是以儒家思想为主,援道入儒或者援佛入儒。儒家的入世思想成为主流,很大程度上影响了宋代士人的入世之心;但宋代士人对道家和佛教的出世思想还是非常亲近的。他们大多有过被贬谪的经历,在人生的逆境中度过困厄,保持一个平和的心态实属必要。于是,老庄和佛教思想就成为救治他们心灵疾病的良药。但由于宋代士人的思想主体是儒家,其积极用世思想总是占了上风。宋人把仕与隐、出与处的问题更加心理化了——不管名之为“吏隐”也好,还是名之为“中隐”也好,都是一种与名利保持一定距离的人生方式。

白居易的“中隐”思想也不完全契合宋代知识分子的心理,因为他们往往抱着更积极的入世心态。在他们看来,白居易虽然能全身远害,但拿着国家那么多的俸禄,却只顾满足一己之乐,未能安世济民,这种混世思想是不足取的。如何对白居易的“中隐”思想进一步改造,使其满足宋代士人既积极入世又能实现个性自由的需要仍是值得探索的问题。完成这种精神探索和实践的,是北宋名相范仲淹。

范仲淹在北宋时期从政四十余年,有出将入相的政治经历。但他的仕途也并非一帆风顺,他经历过的大的政治波折有三次:宋仁宗明道二年(1033)因为谏废郭皇后被贬至睦州,景祐三年(1036)因弹劾当时的宰相吕夷简被贬至江西饶州,庆历五年(1045)因其实施的新政(庆历新政)夭折被贬至邓州。无论出于何种境地,范仲淹总能淡定地看待自己的人生际遇,表现出安时处顺、优游不迫的心态。这种心态,与他在逆境中能够奉行"吏隐"("中隐")思想有很大的关系。范仲淹的"吏隐"思想中既有道家委任自适的影响,也包含了禅宗随缘任运的处世态度。更重要的是,他继承了儒家思想中"乐道"的传统,能达到"从心所欲而不逾矩"的境界,并获得一种"不待乎外而足乎己"的心灵满足。其所秉持的"乐道"精神,摆脱了唐代时期士人如白居易等人的庸俗混世成分,做到了"向外是为世人立法、为君主立规则的巨大使命感和社会责任感,亦即所谓'为天地立心,为生民立命,为往圣继绝学,为万世开太平'的精神,向内则是开辟了一片心灵的净土,使心灵得以安顿的精神需求"[①]。范仲淹的人格精神,对提升北宋士人的人格有很大的示范作用。从范仲淹的人格中我们可以看到,宋代士人终于在三教融合的大文化背景下,完成了"吏隐"("中隐")的文化转型,找到了仕与隐、出与处、进与退的人生相对平衡点,集中地表现为宋代士人既积极地承担社会责任,也能在人生境遇不顺利时保持自己的个性自由。

三、"中隐堂"堂号的产生及影响

前面我们论述了"中隐"思想的来历及它对宋代士人的影响。龚宗元的"中隐堂"堂号,与唐宋以来的"中隐"思想有直接关系。龚宗元以"中隐堂"为堂号,意在效仿白居易的"中隐"生活,也是受到当时士风的影响。龚宗元

① 郝美娟:《论范仲淹的"吏隐"情结》,《唐都学刊》2011年第1期,第73页。

是宋代一个忠于职守的官员,也是当时非常有政绩的官员,这一点我们从前面关于他的介绍中就可以看出。同时他还是个非常有生活情调的官员,能在工作之余把自己的生活安排得有滋有味。这主要体现在他工作之余,会像个隐士那样为自己找到安顿心灵的方法。他自号"武丘居士",可见他也信奉佛教思想。他善于写诗,曾有文集十卷,可惜没有留传下来。但从他留下的仅有的5首诗中,我们尚能看出他思想中的隐逸情调。如他赠给当时著名的隐士林逋的诗中这样写道:"高蹈遗尘蜕,含华傲素园。璜溪频下钓,惠帐不惊猿。养浩时清啸,忘机只寓言。几回生蝶翅,明月在西轩。"此诗格调清幽,有超凡脱俗之气。但他又不完全是隐士,宋代士人普遍风行的歌舞宴游之风在他的诗里也时有出现,如其《夜宴》一首写道:"兔魄侵阶夜三刻,蜀锦堆香花院窄。风动帘旌玳瑁寒,露垂虫网珍珠白。美人匝席罗弦管,绮幄云屏炉麝暖。只恐金壶漏水空,不怕鸾觞琥珀满。劝君莫负秉烛游,曾见古人伤昼短。"醇酒、佳人、旖旎风光、伤时感怀等内容在诗中均有明显流露,说明他在现实生活中与当时的士人一样热衷于世俗生活的享受。在龚宗元身上,我们看到了社会责任感和个性自由实现的完美结合。龚宗元以"中隐堂"为堂号是他晚年的事。他与当时的名流日夜宴游,在当时的士林中传为佳话,这点我们在前面已经说过。

从龚宗元的个人经历和文化素养可以看出,龚宗元以"中隐堂"为堂号,是由几个原因促成的:首先,龚宗元以"中隐堂"为堂号,明显受到当时社会普遍效仿白居易行为和思想的影响。他晚年的行迹与白居易晚年退居东都与名流饮酒作诗、优裕度日、登山临水如出一辙。龚宗元的后人龚明之所著的《中吴纪闻》和元代的至正《昆山郡志》都有关于他晚年生活的记载,书中称其晚年常与员外郎程适和陈之奇作诗酒之会,被吴中人称为"三老",与白居易分司东都时与当时名流组成的"九老会"非常相似。其次,龚宗元以"中隐堂"为堂号,与范仲淹的影响有直接关系。范仲淹61岁以"吏隐"的心态出知杭州时已经功成名就。而当时作为范仲淹的僚属——仁和县主簿的龚宗元可以说是带着仰慕的心情拜访范仲淹的。范仲淹看了龚宗元的文章,称其"温厚和平而不乏正气,似其为人",并说"君德业清修,他日必为令器,慎勿因人以进"[①]。可以说,范仲淹的忠告及范仲淹的人格、人生观等对龚宗元这个僚属有很大的影响。正因为范仲淹榜样的力量,龚宗元一生中虽长期为低级官员,却总能心平气和,秉持自己的操守。他勤于政务、吏治清明的名声在《昆山郡志》中留下了记载,他在句容县的政绩尤为人称道。也正因为范仲淹的影响,他奉持"中隐"思想,在公务之余,能够在心理上与政治保持距离,悠游于山水之间,寄情于歌舞之中,其出仕思想与归隐思想达到了完美的平衡。再次,龚宗元以"中隐堂"为堂号,与其父潜移默化的影响分不开。龚宗元的父亲龚识于端拱元年(988)及第,是宋代苏州的第一名进士。据范成大《吴郡志》卷二五载:"本朝吴士登科者始于识,今府学先达题名以识为首。"龚识登科后,曾经受翰林学士李宗谔举荐,被选擢为监察御史,后来又迁升为殿中侍御史兼左巡使,其时才不过42岁。龚识于大中祥符三年(1010)四月去职,被责为平江节度副使;其后即在苏州"日与宾客酌酒赋诗自娱"[②]。父亲龚识的处世态度,影响了龚宗元的人生处世态度。龚识居官时能够恪尽职守,退居时能够淡然自处,无疑为龚宗元提供了人生的榜样。最后,"中隐堂"这个堂号,折射出的文化价值远大于它对一个家族的意义。它反映了中国士人长期的心路历程中对仕与隐、出与处、进与退的观念的变化。前面我们用了那么大的篇幅来说明"中隐"思想在中国士人心路历程中的重要性,就是为了通过这个词语来说明中国文化中士人思想的变化,用我们前面的话说,就是窥一斑而见全豹。

这种梳理对我们解释为何苏州龚氏家族在宋代二百多年历史上能够长盛不衰,是非常必要的。它反映了一个家族的文化传统、文化积淀对这个家族命

---

① 杨谌撰:至正《昆山郡志》,《四库全书》本。

② 龚明之:《中吴纪闻》,卷一《先高祖》,卷二《卢通议》,上海:上海古籍出版社,1986年。

运的影响。

作为宋代苏州龚氏家族的重要成员,龚宗元的人生处世态度对其家族后来的兴盛有着很大影响。其影响表现为如下三个方面:

第一,他所奉守的这种“中隐”思想明显地为其后人所继承。他的曾孙龚明之生活于1091—1182年,即北宋哲宗时到南宋孝宗时,几十年求学不倦,但却科场蹭蹬,年逾八十才“以特恩廷试”。龚明之虽然不以位显,却以“至孝”和“至诚”闻名于当时,还以其年高德昭受到乡里的尊重。可见,曾祖父龚宗元对他人格的影响应该是不可缺少的。

第二,龚宗元的“中隐”思想,表明了他能够抱着积极入世的心态来承担对国家、对社会的责任与义务——他受到杨纮赏识就是典型的例子。正是有了这种积极入世的心态,龚氏家族在北宋年间出了七名进士,保证了其家族的社会政治地位。同时也由于“中隐”思想的影响,这个家族在处世上比较折中调和,不过分汲汲于名利,这又在某种程度上保证了他们能够在北宋时期纷繁复杂的政治斗争中全身远害,并以此维护了其家族社会地位的稳定。宋代有几次比较大的党争,特别是景祐党争和元祐党争,许多官吏被卷入其中。从历史相关记载来看,龚宗元本人的仕途基本上是顺利的,这很大程度上得益于他不愿意“因人以进”的操守,从而也避免了介入任何党派的可能,更避免了过多卷入政治中心而引起的政治风险——这是这个家族二百余年能够立于不败之地的重要原因。

第三,由于龚宗元本人抱有“中隐”的文化心理,他在与吴地其他家族联姻时更看重对方家庭的文化底蕴。他的儿子和女儿的婚姻对象虽然不一定都是名门望族,但也都是当地有文化教养的世家。他后人的联姻也基本上遵循了这个规矩,这就保证了其家族的血脉延续与文化传承。

以上三点是保证龚氏家族在宋代二百多年虽然不是特别显赫,却能长盛不衰的重要原因。

以上内容是我们根据“中隐堂”这个堂号分析出来的龚氏家族所秉承的文化底蕴和文化血脉。从我们对“中隐堂”这个堂号的分析看,“中隐堂”不仅是宋代苏州龚氏家族人生价值、处世态度的重要标识,其所折射的中国文化内涵,也是非常值得我们重视和思考的。

(本文作者为郑州师范学院中原文化研究所教授)

龚姓源流考概说

乔凤岐

龚姓是中国的古老姓氏之一，在宋版《百家姓》中排在第192位。袁义达先生在2007年出版的《中国姓氏》一书中说，“龚姓是中国人口最多的第一百位姓氏，在长江流域地区人丁兴旺。当今龚姓人群大约占了全国人口的0.16%，总人口大约有200万”[①]。龚姓在历史上人才辈出，明朝凌迪知撰写的《万姓统谱》列出龚姓名人有50位。近代的龚自珍是龚姓历史上最杰出的人物之一，他博览群书，通晓经学、文字学、历史、地理等各方面知识，具有敏锐的政治观察力。清朝道光年间进士及第，官至礼部主事。在林则徐赴广东禁烟之时，他就预料到英国可能发动武装入侵，建议清政府加强战备以备不虞。龚自珍的诗、文均有较高成就，被辑录成《龚自珍全集》流传于世。关于龚姓的相关问题，郑樵《通志·二十略·氏族略》云：“龚氏，《左传》，晋大夫龚坚。汉渤海太守龚遂。后汉巴郡蛮酋有龚氏。”又注云：“《项羽传》，义帝柱国共敖。

① 袁义达主编：《中国姓氏·三百大姓群体遗传与人口分布》中册，上海：华东师范大学出版社，2007年，第62页。

颜师古云:‘共读曰龚。’龚即共也,籀文从龙。”[①]按照颜师古的说法,龚姓出自共。

一、古代部族共工氏之后

共工氏是传说时代的著名部族,《淮南子》云:“昔者,共工与颛顼争为帝,怒而触不周之山,天柱折,地维绝。天倾西北,故日月星辰移焉;地不满东南,故水潦尘埃归焉。”[②]又云:“昔共工之力,触不周之山,使地东南倾,与高辛争为帝,遂潜于渊,宗族残灭,继嗣绝祀。”[③]又云:“尧立孝慈仁爱,使民如子弟。西教沃民,东至黑齿,北抚幽都,南道交趾。放驩兜于崇山,窜三苗于三危,流共工于幽州,殛鲧于羽山。”[④]又云:“舜之时,共工振滔洪水,以薄空桑。龙门未开,吕梁未发,江淮通流,四海溟涬。民皆上丘陵,赴树木。”[⑤]又云:“共工为水害,故颛顼诛之。”[⑥]据《史记·五帝本纪》记载,颛顼是黄帝之孙,本名乾荒;高辛即帝喾,是黄帝的曾孙,姬姓;尧为帝喾之子,姓伊祁,名放勋;舜姓姚,继尧之后为帝。颛顼“至舜七世矣”[⑦]。按照《淮南子》的说法,“共工”与这几位传说时代的帝王均发生过战争,所以可以推测“共工”不是某一具体的人,“而是共工氏族专用名,也是共工领袖专用名,这便是共工得以长期存在的真正原因”[⑧]。

关于共工氏的族源,从秦汉以来说法不一。《国语·周语》贾逵注:“共

① 〔宋〕郑樵:《通志·二十略·氏族略》,北京:中华书局,1992年,第72页。
② 〔汉〕刘安:《淮南子》卷三《天文训》,北京:中华书局,1998年,第167页。
③ 〔汉〕刘安:《淮南子》卷一《原道训》,北京:中华书局,1998年,第44—45页。
④ 〔汉〕刘安:《淮南子》卷十九《修务训》,北京:中华书局,1998年,第1312—1313页。
⑤ 〔汉〕刘安:《淮南子》卷八《本经训》,北京:中华书局,1998年,第578页。
⑥ 〔汉〕刘安:《淮南子》卷十五《兵略训》,北京:中华书局,1998年,第1045页。
⑦ 〔汉〕司马迁:《史记》卷一《五帝本纪》,北京:中华书局,1959年,第31页。
⑧ 景以恩:《共工氏考》,《济宁师专学报》2000年第5期。

工，诸侯，炎帝后，姜姓。”司马迁认为“共工”部族源于少皞氏。《史记·五帝本纪》记载：“少皞氏有不才子，毁信恶忠，崇饰恶言，天下谓之穷奇。”[①]关于少皞氏的不才子，古代文献中多解释为“共工”，刘宋裴骃《集解》引服虔语：“谓共工氏也。其行穷而好奇。”又唐张守节《正义》亦云“谓共工”。[②] 在秦汉时期的文献中，“穷奇”指的是一种野兽。东方朔《神异经·西北荒经》云：“西北有兽焉，状似虎，有翼能飞，便剿食人，知人言语，闻人斗辄食直者，闻人忠信辄食其鼻，闻人恶逆不善辄杀兽往馈之，名曰穷奇。”[③]由于共工氏与黄帝部族之间发生过长期的战争，因此被冠以“作乱”之名，也就成为后世负面人物的代表。

共工氏部族可能受到多次毁灭性打击，除《淮南子》有数处记载外，《史记·楚世家》亦有类似的记载：“重黎为帝喾高辛居火正，甚有功，能光融天下，帝喾命曰祝融。共工氏作乱，帝喾使重黎诛之而不尽。帝乃以庚寅日诛重黎，而以其弟吴回为重黎后，复居火正，为祝融。”[④]共工氏部族在历史上曾数次受到诛杀，其后人为了避祸可能数次迁居，以与“共”读音相同的“龚”为姓氏以示不忘族属。这种情况在先秦时期比较普遍，也是中国姓氏来源的常见形式。

田冰先生认为这一支龚姓起源于尧舜时期，五帝时期共工氏长期为水官，是由共姓之人句龙而来的。句龙见于《左传·昭公二十九年》：“共工氏有子曰句龙，为后土。”句龙是共工氏部族中有成就的首领之一，因治水有功而受到褒赏。所以，田冰先生认为：“龚姓以共工、句龙各一字改造而来，以共工治水有功，尊为得姓始祖。”[⑤]

① 〔汉〕司马迁：《史记》卷一《五帝本纪》，北京：中华书局，1959 年，第 37 页。
② 〔汉〕司马迁：《史记》卷四十《楚世家》，北京：中华书局，1959 年，第 1689 页。
③ 〔汉〕东方朔：《神异经》，北京：中华书局，1991 年，第 22 页。
④ 〔汉〕司马迁：《史记》卷四十《楚世家》，北京：中华书局，1959 年，第 1689 页。
⑤ 田冰：《龚姓溯源》，《寻根》2007 年第 5 期。

二、西周共国之后

以国为姓是中国姓氏的重要起源之一,周代分封的共国可能是龚姓的又一来源。共国为西周的宗室之国,司马贞说:"共,国。伯,爵。"[①]共国始封于西周,属于姬姓之国,国君中最为著名者当数共伯和。

共伯和为西周末期人,《鲁连子》云:"卫州共城县本周共伯之国也。共伯名和,好行仁义,诸侯贤之。周厉王无道,国人作难,王奔于彘,诸侯奉和以行天子事,号曰'共和'元年。十四年,厉王死于彘,共伯使诸侯奉王子靖为宣王,而共伯复归国于卫也。"[②]至迟在鲁仲连撰写《鲁连子》之前,共国已经成为卫国下属的一个县,说明共国已被卫国吞并。

共国灭亡以后,其宗室族人以国为姓称为"共氏",后来逐步演变为龚氏。这一支本为西周王室之后,是姬姓龚氏的源头。

三、郑国共叔段之后

郑国亦为周朝宗室封国,郑庄公与叔段本为兄弟,均有做国君的资格。郑庄公以长子身份被立为国君后,其弟段"请京,使居之,谓之京城大叔"[③]。隐公元年(前722),二人在鄢陵(今河南鄢陵县)一带刀兵相见,叔段大败。关于此役,《左传》载:"既而大叔命西鄙、北鄙贰于己。公子吕曰:'国不堪贰,君将若之何?欲与大叔,臣请事之;若弗与,则请除之。无生民心。'公曰:'无庸,将自及。'大叔又收贰以为己邑,至于廪延。子封曰:'可矣,厚将得众。'公

① 〔汉〕司马迁:《史记》卷四《周本纪》司马贞《索引》,北京:中华书局,1959年,第144页。
② 〔汉〕司马迁:《史记》卷四《周本纪》,北京:中华书局,1959年,第144页。
③ 〔唐〕孔颖达:《春秋左传正义》卷二《隐公元年》,北京:北京大学出版社,2000年,第59页。

曰:‘不义不暱,厚将崩。’大叔完聚,缮甲兵,具卒乘,将袭郑。夫人将启之。公闻其期,曰:‘可矣!’命子封帅车二百乘以伐京。京叛大叔段,段入于鄢,公伐诸鄢。五月,辛丑,大叔出奔共。书曰:‘郑伯克段于鄢。’段不弟,故不言弟;如二君,故曰‘克’;称‘郑伯’,讥失教也;谓之郑志,不言出奔,难之也。”①

从《左传》的记载来看,大叔是郑庄公的弟弟,姬姓。郑国始于公元前806年,始封之君为姬友,是周宣王的弟弟,周平王东迁之时郑国迁至今河南新郑。史书称叔段为共叔段,是因为叔段被郑庄公击败后逃到共地的缘故。关于叔段所奔之“共”,杜预注:“共国,今汲郡共县(今河南辉县市)。”②叔段逃亡共地之后,其后人以地名为姓,以后逐渐演变为龚姓,这是姬姓龚氏的又一源头。

四、其他龚姓的来源

按照文献记载,龚姓至迟在春秋时期已经出现。林宝《元和姓纂》云:“龚:《左传》,晋大夫龚坚。后汉蛮氏首有龚氏。汉有光禄大夫龚胜。”③在历史上,龚姓不仅是汉族中的大姓,一些少数民族中也有龚姓。以中国姓氏的来源来看,与“共”相关的部族名称、古国名、地名、山名、水名等,均有可能成为龚姓的起源。

(本文作者为许昌学院魏晋文化研究所副教授)

---

① 〔唐〕孔颖达:《春秋左传正义》卷二《隐公元年》,北京:北京大学出版社,2000年,第53—54页。
② 〔唐〕孔颖达:《春秋左传正义》卷二《隐公元年》,北京:北京大学出版社,2000年,第53—54页。
③ 〔唐〕林宝:《元和姓纂》卷一《龚》,北京:中华书局,1994年,第60页。

清代循吏龚一发宦豫事迹考述

张佐良

龚一发,原名关渭,字天皤,号厚斋,福建闽县人,生于清康熙五十四年十月初七(1715 年 11 月 2 日),卒于乾隆三十八年正月十九(1773 年 2 月 10 日)。[①] 福州府学廪生,乾隆十二年优贡,十五年中顺天乡试举人[②],十七年拣选知县[③],十八年至二十九年"官河南知县,历宜阳、密县、林县、虞城四县"[④]。龚一发为官清正廉洁、崇文重教、治狱明敏,政声卓著,深受民众爱戴。本文依

① 龚葆琛:《福建福州通贤龚氏支谱》卷上《福州通贤龚氏支谱世系考》,清光绪九年刻本。

② 龚易图:《蔼仁府君自订年谱》,清光绪刻本;欧阳英:《(民国)闽侯县志》卷四十三《选举·清举人》,民国 22 年刊本;徐景熹:《(乾隆)福州府志》卷四十三《选举八》,清乾隆十九年刊本。

③ 龚葆琛:《福建福州通贤龚氏支谱》卷上《福州通贤龚氏支谱世系考》,清光绪九年刻本。

④ 《清史稿》卷四百七十八《循吏三》,北京:中华书局,1978 年,第 13040 页。"龚一发,福建闽县举人,乾隆十八年任。"见谢应起:《(光绪)宜阳县志》卷七《官职·阶级表》,清光绪七年刊本。"龚一发,福建闽县举人,(乾隆)十八年署任。"见谢增、景纶:《密县志》卷三《职官志》,清嘉庆二十二年刊本。"乾隆十八年,龚一发,闽县举人。"见王泽溥等修:《(民国)林县志》卷三《职官·知县》,民国 21 年石印本。"龚一发,福建闽县人,举人,乾隆二十二年任。"见阿思哈:《(乾隆)续河南通志》卷四十六《职官志·文职·虞城县》,清乾隆三十二年刻本。李淇、爱仁等修:《(光绪)虞城县志》卷四《职官》,清光绪二十一年刊本。"龚一发,福建闽县人,举人,二十二年十月调,知县管河县丞事。"见佚名:《(清乾隆二十五年冬)缙绅全本》,同升阁刻本。

据有关文献,对龚一发宦豫事迹作一初步考述。

一、为政严明,为官刚正

龚一发为政严明。据史料记载,其官署虽多达百人,然“阒不闻一笑语声”,“登其堂,吏胥皆鹄立如木偶”。他善于体恤人情,赏罚必信,因而人皆乐为其用。龚一发非常爱惜人才,对一些偶有小过的士子,往往会曲加保全,绝不轻易革其功名,以冀其悔过自新。与人交往则公私分明。即使在宴会畅饮之际,如友人敢一语涉私,龚一发也会立时将其从座中驱出。龚一发“事上官,善与之,益敬;以势胁之,则益倔强不屈”。对因失职、被逮而离去的上司,无论以前有无芥蒂,龚一发都会为他们厚赠行装,妥善照管家事。那些原来对龚一发之倔强心存不满的上司,此时则“莫不握手流涕,谓公诚君子”,多有“相知恨晚”[①]之叹。

龚一发为官刚正。对于关乎国计民生的事务,其“意所不可,即力持不变”。乾隆二十二年,龚一发由林县调任向称冲繁要缺的虞城,时河南布政使苏崇阿[②]命凡向官府粮仓借米者,一律以米归还。而按照惯例,虞城县民向官府借米,一般偿以杂粮。其他地方的官员“唯唯承命”,龚一发则“独陈其不便。不允,又申之,又不允”,而布政使苏崇阿“固已怒矣”。龚一发仍然坚持己见,并上书苏崇阿以阐明缘由:“虞素不产米,而市又无米,今弃其所有责以所无,令民持升斗杂粮,北之济宁,西之汴,东之亳,往返五六百里,市侩故高其价,一石率不能易数斗,是重困之也。明岁又当出借,是固民物,于国何损?虞承灾歉后,圣天子不惜数百万金钱,此区区者,活之沟壑中。某腼颜居民,上不能保护之,复摧残之乎?”苏崇阿“得书则大怒,曰:‘是将谓我腼颜也。’”,遂派

① 龚葆琛:《福建福州通贤龚氏支谱》卷上《福州通贤龚氏支谱世系考》,清光绪九年刻本。
② 钱实甫编:《清代职官年表》第三册《布政使年表》,北京:中华书局,1980年,第1840—1841页。

人“立驰六百里”,檄令龚一发携印来省。其“怒不可解,以巾受齿,巾尽裂”。时“郡守(归德府知府)适在省,则召而嫚骂之。郡守辄免冠搏颡谢。传令持檄者阻于水,不时至。而郡守故知公,力为请”。龚一发到省后,“郡守且迎且骂曰:‘若病心耶? 几累我。今幸少霁,必往谢。’公笑曰:‘归耳,性不能谢也。且所争者非耶,而谢为?’郡守仰屋而嘻曰:‘吾终无如子何矣。’”。龚一发入见之时,毫不妥协,挺立不语。苏崇阿“莫可如何”,因闻“其强项名,虑激焉,益不可下,乃反以好言慰之出”。当时布政使苏崇阿以性情暴戾名闻天下,其所属知府、县令如同奴隶一般。“人莫敢犯其锋,即中丞[①]喑不出一言,拱手观其所为”。而龚一发“以一县令奋而与之角,一省传笑,以为狂”[②]。其实,这正充分体现了龚一发心存百姓、不畏权贵的精神。

数年后,又发生了“吴典史事件”。时名门之后吴典史刚到虞城不久,有一酒徒公然坐在典史宅门前叫骂。吴典史命其离开,此人仍赖着不走。吴典史一怒之下,未经知县允准(龚一发时在归德府城),擅自责打其十五杖。酒徒在三日后死亡。时任河南巡抚与吴典史之祖有宿怨,欲借此事大治其罪。龚一发“力持不可”。巡抚“大怒,并劾公徇庇”,厉声责问:“典史可杖死民乎?”龚一发朗声答道,“民不可杖,固也。官独可辱乎? 平民户婚田土小故,不俟印官擅杖,即不死,当劾。今以无赖小人,恃酒恣肆,登门辱官长,典史虽小,亦朝廷命官也”,且“杖十五不为酷,适而死耳,且已三日,安知无他故。一典史不足惜,使刁民风日长,下吏何以为治?”巡抚“直其语,无以应也,追还所劾奏牍”。龚一发从维护朝廷威严的高度,从分析酒徒死因的角度,敢为吴典史仗义执言,勇与巡抚据理力争,反映了他“遇事持大体,不苟徇”[③]的可贵品

① 即河南巡抚胡宝瑔。见钱实甫编:《清代职官年表》第二册《巡抚年表》,北京:中华书局,1980年,第1608—1601页。
② 龚葆琛:《福建福州通贤龚氏支谱》卷上《福州通贤龚氏支谱世系考》,清光绪九年刻本。
③ 龚葆琛:《福建福州通贤龚氏支谱》卷上《福州通贤龚氏支谱世系考》,清光绪九年刻本。

格。

二、兴修水利，关注民生

水利工程是中国传统农业的命脉。林县僻处太行深山，历史上属于严重干旱地区。解决好水的问题，对于林县民众而言尤为重要。乾隆十九年(1755)六月，林县大旱。时任知县的龚一发“祷于神，一再得雨”，虽“雨矣，农可勿忧”，然“饮者尚走三五十里，及贫而老弱者或饮于沟壑泥涂中”，考其缘由，皆因林县“环处皆山，而前所引用之泉沟淤流断”所致[①]。龚一发决定为林县民众谋久远之计，“察其泉源引溉田”[②]，即通过修渠引水解决人们的生产与生活用水问题。他查阅县志，并“循行山涧中，寻其源流，或用民夫，或用工雇，浚而修之。凡为泉二十有一，为沟七，为渠五，以次疏通”。时“独西南之永惠渠再岁弗治，曰久废勿稽也，曰泉源细不能下流也”，“有诸生某且以雍正八年请引淇山渠水卷为证”。龚一发始终“心疑之，源细不能下流，志何以言十五里至郭家屯池也”？认为“时久勿稽得其遗迹，可沿而修也”。他亲自策马西行，终在“崎岖险峭”的深山中找到了“其流迅，奔势更汹涌”之泉源，并发现其“源大而行不远者”的原因，乃是“流散土松渗漏之故也”。龚一发遂捐俸“白银十金，付其乡之长”，“购灰与石”，命于“源处砌石为岸，以束其流，岸内以黏土铺之”，以防渗漏。旬日之后，其工告竣。龚一发在《重浚永惠渠记》中说：“夫犹是民耳，十金之费甚微，前者未之指告，则相安于怠废，而不知以为利，一为示之，则踊跃赴功而欣欣然有喜色。”他据此认为，“愚氓之赖于有司

① 龚一发：《重浚永惠渠记》。龚葆琛：《福建福州通贤龚氏支谱》卷下《福州通贤龚氏文字》，厚斋公文，清光绪九年刻本。

② 欧阳英：《（民国）闽侯县志》卷八十三《循吏五上》，民国22年刊本。

以为身家之谋非浅鲜也。故未可徒责小民之愚而轻诮诸生之陋也”[①]。观此语,足见民生与职责在其心中之重。

乾隆二十二年(1757),“归德大水,商、虞、永、夏民大饥”。龚一发甫莅虞城,即“日勘灾出入水中”,时见“数十里或断人烟,行人与殣尸相触,心伤之”,作《老人行》[②]:

我居孟诸城,衣冠惨淡无经营。
我行孟诸野,田园荒芜多榛荆。
道旁老人向予泣,泣已欲语泪交横。
谓此三年积淫潦,地无干土草无萌。
树衣烂煮苦下咽,悍吏门前身狰狞。
衣杉(衫)典尽及儿女,骨肉分散悲伶仃。
少顷悍吏又狂叫,手持片纸滩徐征。
输麦不已更输帑,敲肤到骨无完泯。
再告长官慎勿怒,民家尚有屋三楹。
尽抵官物任官估,否则宁死不愿生。
我闻此语心骨惊,谁与为此凶岁盈。
圣明保赤无弗至,尔乃充耳鸿雁鸣。
郑监已死长孺病,谁为老者陈其情?

在这首堪比元次山之《舂陵行》、郑监门之《流民图》的史诗中,龚一发用白描的手法,记述了康乾盛世下灾区民众的悲惨生活,传递了一位贫苦老农愤怒与无奈的心声,并真切表达了自己的爱民之心与忧民之情。

---

① 龚一发:《重浚永惠渠记》。龚葆琛:《福建福州通贤龚氏支谱》卷下《福州通贤龚氏文字》,厚斋公文,清光绪九年刻本。

② 龚一发:《老人行》。龚葆琛:《福建福州通贤龚氏支谱》卷下《诗附》,清光绪九年刻本。

而在《徐家阁至常家洼》[①]一诗中,他则直接发出了济世救民的呼喊:“传语官衙鼓,民困当先挝。”

龚一发在虞城,“奉宣德意,核户口,清囚系,去奸蠹,禁盗贼,令民毋得轻去其乡,毋以小事讦”,经常“单骑巡行乡邑中”,体察民情,疏解民困。[②] 时清廷“下帑金百万转东南漕赈民,又命使者疏积水,为惠民、永便诸河”[③],“以工代赈,饥民持畚锸者相望”。龚一发“日循河与共劳苦”,甚至“下马取筐中糗糒为尝旨否”[④],民众“乃更感泣,力于工作,先诸县竣”[⑤]。龚一发将爱民之心躬行实践,受到民众的衷心爱戴。

三、修建学校，化民成俗

学校历来是培育人才、辨章学术和施行教化的重要场所。修建学校也是中国传统社会地方官员的重要职责与使命所在。龚一发认为,“端学术、成人材,皆为吏之责”,因此他非常重视所属地方的学校建设。乾隆十九年,龚一发在林县捐俸倡建义学[⑥],教育士子。调任虞城后,“百废具举,尤以学校为急”[⑦],他“毁三教堂为义学”,因“惧士之频年困于灾祲”,倡修奎星楼,“以鼓其志气而振其耳目”[⑧]。乾隆二十三年,龚一发“捐金置屋二十间”于县城之东

① 龚一发:《徐家阁至常家洼》。龚葆琛:《福建福州通贤龚氏支谱》卷下《诗附》,清光绪九年刻本。

② 龚葆琛:《福建福州通贤龚氏支谱》卷上《福州通贤龚氏支谱世系考》,清光绪九年刻本。

③ 龚葆琛:《福建福州通贤龚氏支谱》卷中《福州通贤龚氏志铭》,《皇清诰授奉直大夫云南镇南州知州厚斋龚公墓志铭》,清光绪九年刻本。

④ 龚葆琛:《福建福州通贤龚氏支谱》卷上《福州通贤龚氏支谱世系考》,清光绪九年刻本。

⑤ 欧阳英:《(民国)闽侯县志》卷八十三《循吏五上》,民国22年刊本。

⑥ 阿思哈:《(乾隆)续河南通志》卷三十九《学校志·书院》,清乾隆三十二年刻本。

⑦ 龚葆琛:《福建福州通贤龚氏支谱》卷中《福州通贤龚氏志铭》,《皇清诰授奉直大夫云南镇南州知州厚斋龚公墓志铭》,清光绪九年刻本。

⑧ 龚一发:《重修奎星楼记》。李淇、爱仁等修:《(光绪)虞城县志》卷九《艺文下》,清光绪二十一年刊本。

隅,创建虞城书院,"进邑之秀者"[1]厚加资助,并"于朔望之日课诸生以文而评骘之"[2]。龚一发教育书院诸生:"学为父子,学为君臣,学为长幼,是则吾所谓学也。约六经之旨以成文,参之太史而广之以八家,是则吾所谓文也。"他曾用"如切如磋,如琢如磨"为题考试诸生,"以明长吏与邑中子弟共相劝勉之意"。龚一发认为,"吏之为治不外于人伦","长吏之身虽不足以为多士师表,然所谓父子有亲,君臣有义,夫妇有别,长幼有序,朋友有信,则古圣王之所以训民而造士者,非长吏之私言也",期望士子"能为慈父,能为孝子,能为信友",进而成为"体用兼该,本末俱备"的"三代之英"。[3] 五年间,"诸生皆知所以学而勉之矣","耿优钖、马龙旗获嶲以去,而李人豪、李振鹭、刘际泰、范朝谔等,且骎骎有日上之势"。[4] 在龚一发的带动和影响下,虞城"绅士有乐捐膏火者,或以银,或以田,颇有成数"[5],从而为书院的发展提供了可靠保证。

龚一发为治首重化民成俗。时虞城有老儒袁去怠,其人"贫而介,足迹不入公门,为作高士行",龚一发"葺其庐,葬其先世五棺,岁周之","邑于是敦节行"。士子刘惔"读书破庙中,昼夜共一几"。龚一发在县试将其拔为第一,"而贫士劝"。"毁三教堂为义学,而人崇正术"。"新城隍庙关帝庙,曰敬神以重民"。一时"民风大变,百度具起"[6]。虞城旧有开元寺,始建于宋绍圣二年(1095),"大殿之外有前殿,后有千佛殿,楼东西回廊廓然,高甍广厦,制甚弘敞"。每年四月八日,四方民众集于此处进行农具贸易。地方官则"每于元旦

---

① 龚一发:《虞城书院记》。龚葆琛:《福建福州通贤龚氏支谱》卷下《福州通贤龚氏文字》,厚斋公文,清光绪九年刻本。

② 龚一发:《古虞书院膏火田亩记》。龚葆琛:《福建福州通贤龚氏支谱》卷下《福州通贤龚氏文字》,厚斋公文,清光绪九年刻本。

③ 龚一发:《古虞书院膏火田亩记》。龚葆琛:《福建福州通贤龚氏支谱》卷下《福州通贤龚氏文字》,厚斋公文,清光绪九年刻本。

④ 龚葆琛:《福建福州通贤龚氏支谱》卷下《福州通贤龚氏文字》,厚斋公文,清光绪九年刻本。

⑤ 龚葆琛:《福建福州通贤龚氏支谱》卷下《福州通贤龚氏文字》,厚斋公文,清光绪九年刻本。

⑥ 龚葆琛:《福建福州通贤龚氏支谱》卷上《福州通贤龚氏支谱世系考》,清光绪九年刻本。

令冬至圣寿,率其属设彩亭张鼓乐,供万寿牌以行礼焉”。龚一发到任之时,开元寺“楼已拆为监谷仓,千佛皆铜,已车载而销卖之矣。两廊前后俱成瓦砾,独所谓大雄宝殿者颓垣残柱,半倾圮于荒烟蔓草之中。贸易者久不至,而令与其属有时行礼,则借于学宫之明伦堂”。询其原因,则是前令以名为辟佛,实为“利其材木砖石之广富易以为仓”,“拆古寺之材物以为报销”,“使建置之赀之入己”,“斥铜像之金钱以入囊橐”。龚一发“甚恶此令之假此名以为利也”,直斥其“何其不仁之甚也”!乾隆二十五年(1760)五月,监生许宠、贡生刘愈芳等修复开元寺。龚一发欣然为撰《重修开元寺记》,云:“明伦堂为诸生朝夕讲诵之所,以行朝礼亦不肃。又县民近惰,田多不治,此地即为农器买卖之所聚会,而复之可以劝农。而更记之以示僧官侪众,俾知夫儒者之作令于是者,不尽图利也。一举而三善备焉。”他在文中提出,儒者当“奋臂抗首,慷慨以图百姓之急”,“明先王之道,修礼义之本,养鳏寡孤独之穷,为百年必世人心风俗之教”[①]。

“鲍管分金”[②],世所艳称。据《虞城县志》记载,“义原寺在县西二十五里”,“旧传管鲍分金此地,后遂以名寺云”[③]。时义原寺因“年远,雨漏日穿,僧付义有志重修,告之都人,士皆乐为助”。龚一发时任知县,付义“欲丐一言以为劝”。有鉴于世俗之薄,有感于“父借耰锄面有德色,母取箕帚立而谇语,兄弟分异危不相知,饥寒不相顾,忌疾谗害不可胜数”的社会风气,龚一发大赞鲍叔之贤、鲍叔之义,认为“鲍叔之义为至难,故义原之名令人愈久不忘也”。而此时的虞城,虽“频年水浸,幸赖圣德格天,有大赈之后,继以大有,时和而年丰,年丰而人乐”,正所谓“仓廪实而知礼节”,“礼义积而民和亲”,龚一发作

① 龚一发:《重修开元寺记》。龚葆琛:《福建福州通贤龚氏支谱》卷下《福州通贤龚氏文字》,厚斋公文,清光绪九年刻本。

② “管仲曰:‘吾始困时,尝与鲍叔牙贾,分财利多自与,鲍叔不以我为贪,知我贫也。’”司马迁:《史记》卷六十二《管晏列传》,北京:中华书局,1999年,第1695页。

③ 李淇、爱仁等修:《(光绪)虞城县志》卷三《庙祀》,清光绪二十一年刊本。

《重修义原寺引》,以嘉“邑人士之喁喁慕义”之志,以期以“古人之义”[①]教化民众。

四、治狱明敏，以德化民

龚一发少慕范仲淹之为人,“不治小谨而好恤人之困,及为县则谓可行其志矣。故所至皆有惠政,尤尽心狱讼”。其初仕即任宜阳知县,时有“宜阳民讼妻家匿其妻,指妻归宁时同行一人者为证”[②],而其妻家实未见女归,又怀疑其卖女,双方“以虚词诳迭相控”,“争不已”[③]。龚一发边听边思索,突然间对那个证人说:“拐某氏者,汝也!”其人“愕不能应而伏。一县相惊为神”[④]。有人很好奇,问龚一发是如何明断的,龚一发说:“吾见其目,睛屡转而左右顾”,其证词甚力,而“顾神气不属,若重有愧然者。聊试之,幸而中耳”[⑤]。其善于察言观色、识人断案,由此可略窥一斑。

乾隆二十二年,虞城水灾严重,城内一片萧条,“独衙前寻丈地闹如沸,酒坊饭肆夜张灯如昼,结浮屋,市饼饵瓜果,至密不容趾”。龚一发莅任后得知,此“皆乡民讼于官者。双方既集,吏不即为报,报而官不即讯,或讯不即结,累累待命。市侩蠹胥表里为奸,百物故高其值,以瓜分利。乡民至揭田产质子女为讼费”。龚一发说:“是不必禁也。”[⑥]“令持符者计里为期,逾刻法不贷。朝

① 龚一发:《重修义原寺引》。龚葆琛:《福建福州通贤龚氏支谱》卷下《福州通贤龚氏文字》,厚斋公文,清光绪九年刻本。
② 朱仕琇:《皇清诰授奉直大夫云南镇南州知州厚斋龚公墓志铭》。龚葆琛:《福建福州通贤龚氏支谱》卷中《福州通贤龚氏志铭》,清光绪九年刻本。
③ 龚葆琛:《福建福州通贤龚氏支谱》卷上《福州通贤龚氏支谱世系考》,清光绪九年刻本。
④ 欧阳英:《(民国)闽侯县志》卷八十三《循吏五上》,民国22年刊本。
⑤ 龚葆琛:《福建福州通贤龚氏支谱》卷上《福州通贤龚氏支谱世系考》,清光绪九年刻本。
⑥ 龚葆琛:《福建福州通贤龚氏支谱》卷上《福州通贤龚氏支谱世系考》,清光绪九年刻本。

至朝讯，夕至夕讯。”如此月余之后，“衙前乃净如洗”[①]。人们无不佩服龚一发断案之明敏。

如同历史上的大多数清官一样，龚一发审理案件往往是动之以情、晓之以理，力图维护当事者正常的礼法与亲情关系。他在林县期间，有富豪田文振与弟争家产，“控数官矣，各使人以千金馈”。龚一发怒而斥之，令其母当庭而坐，并敞开大门，让众人前来围观。龚一发说：“曲直吾不问，汝兄弟之控也几年矣？”“汝兄弟赀几何，今何如，损乎，益乎？”田文振兄弟皆默然不应。龚一发又说：“吾固知其损也。官之费若干，吏胥之费若干，讼师游客奔走饮食费若干。汝于此辈何亲而甘心奉之，汝以此让兄弟，事不已解乎？小人无赖利汝财，乘险抵巇，于其中取利。汝财尽，皆散走耳。他日有急，持斗米疋布相慰劳者，必汝兄弟也。且汝谓胜者荣耶？汝本大家，子兄弟皆国学生，而使垂白老母日匍匐公堂下。”[②]话音未落，其母已放声大哭。田文振兄弟皆“叩头流涕”[③]，“伏地哭不能起，叩首请无竟其事，相扶掖以出”，而“观者有泣下者”[④]。龚一发一言而解数年不决之讼，同时，也为旁观民众上了一堂生动的教育课。

五、允称循吏，入祀名宦

从乾隆十八年初入仕途，至二十九年以疾辞官，龚一发共宦豫四县十二载，所至之处，“崇正术”，“饬风化，举废坠”[⑤]，简政轻刑，兴学重教，仁爱百姓。去密县之日，“人持杯酒跪道左，十余里不绝。肩舆一步一止”，有以酾酒三受

---

① 欧阳英：《（民国）闽侯县志》卷八十三《循吏五上》，民国22年刊本。

② 龚葆琛：《福建福州通贤龚氏支谱》卷上《福州通贤龚氏支谱世系考》，清光绪九年刻本。

③ 龚葆琛：《福建福州通贤龚氏支谱》卷中《福州通贤龚氏志铭》，《皇清诰授奉直大夫云南镇南州知州厚斋龚公墓志铭》，清光绪九年刻本。

④ 龚葆琛：《福建福州通贤龚氏支谱》卷上《福州通贤龚氏支谱世系考》，清光绪九年刻本。

⑤ 龚葆琛：《福建福州通贤龚氏支谱》卷上《福州通贤龚氏支谱世系考》，清光绪九年刻本。

杖责者,“亦同百姓流涕送出境,其得人心如此”[①]。龚一发为官清廉,在虞城病归之日,“贫不能行”[②]。去任十余年,“民语及公辄流涕”[③]。乾隆三十六年,龚一发升任云南镇南州知州,后卒于官。[④] 著有《梅石山房稿》《都门存稿》《迟阴堂稿》等[⑤]。

道光二十八年,清廷允准“河南虞城县知县龚一发入祀名宦祠”[⑥]。后经山东巡抚丁宝桢奏请,清廷将龚一发编入《循吏列传》,同时入传的还有其祖“前两淮盐运使龚其裕”,入祀瑞州、吉安、怀庆名宦祠[⑦];其父“前江西广饶九南道龚嵘”,入祀饶州名宦祠;其子“前甘肃兰州府知府龚景瀚”,入祀兰州名宦祠[⑧]。自龚其裕至龚景瀚,四世皆为循吏,“皆祀名宦,海内称之”[⑨]。

(本文作者为河南省社会科学院历史与考古研究所副研究员)

---

① 龚葆琛:《福建福州通贤龚氏支谱》卷中《福州通贤龚氏志铭》,《皇清诰授奉直大夫云南镇南州知州厚斋龚公墓志铭》,清光绪九年刻本。

② 龚葆琛:《福建福州通贤龚氏支谱》卷上《福州通贤龚氏支谱世系考》,清光绪九年刻本。

③ 龚葆琛:《福建福州通贤龚氏支谱》卷中《福州通贤龚氏志铭》,《皇清诰授奉直大夫云南镇南州知州厚斋龚公墓志铭》,清光绪九年刻本。

④ 龚葆琛:《福建福州通贤龚氏支谱》卷上《福州通贤龚氏支谱世系考》,清光绪九年刻本。

⑤ 欧阳英:《(民国)闽侯县志》卷八十三《循吏五上》,民国22年刊本。

⑥ 《清宣宗实录》卷四百六十二,道光二十八年十二月甲寅:“入祀河南虞城县名宦祠。”龚葆琛:《福建福州通贤龚氏支谱》卷上《福州通贤龚氏支谱世系考》,清光绪九年刻本。

⑦ 曾任“河南怀庆知府,浚顺利渠,引济水入城便民”。《清史稿》卷四百七十八《循吏三》,北京:中华书局,1978年,第13040页。

⑧ 李慈铭:《祥琴室日记》,越缦堂日记本。

⑨ 《清史稿》卷四百七十八《循吏三》,北京:中华书局,1978年,第13040页。

龚氏与共工氏关系刍议

郭永琴

二十世纪八九十年代以来,随着经济的发展和人们文化意识的提升,各地相继出现了寻根问祖热,从而也加速推进姓氏研究向深入开展。众所周知,祖先崇拜是中华文明的一大特质,也是中华民族血缘联系的一种天然反映。而姓氏正是区分血缘关系的标识和符号。

一

"姓"开始出现于原始社会的母系氏族社会时期,是以母系血统为纽带的氏族的标识。到了汉代,《白虎通义·姓名》还说:"姓者,生也。"即言不同的姓代表了不同的女性祖先。《通志·氏族略序》也说:"女生为姓,故姓之字多从女,如姬、姜、嬴、姒、妫、姞、妘、婤、始、妊、嫪之类是也。"由此,"姓"的功用便是“别婚姻也”①。这是中国先民在种的繁衍过程中总结出的重要规律。进入父系氏族社会以后，随着生产力的发展，女性地位下降，“姓”的继承和区别开始由父系血统来确定。随着时间的推移，由于当时落后的家庭经济“决定着家庭公社最大限度的规模”，所以以血缘为依据的氏族“至迟经过几代之后一定要分裂的”②。因此，在同姓之中出现了不同的氏。但是氏和姓的作用有着很大的区别，《白虎通义・姓名》就指出：“所以有氏者何？所以贵功德、贱伎力。”而且“姓者，统其祖考之所自出；氏者，别其子孙之所自分”。因此，据顾炎武统计，“言姓者，本于五帝，见于春秋者得二十有二”③。而《风俗通义》和《潜夫论》中记载的氏已超过了600个。可见，先秦时期氏比姓要多得多。即便如此，能得氏之人必须是有身份地位的统治阶级成员。《左传・襄公十一年》记载晋国与鲁、卫、曹、宋、齐等国在亳会盟的载书中就有背盟者不仅要遭受祖先、神灵诛灭，还会受到“俾失其民，队命亡氏，踣其国家”这样亡族灭国的严惩。所以郑樵才说：“氏所以别贵贱，贵者有氏，贱者有名无氏。”④

战国时期是一个大变革的时期，原先维系贵族统治的宗法制和井田制受到破坏，人们的社会地位也逐渐发生了变化，许多贵族降为庶人，而原来的庶人、工商业者则凭借其经济力量和个人才华提升了社会地位，在社会交往中逐渐也有了氏。氏的普遍化使之日渐代替姓成为人们相互加以区别的标识，姓氏合一的趋势日趋明显。秦亡六国之后姓氏合二为一，这是因为“秦灭六国，子孙皆为民庶，或以国为氏，或以姓为氏，或以氏为氏，姓氏之失自此始”⑤。六国的贵族都失去了特殊地位沦为平民，氏“别贵贱”的作用也消失了，姓氏分离的意义也就消失了。

---

① 班固：《白虎通义・姓名》

② 恩格斯：《家庭私有制国家的起源》，北京：人民出版社，1972年，第34页。

③ 顾炎武著，陈垣校注：《日知录校注》卷二十三《姓》，合肥：安徽大学出版社，2007年，第1245页。

④ 郑樵：《通志・氏族略一》，北京：中华书局，1992年。

⑤ 郑樵：《通志・氏族略一》，北京：中华书局，1992年。

经过几千年的发展,姓氏不断增多。据统计,历代姓氏的总数达到了二万六千多个[①]。如此众多的姓氏得以流传不能不归功于古代的姓氏书。《周礼·春官·小史》载:“小史,掌邦国之志,奠系世,辨昭穆。”说明西周时期已经设有掌管姓氏世系的机构,《大戴礼记·帝系》及《世本》的原始文本应该就是从此而来。到了东汉时期,又出现了王符的《潜夫论·志氏姓》与应劭的《风俗通义·姓氏篇》(《风俗通义·姓氏篇》为逸文,今见者是从《永乐大典》辑出的)。魏晋南北朝时期,门阀政治盛行,门第高低成为晋身仕途的门槛,“以门阅相高,唯谱牒是稽。反映在传记中,两汉之家传、别传渐变为家谱、族谱。降及南朝,世谱之修撰成为一时风尚”[②]。此时姓氏与谱牒融为一体。唐代承先代遗风,世族门第理念仍然强大,即使是对后世产生了很大影响的林宝的《元和姓纂》也仍然带有谱系的性质。林宝的《元和姓纂》和宋代郑樵的《通志·氏族略》共同成为后世寻根问祖的必读之书。其实除了以上二书,邓名世的《古今姓氏书辩证》也是一部佳作。可惜的是明代以后已经散佚,今本为后人从《永乐大典》中辑出的残本。明清之后,姓氏书朝着纯粹的姓氏书和姓氏与名人传记合一的两条道路继续发展[③]。

可以说,近几十年来,姓氏学的兴盛正是中华民族几千年来考本寻根、承庥衍庆的继续。但是时间的流逝会带走很多记忆和记录,追本寻源,找到确实的初祖,并且与相应的人对应,其可能性很小。顾炎武在《原姓》中就指出“男子称氏,女子称姓,氏一再传而变,姓千万年而不变”。更何况,“自五季以来,取士不问家世,婚姻不问阀阅”[④]。可见,“氏族之乱,莫甚于五代之时”[⑤]。其实不止于此,姓本来就很少,姓氏合一后,氏成为姓氏的主流。更何况在两千

① 虞万里:《先秦至唐宋姓氏书之产生与发展》,《社会科学》2010 年第 9 期,第 119 页。
② 虞万里:《先秦至唐宋姓氏书之产生与发展》,《社会科学》2010 年第 9 期,第 122 页。
③ 虞万里:《明清以来之姓氏与姓氏书》,《史林》2010 年第 3 期。
④ 郑樵:《通志·氏族略一》,北京:中华书局,1992 年。
⑤ 顾炎武著,陈垣校注:《日知录校注》卷二十三《姓》,合肥:安徽大学出版社,2007 年,第 1267 页。

多年的历史长河中,还存在着各种各样的改姓、冒姓等现象。因此,一姓并非同祖是很正常的。比如,北魏孝文帝是鲜卑族,但是他却将自己的姓由拓跋改为元。而在中国历史上,早已有元姓。其他的例子更是不胜枚举。

二

就龚氏而言,根据现存家谱和姓氏书追源的话,其源头有八九个之多。但是每个姓氏都有一个最古老的源头,这是毋庸置疑的。根据前代姓氏书的记载,寻找龚氏最早的祖源,则又必须和共氏联系起来。《元和姓纂》载:"共,共工氏之后,或云共叔段后,今河内共城县是其地也。龚,《左传》,晋大夫龚坚。后汉蛮氏首有龚氏。汉有光禄大夫龚胜。"从记述看,林宝并未将共氏与龚氏等同,似乎各有所源。但是令人费解的是,《左传》中并没有龚坚此人的记载。不知林宝所本出自何处。其后的《通志·氏族略》对共氏和龚氏是这样记载的:"共氏,亦作恭,商末侯国。今河内共城,即其地也。文王侵阮徂共。其子孙以国为氏。晋有左行共华。或言共氏,共叔段之后也。又晋太子申生谥恭君,其后以为氏。此皆以谥为氏者。龚氏,《左传》,晋大夫龚坚。汉渤海太守龚遂。后汉巴郡蛮酋有龚氏。臣谨按:《项羽传》,义帝柱国共敖。颜师古云:'共读曰龚。'龚即共也,籀文从龙。又按:后汉巴郡蛮酋,罗、朴、督、鄂、度、夕、龚,凡七姓,是巴蛮亦有龚氏。"可见,郑樵在继承《元和姓纂》的基础上,将龚氏和共氏视为同源。可是,对于共氏始祖的确定,郑樵则要比林宝更为谨慎。他将共氏的始祖从共工氏转为商末侯国,只是地望是一致的,都是河内共城。同时,他还通过其总结的得氏体系,将晋国世子申生也作为共氏的祖先之一。而共氏和龚氏之所以为一,郑樵则是通过"共""龚"声同互通来加以解释的。那么这一解释是否有充足的证据呢?

许慎在《说文解字》中指出,"龚"和"供"都有给的意思,因此"共""龚"互通。段玉裁注也指出在《尚书》和《周礼》中都有借用“共”代替“供”的例子①。也就是说,从“共”“龚”互通来加以解释还是说得过去的。可是《说文解字》明确记载:“龚,给也,从共龙声。”而郑樵在《通志·氏族略》中却认为“龚即共也,籀文从龙”。二者的冲突在于“龚”的形音背后所代表的本源。其实段玉裁自己也发现了自相矛盾之处,他指出“龚”字是“俱容切,九部,按俱容于共得声,未详”②。同时,《说文解字》:“供,设也,从人共声。”段注:“俱容切,九部。”③也就是说,“龚”应该音共,而非音龙。

笔者从几件记载有“龚”字的青铜器入手,梳理出西周时期的“龚”字字形与意义。这些青铜器有段簋、多友鼎、毛公鼎、四十三年逨(佐)鼎、颂鼎等。其中,段簋所载之“龚”字为,多友鼎、四十三年逨(佐)鼎、颂鼎所载之“龚”字为。毛公鼎所载之“龚”字,则与以上三器有别,是在右边多出一个“兄”字,应当是“龚”字之异体。以上青铜器铭文所载之“龚”字都是从龙从廾。与《说文解字》所列篆文从共不同。我们知道,许慎《说文解字》所列之篆文“合以籀文”,而籀文是周宣王时期太史籀所作。说明到了西周末年“龚”字已经发生了异变,到东汉时期则完全定型。

再说“龚”字从廾。《说文解字》载:“収,竦手也。从从,凡廾之属皆从廾。”段玉裁注:“竦,敬也。按此字谓竦其两手以有所奉也。”④很明显,金文中的“龚”字,是两手奉龙之意。而《说文解字》:“共,同也,从廿廾。”段玉裁注:“二十人皆竦手是为同也。”⑤可见《说文解字》将“龚”字解释为给的意思,其实与“共”的意思是一致的。此外,青铜器铭文中的“龚”字有着不同的用途和意义也证明,在西周时期,“共”与“龚”是可以互通的。

---

① 段玉裁:《说文解字注》,杭州:浙江古籍出版社,1998年。

② 段玉裁:《说文解字注》,杭州:浙江古籍出版社,1998年,第105页。

③ 段玉裁:《说文解字注》,杭州:浙江古籍出版社,1998年,第371页。

④ 段玉裁:《说文解字注》,杭州:浙江古籍出版社,1998年,第103页。

⑤ 段玉裁:《说文解字注》,杭州:浙江古籍出版社,1998年,第105页。

多友鼎是周厉王时期的器物[①],其铭文记录了居于西北的猃狁入侵周土,多友奉武公的命令与其进行了多次战斗,将之击败,并向武公献俘,武公又将俘虏献给了周王,武公和多友都受到奖赏之事。在多友的征伐过程中,出现了若干地名,其中一个就是"龚"。《诗经·大雅·皇矣》记载"密人不恭,敢距大邦,侵阮徂共",说明龚地与密国相距不远。《汉书·地理志》"安定郡阴密县"条下,班固自注说:"《诗》密人国。"则密在今甘肃灵台县境内。二十世纪六七十年代,考古工作者在灵台白草坡发现了西周前期的墓地可为旁证。朱右曾《诗地理征》也说:"《地理志》安定郡有爰得县,爰重言之为阮,故城在今泾州东南,于密须为东北也。""泾州今有共池,即共也。……共池在今泾州北五里。"顾祖禹的《读史方舆纪要》卷五八"泾州百泉"条下说:"共池在州北五里。《诗》'侵阮徂共',……今之共池是也。"多友追击猃狁的路线是一路往西的,因此这里的龚地就是文献记载中的共,地在今甘肃泾川西北,平凉东南,靠近泾川。

毛公鼎、四十三年逨(佐)鼎、颂鼎都是宣王时期的。其中毛公鼎记载的龚字铭文为:"毋敢龚□,龚□乃务(侮)鳏寡。"四十三年逨(佐)鼎中也有相似的语句:"毋龚□,龚□,唯,又宥从,迺敄(侮)鳏寡。"二鼎文意全同,都是诫勉大臣不要贪污受贿的[②]。这里的"龚"字显然是动词,已与《说文解字》中的"龚"字意同。

而在颂鼎铭文中提到了"皇考龚叔""皇母龚姒",四十三年逨(佐)鼎铭文也提到了"皇考龚叔"。我们已知四十三年逨(佐)鼎的器主逨本人是出自单氏家族,那么他的父亲就一定不可能是龚氏,"龚"只能是其谥。颂鼎和四

① 李学勤:《论多友鼎的时代与意义》,《人文杂志》1981 年第 6 期,第 90 页;李仲操:《也释多友鼎铭文》,《人文杂志》1982 年第 6 期,第 99 页;李峰:《西周的灭亡——中国早期国家的地理和政治危机》,上海:上海古籍出版社,2007 年,第 153—154 页注。

② 李学勤:《四十三年佐鼎与牧簋》,《中国史研究》2003 年第 2 期。

十三年逨(佐)鼎都是西周晚期宣王时期的器物,说明至迟到了西周晚期,“龚”和“恭”已经有了相同的意思。段玉裁认为,“共”和“恭”不能相通值得商榷[①]。

虽然,颂鼎铭文中的“皇考龚叔”“皇母龚姒”和四十三年逨(佐)鼎铭文的“皇考龚叔”都非龚姓,但是西周时期,龚作为姓氏却是应该存在的。西周中期的段簋记载:“王蔑段厤,念毕仲子孙,命龚姛馈大则于段。敢对扬王休,用乍簋。”其中的龚姛当为龚姓无疑。而且,龚姛受到了周王的直接指派代王分封送给段采地,说明龚氏家族应当生活于宗周附近,龚姛当为周王的卿大夫。

我们知道甲骨文中的“共”与《说文解字》所保存的籀文“共”字字形基本相同[②]。此外,还发现了不少有“共”字铭文的商代青铜器。如共鼎、共父乙簋、共父乙甗、共父丁爵、共卣等[③]。同时在甲骨文和商代青铜器铭文中也发现了“龚”字。如“辛未卜,在龚贞:王今夕亡祸。”(《合集》36926)、“贞:侑于龚司?”(《合集》14814)等。青铜器则有龚子簋、龚女子觯、龚子觚、子龚鼎、子龚尊、龚卣、龚父觚等[④]。典型的带“龚”族徽的还有亚龚父辛尊等。这些甲骨文和商代青铜器铭文中的“龚”字和金文的“龚”字也是基本相同,说明商周金文中的“龚”字是一脉相承的。从甲骨文和商代龚氏族徽可知,龚氏家族在商代已经出现。这也证明郑樵所言“姓氏之别,起于商周”[⑤]是有一定道理的,同时其指出的龚氏始祖为商末侯国也一定程度上得到了证实。从文字演变来看,“龚”字从共,非从廾,是到了西周末年才发生的变化。但是,这还不能解释“龚”字的本义。“龚”与“共”二字之间的关系还需要进一步探讨。

---

① 段玉裁:《说文解字注》,杭州:浙江古籍出版社,1998年,第105页。
② 王心怡:《商周图形文字编》,北京:文物出版社,2007年,第210页。
③ 见《殷周金文集成》。
④ 王心怡:《商周图形文字编》,北京:文物出版社,2007年,第370—371页。
⑤ 郑樵:《通志·氏族略四》,北京:中华书局,1992年。

三

“共”字最早什么时候出现，现在还不能下定论。但是甲骨文中的“共”字确实已非常成熟，并有了一定的变化，且主要用作动词使用，说明“共”字出现与生产劳动有关，起源应该很早。但值得注意的是，其字形中出现有两手托举一方形或竖椭圆形物之状。而金文和篆文中的“龚”字则是两手托举着龙。那么这个托举之物是不是龙呢？商承祚先生的《殷契佚存》中第386版录有一残辞“□”，此字从龙从示，不见于字书。丁山先生认为它就是祷旱所用的玉龙，即“龚工”的本字[①]。此说颇有见地。单从字形上看，金文和甲骨文中的“龚”字都是双手捧着一条龙，有进行一种祭祀活动的意味。而此字恰恰说明，龙是殷商甚至更古时期的一种祭祀对象。中国古代文献中，对共工氏和龙的记载颇多，我们发现共工氏与龙有着密切的联系。

首先，在诸多文献记载中共工氏与水有着不解之缘。相关文献记载有：

《左传·昭公十七年》：“昔者黄帝氏以云纪，故为云师而云名。炎帝氏以火纪，故为火师而火名。共工氏以水纪，故为水师而水名。太皞氏以龙纪，故为龙师而龙名。我高祖少皞挚之立也，凤鸟适至。故纪于鸟。为鸟师而鸟名。……自颛顼以来，不能纪远，乃纪于近，为民师而命以民事，则不能故也。”

《国语·周语下》：“共工……欲壅防百川，堕高堙庳，以害天下。”

《山海经·大荒北经》载：“共工之臣名曰相繇，九首蛇身，自环，食于九土。其所呜所尼，即为源泽，不辛乃苦，百兽莫能处。禹湮洪水，杀相繇，其血腥臭，不可生谷，其地多水，不可居也。禹湮之，三仞三沮，乃以为

① 丁山：《中国古代宗教与神话考》，北京：科学出版社，1961年，第264页。

池。”

《管子·揆度》说:“共工之王,水处什之七,陆处什之三,乘天势以隘制天下。”

《史记·律书》曰:“颛顼有共工之际,以平水害。”

《淮南子·原道训》高诱注:“共工,以水行霸于伏牺,神农者也。”

《淮南子·本经训》载:“舜之时,共工振滔洪水,……舜乃使禹疏三江五湖,辟伊阙,导廛涧,平通沟陆,流注东海。鸿水漏,九州干,万民皆宁其性。”

《淮南子·兵略训》曰:“颛顼尝与共工争矣,……共工为水害,故颛顼诛之。”

这些文献于共工氏或贬或扬,不一而足。但是都说明了一点,共工氏的强大和水有着极大的关系。共工氏不仅善于治水,控制了水资源,而且将其作为武器运用到了战争之中。

共工氏的衰落,很可能还是与水有关。《国语·鲁语》韦昭注:“共工氏……在戏(牺)农(神农)之间。”《淮南子·原道训》高诱注:“共工,以水行霸于伏牺,神农者也。”《列子》张湛注亦说:“共工氏兴霸于伏牺、神农之间。”其说虽然不能尽信,但是共工氏兴起得较早应该是没有问题的。这也间接说明,水对于农业社会的重要性促成了水权掌握者在上古时期的领袖地位。因此,“共工之王,水处什之七,陆处什之三,乘天势以隘制天下”①。但是我们都知道水既是农业的命脉,也是古人生存的大敌。共工氏的地位升降也随着其对水的控制的成败而发生了变化。史书记载,共工氏与祝融、神农、颛顼、高辛、尧、舜、禹之间都有过战争。而在这些战争中,论及共工氏无不与水有关。可以说,共工氏是兴也于水,败也于水。共工氏对于治水、用水的彻底失败,使

① 《管子·揆度》

得本就不断分化的族群分化得更加迅速。共工氏的族群失去了对水权的控制,到后土时期开始转而主管土地,从此和水绝缘。

其次,龙与水的关系也很紧密。如:《洪范·五行纬》:"龙,虫之生于渊。"《左传·昭公二十九年》:"龙,水物。"《山海经·大荒北经》:"应龙畜水。"《管子·水地篇》:"(龙)欲下则入深泉,龙生于水。"又《管子·形势篇》:"蛟龙,水虫之神者也,乘于水则神立,失于水则神废。"《吕氏春秋·有始览》:"龙致雨。"经学者研究,龙可分为两种:有足之龙和无足之龙。而"有足之龙是远古一些部落将天空中的雷电和地上的鳄鱼视为一体的结果,无足之龙是另一些部落将雷电与蛇蟒视为同一物体的结果。正因为如此,龙才会既可升天,又可入渊;既可畜于沼,又可战于野"[①]。千百年来,人们将龙作为具有降雨功能的神来加以祭祀。可见,中华民族对龙的崇拜也是源于龙与水的关系。

最后,水是共工氏与龙之间的纽带。虽然,郯子在回答昭子的问题时说:"共工氏以水纪,故为水师而水名。太皞氏以龙纪,故为龙师而龙名。"[②]实际上,共工氏也是以龙为图腾的。《归藏·启筮篇》:"共工,人面蛇身,朱发。"《山海经·大荒北经》载:"共工之臣名曰相繇。九首蛇身,自环,食于九土。其所鸣所尼,即为源泽,不辛乃苦,百兽莫能处。禹湮洪水,杀相繇,其血腥臭,不可生谷,其地多水,不可居也。禹湮之,三仞三沮,乃以为池。"《淮南子·原道训》更说:"昔共工之力,触不周之山,使地东南倾。与高辛争为帝,遂潜于渊,宗族残灭,继嗣绝祀。"无论是氏族首领,还是有较高身份的社会成员,都将自己装扮成半人半兽,甚至连生活习性都与其图腾同一,其实就是图腾崇拜的一种反映。正如前面所说,龙有有足和无足之分,共工氏崇拜的可能恰恰就是无足之龙。《左传·昭公二十九年》云:"夫物,物有其官,官修其方,朝夕思之。一日失职,则死及之,失官不食。官宿其业,其物乃至。若泯弃之,物乃坻

① 王震中:《濮阳龙与龙之原型》,《濮阳职业技术学院学报》2012 年第 4 期,第 4 页。

② 《左传·昭公十七年》

伏，郁湮不育。故有五行之官，是谓五官，实列受氏姓，封为上公，祀为贵神。社稷五祀，是尊是奉。木正曰句芒，火正曰祝融，金正曰蓐收，水正曰玄冥，土正曰后土。龙，水物也，水官弃矣，故龙不生得。”可见，水官与龙之间有着直接的关系。但是《左传·昭公二十九年》同时记载：“少皞氏有四叔，曰重，曰该，曰脩，曰熙，实能金、木及水。使重为句芒，该为蓐收，脩及熙为玄冥，世不失职，遂济穷桑，此其三祀也。颛顼氏有子曰犂，为祝融；共工氏有子曰句龙，为后土，……后土为社。”这显然是共工氏衰落之后不能再掌管水权之明证。其实不仅是共工氏，就是原来以龙为图腾的太皞氏此时显然也已衰落了，连五官都未能列入。

虽然共工氏的后代不再与水打交道，但是人们还是保存了对于先祖共工氏的一些基本记忆。“共”字最早产生应该与生产劳动有关，取众人合力之意，因此最早也应该是作为动词来使用的。但是随着社会的发展，其意义丰富起来。作为图腾的龙被人们奉为祭祀的对象也渐渐成为惯例，反映在文字上就是“龚”字的出现。甲骨文中的“共”字虽为动词，但是其显示的双手捧物的形象则暗含着双手捧玉龙的意义在内。至迟到商代，龚氏家族已经形成，不仅如此，他们应当还建立了龚国，和商王朝之间保持着时叛时和的关系。到了西周时期，龚氏家族应该被迁移到了丰镐地区，成为周王的卿大夫。从文字角度来看，甲骨文和金文中的“龚”字都是一致的。直到西周宣王时期籀文出现后，“龚”字才开始从从廾转为从共。东汉的许慎因籀文字体，在《说文解字》中不仅将“共”作为本字，而且认为“龚”字从共龙声。此说显然有误，反倒是颜师古作《汉书·陈胜项籍传》注时指出，义帝柱国共敖，“共读曰龚”。郑樵据此指出“龚即共也，籀文从龙”。也就是说，“共”表音，“龙”表形，而龙代表了共工氏部族的图腾。可见，“龚”字出现当与共工氏有关，甚为古老。

虽然我们认为顾炎武所说的"氏族之书所指秦汉以上者大抵不可尽信"[①]对于姓氏研究具有重要的指导意义,但是,从共工氏奉龙为图腾到商代龚氏族徽和甲骨文中的"龚"字,以及商周金文中一脉相承的"龚"字中,不难看出,龚氏为共工氏之后裔无疑。

(本文作者为山西省社会科学院历史所助理研究员)

① 顾炎武著,陈垣校注:《日知录校注》卷二十三《氏族相传之讹》,合肥:安徽大学出版社,2007年,第1249页。

共工精神与龚氏传承

龚华荣

"共工是英雄。"这是毛泽东同志在1931年对共工的评价,龚姓的古今主要家谱均把共工氏尊为自己的始祖。作为龚氏子孙,我非常关注共工氏的历史渊源、精神风范及后裔龚氏的历史传承。下面谈点个人的看法。

近一段时间,我拜读了王大有、任乃荣、周光敏等古史学者有关共工氏在上古时代历史地位的文章,深受感染和启发。我认为共工精神,基本上可以用十六个字概括,即"顽强不息,开拓进取,延播文明,创造辉煌"。

认识和评价共工在上古时代不同历史时期的地位,应全方位参阅有关文献和古史专家的研究文章,实事求是地进行分析。

最早的《诗经》把古帝次序排列为太昊氏(伏羲氏)、共工氏、炎帝(神农氏)、黄帝(轩辕氏)、少昊帝(金天氏)、颛顼帝(高阳氏)、帝喾(高辛氏)、帝尧(陶唐氏)、帝舜(有虞氏)等,把共工氏列于伏羲之后神农氏、轩辕氏之前的第二位古帝。相传上古时代蚩尤氏与黄帝争帝,大战于河北逐鹿、阪泉之野,蚩尤战败,黄帝入主中原,《史记·五帝本纪第一》说"得胜者十四人",黄帝势力越来越大,以至于伏羲、炎帝等非黄帝族势力在中原被排挤。自此之后所修的中国史,实质上是以黄帝为正统的中原王朝更迭史,只把黄帝管辖的少数民族史列传于“本纪”之后。司马迁及各朝的历史学家所著的史料被文献化,引导着史学者对后世的研究,似乎黄帝是唯一的古代帝王,于是“万世皆系于黄帝”,黄帝便成了中华万姓之始祖。其实这不是历史的真实和全部。中华民族人文始祖“三皇五帝”的封号由来已久,可是对“三皇五帝”的具体人物认定,历史上却存在着分歧。东汉学者应劭在《风俗通义》中引《春秋运斗枢》说“伏羲、女娲、神农为三皇”。司马迁在《史记》第一篇只记“五帝本纪”,并未提及“三皇”。而宋代刘恕撰写的《通鉴外纪·包羲以来纪》中,举“伏羲、神农、共工”为三皇。把共工氏列为三皇之一,足以证明共工氏在历史上为人类作出过重大贡献,是一位值得敬仰、值得称颂的中华民族先祖。

按有些文献记载,炎帝族的历史与文明程度远远超过黄帝族。《史记·五帝本纪第一》称黄帝是“邑于逐鹿之河,迁徙往来无常处”,《帝王代纪》说黄帝比炎帝还晚八代方才发达兴旺。当炎帝族已进入农业阶段,黄帝族还处于游牧阶段。但是,落后的黄帝族正因是游牧民族,骁勇善战,富于冒险,而农业民族往往勇武不足,安于生存。结果落后的黄帝族竟打败了先进的炎帝族。炎帝族虽然失败,但整个民族的势力依然十分强大,足以与黄帝族进行抗衡。炎帝族从未被黄帝族完全征服与同化,只是你中有我,我中有你。现在的文献表述“炎黄子孙”,正是将炎黄并列为中华民族的共同祖先,而炎帝冠于黄帝之先,却客观反映了在古人心中炎帝历史悠久及其重要的历史地位。

史料记载,共工氏是炎帝氏族的骨干群体。其后裔能人众多、本领卓绝,集木、工、水、土等先进技术于一族,尤其善于治理水土,在天文历算知识和营造灵(神)台、居邑等技术方面也是首屈一指。《山海经·海内经》称共工是炎帝神农氏之后,列出的炎帝世系为炎帝、炎居、节并、戏器、祝融、共工、后土、信、夸父。《吕氏春秋》记载“神农十七世有天下”,这不是空话。“有天下”是当天下共主,《国语·鲁语上》称"共工氏之伯九有也",当时九州的范围,大致是西至秦岭,北到晋南,东到河南嵩山,南到豫西南。这说明共工氏在炎帝氏族内始终系霸权领导地位。当黄帝打败炎帝之后,共工氏继续领导炎帝部落联盟,与黄帝族的颛顼、夏禹作不屈不挠的斗争,并肩负着复兴炎帝氏文化传统和宗主地位的使命,《淮南子》记载:"昔者,共工与颛顼争为帝,怒而触不周之山,天柱折,地维绝。天倾西北,故日月星辰移焉;地不满东南,故水潦尘埃归焉。"这虽是神话传说,但实际上也反映了自然现象和历史的真实,故有"共工,职司水土"之说。上古时代洪水泛滥,据传说就是共工氏及其子孙后土疏通的。毛泽东写的"不周山下红旗乱","共工胜利了","共工是胜利的英雄"等词句,是毛泽东有感而发,他认为共工勇敢坚强,其敢于挑战强敌的精神值得工农红军学习,也只有具有这种坚韧不拔的毅力,才能打败对手、强敌。

在求生存、求发展的历史长河中,共工氏自祖居地昆仑山、甘肃河西走廊向陕西黄土高原、山西、河南迁徙,其后裔后来又向长江、珠江流域及黄河、辽河、黑龙江流域,东北亚甚至美洲迁徙。据有关共工氏的文献记载,共工在中原许多地方都留下了足迹,如共工裔太康氏曾在山东曲阜定居,伊州古称空桑的地方也曾是共工的领地。共工后裔一部分迁至今内蒙古的老哈河;而大部分共工氏仍留在太行山的豫西北、晋西南之间的黄河两岸繁衍生息,这个地方便是"共工伯九州"的"九州"中心地带。

必须注意到,有关文献指出上古时代民族迁徙,其族名随之,以民族为地名,大至领地,小到亭台、山水、墟邑村落几乎均为族名。因此,四海之内,凡发现同名之地,大多与氏族迁移分布相联系,它可以指证上古氏族的活动领域、生活年代,并能从中找出文化传播、文明分布与氏族同步发生、演变的证据。如今河南辉县市,历史上称为共水、共城,是共古国的最早都城,是共工之子句龙为避难而加龙为龚姓的生存活动中心区域。共工氏族自上古时代以来,逐步分成共、龚、土、句、芒等部落或国家。其后裔大部分为汉族、羌族、藏族,一部分为彝、土家、苗、布依、侗、傣、壮族。迁到美洲西部加利福利亚州、亚利桑那州、新墨西哥州的是仰韶文化大地湾炎帝、共工、畎夷等群系。迁到美洲的炎帝族裔后来成为赫比族和拉瓦霍族人。据说至今还能找到他们的后裔。

共工氏族不仅善于治理水土，同时具有其他各种生产技能，在启蒙炎黄民族文化、延播文明方面也是功昭德卓。据明嘉靖二十五年(1546)邵元善的《红崖诗》记载，在贵州省关岭布依族苗族自治县晒甲山端高6米、宽10米的岩面上书写的赭红色文字，是共工氏后裔书写的炎帝共工氏族谱。这块“红崖丹书”使用的是距今5800年至3000年间的上古文字，兼有古陶文、甲骨文、青铜器图腾族徽铭文之风，记载及摹画了先民的社会发明，特别是圭表、天文历法对后世影响无与伦比。因这些古代文字及崖画多是以矿物颜料与动物血等混合制作而成，所以经历千百年甚至万年不变色。迁徙到关岭晒甲山的炎帝共工支系居住地现在仍称“囟”。“红崖丹书”族谱立于晒甲山端石壁，主要是羌姜炎帝氏崇拜大山和巨石，它是共工氏设坊、树表、祭天、祭祖先的地方，让后世不忘来自何方。有文献认为，它可确证“红崖丹书”文字是汉、藏语系中的汉文字，由古羌苗夷文字发展而来，是炎帝系共工氏所使用的文字。“红崖丹书”记载了炎帝系共工氏的族谱和各代社会的主要发明，证实了古籍《山海经》所载的炎帝共工世系可靠无误，是炎帝族历史文献的实物遗迹；证实了古籍《易》所载的炎帝族群(含共工氏族)世世代代是天文学家、历法学家。“红崖丹书”是弥足珍贵的重要文物，值得共工氏族后裔大力保护。

专家认为，距今8000年至4000年，共工氏主要活动地区在太行山东麓，即南起现今的河南辉县市，北至河北北部长城和山西境内。这时期是共工氏文明的鼎盛时期，也是龚氏文明的积淀期。约在3000年前的某一时期，共工之子句龙因避祸在共字上加龙，易共姓为龚姓，并将其活动区域以辉县为中心向四方迁移，多数向南特别是向东南方向播延开来，形成了以“渤海堂”“武陵堂”为主要堂号的后裔族群。

河南辉县市是共工氏聚居时间最长、发展最快的祖籍地，在此建有规模可观的都城——共城。距辉县市4公里的孟庄遗址被评为“1994年十大考古发现”之一，为全国重点文物保护单位。它是研究共工氏族部落从原始社会向阶级社会过渡，以及夏商更替等历史主要事件的重要实物佐证。辉县市人民至今没有忘记共工氏的历史功绩，普遍赞誉共工是中华民族最早的治水英雄，尊共工为“水神”。辉县市领导从共工品质中凝练出新时代的辉县市精神为“艰苦奋斗、务实重干”，作为座右铭，带领全市人民大干快上，建设美好家园。

龚氏为共工氏族之后裔，是一个顽强抗争、团结开拓和名节传家的显赫姓氏。历史和今世人才辈出。今天我们研讨上古时代的共工氏发展史，龚氏后裔应更好地铭记并传承共工氏及历来龚氏先辈优秀的精神财富。要牢记“不忘历史才能开拓未来，善于继承才能善于创新”。我们传承共工精神，一是要善于学习中华民族传统文化的丰富哲学思想、人文精神、教化理念和道德准则，为龚氏族裔立身处世提供有益的启迪。要坚持古为今用，以古鉴今，善于把弘扬优秀传统文化和发展现实文化紧密结合起来。我们只有从历史走向未来，在延续民族文化血脉中开拓前进，才能完成好今天的各项事业。二是要教育、动员并协调龚氏宗亲积极投身于中华民族复兴的伟大事业。古人云：“修身齐家治国平天下。”龚氏族人要以贡献人类文明，服从社会进步为己任。培养艰苦奋斗、不怕苦累、不惧困难的优良品质，进一步弘扬共工氏勇敢坚毅、自强不息的大无畏精神，以务实的作风和开拓进取的工作态度去改变落后面貌，建设好龚氏家园，为祖国现代化作出应有的贡献。三是摒弃有损于家族团结的一切思维方法，提倡团结包容、互相学习、取长补短。不仅要加强龚氏族群内部的团结，更要加强与其他姓氏族群的团结。只有真诚团结，才能尽快完成弘扬民族优秀传统文化的各项任务和目标。“空谈误国，实干兴邦”，当前要脚踏实地把全国龚氏谱牒文化资料调查研究工作搞好，进而完成中华龚氏全族统谱编纂工作，为中华民族优秀文化宝库送上合格的龚氏谱牒文化成果。

今逢中华盛世,龚氏一脉相承。历史的车轮滚滚向前,推动着时代进步。我们坚信龚氏文化事业一定会继承和发扬下去,在实现中华梦的进程中贡献龚氏族群的力量。

(本文作者为中华龚氏文史研究会江西谱牒文化研究员)

对上古祖先的两点重认识

龚洪溢

我姓龚,从古至今,国人都认定龚姓来源于上古共工氏。这次研讨会的召开,有史以来首次会聚全国的专家、学者于一堂,对我祖先共工氏的定位、地位、源流进行专题研讨。这是我共工氏族后裔的荣幸,也是我先祖共工氏族的德福照耀。

对于先祖共工氏在中国上古时期5000多年中的生活历程,我认为有两点要明确和重新定位的必要。

一、共工氏族是炎帝第五代孙吗?这是要明确的。

正确答案应该是否定的。理由是:

1.三皇五帝时期,青海的德令哈地区、大风山地区,新疆的若羌地区,甘肃的阿克塞、敦煌、张掖、临夏、平凉、天水地区,宁夏的青铜峡、不周山、六盘山地区,陕西的宝鸡、咸阳、临潼、渭南、汉中地区,河南的灵宝、三门峡、洛阳、新乡地区,山西的河津、运城、曲沃地区等,都已经可以看见共工氏族团的身影,其后裔分支很多,枝叶茂盛、地位显赫。在当时社会中已是称雄九州的族裔,在朝中共工氏族的首领也是举足轻重的大臣。现在虽然寻找不到详细资料，按常理从时间上分析，共工氏族裔应该是中华人种在中国大西北发源初期繁衍过程中的一个分支。有学者研究认为，共工氏族起源于青藏高原的青海省柴达木盆地西部德令哈地区、大风山地区，由于自然灾害、战争和生存发展的需要，才开始迁入甘肃境内阿克塞、敦煌、瓜州、张掖发展。鼎盛时期在黄河中游。如果真是如此，应该可以说，共工氏族起源于青海，共工氏族的祖居地在甘肃临夏和宁夏不周山（即现在宁夏牛首山），中华龚氏的源头在河南（句龙被封后土，得姓在河南），龚姓祖居在河南辉县，这也是合情合理的了。

2.在古老的《世经》中，古帝排列顺序是：第一位太昊氏（即伏羲，生于前9771年，在位18年，卒于前9704年，终年67岁），第二位共工氏（查不到族谱记录），第三位炎帝神农氏（神农氏，生于前6780年，称帝33年，卒于前6730年，终年50岁），第四位黄帝（轩辕氏，生于前6962年，称帝36年，卒于前6897年，终年65岁），第五位少昊帝（金天氏，生于前6076年，称帝35年，卒于前6015年，终年61岁），第六位颛顼帝（高阳氏，生于前5927年，称帝25年，卒于前5875年，终年52岁），第七位帝喾（高辛氏，生于前5460年，称帝5年，卒于前5423年，终年37岁），第八位帝尧（陶唐氏，生于前4382年，称帝36年，卒于前4321年，终年61岁），第九位帝舜（有虞氏，生于前4187年，称帝21年，卒于前4107年，终年80岁）。

3.在《古今人物表》中排列顺序第一位是帝宓羲氏（伏羲氏），第二位是女娲氏（伏羲的妹妹），第三位是共工氏，第四位是容成氏（传说中的古帝）。

4.在中原地区共工氏族的后裔康回首领与女娲发生过战争，排列可以佐证共工氏族是与伏羲氏同时代的族团，解释了从伏羲氏至炎帝近3000年来其从黄河上游向中下游发展迁徙、繁衍生息和壮大的空白历史记录，以及在这一时期已是共工氏族强大显赫和活跃的鼎盛期的缘由。

5.如何解释《山海经》中的记录？古籍《山海经·海内经》中的记录是：炎

帝(生于前7016年陕西汉中洋县,建都陕西宝鸡陈仓,称帝49年,卒于前6948年,终年68岁)之妻,赤水之子听訞生炎居(生于前6972年,称帝33年,卒于前6915年,终年57岁),炎居生节并(生于前6936年,称帝42年,卒于前6873年,终年63岁),节并生戏器(生于前6895年,称帝49年,卒于前6824年,终年71岁),戏器生祝融(生于前6848年,称帝46年,卒于前6778年,终年70岁),祝融生共工(生于前6796年,称帝41年,卒于前6737年,终年59岁)。这里明确了共工是姜姓,炎帝的后裔。这里的共工看似一个人的名字,不是一个族裔。前面说过,在漫长的三皇五帝时期,各种记载都有共工氏族强大的身影存在,虽然三皇五帝的排列顺序有16种之多,有的将共工氏排在三皇的第二位,有的排在第三位,更多的是没有列入。而炎帝神农氏远晚于伏羲女娲氏政权2750年。如果共工氏与伏羲氏、女娲氏是同一个年代的部落,那也应该早过炎帝神农氏存在,为何在这里变成炎帝的第五代孙呢?唯一的解释是共工氏族团当时已由强盛转向衰落时期,处于势弱,为了积蓄力量,联姻归并入当时处于领先地位的炎帝族团,成为炎帝部落中独立的一系。实际上在这一时期,伏羲氏族也在衰落中加入了炎帝族团。在炎帝族团帮助下,共工氏族又复兴了,但不是炎帝第五代孙,是炎帝部落构成中的骨干一员,共工氏族首领在炎帝集团中一直处于霸主地位。所以,共工是一个独立裔系,并非一个人。但以前很多资料讲到共工时,学者、专家喜欢根据古老的《山海经》讲述,书中白纸黑字记载祝融生共工,那又如何解释呢?正像历史学家许顺湛先生认为的:"其实祝融也是伏牺(即伏羲)、女娲时代的族团,曾经战败过共工,后来祝融族团衰败了,炎帝族团又把祝融扶持起来,祝融族团在江水兴盛起来之后,发现共工族团首领被杀后一直有空缺,祝融协助共工族团确立了首领,共工族团又振兴起来。这应该是祝融生共工的真相。"这一点我也有同感,在炎帝时代,共工氏族已有很多后裔分支,遍布于青海、新疆、甘肃、内蒙古、宁夏、陕西、山西、河南、四川、河北、山东、湖北、贵州等地域居住,又以黄河中游的陕西西安以东、河南郑州以西、山西太原以南的三省交界地域为主要居住地,祝融是协助了当时在河南的共工氏的一个分支,可能是帝江、帝鸿部落,使他能够快速强盛起来,共工氏族与祝融氏族也因利益而发生过冲突,但不能认定是祝融生共工,更不能认定是儿子挑战老爸的战争。特将此点提出,请大家商榷,避免误导后人。

二、共工氏在上古时期的功与过要正确定位。

答案应该是八分功劳两分错。其理由是:

1.共工氏在上古时代是势强显赫、英勇善战的氏族,长期雄霸九州,多数时候掌管天地、刑罚,权势煊赫,霸而不王。各氏族、诸侯间摩擦纠纷都要共工出面调解,服务大众稳定社会,尽力治水服务于民,兴修水利服务于农,发明将一年划分为十二个月的历法沿用至今。按现在的说法,如果把当时社会作为一个企业来看,那么共工氏就是企业的总工程师。但共工氏在后人史记书中,大多时候都被定为反派人物,好斗、恶神、四凶之首、国患等不实之词被强加头上。从三皇至少昊、颛顼、尧舜禹时代,5698 年的历史(注:伏羲 9771 年,帝禹 4073 年,差 5698 年),很多族裔(国家)消亡了,而共工氏族仍长盛不衰,那么他必有贡献社会发展的伟绩和益民受爱戴的功劳,如果他是好斗族、恶神族、害民国患族,早就在历史潮流中消失了。

2.到底共工氏族对社会发展的功劳贡献在哪里?过失损害又有多大呢?这希望我们的社会科学工作者、考古专家、历史学家、对共工氏族历史感兴趣的研究人员,再进一步深入挖掘研究,探讨中华民族上古史及中华人种起源,不论是多元一体还是一元多支,都是以华夏整体为出发点。由于历史原因,寻找共工氏族聚落的资料稀少、零碎。在此,共工氏后裔龚氏子孙应感谢《中华源流》一书,其根据考古、石刻、岩画还原了共工氏族很多文化记录信息,用较客观公正公平的眼光看待中国上古 5000 多年的历史,正确评价共工氏的功与过。从今天的角度看,我认为,功劳应该是八分,过失应该是两分。从全局看,整个中国的中原地区治水和兴修水利、发展农业的时代到来,绝对少不了共工氏族的功劳,他解决社会转型问题,由游牧时代向农业时代过渡,由流动生存到耕种定居生存过渡,使民以食为天的大问题得到解决。在远古土建工程、土地利用和住宅建设方面共工也是祖师爷的角色;在氏族社会转型频繁的部落纷争中,从来没缺九州之伯共工氏为和事佬调解人的角色;在远古地理气候天文学的发展中也少不了共工氏发明天文历法的功劳。那为什么在历史记录中又将功与过颠倒过来写呢?按道理说,历史是对客观发生过的事件的记录,但编著记录者是人,编史是为当权者的政治需要服务的,败者无言,就是大家常说的"胜者为王,败者为寇"。孔孟、司马迁和后代专家、学者,只有记录歌颂胜利者皇帝的正史功绩,其他删掉或烧毁,不然作为当权者的皇帝看到是不高兴的,搞不好要被搬掉脑袋的。

3.共工为民为族敢于挑战权威、敢于斗争,客观分析,应该是胜多败少。在中国5698年的上古时期,记录共工氏族吃败仗的有九次,打胜仗的无一次,从这可以看出胜不录败全记的所谓正统历史观记载原则了。这根本无法解释共工氏族的不断发展壮大。当然,在每次打了败仗以后,就要总结教训,快速重整旗鼓,全力以赴恢复经济、发展生产、训练军队。如果依史记载是屡战屡败,共工在历史潮流中早就消亡了,还能有后面的屡败又屡战的生存吗?

4.敢于挑战必须要有实力和智慧。从今天来看,原始远古时代,战争主要是靠谋略、人力及拼搏的精神。只有用木质兵器、石质兵器和能用得上的器械奋力搏杀,才有取胜的可能。教训是大规模战争单凭实力是不能终胜的,只有权术谋略加实力才等于胜算,否则必失败。

5.大禹治水(前2133年至前2120年)的主要依靠力量也是共工氏族后裔的四个分支;共工治水靠的是自己的力量和各加盟国的支持,使水利民、利农业耕种,解决粮食问题,富民兴国。

6.在几千年漫长的治水过程中,由于当时科学技术发展水平的局限性、自然力量的不可抗拒性,出现失误、水灾,也是正常的。现代防洪抗灾都如此,有谁,有哪一个国家敢斗胆说防洪减灾可以做到万无一失!以前没有,现在没有,将来也不会有人敢这样保证。一旦出现洪水灾害,不能就认定是故意发动水战。至于好斗、残暴、恶神、四凶之首、国患,这都是后人有目的的恣意歪曲,迎合当权者的政治需要,目的是证明以伏羲氏、轩辕氏、颛顼、尧、舜、禹为代表的诸多帝王才是中华民族一脉相承的正统。所以今天我们翻开历史,大家看到的是自伏羲以下至颛顼、尧、舜、禹的功迹,而共工氏族在这段漫长的历史长河中辛辛苦苦为华夏社会发展付出巨大代价常常被忽略,共工被说成是经常祸害中国的邪恶部族。抹杀一个对中华民族发展作出巨大成就的族团的功绩,是不公平且错误的。世界几千年历史证明:恶有恶报,善有善报。在消失的历史长河中,凶残邪恶的部落(国家)一个一个消亡了,而共工氏族团经历了一代又一代,他们敢于与当权者斗争,但又缺乏权术谋略意识,所以才有屡战屡败的挑战记录。一个族团,只有拥有坚定的理想信念和团结的力量才能敢于屡败又屡战,在坚强不屈的抗争中发展壮大。今天欧洲、非洲、亚洲、美洲散布着的共工氏族族徽、族文化、迷宫图及后裔,足以证明共工氏族并非邪恶之族,而是对推动中华民族发展有显著贡献的族团。

可以毫不夸张地说:我们的先祖共工氏在历史上是十足的八分成绩,是一个有着几千年光荣传统的祖先,是一个优秀先祖的氏族。

三、知耻为勇,龚氏族裔要努力奋斗。

我们应该发扬先祖共工身上的什么精神呢?

1.要发扬心里装着国家、民族,有利于国家也有利于本族的大公精神。

2.要发扬坚强勇敢、不怕失败,屡败而敢于屡战的精神。

3.“水神”不是虚名,要发扬脚踏实地的苦干精神,努力奋斗,做出为社会化害为利的业绩。

4.要发扬家和万事兴的和谐精神,族盛靠团结,事兴靠联盟,持久靠贤良。

5.要发扬重视人才、钱财、文化、信息“四位一体”的精神，牢记一切要靠实力讲话的铁律。

6.要发扬忠、孝、信的优良传统，内团结外联盟，奖惩分明。

（本文作者为中华龚氏文史研究会广东龚氏宗亲会筹备会秘书长）

辉县与共工、龚姓关系研究

河南辉县市　龚姓祖源地

——简述龚姓的演变和名人

杨东晨

中华姓氏中的共、龚、洪等姓，均出自三皇之一的炎帝后裔共工氏，至今有五千多年的历史。其演变次序是：传说的姜姓炎帝后裔共工部落在发展中形成了共姓和共地，另一说是由共伯国形成共姓；后为避仇家杀害，有的共姓人在共字上边加龙字为龚姓，还有的共姓人在左边加三点水为洪姓。拙文则重点探讨龚姓的来源和发展，以与同仁和朋友交流。

一、共工氏形成的姓氏和地名在辉县市

1.共姓和地名出自炎帝后裔可信

《国语・晋语四》云："昔少典娶于有蟜氏，生黄帝、炎帝，黄帝以姬水成，炎帝以姜水成。成而异德，故黄帝为姬，炎帝为姜。"韦昭注："神农，三皇也，

生于黄帝前，黄帝灭其子孙耳，明非神农可知也。”其间的学术争论略而不述，燧人、伏羲、神农氏之“三皇”，在改革开放后均已挖掘成热点传说人物，各地编了不少有关书籍。专家、学者根据文献、考古、民间传说等资料研究，多认为三皇之一的炎帝神农氏是我国原始农业、中草药业等的代表人物，约生于6000年前。他的后裔氏族或部落延续至约5000年前，文献则以“生子”记载。

炎帝的世系，文献记载不一。关于共工氏的记载见于《山海经·海内经》：“炎帝之妻，赤水之子听訞生炎居，炎居生节并，节并生戏器，戏器生祝融，祝融降处于江水，生共工。共工生术器，术器首方颠。是复土穰，以处江水。共工生后土，后土生噎鸣，噎鸣生岁十有二。”《通鉴外纪》记载的八代炎帝，则是炎帝部落族团的首领。我认为前之炎帝下的七世人名，当为炎帝族团中的七大部落，在不断迁徙、繁衍中形成许多姓氏或地名。《左传·昭公十七年》云：“共工氏以水纪，故为水师而水名。”可见共工部落是善于治水和平整土地，进行农业生产的。《国语·鲁语上》云：“共工氏之伯九有也，其子曰后土，能平九土，故祀以为社。”后土任部落长后，仍号称共工部落，善于治理河流、发展农业生产，死后被先民奉为“社神”。郭沫若主编《中国史稿》曰：“在传说的炎帝后裔中，比较有点头绪的是共工部落。”①又说九有、九土、九州，均指伊、洛水流域，“可能来源于共工氏的九个氏族”②。原为有蟜氏部落居地的伊、洛水流域，均成为共工部落的生息地。炎帝部落族团为了扩大地域，向北发展，遂将有九个氏族的共工部落迁往黄河以北的东北部，营筑了聚落土城。大约至炎帝末世，共工氏改姜姓为共姓，遂将辖地也起名为共（今辉县市及其周边部分地区）。共工部落人多势众，与淇山之阳（今河南林州市）、羊头山（今山西高平市）等地的炎帝后裔部落互相支持，形成联合守卫北方之势。

---

① 郭沫若主编：《中国史稿》第一册，北京：人民出版社，1976年，第99—100页。
② 史国强：《中国姓氏起源》，济南：山东大学出版社，1990年，第123页。

2.黄帝时代的共工部落或古国

古史传说的黄帝为姬姓，距今约5000年，与第八代炎帝（名姜榆罔，又称参卢）约同代，其部落也属于炎帝部落联盟的一员。榆罔帝率族军去安抚东方欲叛乱的蚩尤部落时，黄帝部落也到了涿鹿（今属河北）。炎帝族军到了东方，蚩尤表示归服，让出故地（今山东曲阜）予帝居住。没有多久，拥有81个氏族的蚩尤部落反叛，炎帝族人战败，退至共工部落居地（今辉县市）联合共抗蚩尤军。两军交战，炎帝、共工又被击败。炎帝榆罔无奈，只好带残军退至涿鹿，联合黄帝族军共抗蚩尤。《史记·五帝本纪》云："黄帝乃征师诸侯，与蚩尤战于涿鹿之野，遂擒杀蚩尤。而诸侯咸尊轩辕为天子，代神氏，是为黄帝。"以炎黄为主体，联合东方少昊部落组成了华夏部落联盟（亦称华夏部落最高军事民主集团），定都于今河南新郑市。《史记·五帝本纪》载："官名皆以云命，为云师。置左右大监，监于万国。"不言而喻，共国（实为部落古国）是"万国"之一，也是共姓的起源地和龚、洪二姓的祖根地。史国强也考证："龚姓出自共工氏，与洪姓同宗。黄帝时有大臣共工，是炎帝后裔，管理水土之事，其后代为共姓。后分为两支，一支以共工水德，加水为洪姓；一支因共之子名句龙，继共工之职，后来为了避仇，遂在共字上加龙字，即成龚姓。"此说参考的是《古今姓氏书辩证》，比较宽泛，未指明共姓形成的地域和大约年代。但共、龚、洪等姓的脉络之说，则是正确的。

二、以封国地为共姓之说仍在辉县市

《姓源》云：共姓，以封地之国为姓，国君称共伯。我以为周朝的共伯国，仍是炎帝后裔共工所形成的共姓与部落古国的延续和发展。

1.夏商王朝的共国

公元前2070年夏朝建立后，大小部落多称为"氏国"。《史记·夏本纪》

云:“太史公曰:禹为姒姓,其后分封,用国为姓。”由此可知,夏代的共国应称共氏国(在今辉县市),国家弱小。商朝建立后,去“氏”而称共国。商王盘庚迁都于殷(今河南安阳)后,共国成为其郊区小国。详细情况未见文献记载。

2.周朝的共伯国

《史记·周本纪》载:武王“十一年(前1047)十二月戊午,师毕渡盟津(今河南孟津县),诸侯咸会”。十二年(前1046)“二月甲子昧爽,武王朝至于商郊牧野,乃誓”。正义引《括地志》云:“卫州城,故老云周武王伐纣至于商郊牧野,乃筑此城。郦元《注水经》云自朝歌(今河南淇县)南至清水,土地平衍,据皋跨泽,悉牧野也。”卫州城的修筑,是纣王抵抗周武王大军的军事设施,当时很可能叫牧野城(在今新乡市牧野区)。因卫州设于北周宣政元年(578),治所在朝歌(隋改卫县,今淇县)。唐朝贞观年间移治所于汲县(今河南卫辉市),故商代不可能叫“卫州城”。按共国位置,其统治者应是审时度势,叛商而归顺武王,参加灭纣王大军之战了。周朝建立(前1046)后,论功行赏,封共国为伯国。共伯国的活动和事迹,在周厉王以前的近200年内未见记载。“国人暴动”驱逐厉王(前841)后,才见到共伯国的一些记载。

3.共和行政

周厉王(前877—前841)名姬胡,执政30多年后,意志衰退,重用奸佞之人为大臣,侵吞资产,不管百姓死活。国人对王政不满,王又予以镇压。国人忍无可忍,举行暴动,驱逐厉王于彘(今山西霍州市)。太子姬静(一作靖)年少,逃于召公家。国人围之索要,召公将自己的少子交出,才保住了太子静的性命。

《史记·周本纪》云:厉王被逐后,“召公、周公二相行政,号曰‘共和’”。时为公元前841年。索隐则曰:“若《汲冢纪年》则云:‘共伯和干王位。’共,国,伯,爵,和,其名,干,篡也。言共伯摄王位,故云‘干王立’也。”正义引《鲁连子》云:“卫州共城县(今河南辉县市)本周共伯之国也。共伯名和,好行仁义，诸侯贤之。周厉王无道，国人作难，王奔于彘，诸侯奉和以行天子事，号曰‘共和’元年。十四年，厉王死于彘，共伯使诸侯奉王子靖为宣王，而共伯复归国于卫（州）也。”

以上史料说明，从炎帝后裔共工氏形成的共姓、共地、共古国，直到周朝的共伯国，都是一脉相承的。即共姓出自共工和共姓出自共伯国之二说是先后一致的，形成的地域也均在今河南辉县市。

三、天下龚姓人寻根拜祖之地

出自共姓的洪姓，多认为是共工为水德，加水旁而形成（亦有认为是避仇而加水旁的）。出自共姓的龚姓，则多认为是避仇而加龙字构成的。这两个姓氏何时形成未见文献记载。

1.江北的龚姓

古今姓氏书一般都说龚姓望族在武陵郡（汉高祖置），治所在义陵（今湖南溆浦县南）。辖境相当于今湖北长阳、五峰、鹤峰、来凤等县，湖南沅江流域以西，贵州东部及广西三江、龙胜等地。东汉移治所于临沅（今湖南常德市）。我认为龚姓家族的形成和分布，还是由北方向南方发展的。

《氏族大全》载：晋国有大夫龚坚。这个家族何时形成，无资料探寻。但其姓出自共且形成于春秋或战国时期，则是可信的。晋是大国之一，含有今黄河以北的河南西北部，龚坚家族当形成于这一带。追踪溯源，龚姓的祖根地仍是今辉县市。

汉朝（前206—公元25）时见于《汉书》的龚姓人增多。如龚遂字少卿，山阳南平阳（今山东金乡县西北）人，以精通经学为官，任昌邑王刘贺的郎中令。刘贺骄横，不学无术，遂多次上书劝其读经书，明为王之礼，不听。汉昭帝驾崩（前75），无子，举昌邑王刘贺入朝继位。他仍荒淫乱政，即位27天后被废，判其臣、吏死罪者200余人,龚遂以数次谏王得以活命。汉宣帝即位(前73)后,渤海(今天津,河北安次以南;文安,交河,阜城,宁津以东;山东乐陵,河北景县、安平以北)地区水灾不断,盗贼作乱,百姓惶恐。朝廷数次派官去治理,都未取得成效。丞相、御史皆上书举荐70余岁的龚遂出任渤海郡(治所在今河北沧州市东南)太守,宣帝准奏。他向宣帝上奏,不要派军镇压,授予他伺机行事、安抚百姓之权。宣帝召见,许诺。龚遂任太守,宣喻皇恩,开仓放粮济民,鼓励农桑,为盗者归乡务农,不再追罪,社会秩序在短短数月内得到了恢复。数年后,遂因政绩优异,被召回朝,拜为水衡都尉,病逝于长安。《汉书》以政绩,将他列入《循吏传》。

《汉书》中还记载有龚胜、龚舍、龚奋、龚调等。其中龚胜(字君宾)是武原(今江苏邳州市西北)人,龚舍(字君倩)是彭城(今江苏徐州市)人。因他们的家乡都属于汉朝所封的楚地区,故人们将同为朋友、重视名节的龚胜和龚舍合称为"楚两龚"。龚舍精通"鲁诗"和"明经"。汉哀帝曾先后征拜其任谏议大夫、博士、太山太守、光禄大夫等,龚舍皆以不同的理由予以拒绝,不奉职。他以"鲁诗""五经"在家乡收徒讲学,王莽居摄中(8)病逝,年68岁。龚胜秉性刚直,敢于上书揭露贪官污吏罪行,常常得罪权贵。哀帝任其为渤海太守,龚胜以病不任职而归乡。不久哀帝驾崩,平帝继位,拜其为太史大夫。王莽篡汉后,龚胜拒绝高官厚禄,归乡不出,不食莽粟而死,表现了汉臣不仕"新朝"的高贵气节。龚奋、龚调二人的事迹未详载。

东汉、三国、魏、晋时期,江北的龚姓家族依然存在并有所发展,限于篇幅,本文不多叙。

2.江南的龚姓家族或宗族

自秦统一中国又经汉代发展,南北的经济文化交流日渐频繁。一般认为,晋朝末年民族迁徙的规模开始变大,东晋时期亦然。《姓氏考略》云:"龚之先共氏,避难加龙为龚。望出武陵。"究竟何时在武陵郡形成龚姓望族,未见史书详载。记载南朝历史(420—589)的《南史》卷七十五《隐逸上》载:“龚祈字孟道,武陵汉寿(今湖南常德市东北)人也。”其叔伯祖父龚玄之,父亲黎人,均不应聘做官,成为饱学的隐士。他“风姿端雅,容止可观。中书郎范述见之曰:‘此荆楚之仙人也。’”。他才学出众,朝廷多次征辟做官,均不出任,以读书、写诗、作赋自娱,年42岁去世。这是武陵龚姓望族的正史之载。由此可以说,江南武陵龚姓望族的形成,大体当在南北朝时期。

3.宋朝至清末的龚姓名人

从正史看,宋朝以前龚姓人做大官者不多见。《隋书》《旧唐书》《新唐书》《旧五代史》等均未记载做官的龚姓人就是证明。到了宋朝,做官者载入《宋史》的有龚颖、龚茂、龚良、龚原等。明朝有龚鼎孳,今安徽合肥人,博学多才,诗文皆优,与吴伟业、钱谦益并称“江左三大家”。清代有龚自珍(1792—1841),浙江仁和(今杭州)人,是清代伟大的思想家、文学家。他从小天资聪明,喜爱读书,12岁便从外祖父段玉裁受《说文解字》之学,才气过人。其诗文皆有过人之处,诸子百家,无所不通。道光年间龚自珍考中进士,授礼部主事。在经学上,他是嘉道间提倡“通经致用”的今文经学派的重要人物。在哲学上,他持“性无善无不善”之说,反对孟子的“性善”论和荀子的“性恶”论,晚年受佛教天台宗影响颇深。其著作丰富,今人辑有《龚自珍全集》。

从清至今,龚姓是常见姓氏之一,也涌现出各行各业的先进人物。他们和其他姓氏人一样,为社会、为国家作出了重要贡献。在此需要说明的是,共姓(含龚、洪姓)还有出自东夷(今山东)少昊之子共工氏的,也有后世的少数民族为龚姓的,拙文就不再叙述了。

综上所述,共姓、共地出自姜姓炎帝后裔共工氏,起源地在今河南辉县市。周朝封的共伯国,是共古国的延续和发展,仍是在共地。以共伯国而得姓之说,同样是在今辉县市。共姓不论是因共工之子句龙而为龚姓,还是共姓人为避仇杀而加龙字为龚姓,祖根地都是辉县市。因此,海内外龚姓人士寻根问祖于辉县市是有理有据的。我们也完全坚信,天下龚姓人士的寻根拜祖活动,必然会推动祖根地辉县市经济和文化的进一步大发展!

（本文作者为陕西历史博物馆研究馆员）

共工氏与孟庄城址

马世之

共工氏即通常所说的共工,是我国古代历史上颇具神话色彩的人物。从为黄帝司水土,到被尧、舜放逐,整个五帝时代都可以看到他的身影,因而被誉为"天神"。走下神坛的共工,又壅防百川、侵凌诸侯,与颛顼争为帝,是一个有血有肉的凡人。大体而论,共工是一个氏族、部落或部族之名,也是氏族、部落或部族首领的称号,说其是诸侯或王均无不可。通过对古代文献与考古资料的梳理,我们有如下几点认识:

一、"怒触不周之山"的英雄

《淮南子·天文训》载:"昔者,共工与颛顼争为帝,怒而触不周之山,天柱折,地维绝。天倾西北,故日月星辰移焉;地不满东南,故水潦尘埃归焉。"在列国割据、群雄纷争、逐鹿中原的过程中,共工氏曾与华夏集团的盟主争夺最高统治权。其与"争为帝"的对象,诸书所载不一,《淮南子·原道训》说是高辛,《琱玉集·壮力》引《淮南子》为神农,《史记》司马贞补《三皇本纪》云祝融,《路史·太昊纪》曰女娲。其中“与颛顼争为帝”之说近古。其“怒触不周之山”的创举,受到后世很高的评价。毛泽东在《渔家傲·反第一次大围剿》中说道:“二十万军重入赣,风烟滚滚来天半。唤起工农千百万,同心干。不周山下红旗乱。”并在该词注释按语中说:“诸说不同。我取《淮南子·天文训》,共工是胜利的英雄。你看,‘怒而触不周之山,天柱折,地维绝。天倾西北,故日月星辰移焉;地不满东南,故水潦尘埃归焉’。他死了没有呢?没有说。看来是没有死,共工确实胜利了。”袁珂先生在《山海经校注》中也认为:“共工触山,‘折天柱,绝地维’,打破为颛顼所统治之旧世界,使世界局面为之改观,虽说‘不胜’,亦足见其‘猛志固常在’(陶潜《读〈山海经〉》)之斗争精神矣,谓共工为‘不死’,为‘胜利的英雄’,谁曰不宜?”[①]共工触山精神可嘉,实为古代一位“使世界局面为之改观”的英雄。

二、“壅防百川”的治水专家

共工氏与水有不解之缘,《左传·昭公十七年》载:“共工氏以水纪,故为水师而水名。”《国语·周语下》云:“昔共工弃此道也,虞于湛乐,淫失其身,欲壅防百川,堕高堙庳,以害天下。皇天弗福,庶民弗助,祸乱并兴,共工用灭。”韦昭注引贾逵曰:“共工,诸侯,炎帝之后,姜姓也。颛顼氏衰,共工氏侵陵诸侯,与高辛氏争而王也。”《史记·律书》谓:“颛顼有共工之陈,以平水害。”集解引文颖曰:“共工,主水官也。少昊氏衰,秉政作虐,故颛顼伐之。本主水官,因为水行也。”《淮南子·本经训》谓:“共工振滔洪水,以薄空桑。”《路史·太昊纪》说:“太昊(伏羲)氏衰,共工氏作乱,振滔洪水,以祸天下。”《国语

① 袁珂:《山海经校注》,上海:上海古籍出版社,1980年,第234页。

·鲁语上》载:“共工氏之伯九有也,其子曰后土,能平九土,故祀以为社。”《左传·昭公二十九年》云:“共工氏有子曰句龙,为后土。”杜预注:“共工在大皞后,神农前,以水名官者。其子句龙,能平水土,故死而见祀。”共工作为当时的一个诸侯,又长期在中央政府任职,担任“水官”,非常重视水利建设。在商周铜器铭文中,有一个“箕”字,其字形结构同甲骨文和金文中“共”字有相似之处,有可能把“箕”字误认为“共”字。这就是说,共工氏之“共”,原来或许是“箕”字的误读。“箕”字很可能就是共工氏及其氏族的代号或族徽。邹衡先生指出:“箕就是挑土用的土笼,或称土筐,或称土篮,或是拾粪用的粪筐,今天北方多用树条编制,南方多用竹篾编制,但其形状都作簸箕状。……据说当初共工平水土的方法是‘壅防百川,堕高堙庳’(《国语·周语下》),所以失败。所谓‘堕高堙庳’就是把高地铲低,低地垫高。这正与上引《论语·子罕》所谓‘为山’‘平地’的比喻相同,因此离不开用箕。正因为共工氏用此法平水土著称,所以箕(土笼,即[illegible])很可能就成了共工氏的代号(氏族名或部落名)。……因为垫土或筑堤的需要,也很可能由此而发明了夯筑法。”[①]徐旭生先生说过:“对于共工氏的传说颇不一致:有恭维它的,也有诋毁它的。可是不管恭维与诋毁,它的传说几乎全同水有关。……《国语·周语下》内说:‘昔共工氏弃此道也。’……‘弃此道’是说它抛弃了‘不堕山,不崇薮,不防川,不窦泽’的轨则。这是说古人任天地的自然,对于高山,不毁堕它使低,对于无水的低土不培累使高,对于河流不防障它使不流,对于积水不决开它使流。可是共工氏独不肯遵守这样的轨则,偏要防制河流,把高地铲低,低地垫高。……不肯任天地的自然,却想去改变它;……大约这个氏族居住在黄河转折,水患严重的地方,自然要焦思极虑,寻找防范它的方法。这是人类对于自然的初步斗争,并不是共工氏特别荒谬。他们找到的方法还很原始,就是修筑土围子式的

① 邹衡:《夏商周考古学论文集》,北京:文物出版社,1980年,第286—287页。

堤防。句龙所用未必同将来失败的首领所用的方法有重大的差别。大约当他的时候,霖雨较少,他也精神奋励,一半由于天时,一半由于人事,就得到很大的成功。以后氏族兴盛,声名洋溢于各部落中间。由盛而骄,又碰到气候的变迁,天时人事交互震荡,就得到覆亡的结果。看他们在败亡的前夕,还在'堕高堙庳',这就是说他们还在把高处的土运到低地方,把低处堙塞起来以杜水患。这又可以证明他们在恶劣环境的下面,对于水患仍作极大努力的挣扎。……看《淮南子》中所载关于共工氏的后期神话,就足以证明这个氏族曾经烜赫一时。"[①]由于时代的限制,共工治水的方法还比较原始,因而未获成功。但他在恶劣环境下参加抗洪治水、同水患作斗争的不屈精神,应当发扬光大。共工不失为中国历史上最早的一位治水专家。

三、"四凶"案的受害者

唐虞之世,帝尧挑选接班人时,讙兜推荐共工,尧以共工能言善辩、貌似恭顺为由而不用。后来,讙兜再次举荐共工,尧仅给了他一个工师的职位,因为"淫辟"而被放逐。据《史记·五帝本纪》载:"尧曰:'谁可顺此事?'……讙兜曰:'共工旁聚布功,可用。'尧曰:'共工善言,其用僻,似恭漫天,不可。'……讙兜进言共工,尧曰不可而试之工师,共工果淫辟。四岳举鲧治鸿水,尧以为不可,岳强请试之,试之而无功,故百姓不便。三苗在江淮、荆州数为乱。于是舜归而言于帝,请流共工于幽陵,以变北狄;放驩兜于崇山,以变南蛮;迁三苗于三危,以变西戎;殛鲧于羽山,以变东夷:四罪而天下咸服。"共工、三苗、驩兜与鲧并称为"四凶",这就是中国上古史上著名的"四凶"案。其中除三苗"数为乱"外,其余三人都没有什么实质性的问题,很可能是一桩冤假错案。

① 徐旭生:《中国古史的传说时代》(增订本),北京:科学出版社,1960年,第137—139页。

楚国伟大诗人屈原早在2000多年以前就对此提出质疑，他说："不任汩鸿，师何以尚之？佥曰何忧，何不课而行之？鸱龟曳衔，鲧何听焉？顺欲成功，帝何刑焉？永遏在羽山，夫何三年不施？伯禹腹鲧，夫何以变化？"[①]译成现代的话就是：鲧不胜任治洪水，那么为什么又深孚众望呢？都说不必担心，何不让他试试看呢？鸱龟首尾相连，何以启发了鲧筑堤的想法？顺此以求成功，天帝为什么要加以刑罚？永远沉冤于羽山，为什么三年不陈其尸体？大禹和刚愎的鲧，其间的变化出于什么道理？林庚先生据此指出："屈原在治水问题上，总是为鲧鸣不平。……言外之意，也就是说鲧原是无罪的。"[②]共工的情况与鲧有点类似。清代学者崔述有言："共工氏之为帝为霸，不可考矣；但以《春秋传》推之，则与黄、炎、二皞固未有差别也。"[③]一个功德无量可与炎帝、黄帝、太昊、少昊相提并论的人，本应尊为中华人文始祖，却被打成"四凶"之一，这不是冤案是什么？我们可以明确地说，共工是无罪的，他是"四凶"案的受害者。

四、中华龚姓的始祖

龚姓是中国人口最多的姓氏之一，当代汉族龚姓人口200多万，位居全国大姓的第99位，大约占全国人口的0.17%。关于龚姓的来历，文献记载源自共工。《元和姓纂》载："共工后有共、龚二氏。"《古今姓氏书辩证》指出："其先共氏避难，加龙为龚。"《万姓统谱》也说："龚氏之先共氏，避难加龙为龚。"袁义达、张诚先生指出："共工氏在夏朝之前是一支十分强大的部落，共工氏之后有共氏。古代共、恭、龚三字通用，龚氏即共氏。一说，共氏之后分为两支，一支是以共工氏属五行中之水，加水为洪姓；另一支因黄帝时的共工氏之

① 《楚辞·天问》。
② 林庚：《〈天问〉笺释》，《天问论笺》，北京：人民文学出版社，1983年，第13—15页。
③ 崔述：《补上古考信录》，《崔东壁遗书》，上海：上海古籍出版社，1983年，第41页。

子句龙，继承父职，为黄帝之土正，管理土地，因其后避难，遂在共字上加龙字遂成龚氏。”[①]由此可知，龚与共、洪系出一源，均来自共工氏，共工为其得姓始祖。

五、孟庄城址是共工氏的中心聚落

共工氏的主要活动地域在太行山东麓一线，即南起河南辉县，北至河北北部长城以内和山西境内。特别是河南辉县，境内共北山（苏门山）与共水（百泉河）为共工氏旧墟。20 世纪 90 年代，在辉县市孟庄镇发现一座龙山文化城址，其时代与地域均与共工氏相符，应是共工氏的部族中心聚落，或称之为共

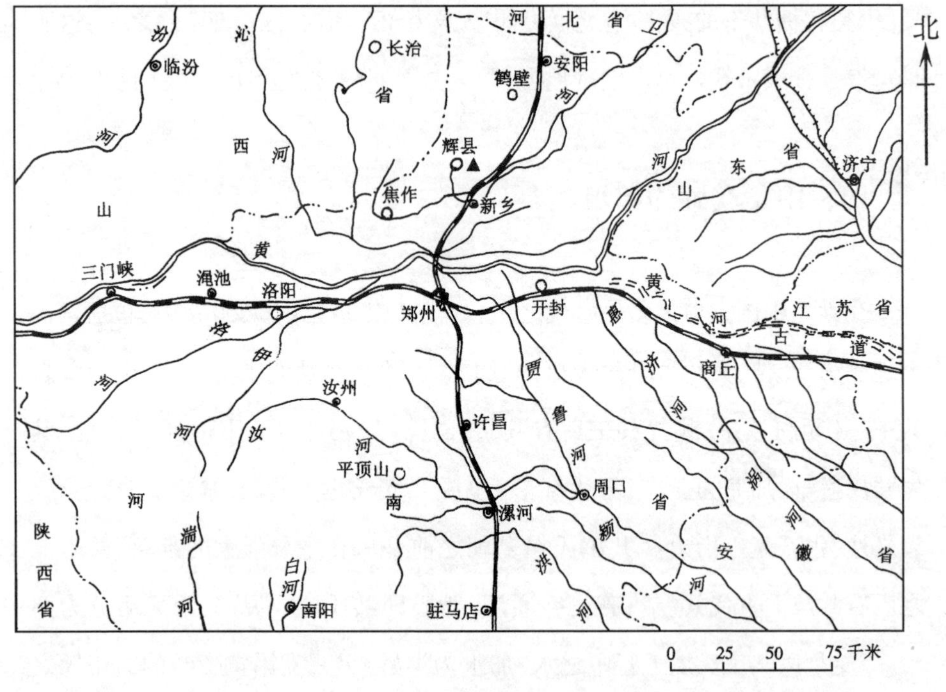

孟庄城址位置图

① 袁义达、张诚：《中国姓氏：群体遗传和人口分布》，上海：华东师范大学出版社，2002 年，第 440 页。

工氏之都城均无不可，实为共工文化的重要标识，也是中华龚姓及共、洪诸姓的发祥地，应当引起学界的特别关注。

孟庄遗址位于辉县市东南孟庄镇东侧的台地上，是 1951 年发现的，当时初步认为是一处商代遗址。1992—1995 年，河南省文物考古研究所为配合孟庄镇的基本建设，对该遗址进行考古发掘，发现孟庄遗址包含有裴李岗文化、仰韶文化、龙山文化、二里头文化、商文化及东周文化等多种文化遗存，在遗址西北部发现一处龙山夏商三叠城。

辉县市位于河南省北部，地处豫北太行山南麓，地理坐标为东经 113°57′，北纬 35°26′。西北与山西陵川县毗邻，北与河南林州市相邻，东连新乡市，西南同修武县交界，正南与获嘉县接壤。横跨我国第二级地貌台阶向第三级地貌台阶过渡地带。西北部太行山为第二级地貌台阶（山西高原）外沿，北部低山、丘陵、盆地和平原为第三级地貌台阶。从西北部中山，到北部、东北部低山

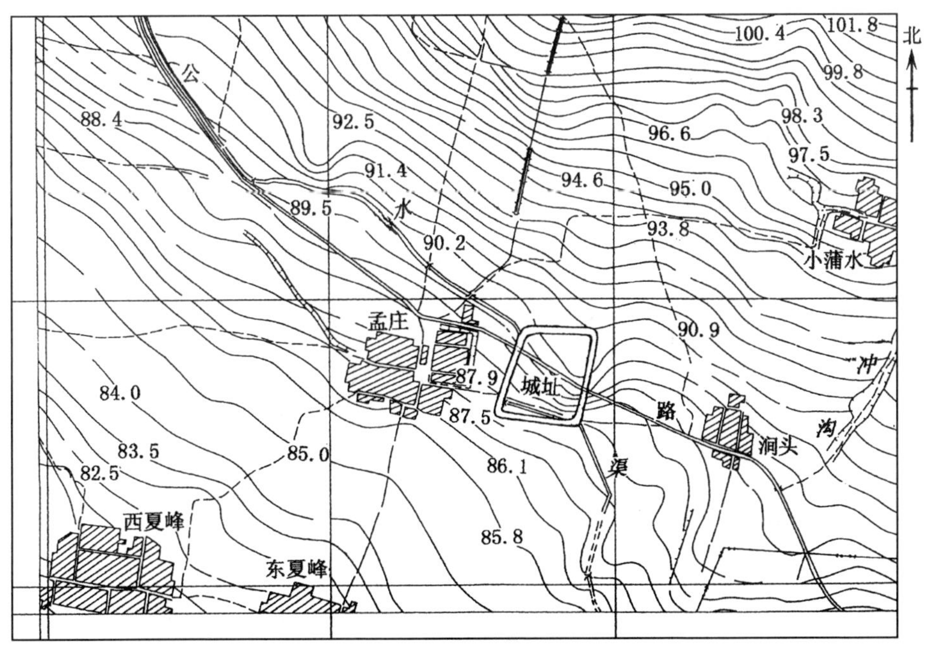

孟庄城址地形图

丘陵,向南转为平原,以阶梯状降低。太行山脉在境内呈弓形向东南突出,总长 65 公里,北段较短,西南段稍长,海拔多在 1500 米以上。主要河流为百泉河、黄水河、五村河和峪河,均属卫河支流;南村盆地诸河皆为淇河支流。孟庄城址位于第三级地貌台阶的前倾斜冲积平原上,地势平坦,土壤肥沃,十分适宜农业生产。

孟庄龙山文化城址的平面略近梯形,四面城垣均为直墙,东城墙最长,长度为 375 米;北城墙残长 260 米,复原长度 340 米;西城墙在 20 世纪 60 年代初农民挖孟庄渠时全部挖去,现复原长度 330 米。南城墙已不存在。从已发掘且保存较为完好的东墙和北墙看,主体城墙基础部分宽 13—14 米,内部附加部分 6—7 米,城墙保存最好部分仅高 0.5—1.2 米,保存差的地方仅高 0.05—0.2 米,因此城墙在 1.2 米以上的高度无法确知。城墙的筑法是铲高垫低,先将地基整平,然后在内外两边取土分段堆筑而成。夯层不很规整,厚约

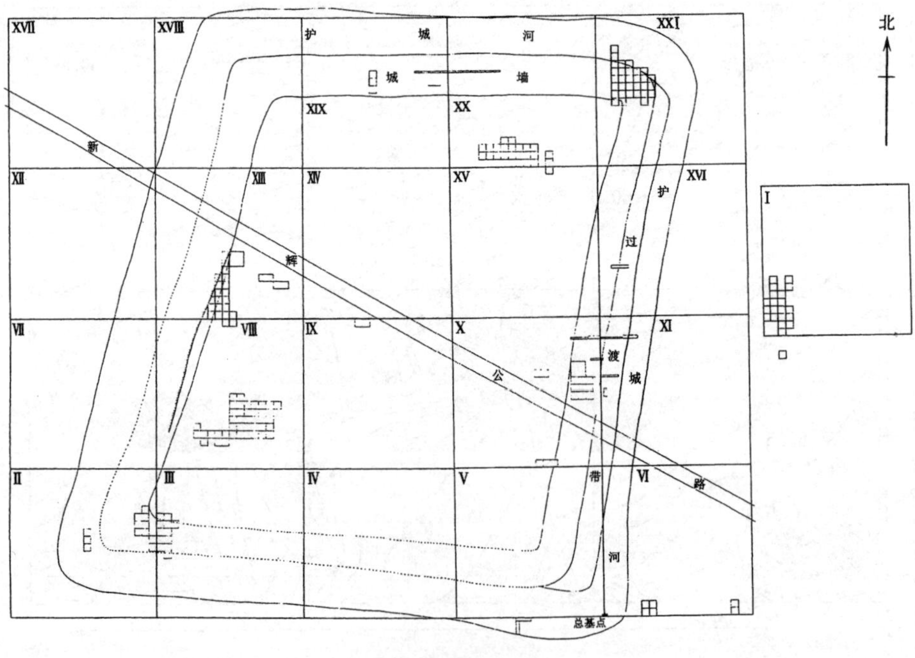

孟庄城址平面图

10—15 厘米。城墙内侧设有夹板以便增加墙体的高度，东、西、北三面城墙的墙体内侧都发现有夹板留下的木板灰痕及向生土下挖的固定木板的基槽，夹板向内侧为护坡，夹板以外为墙体。内侧取土沟较窄，外侧取土沟较宽，即护城河。

城内面积为 12.7 万平方米。

城址东城墙中部发现有城门，西墙中北部有大的缺口，已探出部分宽约 15 米，从发掘的情况看此段龙山文化城墙在二里头文化之前已被洪水冲毁。南墙已不存在，是否有门已无法知晓。北墙中部墙体保存也较差，经发掘未发现城门迹象。东门为长方形，位于东城墙中部，已发掘部分长 17.5 米，西部还有 1 米左右未发掘，宽 2.1 米，残高 0.2—1 米。里边有多层路土。门道两侧发现有东西向基槽，贴近墙壁的一侧有竖置的木板灰痕。

城的外围有一周护城河，河宽约 20 米，距今地表深 5—6 米。从东城墙发掘的情况来看，墙外有 10 米的斜坡，应为城墙与护城河之间的过渡带。

发现的遗迹有房址、灰坑、水井、墓葬等。

龙山文化晚期房址 9 座，大都分布于遗址北中部和中西部，多为地面式建筑，平面形制多为长方形，少数为圆形。屋内及四周有圆形柱洞，居住面一般经火烤或涂抹白灰。城内西南部和中北部发现许多灰坑，一般为贮存食物而废弃后的窖穴。遗址中南部发现水井 4 眼，井口均为长方形，深 4 米左右。井底多堆积有用于汲水的高领陶瓮。此外，还发现 17 座土坑墓和 4 座瓮棺葬。

孟庄龙山文化遗存可分为三期：孟庄一期的年代为公元前 2800 年—前 2500 年；二期为公元前 2400 年—前 2300 年；三期为公元前 2300 年—前 2100 年。龙山文化城址始建于龙山二期一段，毁于龙山三期较晚阶段。①

孟庄龙山文化城址位于百泉河之滨，高大的城垣虽有防洪的功能，但如果

① 河南省文物考古研究所：《辉县孟庄》，郑州：中州古籍出版社，2003 年，第 87—109 页。

山洪暴发，城垣抵挡不住洪水的冲击时，古城便会毁于一旦。袁广阔先生根据考古资料，找到孟庄龙山城址在龙山文化晚期至二里头时期以前毁于洪水的迹象，这主要表现在以下几个方面：

1.孟庄龙山城址的城垣东、西、北三面都经过正式发掘，发掘发现城垣是由内外取土堆筑而成，内外都留有一条壕沟，外侧为护城河，河底距当时地面3.8—4.8米深，城河宽约20米，仅将城河内的土堆筑加于城墙之上，当时的城墙高度在4米左右，但该墙在二里头时期东墙内侧保存的高度仅为1米左右，在西墙内侧仅有0.5米高，在两墙内侧都发现有修补的夯土，这是二里头文化筑城之前受洪水或大量雨水冲刷的结果。

2.孟庄城垣内侧有宽6—8米的壕沟，深达3米左右。东、北、西三面墙发掘10余个探方、深沟的资料表明，内侧壕沟中淤积厚1.5米，含有龙山文化各时期陶片的淤土。此外，南北城河的发掘表明，护城河中与之同样的淤土有2—3米，这些淤土应是持续一定时间的雨水造成的。

3.最能表明孟庄龙山城毁于洪水的证据是西墙的中段，该墙中北部有一大的缺口，已探出部分有15米宽，从已发掘的T128看，原有的龙山城墙夯土已全部被洪水冲掉，且洪水在该探方内下切入生土达1.5米左右，由西向东伸去。冲沟内的淤土中包含有龙山文化各个时期的陶片。在西城墙的这段切口处，二里头时期的人们清除了这里的大部分淤土，然后用夹板夯筑成二里头时期的西城墙，这说明该缺口是二里头时期之前形成的。

考古文化的变化表明孟庄龙山城址被毁的时期是龙山文化末期或孟庄二里头时期之前。辉县市孟庄的主要洪水遗迹发现于龙山文化末期。[①]

孟庄城址属河南龙山文化孟庄类型遗存。此一考古文化类型可能同共工之间存在一定的联系。共工氏的主要活动地域在太行山东麓一线，辉县孟庄

① 袁广阔：《关于孟庄龙山城址毁因的思考》，《考古》1985年第1期。

古城应为共工氏的中心聚落。徐旭生《中国古史的传说时代》论及共工氏兴亡史时,就谈到这个问题。他说:

> 共地(辉县)正当黄河转折地方的北岸,为河患开始的地方。并且黄河已经受纳不少的支流,而山西的汾、陕西的北洛、渭、河南的洛、沁,全是大川,所以到东方,水量更加丰富,为患也才厉害。淇、共诸水汇流,水量大致可观。因为共有古代著名的氏族,所以淇水虽是来源较远,流量较丰,可是还不能夺共水(洪水)的名字。黄河在上游不能为患;初入平原,纳了共水,才奔腾冲击,构成大患。共地的居民没有远出考察,不知道黄河迳流山间、原间及平地的关系,只看见它原来不能为患,纳了共水,才无法制约,酿成大患,很容易误会祸源不属于河而属于共。……东方未能远出的氏族或误认淇、共诸水的源为黄河正源,也很难说。[①]

孟庄龙山文化城址位于辉县百泉河河滨,百泉河古称洪水(共水)。考古发现孟庄古城被洪水冲毁的时间为龙山文化晚期,其中上限相当于共工治水的时期。气象学研究表明,中原地区在河南龙山文化时期正是降雨量较多的时期,加上黄河改道——从流经苏北平原入海改道横穿河北平原中部注入渤海——使淇、共诸水汇入黄河,导致洪水泛滥。共工氏曾经参与了抗洪治水,虽"欲壅防百川",但并没有能够制止水患,保护好其最高权力中心,孟庄龙山文化城址就是在这样的历史背景下被洪水淹没的。

(本文作者为河南省社会科学院研究员)

① 徐旭生:《中国古史的传说时代》(增订本),北京:科学出版社,1985年,第137页。

共工氏的神话传说[①]

李玉洁

共工氏本是在伏羲、神农之间的一个古帝王,或称“伯”“霸”,或称“王”。中国古代的“伯”“霸”“大”“王”都有相似的意思。帝尧时期,共工氏曾为帝尧的四岳和水官,为平水土、治理江河、开发农业做出很大的贡献。共工氏的儿子句龙被封为后土神灵。但是共工氏由于反对帝尧把君位禅让给帝舜,被帝舜放逐,“流共工于幽州”。我国历史上出现的共工氏与颛顼氏、高辛氏、祝融氏争为帝的神话传说,当是帝舜在放逐共工氏之后出现的。虽然共工氏曾被帝舜打败,但是共工氏在我国远古时期的贡献是不可磨灭的,仍然放射着璀璨的光芒。

① 本文系国家社科基金重大项目“大遗址与河洛三代都城文明研究”(批准号:13&ZD100)中期成果。河南省教育厅人文社会科学基地项目“魏文化在黄河文明中的地位”(批准号:2012-JD-011)阶段性成果。

一、共工氏活动的地望

共工氏是炎帝之后的古代诸侯。《国语·周语》贾逵注曰:“共工诸侯,炎帝之后,姜姓也。”《山西通志·氏族一》亦云:“吕氏出自姜姓,炎帝裔孙为诸侯,号共工氏。有地在弘农之间。”共工氏为炎帝姜姓后裔,而且是“有地”的,即拥有地域的王。

《管子·揆度》云:“燧人以来,未有不以轻重为天下也。共工之王,水处什之七,陆处什之三,乘天势以隘制天下。”唐房玄龄注:“共工氏继女娲有天下。”

《礼记·祭法》云:“共工氏无禄而王,谓之霸;在太昊、炎帝之间。”

从以上记载可以看出,共工氏是古代一个非常强大的部族。但共工氏活动的地望在何处呢?

中国古代部族的名字一般与所在地的地名有关,共工氏部族的名字也应如此。共工氏最早活动的地域当在周代的共国,那里因共山而得名。根据古籍记载,共山在今河南省的辉县市。

关于共山的说法大约有两种:一种说法在今河南省辉县市,另一种说法在今河南省济源市。

《水经注·济水》云:“济水出河东垣县东王屋山,为沇水。……潜行地下至共山,南复出于东丘,今原城东北有东丘城。”《明一统志·彰德府》云:“共山在辉县东北八里,俗呼九山,以九日登临故名。昔共伯逍遥得道于共山之首,即此。”《大清一统志·怀庆府》云:“共山在济源县北十二里,即蒸川南山。”郦道元《水经注》云:“沇水潜行地下,至共山南复出。”这里所说的“原城东北有东丘城”,是今河南省济源市。

《尚书·禹贡》云:“北过降水,至于大陆。”宋林之奇《尚书全解》注:“河自华阴以至大伾皆东流。自大伾然后折而北流,大伾之西,则南河也。其折而北流,始谓之东河。降水,《汉书·地理志》水经皆从系,与绛县之'绛'同字。汉孔氏但以为水名,不著所在。唐孔氏以为在信都,郑氏谓洚读为降;下江反,声转为共。河内共县,淇水出焉,盖以此为绛水也。……今河内共山,淇水、共水出焉。""降"古音读作"共","降水"就是"共水"。这里所说的"河内共县"就是今河南省的辉县市。

《水经注·清水》云:"城在共县故城西北二十里,城南有安阳陂,……即共和之故国也。共伯既归帝政,逍遥于共山之上。山在国北,所谓共北山也。"《太平寰宇记·河北道五·卫州》云:"共城县东北六十二里旧十二乡,本共伯国也。……共山在县北十里。"惠士奇《礼说·夏官二》云:"今河内共山,共水出焉。古音降读为共,今之共水,古之降水。"宋王应麟《诗地理考·序》云:"《郡县志》卫州共城县,本周共伯国,共伯奉王子靖立为宣王,共伯复归于国。"《明一统志·彰德府》云:"共山在辉县东北八里,俗呼九山,以九日登临故名。昔共伯逍遥得道于共山之首,即此。""共山在济源县北稍西,原乡之北,□水出焉。"《大清一统志·卫辉府》亦云:"共山在辉县北九里。"这里所说的"共北山",就在今河南省的辉县市。

《水经注》《明一统志》《大清一统志》都记载了共山的地理位置,但实际上这两处共山是一脉相连的,共山从济源市一直绵延到辉县市。那么共工氏当活动在这一带地方。

《左传·昭公十七年》云:"卫,颛顼之虚也,故为帝丘。"杜预注:"卫,今濮阳县,昔帝颛顼居之,其城内有颛顼冢。"辉县距离"颛顼之虚"的帝丘——今河南省濮阳市很近。根据记载,共工氏是帝颛顼氏之臣,所以共工氏活动的中心区域当是今河南省的辉县市境内。

二、共工氏——拥有天下的古帝王，帝尧之太岳

共工氏在远古时期是非常显赫的古帝王,曾拥有古九州之土。他的儿子句龙辅佐黄帝,是黄帝的土官。由于有功,后来被尊为后土,受到人们的祭祀。《国语·鲁语上》云:“共工氏之伯九有也。”韦昭注:“共工氏伯者,在戏、农之间有域也。”这个记载说明共工氏是伏羲、神农之间的一个诸侯,占有很广大的地域。

或认为共工氏是太昊、炎帝之间的一个古帝王。《礼记·祭法》云:“共工氏无禄而王,谓之霸;在太昊、炎帝之间。”郑玄注:“共工氏之霸九州也。”

《汉书·郊祀志》云:“颛顼受之,乃命南正重司天,以属神命。火正黎司地,以属民,使复旧常,亡相侵黩。”颜师古注曰:“共工氏在太昊、炎帝之间,无禄而王,故谓之霸。”

《汉书·郊祀志》云:“共工氏以水德,间于木火,与秦同运。”《左传》云:“共工氏以水纪,故为水师而水名。太皞氏以龙纪,故为龙师而龙名。”杜预注:“伏羲、共工以诸侯霸有九州者也。在太皞后、神农前。”中国古代认为有天下者为德。“共工氏以水德”,“与秦同运”,肯定是有天下的古帝王。

《国语·鲁语上》云:“共工氏之伯九有也。其子曰后土,能平九土,故祀以为社。”共工氏部族,曾“霸九州”。其子的部落能“平九土”“平九州”,被称为“后土”,即管理土地之神。共工氏部族先后与黄帝、颛顼等长期进行过战争,但是他是一个失败者,故共工氏没有被列为正统帝王。

以上记载各有说法,说明春秋战国时期,人们已经不能尽明远古的故事了。但共工氏在古代是一个非常显赫、势力强大,能够与其他部族争夺帝位的部族首领。《淮南子·墬形训》云:“共工景风之所生也。”高诱注:“共工,天神也;人面蛇身,离为景风。”共工氏被称为天神。

共工氏经过了神农、伏羲、炎帝等时代，至颛顼时期成为帝颛顼的水官。

帝尧时期，共工氏曾为帝尧的四岳。《山西通志·氏族一》云："共工氏，有地在弘农之间。从孙伯夷佐尧掌礼，使遍掌四岳为诸侯伯，号太岳。又佐禹治水有功，赐氏曰吕，封为吕侯。吕者，膂也。"

《史记·律书》云："颛顼有共工之陈，以平水害。"《集解》引文颖曰："共工主水官也。少昊氏衰，秉作虐，故颛顼伐之。本主水官，因为水行也。"这里所说的"陈"，就是"臣"的同音假借字。

《汉书·刑法志》亦云："颛顼有共工之陈，以定水害。" 帝颛顼氏之时，共工氏曾平定水害，立过大功。

帝尧时期，共工仍然是帝尧的水官。《礼记·明堂位》云："垂之和钟。"郑玄注："垂，尧之共工也。"帝尧的共工垂作"和钟"，即一种乐器。《汉书·百官公卿表》云："垂作共工，利器用。"颜师古注引应劭曰："垂，臣名也；为共工，理百工之事也。师古曰：'共读曰龚。'"

共工氏在唐虞时期是管理百工的官职。《周礼·冬官·考工记》云："国有六职，百工与居一焉。"郑玄注："百工、司空，事官之属，于天地四时之职，亦处其一也。司空掌营城郭、都邑，立社稷宗庙，造宫室车服器械监百工者。唐虞已上曰共工。"

三、共工氏"怒而触不周之山"的传说

提起共工氏，首先想到的就是共工氏"怒而触不周之山"的传说。关于这一传说，史籍记载有好几种说法：

1.共工氏与颛顼氏争为帝，怒触不周山。《淮南子·天文训》云："昔者，共工与颛顼争为帝，怒而触不周之山。"高诱注："不周山在西北；倾者，高也；原道言地东南倾；倾者，下也。此先言倾西北，明其高也。"

《列子》也记载了共工氏与颛顼氏争为帝的传说。《列子·汤问》云:“其后共工氏与颛顼争为帝,怒而触不周之山。”晋张湛注:“共工氏兴霸于伏羲神农之间,其后苗裔恃其强,与颛顼争为帝。颛顼,黄帝孙。不周山在西北之极。”

2.共工氏与高辛氏争为帝,怒触不周山。《淮南子·原道训》云:“昔共工之力,触不周之山,使地东南倾。与高辛争为帝,遂潜于渊。宗族残灭,继嗣绝祀。”高诱注:“共工以水行霸于伏牺、神农间。不周山,昆仑西北。倾,犹下也;高辛,帝喾。”

记载共工氏与高辛氏争为帝的还有《吕氏春秋》。《吕氏春秋·孟秋纪·荡兵》云:“共工氏固次作难矣。五帝固相与争矣,递兴废胜者用事。”高诱注:“共工之治九州也,与高辛氏争为帝,而亡,故曰次作难也。”但这里是高诱的注中所言,《吕氏春秋》没有记载。

3.共工氏与祝融氏争为帝。唐司马贞《史记·补三皇本纪》云:“诸侯有共工氏,任智刑以强,霸而不王,以水乘木,乃与祝融战。不胜而怒,乃头触不周山,崩,天柱折,地维缺。女娲乃炼五色石以补天,断鳌足以立四极,聚芦灰以止滔水,以济冀州,于是地平天成,不改旧物。”司马贞注云:“按其事出《淮南子》也。”

这些神话都是关于共工氏与其他部族领袖争为帝而怒触不周山的故事,共工氏的触山造成了我国西北高、东南低的地势。

不周山在何处?《史记·司马相如列传》集解引《汉书音义》曰:“不周山在昆仑东南。”一说在山西蒲州,还有人认为是《左传》中记载的济南附近的华不注山。

共工氏“怒而触不周之山”当然是一个神话传说。但其却事出有因,它表现了远古时期部族之间激烈的斗争和冲突。这个故事出于《淮南子》,但是记载比较混乱,共工氏或与颛顼氏,或与高辛氏,或与祝融氏都曾争为帝,至春秋、战国、西汉时期,人们已经不能确知他到底是与哪一位古帝王进行过战争了。因此如欲更深刻地了解这段历史,还需要对史料进行更深入的分析,去伪存真,使其更接近真实。

四、共工氏被帝舜流放

共工氏的被流放当是帝舜时期的事情。根据《淮南子》和一些古籍的注释记载,共工氏与颛顼氏、高辛氏或祝融氏争为帝。帝尧时期,共工氏还是水官,至少说明这时共工氏还是华夏部族的一员,尚未与华夏部族"争帝"而被流放,赶到偏远地区。

共工氏被华夏部族流放的原因,是共工氏不同意帝尧禅位给帝舜而与其发生矛盾。

《韩非子·外储说》云:尧晚年,欲传天下于舜。"鲧谏曰:'不祥哉!孰以天下而传之于匹夫乎?'尧不听,举兵而诛,杀鲧于羽山之郊。共工又谏曰:'孰以天下而传之于匹夫乎?'尧不听,又举兵而诛共工于幽州之都。于是天下莫敢言无传天下于舜。"帝舜已经代替帝尧行使权力,"杀鲧","诛共工"。《史记·五帝本纪》记载:舜"五月南巡狩,八月西巡狩,十一月北巡狩",归而言于帝,"请流共工于幽陵,以变北狄";另外还"放驩兜于崇山、窜三苗于三危、殛鲧于羽山"。凡是反对帝舜即位的部族或者部族首领,或被放逐,或被杀死,皆受到惩罚,而共工氏也从此被流放到名为幽陵的边塞地区。

阎若璩《四书释地·幽州》云:"当流共工时,此地已名幽州,即今密云县。"共工氏被流放的幽陵在今北京密云区。

从此,共工氏在历史上被丑化,成为一个淫逸无度、振滔洪水的恶人。《国语·周语下》云:"昔共工弃此道也,虞于湛乐,淫失其身,欲壅防百川,堕高堙庳,以害天下。皇天弗福,庶民弗助,祸乱并兴,共工用灭。其在有虞。"

《国语》的记载也是说共工氏灭亡“其在有虞”。

《淮南子·本经训》云:“舜之时,共工振滔洪水,以薄空桑。龙门未开,吕梁未发,江淮通流,四海溟涬。民皆上邱陵,赴树木。”高诱注:“空桑,鲁地名。龙门河之隘也,在左冯翊夏阳北,禹所凿也。”

《汉书·楚元王传》云:“昔者鲧、共工、驩兜与舜、禹杂处尧朝。周公与管、蔡并居周位。当是时,迭进相毁,流言相谤,岂可胜道哉!帝尧、成王能贤舜、禹、周公而消共工、管、蔡,故以大治,荣华至今。”

上面记载的是鲧、共工、驩兜与舜、禹都是帝尧的臣,但帝尧能够容得下贤能舜、禹,却因他们的谗言而不能容共工氏,于是消灭了共工氏,使舜、禹享荣华至今。

有传说言共工氏是被女娲所戮杀。如《山西通志》卷一百八十一《遗事二》云:“上古共工氏太昊末诸侯是曰康回,髦身朱发,任智自神,俶乱天常,保据冀方,自谓水德,爰为水纪,官师制度,皆以水名。凭怒触不周山,地维绝天柱折,壅防百川,堕高堙卑,于是左概介邱,右轡终隆,振滔洪水,以薄空桑。贸兴有无,其取之也,水处十七,而陆处十三,立兵仗铠戟寇虐诸侯,女娲氏戮之,共工氏以亡。凡四十有五载。”

《路史·后纪二·太昊纪下·女皇氏》云:“太昊氏衰,共工惟始作乱,振滔洪水,以祸天下,隳天纲,绝地纪,覆中冀,人不堪命。于是女皇氏役其神力,以与共工氏较,灭共工氏而迁之。然后四极正,冀州宁,地平天成,万民复生。媧娲氏乃立,号曰女皇氏。”

大禹时期共工氏继续遭到打击。《战国策·秦一》云:“禹伐共工。”

《荀子·议兵》云:“禹伐共工。”唐杨倞注:“书曰:流共工于幽州,皆尧之事,此云禹伐共工,未详也。”

《山海经·大荒西经》云:“禹攻共工国山。”晋郭璞注:“言攻其国,杀其臣相柳于此山。启筮曰:共工,人面蛇身朱发也。”《荀子·成相》云:“禹有功抑下鸿,辟除民害逐共工。”鸿,即洪水也。共工氏的形象已被丑化成“人面蛇身朱发”“民害”的恶魔。

共工氏死后,大禹对与其相关的人继续进行打击。

《山海经·海外北经》云:“共工之臣曰相柳氏,九首,以食于九山。相柳之所抵,厥为泽谿。禹杀相柳,其血腥,不可以树五谷种。禹厥之,三仞三沮,乃以为众帝之台。在昆仑之北,柔利之东。相柳者,九首人面,蛇身而青。不敢北射,畏共工之台。台在其东。台四方,隅有一蛇,虎色,首冲南方。深目国在其东,为人举一手一目,在共工台东。”

《山海经·大荒北经》云:“共工之臣名曰相繇,九首蛇身,自环,食于九土。其所呜所尼,即为源泽,不辛乃苦,百兽莫能处。禹湮洪水,杀相繇。其血腥臭,不可生谷,其地多水,不可居也。禹湮之,三仞三沮,乃以为池,群帝因是以为台。在昆仑之北。”

《海外北经》所说的“相柳氏”与《大荒北经》所说的“相繇”,当为一人。皆是“九首人面蛇身”,“其血腥臭,不可生谷”,这些记载,虽然有神化的成分,但是表现了共工氏反抗的激烈与战争的残酷。

五、共工氏的后裔及“夸父追日”的传说

共工氏自帝舜时期已经被丑化,因此后世很少留下关于祭祀共工氏的庙宇和祠堂,只有《山西通志》卷一百六十七《祠庙四》记载:“大宁县,共工氏祠在县南阿龙村。”大宁县,在今山西隰县境内。

然而,共工氏之子句龙,因为黄帝土官,平水土,被尊为后土,死后祀以为社神,得到了后世的祭祀。《国语·鲁语上》云:“共工氏之伯九有也,其子曰后土,能平九土,故祀以为社。”韦昭注:“共工氏伯者,在戏、农之间,有域也。其子,共工之裔子句龙也,佐黄帝为土官。九土,九州之土也。后,君也,使君

土官,故曰后土。社,后土之神也。”

《左传·昭公二十九年》云:“共工氏有子曰句龙,为后土。”后土是共工氏一族最令人尊敬的后裔。《史记·孝武本纪》云:汉武帝元鼎四年(前113),“祠官宽舒等议:‘天地牲角茧栗。今陛下亲祀后土。后土宜于泽中圜丘为五坛,坛一黄犊太牢具,已祠尽瘗,而从祠衣上黄。’于是天子遂东,始立后土祠汾阴脽上,如宽舒等议。上亲望拜,如上帝礼”。集解引如淳曰:“河之东岸特堆堀,长四五里,广二里余,高十余丈。汾阴县在脽之上,后土祠在县西。汾在脽之北,西流与河合也。”这是最早立的后土祠,汉武帝亲自进行拜祭。

蔡邕《独断》卷上云:“《汉书》称高帝五年,初置灵官祠后土,祠位在壬地社神,盖共工氏之子勾龙也,能平水土。帝颛顼之世举以为土正,天下赖其功。尧祠以为社。凡树社者,欲令万民加肃敬也。各以其野,所宜之木,以名其社及其野位在未地。”

东汉时期曾在长安立后土祠,但是历朝致祭后土的祭奠基本都在汾阴。古代中国是一个农业国,农业在社会的地位非常高,作为农业神之一的后土是受历朝祭祀的重要神灵。

《元和姓纂》卷一云:“洪,共工氏之后,本姓共氏,因避仇改为洪氏。”洪氏是共工氏的后裔。

梁宗懔《荆楚岁时记》云:“冬至,日量日影,作赤豆粥以禳疫。”梁宗懔自注:“按共工氏有不才之子以冬至死为疫鬼,畏赤小豆,故冬至日作赤豆粥以禳之。”南梁时期犹有共工氏的不才之子以冬至死为疫鬼的传说。

《山海经·海内经》云:“炎帝之妻,赤水之子听訞生炎居,炎居生节并,节并生戏器,戏器生祝融,祝融降处于江水,生共工,共工生术器,术器首方颠,是复土穣,以处江水。共工生后土,后土生噎鸣。噎鸣生岁十有二,洪水滔天。”从这些记载来看,听訞、炎居、节并、戏器、祝融、共工、术器、后土、噎鸣,当皆是与共工氏有关系的部族。

《山海经·大荒北经》记载:“大荒之中,有山名曰成都载天。有人珥两黄蛇,把两黄蛇,名曰夸父。后土生信,信生夸父。夸父不量力,欲追日景,逮之于禺谷。将饮河而不足也,将走大泽,未至,死于此。”清人吴任臣《山海经广注》云:“勾龙为后土,生子二人:曰垂,曰信。信生夸父,善走,为丹朱臣,后有夸氏。”夸父的后人为夸氏。这些记载说明后土、夸父及夸氏等皆共工氏之后裔。

著名的“夸父追日”的神话传说即出于此。《山海经·海外北经》亦云:“夸父与日逐走入日。渴欲得饮,饮于河渭。河渭不足,北饮大泽,未至道渴而死,弃其杖化为邓林。”郭璞注:“言及日于将入也,逐,音胄;夸父者,盖神人之名也。”

宋乐史《太平寰宇记》卷六《河南道六》:“夸父山,其北有桃林。郭注:‘桃林,今弘农湖县阌(wén)乡南谷中是也。’”宋王存《元丰九域志》卷三云:“上灵宝州西四十五里三乡有夸父山,黄河稠桑泽,古函谷关。”这里还有夸父庙。

《水经注·河水》云:“水出湖县夸父山,……湖水出桃林塞之夸父山,广圆三百仞。” 湖县,就是汉代的弘农郡,今河南省灵宝市。《大清一统志》卷一百七十五云:“夸父山,在阌乡县东南。《水经注》:‘湖水出桃林塞之夸父山,广圆三百仞。’《山海经》曰:‘湖县西九十里曰夸父之山,其木多棕楠、多竹箭,其阳多玉,其阴多铁。《元和志》:‘夸父山在湖城县东南三十五里。’”

《河南通志·山川下·汝州》云:“夸父山在阌乡县东南三十五里,周穆王时夸父善走追日,卒于此,故名。”

著名的夸父追日的故事在今河南省灵宝市一带流传。夸父也是共工氏的后裔,说明共工氏也曾在今豫西、晋南一带活动。

(本文作者为河南大学历史文化学院教授)

辉县与共地、共工氏关系探讨

袁广阔

河南辉县,位于河南省西北部,处于太行山与华北平原接合部,为亚热带向暖温带过渡区,属暖温带大陆性季风气候。这里是太行山前的一道泉水溢出带,沼泽、湖泊、溪流密布,渔猎资源丰富,土地肥沃,十分适宜史前人类生存。辉县远古时期为共工氏部族居地。殷商系畿内地,周称凡国、共国。周厉王时,共国君共伯和受诸侯拥戴,代行王政,号共和,是为元年(前841,为中国历史上有确切纪年的开始)。隋开皇六年,改置共城县。唐武德元年,置共州,辖共城、凡城二县;武德四年废州,并凡城县入共城县。金大定二十九年,避显宗允恭(共之谐音)之讳,改称为河平县;明昌三年又改称苏门县,贞祐三年升苏门县为州,因百泉魏惠王祠有清辉殿,故以"辉"为名,称辉州。明洪武元年废州立县,改辉州为辉县。辉县考古调查与发掘工作早在20世纪30年代已经展开,新中国成立以后围绕共国、共国古文化的探索一直没有停止,如已发掘的遗址有辉县琉璃阁、固围村、孟庄、共城等。这些考古材料为我们探讨辉县与共地、共工氏族的关系提供了可能。下面我们就考古发现结合古代文献谈谈对这一问题的认识。

一、古代文献中辉县与共地、共工氏的关系

考古发现共国故城至今仍保存在辉县市城南。形状近方形,城墙周长约5000米,总面积约156万平方米。目前城墙保存高度6米左右,城内发现有夯土基址等重要遗迹[①]。1988年当地文物部门在城址西北部100余米处,发现战国时期的铸铁遗址,面积约15000平方米,清理出战国烘范窑址1座[②]。这些重要考古发现可以证明这是一处方国城址,因地处共国所在地,学术界一般认为是《左传・隐公元年》记述的"大叔出奔共"的共地。《史记・周本纪》正义引《鲁连子》云:"卫州共城县本周共伯之国也。"也即《水经注》曰"共和之故国"。徐旭生先生也认为《汉书・地理志》"河内郡共县"条下班固自注的"故国",《庄子・让王》中的"共首",《荀子・儒效》中的"共头",即今天的河南辉县[③]。甲骨文中也有不少共(龚)地的记述,如王于龚、至龚等[④]。历史地理学者研究也认为甲骨文中的龚地就在今天的辉县[⑤]。古共字和龚字相通,《汉书・王莽传》中"更名少府曰共工",颜师古注:"共读曰龚。"从王于龚、至龚来看,共地必定离殷朝首都不远。我们知道,晚商时期的都城为安阳殷墟,辉县距此不远,属于王畿范围,商王到此活动也很正常。考古资料表明辉县一带分布有较多的商代晚期遗址,如琉璃阁[⑥]、孟庄[⑦]等。

① 国家文物局主编:《中国文物地图集・河南分册》,北京:中国地图出版社,1991年。

② 贺惠陆、张有新:《河南辉县市古共城战国铸铁遗址发掘简报》,《新乡考古发现和研究》,呼和浩特:内蒙古人民出版社,2007年。

③ 徐旭生:《中国古史传说时代》,北京:科学出版社,1960年。

④ 郭沫若主编:《甲骨文合集》,北京:中华书局,1978年。

⑤ 郑杰祥:《商代地理概论》,郑州:中州古籍出版社,1994年。

⑥ 中国科学院编:《辉县发掘报告》,《科学》1956年。

⑦ 河南省文物考古研究所:《辉县孟庄》,郑州:中州古籍出版社,2003年。

古代文献中共地与洪水和共工氏的记述丰富。据徐旭生先生考证,发源于今辉县的诸水(百泉水)因为在共氏旧墟附近,名声很大,自名共,不名淇。共地处于黄河下游向北转折的地方,黄河在此接纳了辉县境内为患的共水,使得下游经常发生水患,因而古人多以"共"为"洪"之本字,泛指黄河下游的水患[①]。笔者1992年在辉县孟庄进行考古发掘时,的确发现该龙山城毁于洪水的证据,如在西墙的中段,有一洪水冲开的大缺口,从已发掘的探方T128看,原有的龙山城墙夯土已全部被洪水冲掉。表明该城西部的确存在一条水系[②],是否就是共水待今后考古发现和研究确定。古代文献中直接记述共地洪水的不多,但记述共工与洪水关系的却很多,如《左传·昭公十七年》:"共工氏以水纪,故为水师而水名。"《淮南子·本经训》载:"共工振滔洪水,以薄空桑。"《史记·律书》载:"颛顼有共工之陈,以平水害。"从这些文献记述来看,共工氏是一个善于治水、勇于治水的氏族。

共工氏所处的时代大约在氏族社会末期,他的名字多与大禹的父亲鲧联系在一起,而且同鲧一样也曾有过治水的经历,如《国语·周语下》载:"有崇伯鲧,播其淫心,称遂共工之过。"徐旭生先生不仅认为"共地"是共伯和之故国,而且还是中国氏族社会末期共工氏族所居住的地方。那么,辉县孟庄发现的氏族社会末期(考古学上称作龙山文化末期)的主要洪水遗迹就大抵相当于共工氏治水的时期。

二、新石器时代到夏商时期辉县地区存在着一支强大的古文化系统

考古调查发现,在卫河中上游地区分布着较为密集的龙山文化遗址群,

① 徐旭生:《中国古史传说时代》,北京:科学出版社,1960年。

② 袁广阔:《关于孟庄龙山城址毁因的思考》,《考古》2004年第3期。

仅辉县考古调查发现的遗址就有20余处，已发掘的遗址有新乡络丝潭、新乡李大召、辉县孟庄、武陟大司马、修武义井、温县徐堡等。通过对这些遗址的考古发掘资料进行分析，可知该地区文化序列清晰，文化传统延续不断，从新石器时代中期到夏商时期，该地区先后分布有裴李岗文化、仰韶文化、龙山文化、二里头文化、二里岗文化、殷墟文化等，构成了华夏文明起源与形成的重要区域之一。另外本地区与其他地区不同的是仰韶文化晚期到龙山文化时期，陶器器物演变轨迹清晰、环环相扣，中间无任何缺环。龙山文化时期尤为繁荣，遗存丰富，目前已发现的龙山文化城址就有三座，为研究文明形成阶段的社会组织与机构提供了重要的物质载体。

裴李岗文化以辉县孟庄遗址为代表，以泥质和夹砂红陶为主，器型有夹砂大口罐、深腹罐、钵、碗等，器物上多饰篦点纹、指甲纹、细绳纹、锥刺纹等。

仰韶文化时期以辉县孟庄、新乡络丝潭遗址[①]为代表，陶器以灰陶为主，红陶和黑陶次之。典型陶器有折沿罐、鼎、高领罐、敞口钵、大口盆等。陶器表面以素面磨光为主，纹饰中篮纹占较大比例。彩陶主要是在灰陶胎原地上饰红彩，彩陶图案不够规整，用笔肥瘦不一，图案绘制十分草率，但种类较多，主要是弧线三角纹与多条平行线组成图案，有的中间还加绘圆圈纹、蝶须纹等，颇具特色，此外还有曲折纹、网状纹、圆点纹、水波纹、S纹等[②]。

龙山文化时期以辉县孟庄、新乡李大召遗址为代表，陶器主要分夹砂、夹蚌壳末和泥质三大类，夹砂陶以灰陶数量最多，褐陶和黑陶次之。夹蚌壳末陶以褐陶为主，并有少量的灰陶和红陶等。泥质陶以灰陶为主，黑陶、红陶等次之。纹饰有篮纹、绳纹、方格纹、弦纹、附加堆纹、契点纹、圆圈纹、指甲纹、乳钉纹、划纹等，其中契点纹多自行组成图案，纹饰与所饰器类的关系十分密切。主要器类有深腹罐、甗、斝、鬶、高领瓮、甑、深腹盆、平底盆、器座、筒形杯、觚形

① 新乡地区文管会等：《河南新乡县络丝潭遗址发掘简报》，《考古》1985年第2期。

② 河南省文物考古研究所：《河南史前彩陶》，郑州：河南美术出版社，1996年。

杯、单耳杯、扁腹罐、刻槽盆、器盖、碗、钵、豆、圈足盘、尊形器等，还有少量的鬲、鼎等[①]。

龙山文化时期以辉县孟庄类型为代表的文化在该地区迅速强大起来，对黄河南部的郑州地区产生了很大影响。郑州站马屯[②]、旮旯王[③]等遗址内发现有较多同孟庄龙山文化中期一样的文化元素，如都有一定数量的夹砂褐陶及乳钉纹的夹砂褐陶罐、大袋足甗、釜形斝等。旮旯王遗址出土的陶器以泥质灰陶为主，所出夹砂黑陶釜形斝、深腹罐、细柄豆、圈足盘、钵、器盖都可在孟庄遗址中找到渊源。另外旮旯王遗址中出土的成组契点纹明显是受孟庄类型的影响。上述分析表明，以孟庄遗址为代表的龙山文化遗存，在龙山文化中期阶段已越过黄河，来到了郑州地区。因此，我们认为在龙山文化中期黄河北部地区的新乡辉县一带有一支强大的部族，形成一种强大的考古学文化（我们将其称为龙山文化孟庄类型）[④]。郑州地区的龙山文化面貌是黄河北部的考古学文化向南推进的结果[⑤]。关于这支强大的部族的族属我们认为与文献中的共工氏有关。

三、考古发现共地的洪水和防水措施

孟庄龙山城址位于孟庄遗址西北部。根据考古钻探和发掘材料，东城墙保存较好，长约375米，正中还发现了城门。北墙残长约260米，复原长度为340米左右，西墙长约330米，南墙在上世纪70年代平整土地时被全部平去，仅存南城河，整个城址的平面形状为方形。城墙的筑法是内外取土，分段堆筑

① 河南省文物考古研究所：《辉县孟庄》，郑州：中州古籍出版社，2003年。
② 河南省文物研究所：《郑州市站马屯遗址发掘报告》，《华夏考古》1987年第2期。
③ 河南省文物工作队第一队：《郑州旮旯王村遗址发掘报告》，《考古学报》1958年第3期。
④ 袁广阔：《孟庄龙山文化遗存研究》，《考古》2004年第3期。
⑤ 袁广阔：《孟庄龙山文化遗存研究》，《考古》2004年第3期。

而成。东墙外有宽10余米的缓坡作为过渡地带,然后再向下挖出城河,河口至河底仅深1米左右。门道位于东墙正中,宽约2.1米,里边发现有多层路土。门道两侧发现有东西向基槽,贴近墙壁的一侧有竖置的木板灰痕。城内发现多座房基,均为地面式建筑。平面多为长方形,少数为圆形。房基内及四周多有圆形柱洞,居住面多经火烤或涂抹有白灰。灰坑多为贮藏食物的窖穴,数量较多,主要集中分布在城内西南部和城内中北部。依据坑口的形状可分为圆形、方形、椭圆形、不规则形四类。水井共发现4眼,均分布于城内中南部的Ⅷ区内。井口均呈长方形,深4米左右[①]。

孟庄龙山城址在龙山文化晚期至二里头文化时期洪水毁城的迹象十分明显,主要表现在以下几个方面:

1.孟庄龙山城址东、西、北三面城垣都经过正式发掘,发掘表明城垣是由内外取土堆筑而成,内外都留有一条壕沟,外侧为护城河,河宽约20米,河底距当时地面3.8—4.8米深,仅将护城河内的土堆筑加于城墙之上,当时的城墙高度在4米左右。但该墙在二里头时期东墙内侧保存的高度仅为1米左右,西墙内侧仅有0.5米高,因为在这两墙内侧都发现有二里头夯土修补的痕迹,同时北墙外侧也有修补的夯土,这是二里头时期筑城之前受洪水或大量雨水冲刷的结果。

2.最能表明孟庄龙山城毁于洪水的证据是西墙的中段,该墙中北部有一大的缺口,从已发掘的T128看,原有的龙山城墙夯土已全部被洪水冲掉,且洪水在该探方内下切入生土达1.5米左右,由西向东伸去。冲沟内的淤土中包含有龙山文化各个时期的陶片。在西城墙的这段缺口处,二里头时期的人们清除了这里的大部分淤土,然后用夹板筑夯成二里头时期的西城墙,这说明该缺口是二里头时期之前形成的。

---

① 河南省文物考古研究所:《辉县孟庄》,郑州:中州古籍出版社,2003年。

3.该地区目前发现的城墙宽25—30米,西金城城墙残高2—3米、孟庄城墙高度1米左右,而且二里头文化时期只保留这个高度,表明当时的城墙高度当不会超过4米。此外所有城址的外坡都很缓,城墙除防御功能外,防水患功能也很突出。

4.丘类遗址特征明显。这些遗址主要分布在古黄河北岸和太行山前的地势较低的河流、湖泊、湿地附近。面积不大,多在1万平方米左右,形状多为圆形,保存较高的有3米左右,如新乡李大召遗址等[①]。

《国语·周语下》载共工治水的方法是“欲壅防百川,堕高堙庳”,即修筑堤防堵截洪水。这一地区发现的龙山城址很可能就是共工治理河患的真实写照。目前考古发掘和调查资料表明,在黄河中下游的广大地区,龙山文化时期存在大量丘类遗址,这些丘类遗址的形成应是当时水患太多造成的,人类需要不断地加高居住房屋的高度,才能适应雨季到来时水位的变化。丘类遗址的面积小,水位高时地面加高相对容易,而面积大的遗址用此办法不易很快奏效,最可行的办法是在遗址周围筑坝,也就是我们说的城墙,辉县孟庄、博爱西金城、濮阳戚城[②]、淮阳平粮台[③]等都是如此。这些城墙内外坡度都比较缓,一般坡度在50度以下,城墙外侧都是经过多次修补,大水过后淤土明显,辉县孟庄北城墙壕沟仅向下发掘3米,城墙外侧修补的附加夯土已达2米多宽。因此我们认为这里的龙山城址和丘类遗址都是抵御洪水的一种措施[④],当然城址除此之外也有一定的安全防御功能。关于龙山文化时期降雨量较多的情况,田野考古上有迹象,气象学研究也有证据,如气象学研究出中原地区在距

---

① 郑州大学历史学院考古系:《新乡李大召:仰韶文化至汉代遗址发掘报告》,北京:科学出版社,2006年。

② 河南省文物考古研究院、首都师范大学:《2014年濮阳戚城遗址发掘资料》。

③ 河南省文物研究所:《河南淮阳平粮台龙山文化城址试掘简报》,《文物》1983年第3期。

④ 袁广阔:《豫东北地区龙山时代丘类遗址与城址的出现原因初探》,《南方文物》2012年第2期。

今 5000—4000 年前,正是降雨量多的时期[①]。

四、结语

龙山文化时期是华夏文明与早期国家形成的关键阶段,这一阶段在考古学上的反映就是聚落内部结构的重大变化。从已有的考古资料分析,龙山文化早期到中期,该地区聚落内部结构发生了明显的变化。第一,辉县孟庄遗址仰韶晚期房屋和瓮棺葬的规律分布的格局发生变化,人们集中居住的长方形房基开始在遗址内分散分布。这一时期的社会成员间出现了明显的等级分化,非正常死亡现象出现,孟庄遗址部分灰坑内发现有不少凌乱的人骨。第二,城址开始出现。目前,该地区共发现龙山文化城址 3 处,即辉县孟庄、博爱西金城、温县徐堡。徐堡城址聚落位于焦作市南约 30 公里的温县武德镇徐堡村东,沁河南岸。城址位于遗址的中北部,平面略呈不规则圆角长方形,整个城址现存面积约 20 万平方米[②]。博爱西金城城址的平面形状大致呈圆角长方形,城内面积 25.8 万平方米。城墙为生土、细沙土、淤土拍筑而成。西、南墙中部有中断迹象,可能为城门所在。北、东、南三面城墙外侧发现有小河或排水沟环绕形成的防御壕沟[③]。

龙山文化早中期处于夏王朝建立的前期,也即氏族社会的末期,与文献记载中共工氏所处年代吻合。这一时期,丘类遗址和城址在黄河中下游开始出现,孟庄、西金城与温县徐堡龙山城址相距不远,表明这里龙山城址较为密集。这些丘类遗址和城址的大量出现是人们改造自然、与水患斗争的反映。辉县地区是古代文献中共工氏的主要活动区域,也是共工氏治理洪水

① 王苞:《中原地区历史旱涝气候研究和预测》,北京:气象出版社,1992 年。
② 见郑州大学考古系温县徐堡遗址发掘资料。
③ 山东大学考古队:《河南博爱县西金城龙山文化城址发掘简报》,《考古》2010 年第 6 期。

的主战场。从文献分析来看,共工氏的治水虽然没有取得成功,但为大禹治水积累了经验和教训。总之,辉县地区历史悠久,文化灿烂,既是共工氏的故墟,又是商周时期的龚地、共地。该地区在华夏文明与早期国家形成阶段扮演了重要的角色。

(本文作者为首都师范大学历史学院教授)

中华龚姓始祖与祖地探研

张新斌

中华龚姓位于百家大姓之列,在依人口数量的排列中位居第100位。龚姓虽然数量不是太多,且名人主要分布于唐宋以后,但是,其作为中华姓氏大家庭中的重要成员,探究其源头,研究其祖地,具有一定的学术与文化意义。

一、中华龚姓源头复杂,主支来源于上古时期,始祖为共工氏

1.龚姓与共姓密不可分,源头为共工氏

关于龚姓的源头,一些谱志文献不探其源。如《广韵》仅云:"汉有龚遂。"《姓解》:"渤海龚氏,晋大夫龚坚。汉有龚舍、龚遂,晋有龚颖。"《通志》:"晋大夫龚坚,汉渤海太守龚遂。"《姓氏急就篇》:"汉龚遂、胜、舍、奋、调。晋龚壮、颖。"姓氏文献在记述龚姓源流时,多为列举东周时晋国大夫、汉晋时期的名人,反映了关于龚姓族源的认知材料较少。

但是,《古今姓氏书辩证》中有载:“龚,其先共氏,避难加龙为龚。”龚姓的族源与共姓连在一块。《元和姓纂》:“共,共工氏之后。或云,郑共叔段奔共。子孙因称共氏。”《通志》将共姓称为“以国为氏”,“共氏,亦作恭,商末侯国,今河南共城即其地也。文王‘侵阮徂共’,其子孙以国为氏”。《姓氏急就篇》下:共氏,“共工氏之后。……又国名,周有共伯和”。关于共姓有两说:一说为共工氏之后;另一说为共叔段之后。共叔段为郑国公族,为姬姓,黄帝之后,显然与共工氏之后不属于一个族源。但龚姓由共姓演化而来,共姓的一大源头为共工氏则是没有争议的。

2.龚姓族裔对龚家文化源头的认同,共工氏亦为共识

龚姓的源头,从科学的角度讲并不是单一的,这在中国这样大的国度,以及众多族姓数以千年的交流中,应该是十分正常的事。谢钧祥在他最早的有关龚姓的文章中,列出龚姓的源头为黄帝臣共鼓之后、共工之后、古共国之后、共伯和之后、共叔段之后、晋献公太子申生之后等 6 个源头。[1] 袁义达在他的相关成果中,亦列出龚姓有共工氏之后,偃姓共(恭)国之后,姬姓共伯和、共叔段、晋大夫共华之后等 3 个源头[2]。他在另一本书中提到一说认为:“黄帝之臣共工司水土,子句龙继其职,其后以祖先之官职及名字之一字,合称为龚氏。”[3]这种说法,似乎与共氏因避仇加龙为龚的说法相比更为合理。而且,共工氏是个古老的部族,由伏羲时代到炎帝时代直至黄帝时代,世代为水官,龚(共)与这三位始祖关联,亦可以得到合理的诠释了。何光岳先生在他的《中华姓氏源流史》中引湖南《龚氏族谱》中有龚应奎的《附刊辨注》云:“熊峻运《增补氏族笺释》则曰龚姓系出共工氏,共工司水土,子句龙继其职,其后为龚

---

① 谢钧祥主编:《中原寻根——源于河南千家姓》,郑州:河南人民出版社,1994 年,第 618、619 页。

② 袁义达、邱家儒:《中国姓氏・三百大姓——群体遗传和人口分布》(中册),上海:华东师范大学出版社,2007 年,第 63 页。

③ 袁义达、邱家儒:《中国姓氏大辞典》,南昌:江西人民出版社,2010 年,第 1760 页。

氏。此本《左传·礼祭》法言之也。又考《史记·五帝本纪》注本朝钦定《书经》注，具载《括地志》，故龚城在檀州燕乐县界，故老传云：舜流共工幽州居此城，龚字从共，则以为共工氏，正非无据。且以字形论之，加龙字于共字上为龚，似祖句龙之说为长。”[①]由此，家谱中共工氏与句龙合之为龚的说法，的确得到了龚氏族裔的认可。

上海图书馆编辑的《中国家谱总目》[②]共收录龚氏家谱148种，其中浙江谱41种，湖南谱38种，江西谱12种，江苏谱10种，福建谱8种，其他还涉及四川、安徽、广东、上海、台湾、湖北、重庆、广西、贵州、陕西、吉林等省市区。所列始祖、始迁祖多为唐宋及其以后之人，如唐代龚其为江苏常州龚姓始祖，龚河为南宋时南渡后浙江衢州、江山的龚姓始祖。也有的始祖可以早到晋朝，如龚良为浙江萧山龚姓始祖，龚圣为浙江余姚龚姓始祖，龚坚为浙江衢州龚姓始祖等，说明东晋和南宋时期中原士民南迁对江浙地区有较大影响，而龚姓始祖亦成为这两支南迁大军的组成部分。我们所收集到的清光绪十一年《武陵家志》中，存道光九年的《重修宗谱序》，其中有“吾族系出共工氏，受姓以来传至汉宣帝，遂公为渤海太守”之语；《龚氏合修大成谱序》：“考吾龚为共工勾龙之后，周宣王太史籍，加龙于共为龚家语共是其证也。”这说明，在长期的考察研究过程中，龚氏家族自身对其族源有了较为一致的说法。在最新出版的《中华龚氏通志》中，专门强调龚姓来源“有主源与支流，其主源是共工氏，其他属支流”[③]。因此龚姓的来源可概括为如下七个：一是出自共工氏；二是共工与句龙合称为龚；三是晋献公太子申；四是五代后晋石敬塘因讳改“敬”为“恭”，又改龚；五是少数民族巴人七姓之一；六是共工流放于龚城，其后以城名为姓；七是东周共国，以国为氏。其中共工氏为主源，受姓始祖为句龙氏，这反映了

① 何光岳：《中华姓氏源流史》第一册，长沙：湖南教育出版社，2003年，第215页。
② 上海图书馆：《中国家谱总目》(8)，上海：上海古籍出版社，2008年，第2001—2016页。
③ 《中华龚氏通志》编纂委员会：《中华龚氏通志》，北京：中国文史出版社，2007年，第2页。

当代龚氏族裔对自己族源的探索及认同。

二、共工氏是上古时最古老的部族，在三皇五帝时代以治水而著称，被列为“三皇”之一

1.共工氏在上古跨度时间最长

关于上古部族的记载,以《庄子》所列最早,其中十二“古帝”中没有共工氏。不过在《汉书·古今人表》中,共列有二十古帝,共工氏在“上中仁人”中,仅位列女娲氏之后,其他还有柏皇氏、尊卢氏、有巢氏、朱襄氏、葛天氏等。共工氏位列上古古帝虽然不是所有文献的说法,但后世文献也多有涉及,如《佛祖历代通载》卷二有“共工氏,大庭氏,柏皇氏、中央氏、陆栗氏、骊连氏、尊卢氏、混沌氏、昊英氏、葛天氏、朱襄氏、阴康氏、无怀氏,就一十五代,通一万七千七百八十七年,经史不载”。这反映了共工氏所处的时代为较为古老悠久的时代,共工氏在伏羲时便已存在,尽管没有明示,但也与其他古帝一样,是一个“袭疱牺之号”的古族,处在一个“民结绳而用之,甘其食,美其服,乐其俗,安其居,邻国相望,鸡狗之音相闻,民至老死而不相往来”[①]的时代。

共工氏的出现虽然可追溯至久远的上古时期,但其后他在五帝时代长期存在,这与其他“古帝”相比,十分罕见。《左传·昭公十七年》:“昔者黄帝氏以云纪,故为云师而云名。炎帝氏以火纪,故为火师而火名。共工氏以水纪,故为水师而水名。太皞氏以龙纪,故为龙师而龙名。”共工氏在古族中有名号纪官,反映了其特殊的地位。《左传》杜注:“共工氏以诸侯霸有九州者,在神农前,太皞后。”这也是共工氏在有的文献中位列“三皇”的原因之一。《山海经·海内经》:“炎帝之妻,赤水之子听访生炎居,炎居生节并,节并生戏器,戏

① 曹础基:《庄子浅注》,北京:中华书局,1982 年,第 140 页。

器生祝融，祝融降处于江水，生共工，共工生术器，术器首方颠，是复土穰，以处江水。共工生后土，后土生噎鸣。”这里也反映了共工氏与炎帝错综复杂的关系。

颛顼之时，共工氏与之最大的事是怒触不周之山。《论衡·顺鼓篇》：“传又言，共工与颛顼争为天子，不胜，怒而触不周之山，使天柱折，地维绝。女娲销炼五色石以补苍天，断鳌之足以立四极。”共工氏与五帝之一的颛顼一争高低，反映了当时共工氏族的实力极为强悍，这里又提到了女娲，反映上古时各族间关系复杂。《淮南子·兵略训》：“颛顼尝与共工争矣。……共工为水害，故颛顼诛之。”也可能共工氏利用对水的治理优势而与颛顼族进行抗衡。

尧舜时，共工氏在中原各族中仍居于一定的地位。《韩非子·外储说右上》：“尧欲传天下于舜，鲧谏曰：‘不祥哉！孰以天下而传之于匹夫乎？’尧不听，举兵而诛，杀鲧于羽山之郊。共工又谏曰：‘孰以天下而传之于匹夫乎？’尧不听，又举兵而诛共工于幽州之都。于是天下莫敢言无传天下于舜。”这里可以看出，在所谓“传位”这样的大事面前，共工氏也是敢言敢谏的，说明其有一定的地位，也是一位敢于担当的人。而《鬻子·贵道五帝三王周政乙第五》则有舜之时“垂为共工以典众作”之语，说明共工氏在舜之时的首领叫垂，或者说舜时有一个叫垂的人，担任了“共工”一职。

大禹之前的帝舜时期，共工氏被流放于幽州。《尚书·尧典》有“流共工于幽州”的记载，也有“帝曰：‘俞，咨！垂，汝共工。’垂拜稽首”之语，反映了共工氏被流放后，“共工”已成为掌管百工的职官名，这也是共工氏存在的又一种模式。

共工氏自伏羲以来，历经三皇五帝时期，跨度之长，影响之大，在整个上古时期，没有可以与之匹敌的部族，反映了共工氏历史地位的特殊性。

2.共工氏的历史地位

一是共工氏为“三皇”之一，是上古历史最悠久的部族。“三皇”的说法至少有7种之多[1],我以为最通行的说法为《风俗通义》所表述的伏羲、女娲、神农。从这7种说法中可以看到,"三皇"涉及伏羲、女娲、祝融、神农、燧人、共工、黄帝等人,其中伏羲、神农位列"三皇"的说法较为流行,而"共工"与伏羲、神农同为"三皇"的说法来自《通鉴外纪》,不太流行且该记载稍晚,或可证明后人对共工氏贡献的认同。《淮南子·墬形训》高诱注有"共工,天神也,人面蛇身,离为景风",反映了后人对他"天神"般的美誉。从前述来看,从伏羲时代,历经神农、黄帝,到颛顼、尧、舜,这么长的时间内都有共工氏的影子,有共工氏族的活动踪迹,这本身是一个十分了不起的事情,这在上古史上可以称为绝无仅有。

二是共工氏是中国最早的英雄。共工氏最大的贡献是治水,治水在上古是个大事情,《淮南子·本经训》:"舜之时,共工振滔洪水,以薄空桑。"《管子·揆度》:"共工之王,水处什之七,陆处什之三,乘天势以隘制天下。"又见《淮南子·原道训》高诱注:"共工以水行霸于伏羲、神农间者也,非尧时共工。"共工氏因治水而著称,《国语·鲁语》:"共工氏之伯九有也。"《小戴礼记》则作"霸九州"。但《史记·补三皇本纪》则云:"诸侯有共工氏,任智刑以强,霸而不王。"虽然有能力、有功劳,"霸而不王",乃真英雄也。另一个体现共工氏鲜明英雄个性的是共工怒触不周山。《淮南子·天文训》:"昔者,共工与颛顼争为帝,怒而触不周之山,天柱折,地维绝。天倾西北,故日月星辰移焉;地不满东南,故水潦尘埃归焉。"《论衡·顺鼓篇》:"共工与颛顼争为天子,不胜,怒而触不周之山,使天柱折,地维绝。"另有说法见《琱玉集·壮力篇》:"共工,神农时诸侯也,而与神农争定天下。共工大怒,以头触不周山,山崩,天柱折,地维绝,故天倾西北隅,地缺东南角。"不管是共工与颛顼还是与神农争为帝,共工怒触不周山的真性情,正是上古英雄的真实体现。

---

① 陈建魁:《伏羲、伏羲时代与伏羲文化散论》,《伏羲与中华姓氏文化》,郑州:黄河水利出版社,2004年。

三是共工氏为中国最早的工程技术的发明者和保有者。共工氏“以水纪官”,反映了共工氏的治水技术之高,在相当长的时间里为水利技术的拥有者,尽管在各个时期都与所谓当政者有这样那样的冲突,却始终居于权力核心之中,“九州伯”与“霸九州”,反映了这是一个实力雄厚的部族,在某种意义上是当时先进生产力的代表,这也是后来“共工”成为工技职位代名词的内在基础。

三、共工氏治水主要在中原地区,核心地点在今辉县一带,这里也是共工氏最显赫时期居住的地点,为龚姓祖根地

1.共工氏居地新说及评价

有关共工氏的活动地点有多种说法。如王震中先生认为:“包括辉县在内的许多‘共’地,全可能是当年共工部落活动之处,但其活动的中心区域,既不在辉县,也不是‘太行山东麓一线’,而应在上古‘九州’雏形的‘九土’‘九山’境内;开始在渭河上游一带,后来发展到豫西、嵩山周围。”[①]这可以称为“渭河—嵩山说”。景以恩先生认为:“共工氏源于山东沂沭流域的莒县一带,然后北迁于弥水附近的营丘一带,……总之,大体不出齐鲁地区。”[②]这可称为“齐鲁说”。王青先生认为“共工与鲧的事迹实际上只是同一史实的分化”,进而认为“以鲧为首的部落在共地(今芮城县)用堵的方法防止洪水的入侵,使得黄河无法从北向的支流泄洪,导致河水改道,泛滥成灾。”[③]此说可称为“晋南说”。牛红广先生则认为:“共工氏源于河洛地区,并长期活动在这一地区的共山、共水、共谷等地,这些以共命名的古地皆在今河南新安、济源和山西芮

① 王震中:《共工氏主要活动地区考辨》,《人文杂志》1985年第2期。
② 景以恩:《共工氏考》,《济宁师专学报》2000年第5期。
③ 王青:《鲧禹治水传说新探》,《南京师范大学学报》2003年第3期。

城一带,正好处于河洛腹地的黄河两岸。因此,共工氏的中心活动区域应定义在豫西和晋南之间的黄河两岸,其他共工氏的聚居地是该部族的迁居地或扩展地。"[①]此说可称为"河洛说"。以上诸说,在近年来的共工氏居地的研究中具有一定的代表性,可以称为新说,反映了共工氏活动地域的广泛,但是总体缺少实地考察的真实性。

2.龚姓祖地在辉县

从龚姓寻根的角度看,要从史证性和权威性两个方面考订龚姓祖地。

一是史证性。所谓史证性,说的是这一区域长期以来对"共"文化的积淀与认可。以共而名,在辉县有悠久的历史,至少在两周之际,这里已经名"共",即"共伯和"的封邑所在。《史记·周本纪》有"共和执政"之说。索隐云:"若《汲冢纪年》则云:'共伯和干王位。'共音恭。共,国;伯,爵;和,其名;干,篡也。言共伯摄王政,故云'干王位'。"正义引《鲁连子》云:"卫州共城县,本周共伯之国也。共伯,名和。好行仁义,诸侯贤之。周厉王无道,国人作难,王奔于彘,诸侯奉和以行天子事,号曰'共和元年'。"辉县在东周时为共,《史记·魏世家》:"通韩上党于共、宁。"宁在今河南修武,辉县则名共,汉代以后设共城县。《元和郡县图志》卷第十六言卫州有共县,"本周共伯国,厉王无道,流崩于彘,共伯奉王子靖立为宣王,共伯复归于国。汉以为县,属河内郡。晋属汲郡,高齐省,隋开皇四年加城字,于此设共城县,属卫州,皇朝因之"。这说明,先秦时这里为共国、共邑;汉代以来为共县,隋代开始称之为共城县。《读史方舆纪要》卷四十九:辉县"隋复置共城县,属怀州;唐武德初置共州,四年州废,以县属殷州,贞观初属卫州。宋因之,金大定中徙卫州治此,以避河患,旋复旧,改县曰河平,又改曰苏门,贞祐中又置辉县于此,元省苏门入州,明朝改州为县"。所以,辉县名"辉"的时间在金贞祐年间,明朝时才称之为辉

① 牛红广:《共工氏地望考辨》,《洛阳师范学院学报》2006年第1期。

县,在此之前有共国、共邑、共县、共城县、共州等多种称谓,但都离不开共字。如果从西周开始计算,至少有两千年以共为名的历史,如果以共工氏算起,则时间更长。

辉县对“共工氏”的认知在志书中极为常见。《辉县市志》“概述”中有“辉县远古为共工氏部族聚居”,“大事记”中也有“远古,共工氏部族聚居于此”[①]之语。1992 年,在辉县孟庄发现了“三叠城”,其被列入年度重大考古新发现。发掘者袁广阔认为:“徐旭生不仅认为这里是共和之故国,而且还是中国氏族社会末期共工氏族所居之地。考古资料表明孟庄龙山城址内发现有洪水遗迹,且西城墙是被龙山末期的洪水冲毁的。孟庄龙山时期的人群自此以后也全部消失了,到了若干年后的二里头二期阶段,该遗址才重新有人居住。这说明氏族社会末期,太行山南麓的辉县一带曾发生过大洪水。”[②]辉县至今还保留有“共古城”,清乾隆《辉县志》卷之三“古迹”一条有“共古城,在今县城外,即共伯旧城,周围十里许,四门遗迹尚存”的记载。《辉县市志》也收录有共国故城与共州故城:“共国故城,为共和故国,在共县城外,周长约 5 公里。共州故城,即旧县城,在共伯旧城前中部,周长 2.08 公里,为唐宋元明清的辉县治所在。”[③]

二是权威性。关于共工氏的居地,史学界早有认知,徐旭生先生在他的经典著作《中国古史的传说时代》中有专章的“洪水解”,他认为洪水发生地,应在黄河大的转折之处,他以为洪水就是共水,共水也即《尚书·禹贡》中的降水,出自“共北山”,共北山应该是共城北边山的统称。他说:“共县本为共工氏旧地,商周间又有共头的名,似乎共的名字来源古,并不成问题。”[④]他还从

① 《辉县市志》,郑州:中州古籍出版社,2008 年,第 2、7 页。
② 袁广阔:《孟庄龙山文化遗存研究》,《考古》2000 年第 3 期。
③ 《辉县市志》,郑州:中州古籍出版社,2008 年,第 737 页。
④ 徐旭生:《中国古史的传说时代》(增订本),北京:文物出版社,1985 年,第 134 页。

共工氏与颛顼的关系来探讨共工氏居地在今辉县一带,应该说他的观点早已为学界所接受。李学勤先生主编的《中国古代文明与国家形成研究》的书中,也认为共工氏与颛顼的关系非常密切:“共工氏无法有效治水,水患增加,受到殃及的首先是颛顼之地。”[①]该书引用徐旭生的观点,认为共工氏居地共,在今河南辉县。邹衡先生在他的权威著作《夏商周考古学论文集》中对共工氏有专门的讨论,金文中的族徽形文字或与共工氏有关。他也引用了徐旭生论著中共地在辉县即黄河转折地方的北岸的观点:“共工氏的主要活动地区是在太行山东麓一线,即南起河南辉县,北至河北北部长城以内和山西境内;其次是鲁西地区;更远则到了豫西乃至陇东;最南已抵长江。我们已经知道,除了僻远的豫西、陇东和长江流域,以及黄河以东的鲁西地区,共工氏的主要活动地区几乎都是河北龙山文化的分布范围。从其所属年代来说,共工氏和河北龙山文化也是大体相当的(夏和夏以前)。因此,共工氏所留下来的遗迹,应该是包括在河北龙山文化之内的,甚至在一定的范围内,两者有可能就是一回事。”[②]邹衡先生关于河北龙山文化与共工氏文化相合的观点,至少提醒我们,沿太行山东麓一带是共工氏的主要活动区,辉县更是这个活动区中最重要的点,直到现在,从文献和考古的双重发现探索中,还没有一个区域可以替代辉县在共工氏研究中的重要性,而这里也正是全球龚氏宗亲寻根归宗之地。

(本文作者为河南省社会科学院历史与考古研究所所长、研究员)

---

① 李学勤主编:《中国古代文明与国家形成研究》,昆明:云南人民出版社,1997年,第202页。

② 邹衡:《关于夏商时期北方地区诸邻境文化的初步探讨》,《夏商周考古学论文集》,北京:文物出版社,1980年。

共工氏与科技文明

王星光　宋　宇

辉县市地处河南、山西接壤地区，北依太行，南临平野。辉县市属暖温带大陆性季风气候，四季分明，适合发展农业。北有淇河，南有卫水，市境河网纵横，有“太行山下小江南”之美称。然而辉县北部山区、丘陵地区，山贫地薄，十年九旱。南部平原河流交汇，地势低洼，一到雨季降水量大，北部山洪暴发，南部有成泽国之虞。远古时期，辉县就是共工氏部族的聚居地。古时该地南临黄河，水患严重，共工氏部族与洪水不断做斗争，演绎出了一段“共工治水”的神话，并且共工氏部族对科技文明也作出了卓越的贡献。

一、共工氏与辉县

共工氏是炎帝的后裔，为姜姓。古史中关于共工氏的传说，从三皇时代延续到尧舜禹时代，可见共工氏部族延续时间之长。经学者徐旭生等人考证，共工是生活在距今5000年左右的一位部族首领，是我国历史上最早的治水英雄。他率部族长期聚居在豫北平原,并在辉县一带建立酋邦国家。

《尚书·禹贡》云:“北过降水,至于大陆,又北播为九河,同为逆河,入于海。”[①]徐旭生认为:古书中的降水、洪水代表的是同一条河流,“地域在今辉县及它的东邻各县境内;它与淇水会合后,入黄河,在它入河之前略与今卫河相当”[②]。黄河流域自古为早期人类的聚居地,是文化较为发达的地区。黄河自青藏高原顺流而下,上游地区有高山和黄土高原约束,黄河不能形成大的水患。到了河南省东部,黄河进入平原地区,毫无拘束,转而北行,迁徙无常,黄河中下游地区因此经常发生水灾。而古时辉县正处于黄河转弯处的北岸,是水患严重的地区之一。在上游,黄河已经受纳了不少支流的水量,淇水、共水又在此处汇流,黄河水量再次增大,奔腾的黄河水构成了大患。《淮南子·天文训》云:“昔者,共工与颛顼争为帝。”[③]《淮南子·兵略训》又云:“颛顼尝与共工争矣,……共工为水害,故颛顼诛之。”[④]徐旭生先生认为,颛顼所居的濮阳距离辉县较近,古代都有黄河过境,因此才会因治水而导致部落战争。[⑤]

古代部族的名字一般与其所在的地名有关,共工氏部族的名字也是如此。共工氏最早的活动地域应当在周代的共国,那里因共山而得名。根据古籍《水经注》《明一统志》《大清一统志》的记载,今济源市和辉县市都有共山,而实际上两地的共山是一脉相连的。共工氏应当活动在这一带,而主要的活动地区在古共国,即今天的辉县市。[⑥]

《管子·揆度》云:“燧人以来,未有不以轻重为天下也。共工之王,水处什之七,陆处什之三,乘天势以隘制天下。”[⑦]说明共工氏聚居的地区水泽众

---

① 李民、王健:《尚书译注》,上海:上海古籍出版社,2004 年,第 78 页。
② 徐旭生:《中国古史的传说时代》(增订本),北京:文物出版社,1985 年,第 136 页。
③ 〔汉〕刘安等编著,高诱注:《淮南子》,上海:上海古籍出版社,1989 年,第 27 页。
④ 〔汉〕刘安等编著,高诱注:《淮南子》,上海:上海古籍出版社,1989 年,第 160 页。
⑤ 徐旭生:《中国古史的传说时代》(增订本),北京:文物出版社,1985 年,第 75 页。
⑥ 李玉洁:《中国古史传说的英雄时代》,北京:科学出版社,2010 年,第 192—193 页。
⑦ 黎翔凤撰,梁运华整理:《管子校注》,北京:中华书局,2004 年,第 1371 页。

多。而辉县地处太行山麓一带,有着丰富的地表水和地下水,辉县苏门山前一带还有百泉之称。在全新世时期,这一地带潟湖沼泽兴盛。因此在自然环境方面,辉县地区与共工氏族活动的有关文献记载比较符合。

考古发现的辉县孟庄遗址,又为确定共工氏族的聚居地提供了有力证据。该遗址位于第三级地貌台阶的山前倾斜冲积平原,地势平坦、土壤肥沃,地下水资源丰富,为农业发展和居民生活提供了极其便利的条件。考古发现自裴李岗文化开始,辉县孟庄地区已经有人类生活了。而在孟庄龙山城址内发现有洪水的遗迹,自此以后生活在此的人群全部消失了,到了若干年后才有人重新居住。考古学者认为孟庄龙山文化来源于太行山东麓的仰韶文化“大司空类型”,而在这一类型分布的地区内,流传着不少共工氏的传说。孟庄龙山文化是一个氏族文化的延续,与共工氏族存在着一定的联系。[①]

综合之前学者们的研究成果,并将辉县当地的自然环境、考古发现与文献记载相互对照,有理由认为,辉县地区应是共工氏活动的主要地区。

二、共工氏与治理洪水

《国语·周语》载:“古之长民者,不堕山,不崇薮,不防川,不窦泽。……昔共工弃此道也,虞于湛乐,淫失其身,欲壅防百川,堕高堙庳,以害天下。皇天弗福,庶民弗助,祸乱并兴,共工用灭。”[②]这是说,共工没有采用前人放任自流的做法,而是将高处的泥土、石块削去,垫在低处,并且在离河水一定距离的低处修起堤防。实际上该治水方法起到了一定的作用,并且开创了筑堤防洪的先例,修筑堤防的治水方式一直沿用至今。然而共工部落为了自身的安全,取高垫低,筑堤防洪,并没有全局观念,使得下游水位猛涨,危害到了下游也就

① 河南省文物考古研究所编:《辉县孟庄》,郑州:中州古籍出版社,2003 年,第 379—380 页。
② 徐元诰撰,王树民、沈长云点校:《国语集解》,北京:中华书局,2002 年,第 92—94 页。

是今濮阳、内黄、滑县一带居住的颛顼氏部落。

共工氏部落与颛顼氏部落因为洪水的问题经常发生争斗。《淮南子·兵略训》云："颛顼尝与共工争矣，……共工为水害，故颛顼诛之。"[①]《淮南子·天文训》云："昔者，共工与颛顼争为帝，怒而触不周之山，天柱折，地维绝。天倾西北，故日月星辰移焉；地不满东南，故水潦尘埃归焉。"[②]实际上共工氏"争为帝"失败而导致洪水不一定为真，而共工氏与颛顼氏部落因治水问题引发战争倒是可信的。

共工氏族聚居在黄河转折北上之处，当时的水患非常严重。由于对洪水认识不足，以及自身能力的限制，共工氏只是修筑了保护自己氏族的堤防。共工氏未能统筹全局，采取了不利于下游的治水方法，损坏了颛顼氏部落的利益，最后失败。后人对共工氏进行诋毁与贬斥，很大程度上是出于成王败寇的心理，并非完全是理性的批判。

《史记·律书》载："颛顼有共工之陈，以平水害。"集解引文颖曰："共工，主水官也。少昊氏衰，秉政作虐，故颛顼伐之。本主水官，因为水行也。"[③]《容斋随笔》又载："《礼记·祭法》《汉书·郊祀志》皆言共工氏霸九州，以其无録而王，故谓之霸。……杜预云：'共工氏以诸侯霸有九州者，在神农之前，太昊之后，亦受水瑞，以水名官。'"[④]共工氏因治水有功，所以被任命为水官，甚至还禀受了五行中水的祥瑞。《尚书·尧典》称"共工方鸠僝功"[⑤]，是说共工氏在他所统治过的地方都能集善事，以显示他的功德。这些史料说明，共工氏确实在治水方面取得了一定成绩，并且被封为水官，甚至有"霸九州"的说法。

共工氏之后，鲧因为没有吸取共工氏的教训，依然采用共工氏的办法治水

① 〔汉〕刘安等编著，高诱注：《淮南子》，上海：上海古籍出版社，1989年，第160页。
② 〔汉〕刘安等编著，高诱注：《淮南子》，上海：上海古籍出版社，1989年，第27页。
③ 《史记》卷二十五《律书》，北京：中华书局，1959年，第1241页。
④ 〔宋〕洪迈著：《容斋随笔》，北京：中华书局，2005年，第432页。
⑤ 李民、王健：《尚书译注》，上海：上海古籍出版社，2004年，第7页。

也导致了失败。而鲧的儿子大禹,在共工氏从孙四岳的帮助下,借鉴了共工氏和鲧治水失败的教训,因势利导,将低洼处挖得更低,将高地垫得更高,使洪水从低处流走。《国语·周语》记载大禹治水:"共之从孙四岳佐之,高高下下,疏川导滞,钟水丰物,封崇九山,决汩九川,陂鄣九泽,丰殖九薮,汩越九原,宅居九隩,合通四海。"①春秋时期刘夏称赞:"美哉禹功,明德远矣。微禹,吾其鱼矣!"②失败是成功之母,正是共工氏治水失败的教训,给了大禹宝贵的借鉴。大禹治水的成功,实际上也包含了共工氏及其从孙四岳的一份功劳。

三、共工氏与农业文明

共工氏是以从事农业生产为主的部族,农业生产与平治水土是相辅相成、密不可分的。炎帝被称为"神农氏",说明此部落集团擅长农业。《山海经·海内经》载:"炎帝之妻,赤水之子听訞生炎居,炎居生节并,节并生戏器,戏器生祝融,祝融降处于江水,生共工,共工生术器,术器首方颠,是复土穰,以处江水。共工生后土……"③既然共工氏是炎帝神农氏的后代,那么共工氏族也应该擅长农业。"术器"作为人名,可以理解为擅长制作或使用器具的人。"穰"字有丰收的含义,"是复土穰"可理解为术器发展农业,使粮食丰收。郝懿行云:"穰当为壤,或古字通用;藏经本正作壤。袁珂案:《路史·后纪四》亦作壤。"④农业耕种需要进行翻土,而"是复土穰(壤)"说明术器擅长平整土地。"术器首方颠,是复土穰,以处江水"可以解释为术器用制作的农具翻土,发展农业生产,以便在江边生活。《国语·鲁语上》载:"共工氏之伯九有也,其子

① 徐元诰撰,王树民、沈长云点校:《国语集解》,北京:中华书局,2002年,第95—96页。

② 杨伯峻编著:《春秋左传注》,北京:中华书局,1981年,第1210页。

③ 〔晋〕郭璞注,〔清〕毕沅校:《山海经》,上海:上海古籍出版社,1989年,第120页。

④ 袁珂校注:《山海经校注》,上海:上海古籍出版社,1980年,第471页。

曰后土,能平九土,故祀以为社。”[①]共工氏的儿子后土因为能够治理土地而被天下的人民奉为土神享受祭祀。共工氏的两个后代术器和后土擅长平治土地绝非偶然,这两人很可能是耳濡目染了共工氏从事农田劳动的实践,从而受到了影响,这说明农业生产一直都被共工氏族所重视和传承。

水利是农业的命脉,共工氏为了发展农业必须重视水利建设。共工氏不仅修建了城墙来保护其居民、住宅和土地上的庄稼,而且在大水来临之际,挖高填低、建立堤坝,进一步保护氏族的家园和农田。因为处于农业社会的氏族习惯了定居生活,不再轻易迁徙,但采用此法治水,显然要损害下游部落的利益,所以发生冲突也在所难免了。共工氏的后裔四岳也与治水有关,《尚书》说他推荐鲧治水,《国语・周语下》说他直接帮助禹治水。这是因为共工氏的后代四岳在农业生产实践中,积累了前人传下来的治水平土的经验,而且也应该拥有比其他部族更加先进的农业生产工具。[②] 所以共工氏的后代四岳继续辅佐大禹治水,也是对共工氏后代治水能力的肯定。

随着农业的不断发展,物质文明与精神文明积累到了一定程度,人类聚居的城市便诞生了。城市是政治、经济、文化、科技的中心,城市的兴起标志着人类告别蛮荒,迎来了文明的曙光。早期的城市是在农业文明的基础上产生的,孟庄古城的发现标志着辉县地区古代农业的高度发达。1992 年,河南省文物研究所通过考古发掘,发现“辉县龙山时期聚落群”(即共工核心聚落)共 9 处聚落遗址。其中一级聚落 1 处,面积 36 万平方米,遗址中有一座 13 万平方米的古城;二级聚落 2 处,面积均为 10 万平方米以上;三级聚落 6 处,面积均为 9 万平方米以下。该聚落群应是一个酋邦国家,其国都应是孟庄古城。古城有

---

① 徐元诰撰,王树民、沈长云点校:《国语集解》,北京:中华书局,2002 年,第 155—156 页。

② 王晖:《大禹治水方法新探——兼议共工、鲧治水之域与战国之前不修堤防论》,《陕西师范大学学报(哲学社会科学版)》2008 年第 2 期,第 34—35 页。

13 万平方米,城外还有 23 万平方米的居民区,周围还有 8 处聚落遗址,[①]可以说该时期生产力水平已经发展到了一定高度,产生了城乡分离,等级制度与私有制度已经建立。

新石器时代晚期,人们在几块土地上进行休耕轮作,不必经常流动到别处去重新开荒,这就产生了定居生活。只有创造舒适的定居环境,古代先民才能安居乐业,才能将更多精力投入到生产生活中去。孟庄遗址发现了仰韶时期的地面式方形连间房子,建筑手法十分精细。其建造程序是:先垫平地面,再垫上一层黄土,黄土之上垫红烧土块,有的经过夯打,然后筑墙。筑墙方法有两种:一是在房基周围立以密集的小木桩作为骨干,用草拌泥堆垒成墙;另一种是用土坯垒砌成墙,墙壁抹白灰(个别抹红色颜料)。把墙和屋顶盖好后,再做居住面。居住面的做法是:先在黄土层上涂一层薄的草拌泥,再涂一层白灰面,在涂白灰面时,房中留一凹形坑做灶。[②] 住在用这样的方法搭建起来的房屋中,应该是十分舒适的。共工氏族是最早应用土坯垒墙的氏族部落之一,同时也证明了共工氏族擅长土木建筑技术。舒适的房屋有利于古代先民长时间定居,而稳定的生活方式对于发展农业和社会文明又起到了促进作用。

人的生活离不开水,水井的出现也是人们定居生活的重要保障。龙山文化晚期的孟庄遗址发现四眼水井,井口分为长方形和方形两种,深 4 米左右,井下部多已坍塌。从多数井内少有或无汲水器及碎陶片出土的特征分析,当时的人们可能定期清理井内的淤泥,以便清洁水源,达到长期使用的目的,这就是后来淘井技术的滥觞。[③] 水井的使用不仅为居民生活提供了方便,同时也为手工业、农业的发展,以及促进农业文明的不断进步提供了便利条件。

---

① 李慧萍:《孟庄龙山古城与共工文明》,《中华之源与嵩山文明研究(第二辑)》,北京:科学出版社,2015 年,第 118—119 页。

② 河南省文物考古研究所编:《辉县孟庄》,郑州:中州古籍出版社,2003 年,第 41—42 页。

③ 河南省文物考古研究所编:《辉县孟庄》,郑州:中州古籍出版社,2003 年,第 105 页。

生产工具代表了生产力的发展程度,通过考察出土的各时期生产工具,我们可以对孟庄地区古代的生产力发展水平进行分析。孟庄裴李岗文化时期,出土了骨匕、骨锥、陶纺轮、石斧。出土石器较少,说明该时期的农业生产还比较原始。孟庄仰韶文化时期,出土的石制工具包括铲、斧、石球、石镞,均先由河卵石或石片打制成坯后,再磨制而成。骨制工具包括骨锥、骨镞,均制作精良。蚌和陶器包括蚌镞、蚌刀,陶刀等。[①] 出土石器增多表明生产力有了发展,农具与狩猎工具的出土说明农业种植与狩猎是其居民的主要生产方式。龙山文化早期包括石铲、石斧、石刀、纺轮,骨锥、骨针、骨簪及陶球等。龙山文化晚期的发现更为丰富,石器包括铲、斧、锛、凿、刀、镰、镞、纺轮、弹丸、球等。骨器有铲、锥、簪、镞、凿、匕、鹿角锥等。蚌器有刀、镰、镞。陶器有纺轮、拍、弹丸、球、环、船形器、埙等。从仰韶文化到龙山文化,孟庄地区出土的生产工具不断丰富,石器工具的制作越发精细,表明该地区生产力逐步发展。龙山文化晚期出土的石制农具如石斧、石铲、石刀、石镰等和狩猎用的箭镞都大量出现,表明该地区的农业文明发展兴盛,同时狩猎业也在生产中占据一定地位。特别是到了龙山文化晚期,石制工具不仅出土数量多,其中的穿孔石斧与石钺[②]器型精美、打磨细致,代表着当时先进的工艺水平。

四、共工氏——从水官到百工

共工氏经历了神农、伏羲、炎帝等多个时代,“共工氏”在唐虞之前是部族名也是人名,到了颛顼时期,共工氏成为了颛顼的水官,其之后的子孙继承“共工氏”的称号。《通志》云:“共工氏,当始于伏羲之后,子孙承传,以至尧、

① 河南省文物考古研究所编:《辉县孟庄》,郑州:中州古籍出版社,2003 年,第 371 页。
② 河南省文物考古研究所编:《辉县孟庄》,郑州:中州古籍出版社,2003 年,彩版二。

舜之世，皆谓之共工氏。”[1]古史辨学派也认为先有“共工”作为神名，再转化为人名，到了《尧典》中又成为官名。[2] 上文已经提到《史记·律书》载：“颛顼有共工之陈，以平水害。”集解引文颖曰：“共工，主水官也。少昊氏衰，秉政作虐，故颛顼伐之。本主水官，因为水行也。”这是早期共工氏成为水官的文献记载。帝尧时期，共工氏的后代还曾为尧帝的掌礼官并辅佐大禹继续治水。《新唐书·宰相世系表》载：“吕氏出自姜姓，炎帝裔孙，为诸侯，号共工氏，有地在弘农之间。从孙伯夷佐尧掌礼，使遍掌四岳，为诸侯伯，号太岳。又佐禹治水，有功，赐氏曰吕，封为吕侯。”[3]可见共工氏不仅职掌礼仪，而且继续帮助大禹治水，立下了功勋，受封为侯爵。《淮南子集释》云：“舜之时，共工振滔洪水，以薄空桑。注曰：共工，水官名也，……是伯者之后而非‘柏有’之后。”[4]

此后“共工”的称谓由水官名，再转变为监管百工的官职称谓。《周礼·考工记》载：“国有六职，百工与居一焉。”郑玄注曰：“百工，司空事官之属，于天地四时之职，亦处其一也。司空，掌营城郭，建都邑，立社稷宗庙，造宫室车服器械，监百工者，唐虞以上曰共工。”[5]《古文尚书》云：“舜曰：咨！四岳！有能奋庸熙帝之载，使宅百揆，亮采惠畴？佥曰：伯禹作司空。”[6]尧帝派大禹治水的时候，将大禹任命为司空，而司空的职责不仅包括治水，也包括共工的职能。

《尚书·舜典》：“咨！垂，汝共工。”马融注：“为司空，共理百工之事。”[7]《礼记·明堂位》载：“垂之和钟。”[8]共工垂制作的钟，是一种乐器。此外还有

---

① 〔宋〕郑樵撰：《通志》卷二《五帝纪二》，北京：中华书局，1987 年。
② 顾颉刚，刘起釪：《尚书校释译论》，北京：中华书局，2005 年，第 254 页。
③ 〔宋〕欧阳修等：《新唐书》，北京：中华书局，1975 年，第 3370—3371 页。
④ 何宁撰：《淮南子集释》，北京：中华书局，1998 年，第 578 页。
⑤ 李学勤主编：《周礼注疏》，北京：北京大学出版社，1999 年，第 1055 页。
⑥ 马融、郑玄注：《古文尚书》，北京：中华书局，1991 年，第 56 页。
⑦ 马融、郑玄注：《古文尚书》，北京：中华书局，1991 年，第 60 页。
⑧ 李学勤主编：《礼记正义》，北京：北京大学出版社，1999 年，第 949 页。

很多关于垂的记载,例如《荀子·解蔽》:“倕作弓。”[①]《墨子·非儒》:“巧垂作舟。”[②]《世本·作篇》:“倕作规矩准绳,垂作耒耨,垂作耜,垂作钟,垂作铫。”[③]垂一作倕,古字通。垂在担任共工职位期间,制作了很多器具,这些器具涉及劳动工具与乐器等。这表明垂是能工巧匠,掌握多种器物的制作技术,担任“共工”之职,确实为远古手工业发展作出了一定的贡献。

到了汉代,“共工”又重新成为官职名。《汉书·百官公卿表上》云:“少府,秦官,掌山海池泽之税,以给共养,有六丞。属官有尚书、符节、太医、太官、汤官、导官、乐府、若庐、考工室、左弋、居室、甘泉居室、左右司空、东织、西织、东园匠十六官令丞,又胞人、都水、均官三长丞,又上林中十池监,又中书谒者、黄门、钩盾、尚方、御府、永巷、内者、宦者八官令丞。诸仆射、署长、中黄门皆属焉。……王莽改少府曰共工。”[④]《汉书·刘辅传》云:“徒系辅共工狱。”苏林曰:“考工也。”颜师古曰:“少府之属官也,亦有诏狱。”[⑤]由此可以看出,随着历史不断演变,“共工”的管理职能在不断变化和扩大。共工由最初的水官,到监理百工,再发展到秦汉时期的少府,最后由王莽托古改制,将少府改回为共工。秦汉时期的少府,即九卿之一,掌管山海地泽税收和皇室的手工业制造等事务,为皇帝的私府。其中少府管辖的考工室,在武帝太初元年更名为考工,掌制作器械之司,与手工业有关。都水,治渠堤水门,与治水有关。可见“共工”发展到秦汉时期成为一个庞大的机构,而“治水”和“手工业”仍是“共工”分管的主要职能。

以往对“共工”名称的研究,或者将“共工”理解为部族或部族首领,或者将“共工”理解为“水官”“百官”,但都不应该忽视“共工”名称的特殊性,即各

① 王先谦著:《荀子集解》,北京:中华书局,1988 年,第 401 页。
② 吴毓江撰:《墨子校注》,北京:中华书局,1993 年,第 437 页。
③ 〔汉〕宋衷注,〔清〕秦嘉谟等辑:《世本八种》,北京:商务印书馆,1957 年,第 360 页。
④ 《汉书》卷十九上《百官公卿表第七上》,北京:中华书局,1962 年,第 731—732 页。
⑤ 《汉书》卷七十七《盖诸葛刘郑孙毋将何传》,北京:中华书局,1962 年,第 3254 页。

种不同称谓的解释之间存在着密切联系。如果不是共工氏对治水作出了贡献并获得一定的认可,"共工"的称谓不可能作为"水官"或"百官"的称号。后代沿用"共工"作为官职名,实际上反映出了后人对共工氏在治水与手工业方面所作贡献的肯定与纪念。

余论

共工氏不仅善于治水,而且为当地农业的发展、人民的安居乐业都作出了贡献。经过历史上多次战争及不断与周边部落的融合,共工部族逐渐淡出了历史舞台,融入到了中华民族这一大家族之中。"共工"的称谓作为水官和监管百工的官职继续沿用,这是对共工氏以往作出的贡献的肯定与纪念。共工氏的后代屡次见于文献,《左传·昭公二十九年》载:"共工氏有子曰句龙,为后土,……后土为社。"并引《祭法》:"共工氏之霸九州也,其子曰后土,能平九州,故祀以为社。"[①]共工氏的后代句龙因为功勋卓著,被奉为社神祭祀,这是十分荣耀的事情。汉代应劭《风俗通义·祖》按《礼传》:"共工之子曰脩,好远游,舟车所至,足迹所达,靡不穷览,故祀以为祖神。祖者徂也。"[②]通过古代文献的记载,以及辉县孟庄考古发现的相互印证,我们可以说共工氏在治水、农业、建筑、手工业等方面均有所建树。而其子孙后代继承其优良作风,继续为国家、为人民作出贡献。后土成为社神被祭祀,共工之子脩被祀为祖神,伯夷被封为诸侯。共工氏的后代涌现出了一批中华民族的优秀分子,而共工氏作为中国古代科技文明的创造者,也应当得到肯定和纪念。

(本文作者分别为郑州大学历史学院教授,郑州大学历史学院博士)

① 杨伯峻编著:《春秋左传注》,北京:中华书局,1981年,第1503页。
② 〔汉〕应劭:《风俗通义》,北京:中华书局,1985年,第205页。

共字圜钱地望与共工氏居地

陈隆文

一

战国时期,圜钱面文有“共”字一种,一般钱直径4.3—4.65厘米,孔径0.5—0.7厘米,重14.8—18.5克,属一釿圜钱。河南洛阳、宜阳及山西喜闻等地有较多发现。[①] 我们称这类圜钱为共字圜钱。共字圜钱的种类有共、共屯赤金、共少半釿三种(见下页图),面文均铸地名“共”字。关于共字圜钱的地望问题,钱币学界都较为笼统地将共地推定在河南辉县。如汪庆正《中国历代货币大系·先秦编》认为:“当释为共,地名,战国魏地,今河南省辉县境内。”[②]黄锡全先生认为:“共,见《左传·隐公元年》‘大叔出奔共’,即《汉书·地理志》河内郡‘共县’。其地在今河南辉县。”[③]汪庆正先生和黄锡全先生并

① 黄锡全:《先秦货币通论》,北京:紫禁城出版社,2001年,第304页。
② 汪庆正:《中国历代货币大系·先秦编》,上海:上海人民出版社,1988年,第1139页。
③ 黄锡全:《先秦货币通论》,北京:紫禁城出版社,2001年,第304—305页。

没有将共字圜钱的准确位置考订清楚，因此这是一个值得深入研究的问题。

1.共　　2.共屯赤金　　3.共少半釿

二

汪、黄二位先生所说的辉县即今天的辉县市，属河南新乡市管辖。1988年6月，为配合辉县市城建局建筑队在市区环城西路立交桥施工，新乡文物部门发现汉代墓葬8座、宋代墓葬4座，并发现古共城战国铸铁遗址，清理战国烘范窑址1座(编号为HHQY1)，以铸造铁农具为主的战国铸铁遗址的发现，为研究该地区战国冶铁史和农具史提供了重要实物资料。战国铸铁遗址位于古共城西北角外约110米处，东西长150米，南北宽100米，面积约15000平方米。该遗址周围为平原地带，西部和北部为太行山，南临卫河，东靠共城。此地带土肥地美，物产丰富，战国时期属魏国辖区，历代都为经济、文化发达区域之一，农业上尤为如此。该区域地下文物非常丰富。1950年，中国科学院考古发掘团曾在东距此烘范窑址约3公里处发掘战国魏王室墓一座，其中出土铁制生产工具达93件之多，这也是新中国第一次成批出土战国铁器。[①] 此次发现还出土有“公”字布币一种，该布币发现于烘范窑东、西两个窑室的东

① 贺惠陆、张有新：《河南辉县市古共城战国铸铁遗址发掘简报》，《新乡考古发现和研究》，呼和浩特：内蒙古人民出版社，2007年，第177页。

室中,窑室底部为白灰层,厚约 0.5 米,陶范及铁器皆出土于白灰层中,陶鼓风管出土于窑室底近进火口处,“公”字布币出土于白灰层上部。[①] 战国辉县古共城铸铁遗址中“公”字布币与烘范窑的发现证明共字圜钱的铸造地就在辉县市古共城战国铸铁遗址之中。还应强调说明的是,位于战国铸铁遗址东 110 米处至今仍有共城故城遗址。共城故城城址平面略呈方形,四垣周长约 5000 米,现断续存在。东墙南、北两端各存 200 米,北墙东、西两端计约 800 米,西墙北段约 200 米,南段、东段约 300 米,残高 6 米,墙基宽 40 米,顶宽 10 米左右,夯土筑成,夯层厚约 10 厘米。夯层中发现有商、周时期细粗绳纹陶片。城内外发现有夯土建筑台基、灰坑、墓葬等遗迹,采集有西周时期陶鬲、盆、罐、残片及春秋时期筒瓦、板瓦。城外墓葬中出土有铜鼎、豆、盘、觥、匜、鉴及铜车马饰件等文物。据文献记载,为西周、春秋时共城故城。[②] 由共城内遗存物来看,共城故城的时间上限可以到西周或商,下限可以到战国中晚期,而从共城故城战国铸铁遗址中的烘范窑址来分析,虽然窑内未发现铁范,但出土了夹铁范用的铁夹具及鑊芯模等,由此推测铸铁遗址在使用陶范的同时,也已使用铁范。[③] 发掘者推定共城铸铁遗址的使用年代在战国中晚期,这一时间与共字圜钱流通与铸造的时间相吻合,因此,该遗址中虽未直接出土共字圜钱的铸造范,但由共字地名与铸铁遗址的相互印证,我认为战国中晚期共字圜钱的地望与铸造地就在今辉县市西北角的共城故城是没有疑问的。

共城作为地名见载于文献当在西周之际。《左传·闵公二年》:“卫之遗民男女七百有三十人,益之以共、滕之民为五千人。”杨伯峻《春秋左传注》说:“共为卫邑,即今河南省辉县。西周共伯和疑即卫武公,……滕亦卫邑,不详

---

① 贺惠陆、张有新:《河南辉县市古共城战国铸铁遗址发掘简报》,《新乡考古发现和研究》,呼和浩特:内蒙古人民出版社,2007 年,第 178 页。

② 国家文物局主编:《中国文物地图集·河南分册》,北京:中国地图出版社,1991 年,第 243 页。

③ 贺惠陆、张有新:《河南辉县市古共城战国铸铁遗址发掘简报》,《新乡考古发现和研究》,呼和浩特:内蒙古人民出版社,2007 年,第 177 页。

辉县市古共城战国铸铁遗址位置图(1∶20000)

所在。”[①]《左传》中所说的滕、共二邑应该相距不远。顾颉刚先生《史林杂识·共和邑》认为共邑就是西周共伯和的封邑,此论可备一说。除《左传·闵公二年》所载有共地外,《左传·隐公元年》也记有共地。《左传·闵公二年》之中共城与《左传·隐公元年》“大叔出奔共”的共实为一地,西周时为共伯和的封邑,春秋时就成为卫国的城邑,故杨伯峻《春秋左传注》说:“共即闵二年‘益之以共,滕之民’之共,本为国,后为卫别邑,即今河南省辉县。”[②]由此看来,共邑有着悠久的历史,春秋之时业已闻名于河内了。

---

① 杨伯峻:《春秋左传注》,北京:中华书局,1981年,第267页。
② 杨伯峻:《春秋左传注》,北京:中华书局,1981年,第14页。

三

共城为邑虽然可追溯到西周,但共地的地名可能还有更为久远的历史和更为丰富的文化内涵。早在20世纪60年代,徐旭生先生在《中国古史的传说时代》中就曾提出了共城周围是中国氏族社会末期共工氏族所居之地的看法。徐旭生先生指出古文献中称“共”的地名有五处,但位于今河南辉县的共地,应该就是上古共工氏族的居地。他说:“这分处四省的五个地方,全有为共工氏旧居的可能性。但是,共工在古代传说中特别同水有关系,又同颛顼很有关系。《潜夫论·五德志》篇以至于把他同颛顼相混。‘颛顼之虚’为帝丘,今为河南的濮阳县。共工氏如果远在西方,就不会同颛顼发生关系。独辉县与濮阳邻近,颛顼与共工战,才有可能。它同漳水发源的发鸠山,赵、代间的空桑全相去不很远,所以炎帝少女精卫溺海和衔木石填海的神话同振滔洪水以薄空桑的神话才有发生的可能。它的旧地在今辉县境内,大约可无疑义。”[①]更为重要的是,1992年至1995年,河南省文物考古研究所在共城故城的东南孟庄镇发掘了一座古文化遗迹。孟庄遗址平面形状为椭圆形,南北长约600米,东西宽约500米。遗址包含有裴李岗文化、仰韶文化、龙山文化、二里头文化等多种文化遗存,尤为重要的是遗址内发现一座目前河南境内面积最大的龙山文化城址,这引起了考古学界的广泛关注,1994年孟庄遗址被评为全国十大考古发现之一。[②]主持孟庄遗址考古发掘的袁广阔先生指出考古资料表明城址之内发现有洪水,且西城墙是被龙山文化末期的洪水冲毁的。孟庄龙山文化时期的人群自此以后也全部消失了,到了若干年后的二里头文化二期阶段,该遗址才重新有人居住。这说明氏族社会末期,太行山南麓的辉县一带

① 徐旭生:《中国古史的传说时代》,桂林:广西师范大学出版社,2003年,第55页。
② 袁广阔:《孟庄龙山文化遗存研究》,《考古》2004年第3期,第21页。

曾发生过大的洪水。若根据孟庄龙山文化遗存为共工氏族所留的线索再向前溯源,孟庄龙山文化来源于太行山东麓的仰韶文化“大司空类型”,而这一类型的分布区内,共工氏的传说或记载更多,河北南部传说有“共工台”。孟庄龙山文化是在“大司空类型”基础上发展来的,是一个氏族文化的延续,而共工氏是一个古老的氏族。共工是古史传说中的一位神话人物,最初曾“与颛顼争帝”,继而乃为尧之水官,后来又被尧、舜流放于幽州,最后被大禹攻逐。由此可知共工氏经历的时间相当久远,他绝不可能是一个人,而应是一个氏族或部族的名称。现有的考古材料表明,仰韶文化“大司空类型”与龙山文化“孟庄类型”是一脉相承的,它当与共工氏这一氏族存在一定的联系。[①] 由此看来,以今辉县市共城故城为中心包括其周边地区,早在裴李岗、仰韶、龙山文化时期就已经存在着古代氏族部落的活动了。共字地名的由来源远流长,此地很可能就是古代共工氏族的居地。共城地名虽源自仰韶、龙山之际,但至战国中晚期始见铸于魏国圜钱,这便是战国共字圜钱地望由来的真实“素地”。

(本文作者为郑州大学历史学院教授)

① 袁广阔:《孟庄龙山文化遗存研究》,《考古》2004年第3期,第37页。

共工氏在上古时期的重要地位及其对辉县和周边地区的影响

李慧萍　岳　士

辉县市地处巍巍太行山南麓向北转折处，以其深厚的文化底蕴、优美的自然风光、独特的地理位置享誉国内外。这里因辉县琉璃阁甲乙大墓、固围村战国大墓的考古发掘及20世纪90年代孟庄遗址的考古发掘举世瞩目。近年来辉县市在旅游业方面也成为中原翘楚，作为姓氏研究的发源地之一，正在被国内外专家学者关注与研究。

一、辉县及其周边地区古代概貌

追溯这一地区历史渊源，离不开其周边地区的文化因素研究。因为辉县及其周边地区[包括新乡市(县)、卫辉市等]是一个经济文化整体。这个地区地处中原，是古代连接东西南北的交通枢纽、战略要地，地理位置十分优越和显要。史书称其“东接齐鲁，西控三晋，南襟汴洛，北拱京畿，众水江流，环带城隅。群山列屏,两河之要地,通道八省。中土之名区也"[①]。本文旨在通过历史文献中对共工氏的记载,追本溯源,寻觅他们的活动轨迹,再结合辉县及其周边地区的考古发掘成果,探索这一地区的古代文明之一斑。

辉县及其周边地区发现有人类活动的迹象是在旧石器时代晚期,1992年,考古专家在新乡县大块北庄发现旧石器时代晚期砾石刮削器。到新石器时代初期,豫北地区已经有了人类活动的聚落,开始了最初的农业生产。据考古发现,距今8000年左右,辉县市孟庄就有了属新石器时代初期裴李岗文化的人类聚落[②]。从孟庄遗址(国家级文物保护单位)的发掘看,其文化内涵与磁山文化相接近,豫北地区的远古人类已经开始进行原始采集业、原始纺织业及制陶业的生产活动。这表明,该地区古代文明与中原地区古代文明同步发展。

古代辉县及其周边地区有卫河(古清水)、百泉河、古大陆泽、百泉湖等河流、坑塘,有茂密的森林、浓郁的灌木丛和大片的草地。在这样的自然环境中,动植物较易形成一个完整丰富的食物链,为人类的狩猎、渔猎及采集活动提供了广阔的场所。这一地区的土壤主要是第四纪冲积次黄土(黄河冲积平原),土质疏松,易于使用木石工具进行开垦与浅种直播,利于开挖水井及水渠进行农田灌溉。这种次黄土具有自然节理,有利于毛细现象生成,可把下层的肥力及水分带到地表,有自然肥效,肥力高,对于古代初期的农业是十分有利的条件。此时,人口大量增加,氏族聚落遍及牧野各地,聚落遗址由新石器时代初期裴李岗文化的二三处聚落发展到十多处,其范围更是东至长垣县浮丘店,北至卫辉市芳兰村,西到获嘉县同盟山的整个新乡地区。龙山文化时期距今5000—4000年,辉县及周边地区发现的龙山文化遗址达三十多处。这一时期,石斧、石铲、石刀、石镰等农业生产工具大量出现,在获嘉县大清龙山文化

① 《卫辉府志》。

② 河南省文物考古研究所:《辉县孟庄》,郑州:中州古籍出版社,2003年。

遗址发现了长达30厘米的石铲，在辉县市孟庄龙山文化遗址发现了四口水井[①]。大量先进的农业生产工具和水井的使用，使这个地区的农业生产得到了空前的大发展。氏族经济及人口的发展促使大的聚落群形成，如孟庄龙山文化古城，其应该是一个酋邦王国的国都所在地。是什么氏族占有这样的古城呢？它应具有部落联盟盟主的地位。它应该就是文献记载和古史传说中的共工氏族，这个氏族创造了这一地区的古代文明，是华夏族形成和华夏文明的重要组成部分。

二、共工氏的史书记载

文献把共工或共工氏作为一个人物来看待，笔者认为共工应该是一个氏族，是作为氏族的化身和代表出现的，这个氏族在史前历史中存在和延续的时间最长。共工是一个伟大的人物，共工氏族是其创造繁衍起来的部落民族。在中国最早的文献中，称管理水的官员为“共工”。古文献中谈到共工氏的相当多，关于他的传说，大都是与水有关。《左传·昭公十七年》载：“共工氏以水纪，故为水师而水名。”《国语·鲁语上》载“共工氏之伯九有也，其子曰后土，能平九土”，这说明共工不仅是一个古老的氏族，而且是三皇五帝时代的顽强部族。他们有着丰富的治水经验，人们尊之为水神。共工氏修筑的防洪堤是中国历史上最早的防洪工程。

传说和古文献的记载及考古发掘研究成果佐证了共工氏的活动区域。其最早见诸于《山海经》，该书与共工氏地望相关的记录有共山、共水、共谷等几处，如《北次三经》：“又东三百七十里，曰泰头之山，共水出焉。”《水经注·清水》云：“共伯既归帝政，逍遥于共山之上。山在国北，所谓共北山也。”此共山

① 河南省文物考古研究所：《辉县孟庄》，郑州：中州古籍出版社，2003年。

即今河南辉县市北的九峰山。《汉书·地理志·河内郡共县》班固自注“古国”。郦道元云:“稽之群书,共县本共和之故国,是有共名。”今河南辉县的古共山、共水之名有可能源自该处,是共和之故国。徐旭生先生在《中国古史的传说时代》①一书中对共工氏的旧居进行了考证,认为共工氏的旧地是汉代的共县,即今河南辉县市境内,包括周边的新乡县、获嘉县、卫辉市。

从以下文献对共工氏的描述,我们可以看到三皇五帝都与他有交集。

《汉书·古今人表》:“宓羲氏、女娲氏、共工氏、容成氏、大廷氏、柏皇氏、中央氏、栗陆氏、骊连氏、赫胥氏、尊卢氏、沌浑氏、昊英氏、有巢氏、朱襄氏、葛天氏、阴康氏、无怀氏、东扈氏、帝鸿氏。”在这里,共工排在第三位,接在伏羲、女娲的后面,这就告诉我们,共工氏族是与伏羲、女娲同时期的氏族。

《史记·补三皇本纪》:女娲氏“当其末年也,诸侯有共工氏,任智刑以强,霸而不王,以水乘木,乃与祝融战。不胜而怒,乃头触不周山,崩,天柱折,地维缺。女娲乃炼五色石以补天,断鳌足以立四极,聚芦灰以止滔水,以济冀州,于是地平天成,不改旧物。女娲氏没,神农氏作”。这段文字说明共工是一个虽然没有称王但很有势力的诸侯,他存在于伏羲、女娲时代,活动范围在冀州区域(黄河以北,太行山以东),“以水乘木”表明共工氏族是舟船的发明者。

《路史·共工传》:“共工氏,羲氏之代侯者也,是曰康回,髦身朱发。”注引王逸说:“康回,共工氏之名”;“太昊氏没,俶乱天常,窃保冀方”,“振滔洪水,以薄空桑”,“寇剧于诸侯,虐弱以逞,爰以浮游为卿”。就是说,太昊氏之后共工经常在冀方作乱,同时任用浮游(即相柳)为卿佐,欺凌弱小的诸侯。因而招致“女娲氏戮之,共工氏以亡。凡四十五载落,有子不才,终死为厉”。虽然女娲把共工杀了,但共工的儿子变为厉鬼继续害人,这也说明了共工虽然被杀,但他的氏族、部落依然存在。

---

① 徐旭生:《中国古史的传说时代》,桂林:广西师范大学出版社,2003年。

《琱玉集·壮力篇》:“共工,神农时诸侯也,而与神农争夺天下。共工大怒,以头触不周山,山崩。”表明在神农时期,共工与神农进行了一场争夺天下的战争,战争结果是共工失败。

《淮南子·天文训》:“昔者,共工与颛顼争为帝,怒而触不周之山,天柱折,地维绝。天倾西北,故日月星辰移焉;地不满东南,故水潦尘埃归焉。”《列子·汤问》也有同样的记载。共工在颛顼时代与颛顼进行了一场惊天动地的大战,但结果依然是共工战败。

《淮南子·兵略训》:“颛顼尝与共工争矣。……共工为水害,故颛顼诛之。”实际上共工为水害的目的还是为了争帝位。从《淮南子》的这两条文献看,共工氏族的首领虽然被杀了,但其族众没有投诚受到安抚,而是顽抗到底。《淮南子·原道训》:“昔共工之力触不周之山,使地东南倾。与高辛争为帝,遂潜于渊,宗族残灭,继嗣绝祀。”表明在高辛时期,共工氏族又发展壮大起来。《国语·周语下》韦昭注引贾侍中说:“颛顼氏衰,共工氏侵凌诸侯,与高辛氏争而王也。”共工不仅侵凌诸侯,而且还与帝喾争帝位,结果仍然是失败。虽然在这次争帝位的战争中,共工氏族遭到毁灭性打击,但并没有彻底被消灭。因此《史记·楚世家》说:“共工氏作乱,帝喾使重黎诛之而不尽。”共工氏族又慢慢恢复起来。

《战国策·秦策一》及《荀子·议兵》都记载:“禹攻共工。”可见,在夏初,共工氏族和大禹(夏王朝)进行过战争。

从人类始祖伏羲、女娲开始,直到大禹时期延续数千年,共工氏族五起五落(与祝融战,与女娲战,与神农战,与颛顼战,与大禹战),与三皇五帝共始终,可以说共工氏族是中国历史上最顽强的氏族部落(伏羲、女娲被神农、炎帝取代,炎帝被皇帝取代,颛顼、帝喾、尧、舜、禹接连更替)。共工氏族在历史的长河中,与其他氏族部落从矛盾、战争、友好、联盟、再到分裂,反反复复,其氏族部落的名号始终未变。其屡战屡败,屡败屡战,表现出了不认输、不服输、不屈服的英勇顽强的个性。

三、从考古发现看共工氏族文明

共工氏在上古时期繁衍不息,其创造的古代文明也是璀璨夺目。

1992 年到 1995 年对辉县孟庄遗址的发掘,使我们对共工氏族部落有了更深的了解。首先证实了孟庄遗址龙山文化时期与传说时代的共工治水时期相一致。在对孟庄 36 万平方米的遗址发掘中,发现了一座龙山中晚期的古城[①]。这座古城位于辉县市孟庄镇东,城址平面呈正方形,东墙长约 375 米,北墙长约 340 米,西墙长约 330 米,南墙破坏严重。城址面积约 13 万平方米,城墙顶残宽 3—5 米,底宽 20 米左右,城拐角宽度约 25 米,夯层厚 10—15 厘米,圆形圜底夯窝。城外有护城河,宽 20 米左右。东墙中部有门道,宽 2.1 米。城墙的作用一方面是防御外族入侵,另一方面应该是防御洪水。孟庄城遭遇洪水袭击的迹象十分明显,其证据是西墙的中段北部有一大的缺口,已发现部分达 15 米宽,原有的龙山城墙夯土已全部被洪水冲掉。考古学文化表明孟庄龙山城被毁的时期,是龙山文化末期(原始社会晚期,夏代之前),正是史书记载共工治水的时期。共工氏族是最早治水的部落。当时的治水范围主要是辉县及其周边地区。据《水经注》记载,卫河沿岸自故修武城(今获嘉县西北)往东直到辉县,当时就有点陂、卓水陂、百门陂等多个大湖,而泉水、溪流更是不计其数,众多的沼泽周围生长着茂盛的沼泽植物,这与文献所说的共工所处的环境一致。

《山海经·大荒北经》:“有系昆之山者,有共工之台,射者不敢北向。”台,高地,就是城。孟庄龙山城址是目前豫北地区发现的由共工氏族建造的最大

① 河南省文物考古研究所:《辉县孟庄》,郑州:中州古籍出版社,2003 年。

的原始社会晚期的城址。

孟庄遗址的文化层堆积从裴李岗文化（距今约8000年）时期开始，历经仰韶文化、龙山文化直到夏、商、周，延续5000多年，其文化面貌一直前后衔接，逐步向前发展。与之相邻的同时期的遗址还有新乡络丝潭、辉县丰城、武陟大司马、修武义井等，但孟庄遗址面积最大且出土文物丰富。现有考古材料表明，从仰韶文化"大司空类型"到龙山文化"孟庄类型"是一脉相承的，应是共工氏族文化。

新乡及辉县的文物考古工作者发现"辉县龙山文化时期聚落群"（共工核心聚落）共9处遗址，应是一个酋邦国家，其国都即孟庄古城。古城本身13万平方米，城外尚有23万平方米的居民区，加上其他8处聚落遗址，可以说当时已经是城乡分离的社会形态。与孟庄古国属于同一文化的聚落群有"新乡市郊龙山聚落群（包括新乡县）"，共有近20处聚落遗址，应是从属于共工邦国的子族首领聚落。由河南大学与新乡市文物考古研究所联合进行的新乡市凤泉区王门遗址考古发掘初步显示，这应是一处龙山文化晚期、商代早期（或者更早一点）的古文化聚落遗址。它和辉县孟庄遗址、孙村遗址、新乡县李大召遗址、新乡市鲁堡遗址、潞王坟遗址都是共工氏族活动势力范围。

共工氏族为中国土木建筑的形成作出了划时代的贡献。共工氏族是最早应用土坯这一新型建筑材料的民族。距今8000年前后他们已经会营建房屋，这是农耕社会人们定居后创造的居住建筑，奠定了几千年以来中国建筑的基本格局。孟庄遗址发现了仰韶时期的地面式方形连间房子①，其筑墙方法有两种：一种是在房基周围立以密集的小木桩作为骨干，用草拌泥堆垒成墙。另一种是用土坯垒砌成墙，墙壁抹白灰（个别抹红色颜料，这可能是特殊作用的房间）。

---

① 河南省文物考古研究所：《辉县孟庄》，郑州：中州古籍出版社，2003年。

共工氏族为中国农业发展和人们生活方式的改变同样作出了巨大贡献。孟庄龙山文化发现四眼水井,井口为长方形和方形两种,深4米左右。从多数井内少有或无汲水器及碎陶片出土的特征分析,当时共工氏族的人们已懂得定期清理井内的淤泥,以便达到长期有效使用的目的,这便是后来的淘井技术。共工氏族还有一项发明,这便是人工凿井。水井和淘井技术的发明,为农业生产和居住提供了条件,特别是改变了人们依赖水源,必须居住在河边的生活方式,增强了人们抵御大自然灾难的能力。

四、共工氏的地位及其对后人的影响

共工氏在整个原始社会时期占有重要地位,影响深远。

共工在尧时期势力特别强大,连炎帝都对其有所畏惧。《史记·五帝本纪》说:尧为"嗣位"征求意见,"放齐曰:嗣子丹朱开明。尧曰:吁,顽凶,不用。尧又曰:谁可者?讙兜曰共工旁聚布功,可用。尧曰:共工善言,其用僻,似恭漫天,不可"。还有一次"讙兜进言共工,尧曰不可而试之工师,共工果淫辟"。可见尧对势力强大的共工氏族是不放心和不信任的。因共工反对尧传天下于舜,结果被流放幽州。《孟子·万章》:"舜流共工于幽州。"《尚书·尧典》也记载:"流共工于幽州,放驩兜于崇山,窜三苗于三危,殛鲧于羽山。"到禹时,禹已掌握联盟的军政大权,可以动用联盟的军事力量对不臣服于禹的部落方国进行讨伐,因而,禹率大军南征有苗,北伐共工,很快统一了伊、洛、颍、汝之间的河谷平原地区。但北伐共工并不顺利,虽然打败了共工,但没有占领其地。《山海经》说:大禹"畏共工之台,……不敢北射。"就是说大禹经过长期战争,虽然打败了共工,但因其氏族的顽强而不敢在其中心区域作长期停留。

正是因为共工氏族的顽强,他的臣僚和后裔在史前社会中留下了深远的影响。《史记·五帝本纪》把共工与浑沌、梼杌、饕餮并称为“四凶族”，“舜宾于四门，乃流四凶族，迁于四裔，以御璃魍，于是四门辟，言无凶人也”。在共工的臣僚中最著名的当数浮游（也即相柳、相繇），《山海经·大荒北经》：“共工臣，名曰相繇。九首，蛇身自环，食于九土（九山）。其所鸣所尼，即为源泽，不辛乃苦，百兽莫能处。禹湮洪水，杀相繇，其血腥臭，不可生谷；其地多水不可居。禹湮之，三仞三沮，乃以为池；群帝是以因为台。在昆仑之北。”“有系昆之山者，有共工之台，射者不敢北向。”这些记载说明浮游是被禹所杀，这与禹攻共工的说法一致。

共工在历史上虽然霸而不王，多次战败，但他的族众并没有灭绝，他的后裔不仅人丁兴旺，而且还出现了很多有作为的子孙。

共工有个儿子叫脩，后人把它称作祖神。《风俗通义·祖》按《礼传》：“共工之子曰脩，好远游，舟车所至，足迹所达，靡不穷览，故祀以为祖神。”这个称号是很高的。同时，这条文献记载表明脩是中国最早进行旅游活动的人，可以说脩是旅游行业的鼻祖。

共工的另一个儿子叫后土，被后人封为社神。《国语·鲁语上》：“共工氏之伯九有也，其子曰后土，能平九土，故祀以为社。”注说：“其子，共工之裔子勾龙也，佐黄帝为土官。九土，九州之土也。后，君也，使君土官，故曰后土也。”“社，后土之神也。”共工氏和他的儿子后土都对农业很精通。他们专注于研究农业生产中的水利建设。在考察了部落的土地情况后，发现有的地方地势太高，田地浇水很费力；有的地方地势太低，容易被淹。为了改变这种不利于农业生产的情况，后土发明了筑堤蓄水的方法。具体做法是：把地势高处的土运到低地上填高。洼地填高可以扩大耕种面积，高地去平，利于水利灌溉，对发展农业生产大有好处。每到汛期，共工氏族居住地的大半地区就会被淹。于是，他们从高处搬来泥土石块，在离河一定距离的低处修起堤防。由于治水有功，共工氏在各部落中声名卓著。《春秋传》曰：“共工之子句龙为社神。”《左传·昭公二十九年》:“颛顼氏有子曰犁,为祝融。共工氏有子曰句龙,为后土。此其二祀也。后土卫社。”“土正为后土。”

共工的从孙四岳也十分出色。《国语·周语下》:大禹治水,“共之从孙四岳佐之,高高下下,疏川导滞,钟水丰物,封崇九山,决汩九川,陂鄣九泽,丰殖九薮,汩越九原,宅居九隩,合通四海。故天无伏阴,地无散阳,水无沉气,火无灾燀,神无间行,民无淫心,时无逆数,物无害生。帅象之功,度之于轨仪,莫非嘉绩,克厌帝心。皇天嘉之,祚以天下,赐姓曰‘姒’,氏曰‘有夏’,谓其能以嘉祉殷富生物也。祚四岳国,命以侯伯,赐姓曰‘姜’,氏曰‘有吕’,谓其能为禹股肱心膂,以养物丰民人也。此一王四伯,岂繄多宠,皆亡王之后也”。禹在四岳的帮助下取得了治水的成功,万民受益,帝尧十分高兴,遂对禹“赐姓曰‘姒’,氏曰‘有夏’”,从此禹才称为夏后氏,才有了姓。同时,尧认为四岳佐禹治水有功,封之于吕,命为侯伯,使其为诸侯之长。“赐姓曰‘姜’,氏曰‘有吕’”。为什么在这里介绍禹与四岳治水有功而受宠呢?是因为与共工氏族关系甚大。如“共之从孙四岳佐之”句下注说:“共,共工也;从孙,昆季之孙也。”“姜,四岳之先,炎帝之姓也。炎帝世衰,其后变异,至四岳有德,复赐之祖姓,使绍炎帝之后。”这一段注释把四岳纳入炎帝族系,实际是把共工氏与炎帝的关系也拉近了。《国语·周语下》说:“申吕虽衰,齐许犹在。”注说:“申吕,四岳之后。商周之世,或封于申,齐许亦其族也。”这是说四岳没有绝后,直到周代,齐、许就是他的后裔。四岳后裔在商周时期出了一个人人皆知的伟大人物姜尚(姜太公),他辅佐周武王伐纣建立了西周王朝,东周又辅佐齐桓公成了春秋一代霸主(齐姓也源自共工)。可以说,共工虽战败被流放,但其后代绵延不绝,从四岳到齐、许都是他的后裔。据历史学家及姓氏研究专家考证,中华姓氏中的“龚”姓,也来源于辉县,起源于共,龚姓也是共工氏的后裔。

上古时期的洪荒及其绵延不断的部落间战斗,不但没有让共工氏族消亡,顽强的生存能力及充满智慧的创造力,反而让共工氏占据了辉县及周边地区优越的地理位置,创造出了璀璨的历史文明,给这一片神奇的土地留下了珍贵的物质文化遗产。

(本文作者分别为新乡市文物考古研究所副所长、新乡市文物考古研究所实习研究员)

论共工氏发祥地与龚姓的历史渊源

任鸿昌

辉县市是共工氏部族的发祥地。共工氏以百折不挠的精神治理洪水,被称作"水神",他和中华民族共有"龙"的形象。由于他在治理洪水中没有找到水的流动规律遭到失败,因此被放逐被诛杀,他的后裔为了避祸,有一支在"共"字头上加"龙"字,改为"龚"姓。龚姓在商代发展成庞大的一族,在辉县地区占据了统治地位。商代以姓名地,辉县就称作"龚"(见中国广播电视大学教材《中国古代史教学参考地图集》,北京大学出版社)。

就以上问题下面分三个方面来论述。

一、辉县是共工氏部族的发祥地

清道光《辉县志》中辉县的沿革是:上古共伯国;春秋卫国共地;汉、晋、魏皆为共县;隋改共城县;唐置共州;五代、宋置共城县;金大定二十九年(1189)避显宗允恭讳,改共城县为河平县,又改苏门县,后因百泉魏惠王祠有清辉殿

(取谢灵运"山水含清辉"诗句),升县为州改为辉州;明朝降州为县,名辉县,明隆庆年间在县衙前建共城坊,匾以"共伯故国"(直至20世纪60年代拆除);清代仍名辉县。

旧志云:"共伯,卫僖侯世子名余,武公兄康叔九世孙封于共地,伯爵位。"共伯余英年早逝,他的弟弟和继承其位。《稽古录》曰:"共伯和修行好贤,周厉王逃往彘(今山西霍州市境内),天子缺位,诸侯们共同请共伯和执掌天子事。"厉王逝世,共伯和扶太子静为王,共伯和归其国。沈约曰:"和有至德,尊之不喜,废之不怒,逍遥得志于共山之首。"今辉县有共山首焉,其地可据。

清道光《辉县志·烈女志》曰:"共姜:卫世子共伯(余)妻。齐侯之女。共伯早卒,共姜守节,父母让其嫁,共姜不从。作《柏舟》之诗以自誓。节之称于六经者,此其首。元知州伯善建共姜台于县治东偏(即县衙后宅东北侧,今在档案局院内),祠在其上,塑肖像于内,相传即其守节处,或云墓在其下。祭祀官春秋致祭,逢朔(农历每月初一)望(每月十五左右)行香。至时,上香者熙熙攘攘。乾隆九年(1744),因上香人出出进进县衙多有不便,又建祠于苏门山麓(百泉湖北岸东北)。"

徐旭生先生所著的《中国古史的传说时代》一书提到,我国有很多地名是古代人类活动遗留下来的。我国古代留下来带"共"字的地方有6处,其中山西省五台县有"共水",今名蓼水;山西省芮城县东北亦有"共水",今名朱吕沟;山西省平陆县西部有"共池";河南省新安县也有"共水",发源于共谷,当地称之为"石头泉";河南省济源市北部有一"共山"。他说,这5处地方都可能是共工氏部族暂居或其子族居住过,但不能证明就是古共国,只有辉县的"共山"有据可以证明。

《汉书·地理志》"河内郡共县"条下,班固注解为"古国"。北魏郦道元《水经注·清水》中说:"共伯既归帝政,逍遥得意于共山之首。山在国北,所谓共北山也。"这就是《庄子·让王》篇内的"共首",《荀子·儒效》篇内的"共头”。他还说,共工氏部族原居住于陕西渭水流域,属于炎帝族的一支,和黄帝族同称华夏民族。在原始社会新石器时代的稍早时期,他们一同向东迁移,在中原地区和由山东济宁西迁的东夷族、由湖北北迁的苗蛮族相遇,为了抢占地盘,三大集团逐鹿中原,在此混战。经过长期的战争、谈判、接触,融合到了一起,成为中华民族的起源之一。

此后,黄帝部落向北方发展,把都城建在涿鹿(今河北涿鹿),炎帝部族顺黄河两岸向东,先是建都在陈(今河南睢阳),后又迁都到鲁(今山东曲阜)。其中一个较大的分支——共工氏部族,就留居在太行山东南麓,也就是现在的辉县市境内,因而辉县就成为共工氏部族的发祥地。以氏族名为地名,故而辉县就有了“共山”“共头”“共首”“共国”“共城”等名称。

《中国古史的传说时代》里提到,古代炎帝族还有一个重要的国家是共工氏所建。共工氏部族既然是一个国家,那其国又在什么地方?

《辉县孟庄》一书回答了这一问题。辉县市孟庄镇遗址被评为1994年“全国十大考古新发现”之一,其中最为辉煌的成就是其中的三叠城。三叠城含有龙山文化晚期的古城遗址,后来被大洪水冲毁,二里头文化时期又修复起来。二里头城墙废弃后,殷商时期又在此基础上修复,故谓“三叠城”。这里地理位置适中,有太行山东南麓的缓坡平原,土地肥沃,又面临黄河,水草丰茂。居住地既不太高,方便汲水,又不太低,不至于被水淹没,很适合人类居住,是上古人类活动的主要地区。孟庄龙山文化晚期的古城遗址,应当是共工氏部族修筑的城堡。三叠城遗址含有前5500年—前221年中的5300多年的历史文化遗迹和遗存。这座古城始建于龙山文化晚期,据判断应该是共工氏部族修建的。后被洪水冲毁,在二里头文化时期重建。在中原地区先后发掘的安阳后冈、登封王城岗(夏禹最早建都的阳城)、淮阳平粮台、郾城郝家台等5座古城遗址中,孟庄古城遗址规模是最大的,它比夏禹最早所建的城址——阳城城址还大15倍。

二、洪水的形成与共工氏治理洪水

共工氏部族长期存在于三皇五帝时代，从各种史料和考古发现来看，这一点基本是可信的。但他晚于伏羲女娲氏政权的结论得到了史学界的认可。

《淮南子·览冥训》中说："往古之时……水浩浩而不平息，猛兽食颛（善）民，鸷鸟攫老弱。"可以想见，当时浩浩荡荡的洪水经久不息，一些猛兽出入人间，危害百姓，凶猛的大鸟常常捕食老人和孩子，这该是多么凄惨的景象啊！

何为洪水？《尔雅·释古》解释说"洪"为大。《说文解字》"洪"字条下解释为"洚（hóng）水也"。《孟子·告子》下篇解释"洚水"为"水逆行为之洚水"，也就是说水往回流就是洪水。

方燕明先生说："洪水的洪原是一个专名，指发源地在今河南辉县境内的小水，因为辉县旧名共，水也叫共水，洪字的水旁是后来加的。因为它流入黄河后，洪水开始为患，当时人们就用它的名字指黄河下游的水患。至于洪解释为大是后来附加的意义。"①辉县地处太行山南麓，共水不只是当今辉县境内的清水、百泉水，还有山西境内的汾水、丹水（至济源、武陟东流）汇入辉县境内的清水（峪河）、石门、百泉的水系。尤其是到了雨季，因地势所趋，吕梁山以东、太行山以西地区的洪水均要南下入共水，共水和黄河水汇合至共地已成一片汪洋，滚滚洪流极易吞没村庄和人类。共工氏部族居住于黄河由东向北转弯的北岸，为洪水频发的要冲，不得不经常与洪水搏斗。《左传·昭公十七年》："共工氏以水纪，故为水师而水名。"《国语·鲁语上》说，共工氏是九个强大部族联盟的首领，"其子曰后土，能平九土"。然而，共工氏在治理洪水的方法上，如《国语·周语下》中所言，"壅防百川，堕高堙庳"，就是把高地铲平，低

① 参见《早期夏文化与先商文化研究论文集》。

地垫高,费尽气力,洪水仍然到处泛滥。就我国的地势而言,洪水必然要向东北、东南漫延。

居住在黄河下游安徽阜阳一带的苗蛮族,同样受到洪水的危害,他们的首领叫祝融,以为是共工氏在上游捣乱,也与共工氏发生过战争。《史记·补三皇本纪》:"诸侯有共工氏,任智刑以强,霸而不王,以水乘木,乃与祝融战。不胜而怒,乃头触不周山,崩,天柱折,地维缺。"说共工氏以强大的地位而不争王位,他在洪水中乘着木筏与祝融作战。

洪水向东北濮阳一带流去,居住在那里的颛顼氏部族也是一个强大的部族,他们受到洪水危害后,也以为是共工氏向他们挑战,所以两个部族常常发生战争。《淮南子·天文训》说:"昔者,共工与颛顼争为帝,怒而触不周之山,天柱折,地维绝。天倾西北,故日月星辰移焉;地不满东南,故水潦尘埃归焉。"因为共工氏治理洪水没有成功,"颛顼诛之"。帝喾佐颛顼有功,封为诸侯,都高辛(地名)。因共工氏没能把洪水治好,"帝喾使重黎诛之而不尽"。以上两文都说共工氏怒触不周山,究竟共工氏会不会两次怒触不周山,一般理解只能是一次,故有人说"尽信书不如无书"。

《史记·夏本纪》:"帝尧之时,鸿水滔天,浩浩怀山襄陵,下民其忧。""水处十之七,陆处十之三",波浪滔天,经久不息,无数生命被洪水吞没,闹得人们家破人亡,流离失所,各部族都希望把洪水治理下去。《左传·昭公十七年》说,共工氏在尧帝的手下当了管理水的官员,有着顽强不息的性格,勇于与洪水搏斗,是治水能手。他经常带领各族人民治理水患,所以深受人们的爱戴。但是,共工氏仍然沿用铲高垫低的老方法治水,洪水仍然没有治下去。

共工氏没有治理好洪水,尧帝要治他的罪,把他流放到幽州(今北京市密云区),后又被大禹放逐。尧帝问共工氏的后裔,即当时的四时官四岳:谁能担当治理洪水大任?四岳答:鲧可充任。于是尧就让鲧担任起治水的任务。鲧没有汲取共工氏治水失败的教训,仍采取堵的办法,结果也失败了。但是鲧的儿子大禹接任后，吸取了共工氏和鲧治水失败的教训，采取了疏的办法，把河道挖得更深，高地抬得更高，平掉阻碍河流的高丘，让洪水向低处流走，人们不再受洪水之害。大禹成了中华民族历史上治理洪水的旷世英雄，受到历代人民的歌颂。

共工氏部族长期存在于三皇五帝时代，在历史上曾与女娲、神农、祝融、颛顼、帝喾作过斗争。可见共工氏部族是个世袭的族团称号，并不是一个人。共工氏部族的领袖，代代都是硬骨头，代代敢于和洪水作斗争。后土能平九土，为中华民族的生存与发展作出了重大贡献。

共工氏的治水事业虽然失败了，几次被诛被灭。但他积累了失败的经验教训，为大禹提供了此路不通的反面教训，大禹在治水方略上进行反向思维，寻找到了更科学的治水办法。共工氏虽然失败了，但他与天斗、与水斗不屈不挠的精神是可贵的，他治水是为众多的部族谋福利的，而不是为一族一已谋私利，因而他也同样是治水英雄，受到世世代代人民的敬仰，被后人尊为“水神”，人们盖庙宇、塑雕像祭祀他，以表彰他治理洪水的伟大业绩。宋代刘恕撰写的《通鉴外纪·包羲以来纪》，把伏羲、神农、共工称为“三皇”。共工氏能列在“三皇”之中，足可见他在历史上的地位。

三、共工氏后裔龚姓的根在辉县

共工氏因为治理洪水没有成功，被颛顼诛杀，“帝喾使重黎诛之而不尽”，共工氏几次被诛、被灭、被放逐，遭到了几乎灭绝性的打击，给他的后裔带来了极大的担心和恐惧，有的支系为了避祸就改了姓。

据《元和姓纂》及《姓氏考》称，共工氏后裔以国为氏，姓“共”。有一支为避祸而改姓，但不愿失去祖先被尊为“水神”之美德，在共字旁加水，改姓“洪”；另一支因共工氏以“龙”的形象为图腾，就在“共”字头上加个“龙”字，改为姓“龚”。后来“龚”姓发展成极其庞大的一支,在辉县地区占了统治地位,故而到了商朝,辉县就以姓氏命名,称作“龚”。

中国古代史
教学参考地图集
〈中国古今地名对照表〉

古地名	今地名
龚(商)	河南辉县

1965年祖辛卣在辉县褚丘村出土以后,考古学界十分惊叹地推测:“河南新乡地区以辉县为中心很有可能是商民族的起源地之一。辉县距离安阳(殷都)和淇县(朝歌)不远,属商的近畿地区,是商王朝控制的中心区域。从这一地区大量考古发现证实,从商代开始,辉县就逐渐发展成为一个市井繁荣、人丁兴旺的重要商埠和军事重镇。”足见“龚”姓族人在商朝时期为这一地区的发展作出过重大贡献。

至于《史记·五帝本纪第一》所说“流共工于幽陵”。“幽陵”,《尚书》及《大戴礼记》皆作“幽州”。《括地志》云:“故龚城在檀州燕乐县界。故老传舜流共工幽州,居此城。”幽州是共工氏的第二故乡,不影响商代辉县称“龚”的客观存在。

周武王灭商后,在殷的畿内地(殷国的中心地带)设立三监,后三监发生叛乱,周公旦平息后,尽以其地封武王同母少弟康叔(名封)于卫国(都朝歌),称卫康叔,侯爵,以夹辅周室;迁殷部分遗民于雒邑,故洛阳地区也就有了“龚”姓;卫康叔的九世孙、卫僖侯之子余,封于“共”(即今辉县市),伯爵,称共伯余。沿袭共工氏之国,称“共国”,是卫国的属国。余早死,其弟和沿袭伯的爵位,称共伯和。

《河南通鉴》上说,早在周昭王、周穆王时期,黄河以北秩序稳定,周王朝势力向南扩展到江汉一带。《史记·周本纪》载:“召公为保,周公为师,东伐淮夷。”“淮夷”是指古代居住在在淮河流域的部族。周王朝的势力扩展到了淮河流域,迁黄河以北人口稠密地区居民到江南,去稳定当地的社会秩序,这就涉及龚姓的南迁。《史记·周本纪》说:“昭王南巡狩不返,卒于江上。”《帝王世纪》上也说,这次周王朝向南扩展,过汉水到达江南。为了稳定江南秩序,再次迁黄河以北包括龚姓在内的居民,到江汉一带去居住。龚姓逐步迁往全国各地,望族在湖南。

卫国从卫武公开始,下传了7代,一直是一个兴旺发达兵强马壮的国家,到了第8代卫懿公时,卫懿公好鹤,不思治国,国势日衰。外国来侵略卫国,让百姓去打仗,百姓都说让鹤去给你打仗吧!没人去抵抗。他死去以后,他的儿子戴公继位的那一年(前660)12月,北方狄人(居住今河北蔚县一带)攻打卫国,占领了卫国的都城(朝歌),把卫国人追赶到黄河西岸。清晨,齐国前来救援,卫国人渡过黄河东岸,男女逃民只有730人,加上共地(今辉县市)、滕地(卫国邑名,今山东滕县)的百姓共计为5000多人。试想,当时整个卫国只剩5000多人,共地还能有多少人呢?这可能是共地人少到极限的时期。共工氏后裔中的很多人又一次逃奔到各地去了,在共地生存的人已寥寥无几。

综上所述,辉县是共工氏部族的发祥地,孟庄遗址中的三叠城是共工氏部族所筑。考古专家许顺湛《五帝时代研究——论共工》:“共工氏是氏族团的称号,同时也是族团长首领的世袭称号,如果是一个具体的人,就不会与‘三皇五帝’共始终。”这给了共工氏与“三皇五帝”共始终的科学而合理的解释。

孟庄龙山文化晚期的城堡被洪水冲毁,二里头文化时期又在原城址的基础上再度修筑起来,第二次修复的城墙,立足于军事防御及抗水防洪,既坚固又壮观。之后再次被毁坏,商代时又被修复。孟庄城连遭毁坏又连续修复,时间皆在“仰韶温暖期”[①]起讫时段。这一时段正好和我国黄河下游地区的裴李岗文化、磁山文化、仰韶文化、龙山文化及夏商王朝时代相对应。这一时期孟庄城堡均为共工氏族团所占有，直到周灭商以后，共工氏的后裔龚姓才陆续迁往全国各地。龚姓的根在辉县已没有什么疑虑。

（本文作者为辉县市共城文化研究会副会长）

① 参见《早期夏文化与先商文化研究论文集》。

“共工治洪”探微

郭兰玉

巍峨太行，千里来龙，在这里折而去脉西南，留下了南太行弧状转折端的楔形关隘——孟门，又称紫霞关。它是豫、晋两省交界的古隘山口，当地人根据其形状，又称其为“砑口”“没砑豁”，随着时间的推移，又演变成了“鸭口”“鸭子口”。关隘所在的整座大山，在魏、晋之前名为孟门(山)。

在上古时期的人们看来，太行之险，莫过于此。孔子曾经发出感慨：“通乎德之情，则孟门、太行不为险矣！”在这里，他强调仁义道德的教化力量，可以征服自然界的天险如孟门、太行者。

我国目前最古老的地理书《山海经》，有一段文字涉及孟门山，谨录于此：

> 北次三山之首，曰太行之山。……又东南三百二十里，曰孟门之山。其上多苍玉，多金，其下多黄垩，多涅石。

其下郭璞注云：“尸子曰：‘龙门未辟，吕梁未凿，河出于孟(盟)门之上，大溢逆流，无有丘陵高阜，灭之，名曰洪水。’《穆天子传》曰：‘北升孟(盟)门九河之隥，其上多苍玉，多金，其下多黄垩，多涅土。’”

让我们从浩如烟海的古典文献里罗列出孟门山的记载：

《吕氏春秋》，成书于公元前239年，是秦国丞相吕不韦门客的集体创作。书中也提到了孟门山，并把孟门山归纳到上古九山之中。《吕氏春秋》卷十三："何谓九山，会稽、泰山、王屋、首山、太华、岐山、太行、羊肠、孟门。"

《左传·襄公二十二年》中也有这样的文字："齐侯伐晋，取朝歌，入孟门，登太行。"

《史记·吴起列传》："殷纣之国，左孟门，右太行。"

东汉经学家高诱注《淮南子·墬形训》："孟门，太行之限也。"

西晋学者杜预，对于孟门山的地理位置，作了简单注解："孟门，晋隘道。盖太行隘道之名。"

那么，这个上古名山孟门（山）到底在哪里呢？

《辞海》"白陉"条目给了我们明确的答案：

> 白陉，亦名"孟门"，太行八陉的第三陉，在今河南辉县市西。为豫北、晋南之间的交通隘道。

清朝官方编修的《嘉庆重修一统志》卷一九〇也有相似的记载："在辉县西五十里，接修武有白陉，太行第三陉也。"

《辉县市志》第三章《关隘》："紫霞关即孟门，亦曰白陉，古太行八陉之第三陉，山西、河南咽喉。市区西35公里，从鸭口村可达。明成化元年（1465）设巡检司，弓兵把守。清康熙四年（1665）裁撤。"

《辉县地名志》载："孟门，就是今天的鸭口村石寨门自然村。"

谭其骧主编的《中国历史地图集》的《春秋·晋秦》分册中，孟门作为关隘置于太行山东部，在辉县西偏南的太行山中。

其实，文字罗列到这里，结论已经很明显：孟门（山），就是属于辉县市鸭口村的紫霞关，当地人称"没砑豁"。白陉（又称孟门陉）古道从这里穿越而过，通往山西省。

但是,国内还有一个孟门,在黄河壶口瀑布附近。实际上,此孟门为一岛状礁石,据说它是大禹治水时所凿。

古今不少学者对此孟门提出了异议,认为它不能和太行山相提并论,历史上应该有两个孟门。真正的古孟门山,应该是今河南省辉县市境内的白陉古道(孟门陉)所在的山峰。

现代史学家徐旭生在《中国古史的传说时代》一书中,质疑大禹凿龙门的真实性之同时,提出了共地(辉县市)的重要,进一步论证大禹治水的古文献中,反复出现的"(黄)河出孟门……"等重要名词,应与辉县市境内诸山存在关联。

接下来的探讨,就让我们从孟门(山)开始。

一、河出孟门

黄河之水,从中国西北部的高原山脉挟泥裹沙,向东奔涌,一路上,又加入了山西的汾水,陕西的北洛、渭水,豫西山区的洛水、沁河等大川,冲到这里,陡然跌落到了广漠的平地。

在这里,黄河和北岸的太行相遇,这一地段的太行山,就是太行第三陉——孟门陉所在的山脉,亦为南太行主峰地段。

千千万万年之后,水土搬运力量,河流与山体的反复冲刷、碰撞、融合,形成了这片冲积扇平原。

古共大地,就坐落在这样的特殊环境里。

从高处一路奔来的黄河,到了豫北大平原之上,没有地势的拘束,转而沿太行山的水流河道北行南移,摇摆不定,迁徙无常。

上古的"禹河"故道,就是经河南省修武、获嘉县一带的吴泽陂(大陆泽)附近,由获嘉县亢村西入新乡境,向北过丁村东南到照镜村,经新乡市区、卫辉城关向滑县北流的河道,已渐渐形成“悬河”奇观。

从战国时开始使用的专名“洪水”,其实就是古“共”地之水。“共”为“洪”之本字,加上水字旁以形容大水。共地水患影响之巨,竟使洪水成为专名。《孟子·滕文公上》:“《书》曰:‘洚水警余。’洚水者,洪水也。”《告子下》:“水逆行谓之洚水,洚水者,洪水也。”因此,“洪水”原为一专名,并非公名,地域在今辉县及它的东邻各县境内。它与淇水汇合后,入黄河。黄河初入平原,纳入共水,才奔腾冲击,构成大患。共地正当黄河转折地方的北岸,为河患开始的地方。

那么,在《孟子》一书中,为什么要说共地之水会逆行呢?许慎《说文解字》作了注释:“水不遵道,曰逆行。”意思是说,流经古“共”地的黄河水,沿着太行山周围的地势,在拐弯转折北上的时候,开始左右迁徙,泛滥成为灾难。由高处汹涌而至的黄河水,到了相对低洼的平原,加入了辉县市一带水势较小的共水、淇水等河流,几股不同的水流相互冲击融合,遂成倒流。

令人注意的是,在盂门山一带古之清水上游,属于今山西省陵川县境内,即有“横水”一地。《陵川县志》标为“洪水”,又称“虎头山(在盂门西约二十里),在洪水南”。明朝王鼎新在《重修道路记》一文里,亦持此说。可见,“横水”和“洪水”为同一地名,应无异议。

二、共工治洪

祖祖辈辈生活在与水斗争环境里的辉县先民部落,就是古代典籍里频繁提到的“共工氏”。而且,所有关于它的传说几乎都与水有关。在那个居住地迁徙不定的初民阶段,“共工氏”这个炎帝的后代,黄河流域的著名部族,最早在旧石器时代过渡到新石器时代的前后,就繁衍生息在辉县市一带了。

说到这里,我们就不能不提到《淮南子》中“共工怒触不周山”的神话,它与同样发源于晋东南、豫西北太行山的著名神话传说“女娲补天”“精卫填海”等一起成为中华民族文化的源头之一。

> 昔者,共工与颛顼争为帝,怒而触不周之山,天柱折,地维绝。天倾西北,故日月星辰移焉;地不满东南,故水潦尘埃归焉。

从这一神话传说里,我们不难解读到一些重要信息:

颛顼是传说中“三皇五帝”中的“五帝”之一。他是黄帝的后代,在那个神话传说和史实杂陈的上古时代,据说他就是能够沟通天人的“大巫”。他领导的部族活动在河南省的濮阳、内黄、滑县一带,都城名为帝丘,类似于上古各部落共同承认、轮流执政的统治中心,或者宗教圣地。在他之后,先后还有帝尧、帝舜在那里执政。

在颛顼部落的先民们看来,从西北部太行山冲下来的洪流,向他们所在的东南方平原奔来,威胁到了处于下游的人民的正常生活,这样,分别处于黄河中下游的双方,在治理洪水的问题上发生了激烈的战争,被后人衍变为世代相传的神话流传下来。

那么,为什么非要说黄河水是从共工氏所在的地方产生的呢?

对于生活在平原地带的颛顼部落来说,原始恶劣的生存条件、狭窄的生活范围并不允许先民们出远门,以他们当时的眼光来看,高入云端的太行山距离帝丘一带也实在太遥远了,以至于他们将山的主峰地段看作撑于天地间的柱子。南太行山腰以上部位,即为晋东南庞大的高陵山地,古名上党,取其“与天为党”之义,又名天党。南宋哲学家朱熹曾感叹:“太行山,河北诸州皆旋其趾,潞州上党在天脊最高处,过河便见太行山在半天,如黑云然。”天长日久,以讹传讹,这样沿袭下来,颛顼部落就认为黄河水是从太行山上冲下来的。

印证这一说法的,同样见于《淮南子》里关于洪水的记载:

> 龙门未辟,吕梁未凿,河(黄河)出孟门之上,大溢逆流,无有丘陵高阜,名曰洪水。大禹通之孟门。

曾经入选“全国十大考古发现”的辉县孟庄遗址——共工氏频繁活动的龙山文化时期城址(应为传说中的“共工城”)——发现有大洪水的遗迹。

集中表明孟庄龙山城毁于洪水的证据,是西墙的中段。该墙中北部有一大的缺口,已发掘部分有15米宽,其余部分叠压于北部的一条公路之下,公路宽约50米,该缺口的实际宽度不详。这条沟在遗址内为东西走向,沟的主要部分都压在公路下,目前钻探和发掘情况表明,该沟在遗址内由西城墙向东还保持有40余米长。从已发掘的探方有关资料来看,原有的龙山城墙夯土已全部被洪水冲掉,且洪水在该探方内下切入生土达1.5米左右,由西向东伸去。冲沟内的淤土包含有龙山文化各个时期的陶片,表明该冲沟是在龙山文化末期形成的。

这次洪水发生在龙山文化晚期、二里头文化之前,正是4000年前舜、禹时期。黄河在此时间段改道,在豫东折而北向。

那么,为什么两大部落要在治理洪水之际发生战争呢?

《淮南子·本经训》云:“舜之时,共工振滔洪水,以薄空桑。”据《吕氏春秋·古乐》考证:“帝颛顼生自若水,实处空桑。”这里所说的“空桑”之地,就在今天河南省濮阳和山东省西部。所以,发源于古“共”地太行山上的共水和淇河等河与沿山势北上的黄河水相汇,直接冲向下游。据《水经注·河水》记载,北上的黄河水,汇合了“共”地的共水和淇河,经过黎阳县(今河南省浚县)、滑县境后,直冲濮阳,所以,《尚书》说“洚水警余”。直到今天,这一带的黄河故道犹存,无可置疑。

而处于上游的共工氏,是采取什么方法来治理洪水的呢?

《国语·周语下》总结共工氏治水方式为:“壅防百川,堕高堙庳。”即把高的地方挖平,把低的地方填高,在大河旁边,用土围子筑起坝堤,类似于近代的护村堤,或者土寨子之类的防护措施。这样,黄河水流就不能再自由泛滥流动,影响上游的安全,而只有沿着河道飞速冲向下游。于是下游便兴起了滔天洪水,使处于黄河中下游的颛顼等部落成为汪洋一片,人们爬上了丘陵、高山、高树,来保护自己的生命。

不过,在当时简陋的生产条件和原始的意识水平下,这也是共工氏部落唯一可能的选择。后来,在大禹之前负责治水的鲧,受命治水时也唯有沿用共工氏堵塞、拦截洪水的方法。

从共工氏到后来的鲧,以及大禹他们都处于新石器时代,人类刚进入定居的农业社会初期。先民们在河流附近耕作,建造庐舍,存放磨光的石器和粗陋的原始陶器。不料,雨季集中的夏秋,山洪骤聚(即辉县俗话说的“发山水”),河流超过了以往的界线,庐舍被冲坏,生活用具被冲走,不免要有人畜伤亡。于是,治理洪水就成为各部落共同面临的大事。

“共工怒触不周山”的著名神话,就是在这样的背景下产生的,华夏祖先两大部落间发生了一场由治水而起的战争。

从有关文献进行推断,过了几个世纪的漫长磨合、争执甚至战争后,同处于黄河中下游流域,后来融合为华夏民族的著名部落——位于黄河南岸嵩县一带的鲧部落、位于黄河北岸的共工部落及豫东鲁西濮阳一带主政于宗教圣地的帝尧部落,不得不达成了妥协。从此,他们一改以往只考虑本部落利益的“头痛医头,脚痛医脚”式的局部治水,不得不为了共同利益而召开部落联盟会议,共同推选代表来治水。有文献记载,共工氏的儿子后土一度参加了帝尧时期的黄河治理,还有受命治水而最终以失败告终的鲧。

《尚书·尧典》载:

> 帝(尧帝)曰:“咨!四岳,汤汤洪水方割,荡荡怀山襄陵,浩浩滔天。下民其咨,有能俾乂?”佥曰:“於,鲧哉!”帝曰:“吁!咈哉!方命圮族。”岳曰:“异哉!试可乃已。”帝曰:“往,钦哉!”九载,绩用弗成。

这是帝尧在征求共工氏另一位后代四岳的意见,问他谁来治理洪水合适,四岳推荐了大禹的父亲鲧。在南太行的孟门山下附近,今焦作境内的恩村一带,还保留有一个叫鲧镇的地方,据说,鲧在那里治过水。

但是,治水还得从治理古"共"地的"洪水"入手,从多年与水打交道的世家里选拔这方面的专业人才更为合适。鲧治水失败后,宗教圣地的部落联盟会议又选中了鲧的后代大禹,以及共工氏的另一著名后代四岳。

三、大禹治水于共

现在,我们一起来探究传说和史实杂陈的大禹治水。

《孟子·滕文公上》载:"禹疏九河,治济、漯而注诸海。"

这里说的"济",就是出自(辉县)共山南东丘的"共"地水流之一。《海内东经》云:"济水出共山南东丘,绝巨鹿泽,注渤海。"而这条被称为"济水"的河流,并非出自河南省济源市的济水,而是出自《诗经·邶风·泉水》中提到的"泲水":

> 毖彼泉水,亦流于淇。有怀于卫,靡日不思。娈彼诸姬,聊与之谋。出宿于泲,饮饯于祢,女子有行,远父母兄弟;问我诸姑,遂及伯姊。

诗中所言之"泲",就是"济"在汉代以前的古名。

据前人考证,"泲水"即《水经注》上说的"长泉水"。

《水经注》"清水"条中说:

> ……(长泉水)修武白鹿山(孟门山,魏晋以后称白鹿山)东南伏流十三里,重源发于邓城西北。……(长泉水)东南流注于吴陂,吴陂一名大陆,南北二十里,东西三十里,《左传》魏献子田于大陆,即此地。

这里的"大"与"巨"通,"陆"与"鹿"通,《水经注》上说的"大陆",即上文《海内东经》中的巨鹿泽。这样,在古代就有两个济水:河南省济源市的济水,流注而入黄河之荥泽;辉县市共山南东丘流出的泲(济)水(长泉水),即今日卫河的主要源头之一,它曾经流注巨鹿(大陆)泽。后来,随着黄河南移,巨鹿

(大陆)泽渐渐干涸,成为新乡、焦作二市交界处的稻田沼泽。

《水经注》中又说,河水(黄河的专名)又东经燕县,济(沛)水从北来注之。燕县在今天的延津县东边,古黄河至今天的延津县东,又有济(沛)水注之。也就是说,长泉水出共山南注入巨鹿(大陆)泽,巨鹿(大陆)泽随黄河水东流与濮水汇合。

顺带要说的是,大禹治水中,与"济(沛)"并称的"漯",就是河南省浚县一带的古"漯川",(即古"禹骊二渠"之一者)系出自"共"地的另一主要支流淇水与黄河交汇而形成。

同时,在《尚书·禹贡》中也记载了治水的经过:

> (大禹)导河积石,至于龙门,南至于华阴,东至于砥柱。又东至于孟津,东过洛汭,至于大伾;北过降(洚)水,至于大陆。又北播为九河,同为逆河,入于大海。

相似的记载亦见于司马迁《史记·河渠书》:

> 自积石,历龙门,南到华阴,东下砥柱。及孟津、洛汭,至于大伾。于是,禹以为河所以从来者高,水端悍,难以平行地,数为败。乃厮二渠,以引其河,北载之高地,过降(洚)水,至于大陆,播为九河,入于渤海。

从上述文献来看,频繁出现的"降(洚)水"和"大陆""大伾"这三个古地名,是大禹"导山疏水"治理黄河的关键所在。"降(洚)水"就是"共"水(洪水)当无疑问,而"北过降(洚)水,至于大陆"中所说的"大陆"又在哪里呢?

《水经注》载:"清水又东南流,吴泽陂水注之,水上承吴陂于修武县故城西北,……大陆即吴泽矣。"

西晋太武帝时,大臣束皙在一奏疏里说:"又如汲郡之吴泽,良田数千顷,泞水停洿,人不垦殖。闻其国人,皆谓通泄之功不足为难,舄卤成原,其利甚重。而豪强大族,惜其鱼捕之饶,构说官长,终于不破。"

清代古地理专家顾祖禹在《读史方舆纪要》中,"河南怀庆府修武县雍城"

有一项记载：

> 攒城在(修武)县西北二十里。周襄王赐晋文公攒茅之田，即此。旁有吴泽，亦曰大陆，今名大陆村。

清朝道光版《修武县志》记载：吴泽陂(大陆)“在县北十里，颓城寨西南，浊鹿城南，东过陂桥与获嘉县接”。

所有这些，无可置疑地说明，“大陆”在南太行脚下，辉县市、修武县、获嘉县交界地带，“大陆”即吴泽陂，它原是一个面积约170平方千米的广大沼泽地。据《修武县志》所载，现在大陆村之名仍然在使用，属于今修武县方庄镇。

“大陆”的定位，印证了《禹贡》说的大禹治水路线为：“北过降(洚)水，至于大陆。”这里言及之古“大陆”在古“降水”之下游的记载，是准确的。

那么，大禹治水的另一重要地点——大伾山在哪里呢？

东汉经学家郑玄注说：“(大伾山)在河内修武、武德(今武陟县附近)之界。”但其后的史学家多以修武、武德无此山，对郑玄之说提出质疑，尤其是《汉书》注释家——西晋的臣瓒在下面注解道：

> 今修武、武德无此山，成皋县山又不一成；今黎阳县山临河，岂是乎？

有了臣瓒的质疑之后，黎阳(今河南省浚县)之黎山从那时起，才易名大伾山。

但是，臣瓒之说并不完全令人信服，历代都有人提出不同看法，不断有专家对浚县的大伾山提出质疑，认为这个平原上一个突兀而起的孤小石山，不可能阻挡黄河奔流。

综合现代专家较为权威的几种说法，目前我们倾向于认同东汉经学家郑玄之说：

大伾山的遗址，郇封岭(今修武县境内)是其北麓(即焦作市恩村一带，原名鲧镇，距郇封岭20余里，相传为鲧治水时的驻地)。其东北20余里，又有吴泽陂(即古“大陆泽”)，清风岭(在今温县、武陟境内)是其被腰斩的残余。整个大伾山，就是嵩山余脉，它从洛汭东岸起，逶迤东北行，越过清风岭，至郇封岭与黄河伴行。……诸山体总宽可达百里之遥，……总面积100平方公里以上。

综上所述，我们或可对《尚书·禹贡》记载的大禹治水路线从今人之理解，作如是诠释：

（大禹率领的治水队伍）向东到孟津，又继续往东经过洛水，直至郇封岭（鲧镇）一带后；又在修武、获嘉县北、辉县西南的平原洼地，治理了南太行山脚下的“共”地之水——古称“洚水”（或者叫“洪水”）与黄河交汇泛滥之处，形成的古代沼泽地——大陆泽（吴泽陂）。这样其后“（大禹）又北播为九河，同为逆河，入于大海”的记载与司马迁《史记·河渠书》中的说法，也就顺理成章了。

“九”在古代是多的意思。而“逆河”就是我们在上文中频繁提到的逆行、不遵守轨道，四处泛滥的黄河水——“降（洚）水”（即“洪水”）者。大禹治水大军沿太行山边缘向南流出的支流——“共地”的“（济）沛水”北上，一路采取疏通的方法，开挖分水渠道，将洪水导流至沟壑平洼之地。后来，治水队伍北上淇水流域的时候，在淇水和黄河共同形成的浚县“漯川”一带，开凿古“禹骊二渠”进行分流，以减轻下游部落宗教中心濮阳一带的洪水压力。

这更证明了《孟子·滕文公上》中“禹疏九河，治济、漯而注诸海”记载的准确性。

综上所述，大禹治水，其实主要治理的就是《尚书》上说的“洚水”，即威胁到濮阳一带的，以古“共”地为中心暴发的山洪与黄河的汇流。它包括东南流注至古“大陆”一带的河水，然后折而东北者，主要是淇水等与黄河之合流，直至浚县“漯川”附近的“禹骊二渠”的分流之地。

这样我们就不难理解，司马迁在《史记·河渠书》里将治理“洪水”作为大禹治水的重中之重予以详细论述：

> 至于大伾。于是,(大)禹以为(黄)河所以从来者高,水端悍,难以平行地,数为败。乃厮二渠,以引其河,北载之高地,过降水,至于大陆,播为九河,入于渤海。

无独有偶,早在明末清初,一代国学大师王船山的《船山遗书》之《书经稗疏卷一》"决九川"条下和《四书稗疏》"洚水"条下,也作出类似推断。

行文至此,我们可对共工氏作出如是总结:

这是个繁衍在豫北大地和辉县市境内西北太行山一带,在新石器时代(或者在旧石器时代就应该存在的)洪水泛滥的恶劣环境中,一直顽强挣扎延续数千年的上古著名部落,从人类始祖伏羲、女娲开始,直到大禹时期而与"三皇五帝"共始终。当伏羲、女娲被神农、炎帝取代,炎帝被黄帝取代,颛顼、帝喾、尧、舜、禹接连更替的时候,唯独共工氏——我们的新乡先祖——没有湮灭在历史长河之中,堪称上古最顽强的氏族部落!

在长达数千年甚至更长的时间里,共工氏与其他氏族部落在对付洪水的问题上,矛盾、战争、友好、联盟,几度分合,从而最终一起成为中华民族共同的祖先,在它兴盛时,甚至还一度成为上古中国的统治者[《国语·鲁语上》载:"共工氏之伯九有。"伯九有,就是霸九州,也就是说,共工氏一度是天下九州的伯(霸)主,即中原部落联盟的首领]。

在延续了数千年农耕文明的中国,共工氏被尊称为农业社会最重要的"水神",他的儿子后土,也被尊为同样重要的"土地神"(即古人向天祷告时所说的"皇天后土"之后土),共工的另一位后代四岳,一度作为帝尧、舜、禹时参加国家大事决策的重臣,陪伴在首领左右。

(本文作者为辉县市共城文化研究会秘书长)

共工氏文化在辉县渊源的初探

任军安

当人们沿新辉公路由南向北即将进入辉县城区时，就会看到一个篆体“共”字城雕，这既是辉县的地理性标志，也是辉县的历史性标志。因为辉县是共工氏族的发祥地，是共工的故里，这里从有历史起就一直与“共”字有关，先后被称作“共地”“共邑”“共国”“共县”“共城”。缘于此，这里也是“共”姓的发源地，还是龚、洪等姓的祖根地。

一、共工氏史迹

共工氏族是中华大地上的一个古老的氏族部落，历史相当悠久，最早可以追溯到伏羲氏时代，历经炎帝、祝融、颛顼，直到尧舜时期。

1.共工氏族发祥于辉县

共工，又称共工氏。早在远古时期，共工氏部族属炎帝族的一支，居住在陕西渭水流域。新石器时代早期，炎帝部族顺黄河两岸向东方迁徙，其中较大的共工氏部族分支就留居在太行山东南麓,也就是以现在辉县为核心,包括新乡、焦作地区周围的这片热土上。而居住在现在濮阳、内黄、滑县一带的是黄帝部落的后裔,氏族首领是颛顼;居住在黄河下游的还有东南安徽阜阳一带的苗蛮族,氏族首领是祝融。这三大氏族部落因为洪水灾害,不断发生斗争,甚至是屡战屡败、屡败屡战,从不服输,铸就了共工氏部族顽强不屈、百折不挠的拼搏精神。

2.共工氏治水的贡献

共工氏部落居住在以河南辉县为中心的黄河中游河西地区(今河南辉县)一带,这里西北有高山,纵横着多条河流,南部有黄河横陈,于是频遭洪水侵袭。共工氏带领自己的部族经常与洪水搏斗,积累了丰富的治水经验。因为他的治水方法是把高地铲平,低地填高,修筑堤防,用土堤来挡水,所以最后都遭到失败。但他却发明了筑堤蓄水的方法,利于水利灌溉,对发展农业生产大有好处。中国历史上最早的防洪工程,就是共工氏修筑的防洪堤。

共工氏的后世部族首领均担任治理水利的官职,成为治水世家,氏族的图腾就是水和龙组成,并被人们尊为“水神”。在中国最早的文献中,管水的官员就称为“共工”。他的儿子句龙,继承治水大业,管理水土,被华夏民族称为“后土”,祭为“社”神,后与周民族始祖“稷”并称,组成土神和谷神的总称“社稷”。共工氏之后的鲧因为没有吸取共工氏的教训,治水也失败了。但是鲧的儿子大禹,在共工氏的从孙四岳的协助下,吸取了共工氏和鲧失败的教训,最终治水成功。

3.共工氏的地位

由于治水有功,共工氏在各部落中声名卓著,确立了共工氏的崇高地位,所以宋代刘恕的《通鉴外纪》中就把共工与伏羲、神农一起以“三皇”并称,成为中华民族的人文始祖。毛泽东对共工氏也是赞赏有加,在注解《渔家傲·反第一次大围剿》诗句“不周山下红旗乱”时,说:“共工是胜利的英雄。你看,

‘怒而触不周之山，天柱折，地维绝。天倾西北，故日月星辰移焉；地不满西南，故水潦尘埃归焉’。他死了没有？没有说，看来是没有死，共工是确实胜利了。”这充分说明共工氏为社会作出了较大的贡献，他在后世人们心目中的形象是光辉的，是一位值得敬仰和歌颂的历史人物。

二、辉县的共工氏文化

1.辉县曾长期以“共”字作地名

“共”是共工氏的代表符号，所以在辉县历史上相当长的时期内，一直以“共”作为地名以示纪念，也是建制比较早的地方。夏商时期，这里就被称作“共地”“共邑”。

西周建立后，实行分封制，把王族、功臣和先代的贵族分封到各地做诸侯，建立诸侯国。公元前 855 年，这里被封作三等伯爵侯国“共国”，即为了纪念这里是共工氏的旧地。根据现有文献资料，始封诸侯王为姬余，世称“共伯余”，他以封国为姓，姓“共”，“伯”是爵位，“余”为名字。因为共伯余很早就去世了，没有留下什么事迹，知道他的人不多。他的王位由他的弟弟姬和继承，世称“共伯和”。共伯和是一位非同凡响的人物，历史上所谓“共和行政”便源于他。根据《竹书纪年》《世本》等史书记载，公元前 841 年(周厉王十六年)，发生“国人暴动”，周厉王逃奔于彘(今山西省霍州市)。当时周人推举共国君主共伯和为首领，“摄行天子事”，号共和，代行王政十四年，史称“共和行政”。共伯和摄政的第一年，史称“共和元年”(即公元前 841 年)，这是我国历史有准确纪年的开始。共伯和成为当时全国实际的最高统治者，共国也一时显赫天下。“共和行政”是中国历史上的一件大事，意义重大，开创了中国历史准确纪年，此后中国的历史脉络清晰，一直到今天，没有间断记载。

春秋时期，公元前 722 年，郑国国君的弟弟太叔欲发动政变失败，逃奔共国，人称“共叔段”。之后，共国因势力逐渐弱小，被并入卫国，但仍称共国。晋文公称霸后，共国随卫国一起从属晋国。公元前546年，共国由晋国的附属国变为晋楚双方共同的归附国。公元前376年，韩、赵、魏三家分晋，共国又被归入魏国，改称“共邑”，共国从此消失。共国存在了大约480年。

从西汉在这里建立“共县”开始，历经东汉、三国、晋、南北朝、隋朝初期，其间792年一直以“共县”为名。

从隋开皇六年(586)开始，共县改为共城县。唐武德元年(618)，在共城设置共州，统辖共县、凡城县两县。武德四年(621)共州废，将凡城并入共城县。历经五代、宋至金大定二十九年(1189)，其间603年一直以“共城县”为名。

金大定二十九年，为避讳宣孝太子完颜允恭的“恭”(恭、共同音)字，共城县被迫改名，先后称河平县、苏门县，贞祐三年(1215)始改为辉州，历经元朝，其间153年一直以“辉州”为名。明洪武元年(1368)八月，辉州降为县，始名“辉县”，一直至今(现为“辉县市”)，历时647年。

通过以上比较，可以看出辉县以“共”字作名称的时间相当长，有2000多年。而以“辉”字作名称的时间则较短，只有800年。

2.辉县的共山、共水、共工之台

辉县有共山、共水、共工之台。广义上的共山泛指辉县北部的山，方山是共山的主峰，九山、苏门山、滑山、玉梳山、共山头均属其一部分。狭义上的共山是指方山东南的共山头，相传共伯即葬此，现已不可考。《水经注·清水》载：“共伯既归帝政，逍遥于共山之上。山在国北，所谓共北山也。”此共山即今河南辉县北部的山。

共水泛指发源于辉县的多条河流和泉源，历史上“百泉”的别称为“共水”。《山海经·北次三经》载：“又东三百七十里，曰泰头之山，共水出焉。”郭郛先生注：“其地或在河南辉县。”我国古代地名有以族氏命名的规则，共工氏部族活动区域内的山川河流也因其族名而名曰“共”。

共工之台在辉县有三种说法:第一种说法认为“台”是一座山,也就是现今之方山,因为方山为辉县城北部最高的山,山形方正,且上部平坦可居,与共工之台比较吻合;第二种说法认为共工之台是一座城池,也就是孟庄三叠城遗址;第三种说法认为共工之台就是共山头。

3.共工氏古城址

共工氏古城址,就是现在的孟庄遗址。根据中国现代著名史学家徐旭生的《中国古史的传说时代》,共工氏居住地在今河南省辉县。徐旭生对共工氏的旧居进行了考证,认为共工氏的旧地是汉代的共县,即今河南辉县市境内。杨国宜先生也从此说。他认为:共工在古代传说中和水有特别关系,又和颛顼很有关系。颛顼在今河南的濮阳县,共工氏只有在辉县与濮阳邻近,才有可能和颛顼作战。

1992 年至 1995 年对辉县孟庄遗址的发掘,从考古的角度再次证明孟庄遗址中的三叠城是共工氏部族所筑。孟庄龙山文化晚期的城址连遭洪水冲毁,又连续修复,这一时段正好和我国黄河下游地区的裴李岗—磁山文化、仰韶文化、龙山文化及夏商王朝的时代相对应。这一时期孟庄城址均为共工氏部族所占有,此地即为共工氏的旧地。2001 年,该遗址被国务院公布为全国重点文物保护单位。

4.共城遗址

共城遗址实际上就是古共国遗址,为共伯和代行王政 14 年还政后,周天子依周王室“天子之城方九里”的规制为其修建的城池。该城是西周时期除镐京外,全国规模最大的城池,平面基本为方形,四垣周长约 5000 米。南北长 1300 米,东西长 1200 米,城墙最宽处 90 米,一般皆在 70 米左右,高 13 米,夯土分层筑成,工程之大,全国罕见。目前该遗址断续残存 3 段,东墙南、北两端各存 200 米。北墙东、西两端计约 800 米,西墙北段约 200 米,南墙东段约 300

米，残高一般 6 米，墙基宽 40 米，顶宽 10 米左右，夯土筑成。夯层厚约 10 厘米。夯层中发现有商、周时期细、粗绳纹陶片。2006 年，被国务院公布为国家级文物保护单位。

5.商时的龚地

中国广播电视大学编著、北京大学出版社出版的《中国古代史教学参考地图集》中的中国古今地名对照表记载："龚（商），河南辉县。"说明商朝时期，辉县就称作"龚"，皆因"龚"字出自"共"字。所以共、龚是一家，辉县也是龚姓最早的聚居地。

6.共姜台

共姜是西周时卫世子共伯的妻子，共伯早逝，共姜守义。她的父母想让她改嫁，她誓死不从，遂作《柏舟》诗以自誓。共姜台位于辉县旧县衙后院，现档案局院内。相传这里是她的葬身处，台墓合一。辉县古代八景之一的"贞洁古台"，指的就是这里。清乾隆十年（1745），知县李拔桂还在百泉湖北岸修建了共姜祠，方便人们祭拜，今已废。

7.古共城坊

古共城坊原在县治前，旧为宣化门，明隆庆二年（1568）由知县王自修建，匾曰：古共城。清康熙十八年（1679），知县陈谟重建。清道光五年（1825），知县游昌廷重建。

8.市区带"共"字地标

现今辉县市区有以"共"字命名地标，如共和路、共城大道、共城公园，以示纪念这里为旧共地。

以上辉县地理符号，均是共工氏部族文化的具体体现，与共工氏的活动一脉相承，表明辉县就是共工氏的居住地。

三、共姓与辉县的渊源

共姓的得姓始祖为共工氏，因此共姓源自辉县。

1.共姓源自共工氏

共工氏，姜姓，是炎帝的后裔。据《左传》记载，在炎帝神农氏时代，其部落联盟的姓氏就是炎帝神农氏的“姜”姓。后来的共工、申、吕、齐、许、纪、向、州等族人皆姓姜。到了西周初期，这些姜姓的各个分支因被周武王姬发所封居地名称而各自得了“氏”，形成了著名的“姜姓八氏”，即共工氏、申氏、吕氏、齐氏、许氏、纪氏、向氏、州氏。后来，共工氏将复姓“共工氏”简称“共氏”，并世代相传，成为非常古老的姓氏之一。据考证，共氏族人在春秋、战国和秦朝时期一直存在，直至西汉初期的共尉临江之乱后，共氏族人因避仇难，一部分人加“龙”偏旁改称龚氏，一部分人加“水”偏旁改称洪氏。后来“龚”姓发展成极其庞大的一支，在辉县地区占了统治地位，所以共工氏后裔“共”“龚”“洪”三姓的祖根均在辉县。

《元和姓纂》也记载：共工氏之后，本姓共氏，因避仇改为洪氏，所以出自姜姓的共氏族人，皆尊奉共工氏为得姓始祖。

2.共姓出自共伯和

西周后期，卫国开国君主卫康叔姬封的九世孙卫釐侯（公元前 855—前 813 年在位）即位为卫国君主之后，在公元前 855 年，他的世子姬余被封在卫国的属地共邑（今河南辉县），因这里是共工的旧地，所以将封国命名为“共国”，姬余就以封国之名改姓共氏，世称 “共伯”。因共伯余早亡，其弟姬和继其位，改称共伯和，之后世代相传。所以出自姬姓的一部分共氏族人，尊共伯和为得姓始祖。

3.共姓出自共叔段

春秋时期,郑国君主郑庄公的弟弟姬段叛乱失败,逃奔共邑,世称“共叔段”。共叔段逝世后,家人后裔四处逃散。后裔子孙们始改姓共氏、太叔氏、公孙氏、段氏、京氏等,皆尊奉共叔段为得姓始祖。

4.共姓源自共邑

战国时期,楚武王熊通封王室贵族于共邑(今河南辉县),其后裔以封邑为姓氏,称共氏。

总之,共工氏既为中华民族的发展和文明的进程作出了不可磨灭的贡献,也为辉县创造了辉煌的史前文明。同时,辉县作为共工氏部族的主要发祥地,既是名副其实的共工氏故里,也是共姓、龚姓、洪姓的祖根地。进一步研究共工氏、宣传共工氏,弘扬和继承共工氏精神,是对传统文化的创新和发扬。

(本文作者为辉县市共城文化研究会副秘书长)

会议资料与文件汇编

“共工氏与中华龚姓文化研讨会”欢迎词

靳开伟

(2015年11月14日)

尊敬的各位领导、各位专家学者、龚氏宗亲会和新闻界的朋友们:

大家上午好!

今天,筹备了一年多的“共工氏与中华龚姓文化研讨会”在美丽的百泉召开了。我代表中共辉县市委、辉县市人民政府对大会的召开表示衷心的祝贺,对大家的到来表示热烈欢迎,向长期以来关心、支持辉县经济社会和文化事业发展的各级领导、朋友们表示衷心的感谢!

辉县市位于豫晋两省交界,面积2007平方千米,人口85万,辖22个乡(镇)办事处、540个行政村,是全国文化先进县、全国科技进步先进县、中国书法之乡、全国经济转型发展示范县、中国绿色名县。

辉县是一座有7000多年历史、集壮美太行山水和厚重文化底蕴于一体的历史文化名城。境内文物荟萃,有百泉、孟庄遗址、共城遗址等8处国家级重点文物保护单位,名胜古迹灿若星辰;书院文化名垂青史,隐逸文化享誉海内,宗教文化源远流长,红色经典代有传奇;还有得天独厚的山水旅游资源和无与伦比的中医药文化资源。

辉县远古时为共工氏部族聚居地,在史前大洪水时期,辉县水面占十分之七,黄河环绕东南,山水奔腾于西北,河水倒流,形成洪水。共工氏部族战天斗地,保护家园。从那时起,辉县就一直与“共”字有关,先后被称作“共地”“共邑”“共国”“共县”“共城”。西周时,共国国君共伯和代行王政,开创了中国历史准确纪年的新纪元,为后世留下了大型城垣——共城城址。

历史愈挖掘愈深刻,文化愈传播愈丰富。

当前,辉县正按照新乡市“大健康大旅游大文化”的战略部署,以“旅游依托、健康带动、文化支撑、城乡共荣”为主题,努力做好“山水、文化、健康”的大文章,让共城文化和太行山水名扬全国、走向世界。这次会议的召开可谓正逢其时,不仅可以为辉县文化提供新的闪光点,也将为辉县经济和社会发展提供新的增长点。

朋友们,辉县的发展需要大家的支持,借此机会,我们一定会当好东道主,为大家服务好。希望通过此次会议,大家能够认识辉县、记住辉县,从此爱上辉县。也请大家对辉县的文化建设和社会发展提出宝贵意见。

最后,恭祝各位领导、朋友们身体健康,阖家幸福!预祝会议取得圆满成功。谢谢大家!

(讲话者为辉县市委常委、统战部部长)

“共工氏与中华龚姓文化研讨会”开幕词

张建军

（2015 年 11 月 14 日）

尊敬的各位领导、各位专家学者、龚氏宗亲会和新闻界的朋友们：

大家上午好！

今天，我们期待已久的“共工氏与中华龚姓文化研讨会”终于开幕了，我代表共城文化研究会对大会召开表示衷心的祝贺，对大家的到来表示热烈欢迎。

辉县历史悠久，文化底蕴深厚，文化资源丰富，文物景点星罗棋布，能够成为文化品牌的亮点很多。“共文化”就是辉县最为突出的品牌之一，内涵十分丰富，其源头就是共工氏部落和共工治水。两年前，我们根据研究成果，聘请专家设计、铸造了“水神共工”的青铜像，以为礼品，以供瞻拜。

河南省昊利达化工有限公司前身为辉县化肥厂，有着光辉的历史。特别是 1986 年碳铵改产尿素成功，被作为辉县模式在全国推广，为中国农业发展作出了巨大贡献。目前，该公司是国家大二型企业，跻身于中国复肥行业十五强。回报社会是企业的责任,近几年,公司把兴办文化当作一项重要工作,成立研究会就是其中之一。

辉县市共城文化研究会成立于 2014 年 6 月,以挖掘保护文物遗址、继承传播历史文化为己任,先后做了几件有意义的事:一是对辉县古志书进行抢修整理,先后影印出版清康熙、乾隆《辉县志》两部,清道光年间的县志也校修告竣,即将付印;二是出版了辉县历史文化概览《太行清晖》,这是一本关于辉县的小百科全书,又是一本地道的乡土文化教材;三是出版内部资料《共城文化》4 期,挖掘辉县文化遗产,保护文化资源,为经济转型提供依据,为文化产业发展开道。

打开山门迎宾客。这么高规格的研讨会在辉县召开,这么多重量级的专家云集辉县,不仅是我们的荣幸,更是很好的学习机会,真诚地欢迎大家在学术上、工作上给我们提出指导意见。

去年以来,中华龚氏文史研究会的同仁们多次来辉县考察,探讨共工氏文明和龚姓的起源地,这与我们的“共文化”研究不谋而合,双方相见恨晚,相谈甚欢,两个研究会实现了对接。今天,这个全国性的研讨会得以召开,是大家共同努力的结果,同时,也是共工氏和中华龚姓文化走向光明彼岸的起点。

我们一定会以此为契机,多思考,多研究,争取早日把“共文化”的品牌叫响做大。也希望能够与中华龚氏文史研究会携起手来,共同探讨龚姓文化,共同光大共工氏精神。

谢谢大家!

(讲话者为辉县市共城文化研究会会长)

在“共工氏与中华龚姓文化研讨会”上的致辞

龚家亮

（2015年11月14日）

尊敬的各位领导、各位专家、各位来宾：

大家好！

在这晴朗的初冬时节，大家从祖国各地相聚于辉县市，参加“共工氏与中华龚姓文化研讨会”，共同探讨和传承中华优秀传统文化，推动姓氏文化的研究，这是难得的盛事。借此机会，我谨代表中华龚氏文史研究会、代表全国250万龚氏宗亲对研讨会的召开表示热烈的祝贺！对中国先秦史学会、中华炎黄文化研究会姓氏文化工作委员会、河南省炎黄文化研究会、黄河文化研究会、辉县市委市政府的大力支持和帮助，新乡市中原文化研究院参与积极协办，为这次会议搭建平台，给予交流的机会，表示衷心的感谢！对各位专家的到来表示崇高的敬意！对为这次会议的召开做了大量工作、付出了极大努力的省社科院领导，辉县市共城文化研究会的领导和同志们，新闻媒体的朋友们，以及一切参与会议筹备服务的工作人员表示最诚挚的谢意！

“木有根，水有源，人有祖”，一个中国人，不管他在什么地方，不管他漂泊多远，无论出身如何，寻根问祖、祭先祭祖，托庇于列祖列宗的福荫之下，总是他最大的心愿！探索姓氏的起源，形成世代相传的寻根情结，认祖归宗是中华民族特有的优良传统，是中华民族强大精神凝聚力的生动表现。因而，寻根问祖、正本清源、缅怀祖先、情系故土，是我们中华民族的美德，也是我们龚氏家族千百年来历代子孙的梦想！为了追梦圆梦，今天能在共工氏的故里——辉县市，与省、市领导及全国各地专家们一起共同召开“共工氏与中华龚姓文化研讨会”，亲聆教诲、亲身感受，寻根溯源，慎终追远，这是我们最大的幸福和自豪！我们一定要铭记族史、崇尚祖德，并将其发扬光大、世代传承。

共工氏是中华龚姓的始祖，在龚姓的古今家谱中均有记载，古老的《诗经》把古帝次序排列为太昊氏（伏羲氏）、共工氏、炎帝（神农氏）、黄帝（轩辕氏）、少昊帝（金天氏）、颛顼帝（高阳氏）、帝喾（高辛氏）、帝尧（陶唐氏）、帝舜（有虞氏）等，把共工氏列为伏羲氏之后，神农氏、轩辕氏之前的第二位古帝，足以证明其历史悠久、地位煊赫。相传共工氏曾为伏羲氏之上相。共工氏在上古时期曾称雄九州。当黄帝打败了炎帝族之后，共工氏继续领导炎帝部落联盟，与黄帝的颛顼、夏禹作不屈不挠的斗争，争夺称霸九州的领导权。共工氏本领高强，善于平定水土，炎黄部落联盟尊奉其为水师，是一位为发展农田水利作出过突出贡献之人。经过共工氏数代人对黄河流域水土的治理，中原地区拥有了有利于农业耕作的大片平原，更适合人类定居生活。共工氏在与颛顼氏的斗争中，成为一位令人敬佩的胜利的英雄。毛泽东 1931 年在《渔家傲》一词中称赞“共工是确实胜利了”，“共工是胜利的英雄”。

远古时期，共工氏领导部落族人在辉县这块故土上繁衍生息、战天斗地，与洪水作斗争，留下了永不言败的抗争精神，至今被世人所传颂！他们聚居时间最长、发展最快，并建有规模最大的都城——共城。此地也是共工氏部落因治水获罪，蒙受迫害打击，痛心分离向外迁移的地方。今天，我们共工氏后裔子孙寻根的目的就是认祖归宗，缅怀祖德，传承共工氏文化。追源的意义在于敬仰、学习先祖精神，增强中华民族的凝聚力，促使华夏子孙团结友爱、奋发向上，扶贫济困、爱国爱家，匡扶中华、振兴中华！

如今，龚姓家族顺应时代潮流，联系大多数海内外龚氏族人，自愿组建了龚氏文史研究组织，今后，我们一定要以此为契机，动员全国龚氏族人到辉县祭祖、敬祖，祭拜共工氏始祖英灵，观光、旅游、欣赏辉县市优美的自然风景、独特的地质风貌、厚重的历史文化。投资兴业，推动辉县市委市政府提出的“大旅游、大健康、大文化”的大发展。

最后，祝与会领导、专家、来宾们身体健康！祝会议取得圆满成功！

（讲话者为中华龚氏文史研究会会长）

在“共工氏与中华龚姓文化研讨会”上的致辞

常有功

（2015 年 11 月 14 日）

各位领导、各位专家学者、同志们：

在认真学习贯彻党的十八届五中全会精神的新形势下，大家不远千里从全国各地云集太行名城辉县市，参加“共工氏与中华龚姓文化研讨会”。我谨代表河南省炎黄文化研究会对大家的到来表示热烈的欢迎！

河南省炎黄文化研究会是全国较早的研究炎黄文化的社团组织。1991 年成立以来，河南省炎黄文化研究会积极组织开展炎黄文化研究和多项文化活动，在发掘、整理、弘扬炎黄文化方面做了大量的卓有成效的工作。例如，郑州黄河风景名胜区内 106 米高的炎黄二帝巨塑，在河南省、郑州市领导的关怀下，我们与黄河风景名胜区一起，经过近 20 年时间的努力最终完成，现已成为全球华人华侨寻根拜祖、观光旅游的胜地；再比如，近三年我会参与炎黄文化广场上 107 位历史名人大型群雕的策划、实施工程，总投资 1 亿元，明年上半年即可完工。河南省炎黄文化研究会还多次与中国先秦史学会合作举办学术活动，今年7月份就曾联合主办“2015中国登封大禹文化研讨会”，推动了大禹文化和夏文化的研究再上新的台阶。多年来我们参与了新郑黄帝故里拜祖大典、黄帝文化国际论坛等。尤其是一周前我们在新郑成功举办了“第三届中部六省炎黄文化论坛”。炎黄文化研究作为中华优秀传统文化研究的重要内容，目前在国内外都已经产生了重要影响，成为知名文化品牌，在凝聚海内外华人、建设中华民族共有精神家园方面发挥着重要作用。

共工氏是中华民族的人文始祖之一，是一个以治水而闻名的重要部族，其事迹几乎贯穿了整个三皇五帝时代，对上古文明的发展具有重要影响，在上古社会中具有举足轻重的历史地位。共工氏及其文化，从广义上讲也是炎黄文化研究的重要内容，是中原文化之“根”的重要内容。关于共工，最著名的是“触不周之山，天柱折，地维绝”。毛主席曾有诗词“二十万军重入赣，风烟滚滚来天半。唤起工农千百万，同心干。不周山下红旗乱”，并说“共工是胜利的英雄”，共工氏文化中所蕴含的不畏艰难、敢于创新等精神是中华优秀传统文化的精华所在，是构建社会主义核心价值体系的重要渊源。我认为，共工氏文化研究可以纳入炎黄文化研究的大框架之内，借助炎黄文化研究的影响和平台，提升研究水平和国内外影响力。

据研究，辉县是共工氏的故地，是龚姓的祖根地。今天我们云集辉县市，共同探讨中华人文先祖共工氏及龚姓文化，对我们传承优秀传统历史文化、推进华夏历史文明传承创新建设、发展新乡市文化产业、构建文明河南都具有重要意义。我们希望共工氏和龚姓文化的研究在过去的基础上继续进一步深化，多出精品力作；同时，结合实际，推动文化旅游产业的发展，推动社会经济的发展。

预祝本次研讨会圆满成功！

（讲话者为河南省炎黄文化研究会会长）

在“共工氏与中华龚姓文化研讨会”上的致辞

魏一明

(2015年11月14日)

尊敬的各位领导、各位嘉宾：

大家上午好！

在这寒风萧瑟的初冬时节，大家不畏严寒，齐聚苏门山下、百泉湖畔，共同研究探讨华夏民族伟大的人文始祖之一——共工氏及其后裔龚姓氏族的发展迁播，为龚氏宗亲寻根问祖提供更多的学术依据和历史支撑。这不仅是龚氏宗亲内心最强烈的渴望，也是我们社科工作者应尽的职责。在这里，我谨代表作为承办方之一的河南省社会科学院，向各位领导、嘉宾的到来，致以最诚挚的欢迎和最衷心的感谢！

对中华人文始祖的研究是传承优秀传统文化、弘扬民族精神的重要内容，寻找自己的祖先根脉，承继自己的先祖精神，弘扬先祖的精神力量，既是凝聚华夏儿女的重要途径，也是传承优秀传统文化，提升我国文化软实力的重要途径。共工氏与神农氏、伏羲氏等都是我们中华民族的人文始祖，值得深入探讨。历史上记载的共工氏是个善于治水、善于创新且延续时间非常长的氏族，文献中对他的评价有着不同的看法。该怎样认识共工氏？历史的真相到底如何？共工氏的后裔又有怎样的迁播发展历程？后世的龚姓与共工氏有着怎样的承继关系？这些问题都需要我们去深入地研究和思考。对共工氏的研究不仅有助于探寻历史谜案，更有助于了解早期人类社会的发展情况、科技水平、生态环境等先秦史的重要内容。此次会议的召开，相信会对共工氏研究及共工氏与龚姓关系探讨起到重要的深化和推动作用。

要研究共工氏必定要提到辉县，因为，辉县在西周时期为共国所在地，文献中称“共地”，考古发现共国故城至今仍保存在辉县市区。辉县古称“共国”“共邑”“共地”“共县”“共城县”“共城”，可以说“共”与辉县紧紧地联系在一起，辉县对“共”的认识，已成为当地的文化自觉与自豪。历史学家徐旭生先生认为“共地”不仅是共伯和之故国，而且还是上古时期共工氏部族所居住的地方。所以深入研究辉县曾经的历史及其与共工氏的关系，对确定共工氏的居地、活动范围有重要作用。

研究共工氏不仅要探讨他的起源，还要探讨其后裔的迁播和发展。传世文献中明确记载共、龚、洪等姓氏均是起源于共工氏。因此，龚姓后裔到共工氏的居地寻根问祖，显然有据可循。但共工氏、辉县、龚姓的相关研究，从目前的研究状况来看，还需要更进一步的深入和强化，不仅要研究历史，更要研究历史中所蕴含的优秀的文化和精神。

河南省社会科学院是省委省政府的思想库和智囊团，目前有专业研究人员 200 多人，有 10 余个研究所和研究中心，涵盖文化、政治、经济、社会、法律等多个方面。长期以来，我院坚持进行基础研究，注重与地方县市联系合作，共同研究学术热点问题，将学术问题的研究与地方文化建设有机地结合起来。在此基础上与多个县市建立了长期联系。我院在河南历史文化研究上有着较强的优势，不仅有标志性成果，也有一支实力较强的专业研究队伍，且与学术界有长期联系,在助力地方历史文化开发和发展上有着丰富经验。我们会全力以赴,以弘扬中华优秀传统文化,深入进行学术研究为己任,实现文化研究与地方发展的双向互动,为实现中华民族伟大复兴中国梦贡献智慧和力量。

最后,祝这次研讨会取得圆满成功!祝辉县社会经济的发展不断迈上新台阶!祝各位专家、各位来宾身体健康、万事如意!

谢谢大家!

(讲话者为河南省社会科学院党委书记)

在“共工氏与中华龚姓文化研讨会”上的致辞

王培英

(2015 年 11 月 14 日)

尊敬的各位领导、各位专家、各位龚氏宗亲:

大家上午好!

今天,我们齐聚在辉县百泉苏门山,举行“共工氏与中华龚姓文化研讨会”,我谨代表中华炎黄文化研究会姓氏文化工作委员会,对这次研讨会的召开表示热烈祝贺,对与会的各位嘉宾表示热诚的欢迎和衷心的感谢!

中华炎黄文化研究会姓氏文化工作委员会成立于 2015 年 2 月 13 日,是我国全国性社会团体、具有独立法人资格的中华炎黄文化研究会的分支机构,是由热爱中华文化、热心学术研究和弘扬中华姓氏文化的专家学者、社会活动家及各界人士组成的非营利性的公益社会团体组织。中华炎黄文化研究会姓氏文化工作委员会的主要任务就是要研究和弘扬姓氏文化,继承和发扬中华民族的优秀文化与优良传统,增强中华民族的凝聚力和向心力,推进祖国统一,实现中华民族的伟大复兴。

今天我们在辉县召开“共工氏与中华龚姓文化研讨会”,是一件非常有意义的事。共工氏是我国上古时期著名的部族之一,辉县是其活动的中心地区。在文献记载中,共工氏的形象各有不同,对其评价和认识不太一致。但是,毛泽东《渔家傲·反第一次大围剿》中有“唤起工农千百万,同心干。不周山下红旗乱”的诗句。他在按语中说:“共工没有死,共工是胜利的英雄。”中华龚姓源自共工氏,辉县是中华龚姓的发祥地。我们期望通过专家的研讨,能够在这些问题上达成一定的学术共识。

中华龚氏文史研究会是中华炎黄文化研究会姓氏文化工作委员会成立后,正式接纳的第一个全国单姓的学术性组织;“共工氏与中华龚姓文化研讨会”也是我们第一次参与主办的重要学术活动。可以说,这为中华炎黄文化研究会姓氏文化工作委员会的工作开了一个好头,对以后的相关活动具有重要的示范作用。

中华炎黄文化研究会姓氏文化工作委员会下一步的工作重点,就是要广泛联络全国各地的姓氏研究机构和团体,大力开展多种形式的学术文化活动,努力加强姓氏文化与中华优秀传统文化、姓氏文化与社会主义核心价值观等方面的研究,通过创办会刊、建设网站,打造一个高端的全国姓氏文化研究平台。

我们真诚地希望与全国姓氏文化团体、学术机构、企事业单位、地方政府相关部门开展合作,通过理论研讨和经验交流,进一步推动中华姓氏文化学术研究和文化普及活动的发展。

最后,祝研讨会取得圆满成功!祝各位嘉宾身体健康、万事如意!

谢谢大家!

(讲话者为中华炎黄文化研究会姓氏文化工作委员会会长)

在"共工氏与中华龚姓文化研讨会"上的致辞

张广志

(2015年11月14日)

尊敬的各位领导、各位专家、各位嘉宾朋友们:

大家上午好!

很高兴能和大家一起来参加这次"共工氏与中华龚姓文化研讨会"!我谨代表中国先秦史学会向会议的召开表示热烈的祝贺,向各位参会嘉宾表示真诚的欢迎和衷心的感谢!

中国先秦史学会是一个致力于中国先秦历史文化研究的专业学术机构。1982年成立以来,中国先秦史学会积极组织开展先秦历史研究和各项文化活动,会员从不足百人发展到千余人,在发掘、整理、研究、弘扬先秦文化方面做了大量卓有成效的工作。各地的先秦史研究要建立在自己所拥有的历史文化资源基础之上,这样才能形成特色、形成品牌、形成自己独特的文化优势。中国先秦史学会积极支持各地有关先秦史方面的学术研究,在全国各地主办召开全国性学术研讨会百余次。跟河南省社会科学院历史与考古研究所也多次合作主办学术活动，比如 2012 年联合举办过“葛天氏与上古文明学术研讨会”，今年 7 月份刚刚又联合主办了“2015 中国登封大禹文化研讨会”，都是立足当地特色文化资源，深入研究历史文化的重要举措，为推动当地优势文化的深入研究提供了坚实的学术基础。

共工氏是上古时期的氏族及首领。文献记载中，关于共工氏的传说几乎全与水有关，关于共工氏治水的评价却褒贬不一，但毫无疑问，共工氏以治水而闻名，从《淮南子》中所载的关于共工氏的后期神话，也足以证明共工氏部族曾经煊赫一时，对上古文明的发展具有重要影响，在上古社会中具有举足轻重的历史地位。关于共工氏的故地所在，学者们通过对与“共”字有关的古地名的考察，大体上对“共地”的归属有如下几种说法：河南辉县、河南济源、河南新安、山西芮城等，诸说都有《山海经》和《水经注》的相关记载为依据。其中，“辉县说”的证据最为充分，古史大家徐旭生先生在 20 世纪中叶就曾指出共工氏“它的旧地在今辉县境内”，学者多从此说。辉县不仅有古共山、共水之名，还有周代的共城遗址，尤其是 20 世纪 90 年代又发现了被认为是共工氏中心聚落的孟庄城址，表明共工氏故地在今辉县一带。

今天我们云集在太行名城辉县，召开这次研讨会，共同探讨共工氏文化，对进一步深入研究共工氏文化和先秦历史、对传承优秀传统历史文化都有非常重要的意义。

预祝此次研讨会取得圆满成功！谢谢大家！

（讲话者为中国先秦史学会顾问，青海师范大学原校长）

“共工氏与中华龚姓文化研讨会”学术总结

彭邦本

(2015年11月15日)

各位领导、各位与会同道、女士们、先生们:

由中国先秦史学会、中华炎黄文化研究会姓氏文化工作委员会、河南省炎黄文化研究会、黄河文化研究会主办,新乡市中原文化研究院协办,河南省社会科学院历史与考古研究所、中华龚氏文史研究会、辉县市共城文化研究会承办的“共工氏与中华龚姓文化研讨会”即将闭幕了。两天来,与会同仁参观考察了著名的孟庄遗址、共城遗址、共城雕塑和百泉湖文化景区,特别是经过一天半的学术研讨,取得了丰硕的成果。我受组委会委托,谨对本次研讨会作一简要的小结。

(一)这是一次高规格的学术盛会。这次会议在豫北辉县市举行,会议主题集中于“共工氏与中华龚姓文化”,恰好揭示了辉县在中华文明史上的重要地位。主办单位河南省炎黄文化研究会、黄河文化研究会都是知名度很高的学术团体,尤其是中国先秦史学会、中华炎黄文化研究会为国家一级学会,具有高度的学术性和专业性。所以,这是一次全国性的学术研讨会,一次高规格的学术盛会。

(二)这是一次高水平的学术盛会。出席会议的不仅有德高望重、至今活跃于学术前沿的张广志先生、曹定云先生等老一代的历史学家和考古学家,同时更多的是年富力强、卓有建树的中青年学者,也包括辉县和新乡的地方学者,还有许多龚姓宗亲的优秀代表及各界朋友。我们老中青三代济济一堂,共商学问,这就保证了此次会议学术上的高水准。

(三)这是一次成果丰硕的学术盛会。来自历史学、考古学、哲学、文化学、遗传学和古代科技等多学科方向的学者,展开了热烈深入的学术探讨,取得诸多新见、一大可喜进展、两项共识。

围绕"共工氏与中华龚姓文化"这一主题,会议形成了诸多新见。比如关于传说中的共工氏。有的学者梳理了大量传世文献记载,从中考察史实素地,在前人研究的基础上进一步提出新颖的观点;有的学者根据自己在辉县的考古发掘成果来分析验证古史传说;有的学者从科技的角度来解读文献记载和考古发现;有的学者从古文字学的角度阐述共工氏源流。这些都是非常有益的探讨,有助于对共工氏研究的深入和拓展。再如关于龚氏的姓氏源流。有的学者根据文献记载精心梳理了龚氏族源流;有的从铜器彝铭探索其早期历史;有的从遗传学中获得提示——单纯的血缘寻根溯源可能在文化上会遇到一些麻烦;有的则从文化学的角度提出了文化寻根的新理解,指出今后从文化学的角度可做的文章更多,姓氏文化的认同在当今有相当的合理性。以上诸说,可谓见仁见智,虽然有观点的不同甚至交锋,但我们认为,只要言之成理、持之有据,均可成一说。这样言之成理、持之有据的观点越多,越有利于我们从不同的角度、方面和层面接近我们的研究对象,还原历史的真实面貌,深化历史认知,所以我们欢迎这样的百花齐放。

运用文献记载与考古发现进行互证研究,是一个时期以来先秦史研究深入发展的趋势。在这方面,本次会议也取得了可喜的成绩。与会学者紧紧围绕会议主题,运用王国维先生倡导的“二重证据法”,以至于多重证据法,展开积极探讨,推进了文献古史传说与考古发现的互证,尤其是对古史传说人物共工氏和龚姓源流这样一个历史文化现象的深入研究,可谓一大进展。

会议通过较为充分的研讨,取得了两个基本共识:

1.共工氏是天下龚姓的主源,辉县是天下龚姓同胞的文化故里、精神家园。

2.辉县是中华历史文化资源富集地之一,为辉县本土、新乡市以至更广阔区域范围内经济社会的发展,保存、提供了极其丰富而富有特色的历史文化资源。

综上所述,本次会议由于主办、协办、承办单位的齐心协力,尤其是全体与会同仁的努力,包括地方领导一以贯之的关心、参与,可谓成果丰硕,即将画上圆满的句号。此次会议是一个成功的开端,今后我们要继续在会议的主题领域内展开更广泛深入的研讨,取得更多更好的成果。期望今后有机会再举盛会,共襄促进辉县市经济、文化和社会发展之盛举。

谢谢大家!

(本文作者为中国先秦史学会副会长,四川大学历史文化学院教授)

“共工氏与中华龚姓文化研讨会”纪要

张新斌　张玉霞

(2015年11月15日)

2015年11月14日至15日,由中国先秦史学会、中华炎黄文化研究会姓氏文化工作委员会、河南省炎黄文化研究会、黄河文化研究会主办,新乡市中原文化研究院协办,河南省社会科学院历史与考古研究所、中华龚氏文史研究会、辉县市共城文化研究会承办的“共工氏与中华龚姓文化研讨会”在河南省辉县市百泉国际大酒店隆重举行。来自中国社会科学院、中国科学院、南开大学、四川大学、苏州大学、首都师范大学、中国青年政治学院、华南师范大学、重庆师范大学、青海师范大学、山东烟台大学、陕西历史博物馆、山西省社会科学院、河北省社会科学院、河南省社会科学院、郑州大学、河南大学、河南师范大学、郑州师范学院、许昌学院、新乡学院、河南牧业经济学院、新乡市文物考古研究所等12个省市的20余家高校和科研机构的专家学者,以及来自全国各地的龚姓后裔、新闻媒体记者等百余位嘉宾与会,会议共收到论文42篇。会议期间,代表们专程考察了孟庄遗址、共城城址、百泉等共工氏文化的相关遗存,并围绕共工氏的历史和文化,共工氏与上古文明及共工氏、龚姓与辉县等议题,展开了热烈的讨论与深入的交流。大家一致认为,本次研讨会是国内学术界首次高规格、高水平的共工氏文化研讨活动,在共工氏文化和上古史的研究中占有重要的地位。大家还就相关问题取得以下共识。

(一)共工氏历史悠久,据《左传》《国语》《吕氏春秋》《列子》《淮南子》《荀子》《韩非子》《山海经》《史记》《通志》《太平御览》《补三皇本纪》等文献记载,共工氏是三皇五帝时代的重要氏族和氏族首领,与伏羲、炎帝、颛顼、帝喾、尧、舜、禹等天下共主均有互动的记录,存续时间之长,在上古诸“帝”中极为罕见。文献记载的共工氏的传说,几乎全与水有关,在相当长的时间里,共工氏以治水而闻名,为早期文明的发展作出了重要贡献,北宋刘恕的《通鉴外纪》将共工与伏羲、神农并列为“三皇”之一,也足以证明共工氏部族曾经煊赫一时,在上古社会中举足轻重,地位极其尊崇,是中华人文始祖群体中的重要成员之一。

(二)中华龚姓位于百家大姓之列,龚姓的族源来源复杂,但据《古今姓氏书辩证》《万姓统谱》《元和姓纂》《通志·氏族略》《姓氏急就篇》等姓氏文献记载,龚姓来源于共姓,为共工氏之后,共工、句龙为其始祖,“共”“龙”相加而为龚氏。以后还有共伯和、共叔段为共、龚源头之说,但主支源头为共工氏,龚姓由共姓演化而来,共姓的一大源头为共工氏。

(三)共工氏的主要活动地域在豫西及黄河中游的两岸一带,但核心地区在太行山东麓一线,即南起河南辉县,北至河北北部长城以内和山西境内。关于共工氏的故地所在,学者们通过对与“共”字有关的古地名的考察,虽然对“共地”的归属有多种说法,但“辉县说”的证据最为充分,古史大家徐旭生先生在20世纪中叶就曾指出共工氏“它的旧地在今辉县境内”,许多著名学者多从此说。而且甲骨文、金文中的“共”“龚”,学界以为作为地名多应在今辉县。辉县不仅有共山、共水之名,还有周代的共城遗址,尤其是20世纪90年代，又发现了被认为是共工氏中心聚落的孟庄城址。因此，共工氏故地在今辉县市一带，辉县是龚姓的祖根地。

（四）辉县作为共工氏故地、龚姓祖根地，是中华龚姓的寻根谒祖圣地。建议中华龚氏文史研究会和辉县市政府、辉县市共城文化研究会等相关单位加强合作，继续推进共工氏与龚姓的研究，同时搞好中华龚姓的宗亲联谊工作，联络全球龚氏族人到辉县寻根谒祖、投资兴业。建议适当时机择取合适地点开建中华龚姓祖根文化园等文化设施，为华夏历史文明传承创新打造新的平台，为增强中华民族凝聚力，实现中华民族伟大复兴作出积极的贡献。

（执笔者分别为河南省社会科学院历史与考古研究所所长、河南省社会科学院历史与考古研究所副研究员）

在“共工氏与中华龚姓文化研讨会”上的答谢词

龚家亮

(2015年11月15日)

尊敬的各位领导、各位专家,同志们、朋友们:

为传承中华民族优秀传统文化,推动姓氏文化研究,由中国先秦史学会、中华炎黄文化研究会姓氏文化工作委员会、河南省炎黄文化研究会、黄河文化研究会联合主办,新乡市中原文化研究院协办的“共工氏与中华龚姓文化研讨会”,在河南辉县市经过紧张的研讨发言和实地考察,今天画上了圆满的句号。各位领导挤出宝贵时间莅临指导,特别是各位专家学者不顾年迈和生活上的诸多不便,从全国各地风尘仆仆地来到古称“共地”“共城”的辉县市,我要道一声:你们辛苦了!我代表中华炎黄文化研究会姓氏文化工作委员会龚姓委员会,代表参会的龚氏宗亲,向各位领导、各位专家和各位来宾表示衷心的感谢和诚挚的问候。

一年一度秋风尽,初冬阳光暖人心。两天来专家学者从不同的角度对共工氏的历史地位、氏族、流徙及龚氏祖源地、演变、名人等作了精辟的论述和广博的考证。专家们引经据典,高度赞扬和敬仰共工氏在历史上为人类作出的重大贡献,是中华民族的人文始祖之一;专家们提供的依据,说明了辉县市是远古时期共工氏部族重要的生活和活动之地,历史文化极其厚重。领导和专家们的发言给我们共工氏后昆启迪极大,加深了我们对远古历史文化在促进中华民族发展中重要作用的认识,这必将引导我们进一步深入对共工氏和后裔龚氏历史文化的研究,为弘扬中华民族优秀文化而努力。

在这次会议上,我们中华龚氏文史研究会被中华炎黄文化研究会姓氏文化工作委员会正式批准吸收,成为其中的一员。中华炎黄文化研究会姓氏文化工作委员会会长亲临会议,给我们颁发了批复文件、证书、牌照,我们感到非常荣幸和自豪！从此,我们的组织合法了,我们的行为规范了,我们的思想顾虑解除了！我们决心,在中华炎黄文化研究会姓氏文化工作委员会的领导下,在各级领导的关怀下,在社会各界的帮助下,遵守国家法律法规,凝聚龚氏族人力量,传承和发扬中华民族优秀的传统文化,教育和引导龚氏族人团结友爱、奋发图强、造福社会,共同为中华民族复兴作出族人应有的贡献!

我们同时要向河南省社会科学院,辉县市委、市政府,各大新闻媒体及辉县市共城文化研究会表示崇高的敬意和感谢！辉县市是共工氏部落长期居住和活动的地方,也是共姓加龙易姓为龚并向外迁徙的中心区域,对此,我们感到无比亲切。我们应积极参与保护、修缮和重建共工氏遗迹,助力推动辉县市正在实施的“大健康、大旅游、大文化”发展战略。

最后,再次感谢各位领导、各位专家学者及参与大会筹备并为之付出辛勤努力的辉县市有关单位和朋友们对共工氏和龚姓文化研究的支持和帮助,祝大家身体健康、工作顺利、万事如意!

谢谢大家!

(讲话者为中华炎黄文化研究会姓氏文化工作委员会龚氏文史研究会会长)

“共工氏与中华龚姓文化研讨会”闭幕词

邓智敏

(2015 年 11 月 15 日)

尊敬的各位领导、各位专家学者、龚氏宗亲会的朋友们：

大家好！

为期两天的“共工氏与中华龚姓文化研讨会”经过各位专家学者的辛勤工作，顺利完成了各项议程，就要圆满结束了。

我代表辉县市委、市政府对大家的辛苦劳动表示衷心的感谢，为会议的圆满结束表示祝贺，对这次会议的主办方中国先秦史学会、中华炎黄文化研究会姓氏文化工作委员会等单位，承办方河南省社会科学院历史与考古研究所、中华龚氏文史研究会、辉县市共城文化研究会表示衷心的感谢！

会议上，大家对共工氏的发祥地、共工氏对人类历史发展的贡献、龚姓的起源地等课题进行了充分论证，得出了比较翔实准确的结论。

长期以来，共工氏作为上古的治水英雄，为人类发展作出过巨大贡献，却一直蒙受着不白之冤，不仅在历代典籍中，甚至在人们的心中，他都是一个红发蛇身、性情乖张、口蜜腹剑、危害人类的妖魔，而且一代代传了下来。通过这次会议，我们为人类始祖之一——共工氏正了名，正像毛泽东同志所说，"共工没有死，共工是胜利的英雄"。

一年多来，中华龚氏文史研究会多次来辉县寻根，与辉县结下了深厚友谊。今天，龚姓发源地在辉县已经得到专家们的认证，让我们向龚氏宗亲会及天下龚姓的朋友们表示热烈的祝贺！

朋友们，相聚虽然短暂，友谊地久天长。苏门山高连亚洲，百泉水长通四海。让我们携起手来，把共工氏与中华龚姓文化推向更高更深层次的研究领域，以推动辉县姓氏文化的研究，把共工氏治山治水永不服输这一中华民族的优秀精神传承下去。

在会议成功闭幕之际，作为东道主，我再次对各位专家学者的翔实考证、精彩发言表示感谢，对龚氏宗亲会成员孜孜不倦的求实精神表示感谢，同时，还要对筹备和组织会议的各单位表示感谢，对为会议服务的各单位和同志们表示感谢。

谢谢大家！

最后，我宣布，"共工氏与中华龚姓文化研讨会"闭幕！

（讲话者为辉县市人民政府副市长）

后 记

辉县古称“共”,有“共邑”“共国”“共县”“共城县”等各种称谓,在全国还没有一个地方,对“共”的感情这么深,以至于名“共”的历史从先秦直到宋金,“共”作为行政建制的名称,至少长达将近两千年。

1975 年,上高中的我与同学们第一次骑车到百泉踏春,结下了辉县之缘,至今已有 40 余年。从 1982 年至 1997 年的 15 年间,我因在新乡从事文物考古工作而多次来到辉县,那时关注的是具体事儿,印象中新乡所辖县市区,尤以辉县的文物最为丰厚,历史最为悠久,风景最为秀美。那时我已读了徐旭生的《中国古史的传说时代》,知道共工氏治水是在辉县一带,所以辉县名共也可以理解。1997 年以后,我到河南省社会科学院工作,去辉县的机会相对少了点,但自 2011 年,我与张天利、张建军父子相识,随后便开展了以关山为主题的南太行研究,于是带着问题去看文献、探史迹,收获更大,认识更深。尤其是河南省昊利达化工有限公司董事长张建军先生,在繁忙的企业事务之余,还非常痴迷、关注辉县文化,在他的周围聚拢了一个老中青结合的共城文化研究团队,2014 年,这一团队成立了辉县市共城文化研究会。在对辉县共城文化研究的过程中,龚氏宗亲多次到辉县来寻根,于是以研究共工氏为重点而研究共城文化便提到了议事日程上,尤其是学界的高端研究和成果的推出成为当务之急。

龚氏宗亲以光山富邦集团董事长龚家亮为代表,他与龚立座先生长期探寻龚氏祖地,近年来,他们组织宗亲到北京、河北等地去寻根。《新乡晚报》的一篇文章引起了他们的关注,他们在辉县找到了共工氏文化的更多依据,由此多次往返于辉县与光山之间。2015 年初,我专程到光山拜访中华龚氏文史研究会总部,受到了龚立座先生的热情接待,其后与龚家亮、龚立座二先生,以及张天利等辉县同仁数次接触,在一块儿讨论研讨会的召开,并进行了有效分工,大家依照分工各自努力,进行会议筹备。为取得上级支持,我们专程进京,向中国先秦史学会副会长兼秘书长宫长为先生汇报,得到了宋镇豪、宫长为二位领导的支持,得到了中华炎黄文化研究会姓氏文化工作委员会王培英会长的支持,也得到了河南省炎黄文化研究会常有功、李秀奇二位领导的支持,当然首先得到了河南省社会科学院魏一明书记的大力支持。新乡市副市长李瑞霞,辉县市委书记王天兴、市长张吉星等领导都对会议给予了极大关心。李瑞霞副市长,辉县市委常委、统战部靳开伟部长,辉县市政府邓智敏副市长均到会讲话。

张广志、曹定云、王震中、彭邦本、江林昌、袁义达、王大良等 60 余位学界专家全程参与研讨活动,并提供了高水平的论文。其中李慧萍、聂好春、郭兰玉、任军安等新乡、辉县的地方学者也都拿出了成果。龚家亮、龚立座等 50 位来自全国各地的龚氏宗亲代表积极参会,有的还奉献了相关成果。辉县市共城文化研究会张建军会长、尚建军副会长,辉县市文化局金葵局长,以及研究会的韩志贤、赵全功、张辉、任军安、郭兰玉,河南省社会科学院历史与考古研究所李玲玲、张玉霞、李龙、张佐良等也都参与了会务工作。

会议决定编印论文集,李玲玲在论文的前期组织和后期整理上做了大量工作,我进行了全书通审,相关同志参与了编务工作。

自2008年至2015年,“河南历史与考古研究”丛书(第一辑)共8本,已由河南人民出版社正式出版。自本集开始,“河南历史与考古研究”丛书(第二辑)正式由大象出版社出版,本集为第一本。

张新斌

2016年6月20日